权威 · 前沿 · 原创

皮书系列为
“十二五”国家重点图书出版规划项目

中国社会科学院创新工程学术出版资助项目

日本蓝皮书
BLUE BOOK OF JAPAN

日本研究报告（2015）

ANNUAL REPORT ON RESEARCH OF JAPAN (2015)

中华日本学会
中国社会科学院日本研究所
主　编／李　薇
副主编／杨伯江　林　昶

社会科学文献出版社
SOCIAL SCIENCES ACADEMIC PRESS (CHINA)

图书在版编目（CIP）数据

日本研究报告．2015/李薇主编．—北京：社会科学文献出版社，2015.4

（日本蓝皮书）

ISBN 978－7－5097－7304－8

Ⅰ．①日…　Ⅱ．①李…　Ⅲ．①日本－概况－2015　Ⅳ．①K931.3

中国版本图书馆CIP数据核字（2015）第063337号

日本蓝皮书

日本研究报告（2015）

主　　编／李　薇

副 主 编／杨伯江　林　昶

出 版 人／谢寿光

项目统筹／祝得彬　王晓卿

责任编辑／王晓卿　李秀梅

出　　版／社会科学文献出版社·全球与地区问题出版中心（010）59367004

地址：北京市北三环中路甲29号院华龙大厦　邮编：100029

网址：www.ssap.com.cn

发　　行／市场营销中心（010）59367081　59367090

读者服务中心（010）59367028

印　　装／北京季蜂印刷有限公司

规　　格／开　本：787mm×1092mm　1/16

印　张：26　字　数：399千字

版　　次／2015年4月第1版　2015年4月第1次印刷

书　　号／ISBN 978－7－5097－7304－8

定　　价／69.00元

皮书序列号／B－2002－016

主要编撰者简介

李　薇　女，北京市人，法学博士，中国社会科学院日本研究所研究员、所长，中国社会科学院研究生院教授、博士生导师。毕业于中国社会科学院研究生院法学系民法专业。研究专业和方向为日本法。主要研究成果：《日本交通事故人身损害赔偿法律制度研究》（专著，1997）、《私人在法实现中的作用》（译著，2006），论文有《日本的不良债权和金融振兴综合政策》《日本侵权行为法中的因果关系理论》《〈东京高等法院裁定：民法第九百条违宪〉判例研究》《日本中央银行法的修改》《日本的财政重建》《日本宏观经济政策的转换》《日元贬值与对亚洲经济的影响》《冲绳问题的复杂因素及其本质》《打开历史的断层》《2011～2012 年日本形势回顾与展望》《日本的国家定位与历史反思》等。

杨伯江　男，天津市人，法学博士，中国社会科学院日本研究所研究员，副所长，中华日本学会常务理事，亚太安全合作理事会中国委员会（CSCAP China）委员。历任中国现代国际关系研究院研究员，国际关系学院教授。研究方向为日本问题、东北亚地区安全。主要研究成果：《美国战略调整背景下日本“全面正常化”走向探析》、《日本民主党对外战略方向确立》、《日本民主党对外战略走向与中日关系》、《民主党新政与日本之“变”》、《中日关系：“暖春”时节的形势与任务》、《当前日本对外战略：成因、手段及前景》、《后小泉时代中日关系的再定义》（“Redefining Sino - Japanese Relations after Koizumi”）、《以理性思维推动中日关系的跨世纪发展》、《美日同盟：日本的“战略起跳板”?》、《日美贸易摩擦何以趋缓》、《“日美安全保障联合宣言”意味着什么?》、《美日对日政策内在矛盾及地区战略影响分析》等。

吕耀东 男，山西人，法学博士，中国社会科学院日本研究所研究员、外交研究室主任、中日关系研究中心副主任，中国社会科学院研究生院教授、博士生导师。毕业于吉林大学政治学博士后出站。研究专业和方向为日本政治、外交及大国关系、当代日本外交政策与外交战略、东亚的冲突与合作等。主要研究成果：《冷战后日本的总体保守化》（专著，2005）、《中国和平发展与日本外交战略》（专著，2010）、《21世纪的中日关系》（合著，2003）、《21世纪初期日本的东亚政策》（合著，2010），论文有《"日本梦"建构》《构建和谐世界与中日关系》《试析日本的环境外交理念及取向》《深化同盟机制：日美双边互动的战略愿景》《日本保守两党制的构想与实践》《21世纪日本对外目标及外交战略探析》《中日双边互动模式：情境与调控》《美日同盟的发展轨迹探讨》《试析日本民族保守主义及其特性》《舆论中的中日关系：症结与分析》及时评文章等百余篇。

吴怀中 男，江苏人，法学博士，中国社会科学院日本研究所研究员、政治研究室主任、硕士生导师。研究方向为日本政治外交、安全防务及中日关系。主要研究成果：《21世纪初期日本的东亚政策》（合著）、《国际热点问题报告》（合著）、《大国的亚太战略》（合著）、《当代中国的日本研究》（合著），论文有《日本"东亚共同体"战略试析》《日本对华大战略简析》《日美关系：震后的同盟深化》《日本对华安全政策的理论分析》《日本安全防卫政策新动向》《日本的亚太战略》《日本政治变动与对华关系》《安倍"战略外交"及其对华影响评析》等数十篇，另有日文及英文文章多篇。此外，还在《人民日报》《中国日报》《环球时报》《国际先驱导报》《世界知识》《半月谈》《中国社会科学报》、人民网、新华网、环球网、中央电视台、中央人民广播电台等主流媒体发表评论文章数十篇，接受采访百多次。

徐　梅 女，哈尔滨市人，经济学硕士，中国社会科学院日本研究所研究员、经济研究室主任、硕士生导师。毕业于吉林大学日本研究所世界经济专业。研究方向为日本经济、日本对外经济关系、区域经济一体化等。主要研究成果:《中日建立自由贸易区问题研究》(合著,2009)、《日本的规制改革》(专著,2003)、《冷战后的日本经济》(合著,1998)等,论文有《金融国际化对日本金融业的作用》《简论东北亚经济新秩序》《日元国际化及其启示》《市场开放与日本经济增长》《中日对外直接投资比较分析》《外资并购日本企业的进展及趋势》《中日贸易结构与产业竞争——兼论我国产业面临的挑战》《关于日美贸易摩擦中汇率问题的思考》《中日韩FTA的进展、影响及前景探析》《经济视域下的中日关系》等。

张建立 男,内蒙古赤峰人,文学博士,中国社会科学院日本研究所研究员、文化研究室主任,中国社会科学院研究生院教授、硕士生导师。毕业于日本京都立命馆大学大学院文学研究科日本史专业。研究专业和方向为日本文化、日本国民性。主要研究成果:《茶道与茶之汤:日本茶文化试论》(日文专著,2004)、《艺道与日本国民性》(专著,2013)、《茶之心》(译著,2003)、《蒙福人生的欢喜》(译著,2003)、《日本茶道论》(编著,2004),论文有《日本国民性研究的现状与课题》《中国的日本国民性研究的现状与课题》《从社会事件看"罪己"意识》《鸠山内阁东亚共同体构想及其实现的可能性》《日本人与中国人的感情模式特征简论——以"侘茶乐境"与"孔颜乐处"为中心》《从游戏规则看日中两国国民性差异——以日本将棋与中国象棋为例》《试析日本人的历史认识问题形成原因》《TPP与日本国民性》《天灾人祸中的日本国民性解读》《浅析神道对茶道的影响》《战后日美关系的心理文化学解读》等。

胡　澎 女,北京市人,历史学博士,中国社会科学院日本研究所研究员,中国社会科学院研究生院教授、硕士生导师。毕业于北京大学历史学系世界史专业。研究专业和方向为日本社会。主要研究成果:《战时体制下的日本妇女团体(1931~1942)》(专著,2000)、《性别视角下的日本妇女问题》(专著,2010)、《东亚社会运动》(合著,2009),论文有《日本"社区营造"论——从"市民参与"到"市民主体"》《日本NGO的发展及其在外交中的作用》《性别视角下日本养老保险制度再思考》《日本：从社会运动到新社会运动》《日本NPO的发展及其社会功能》《日本社会变革中的“生活者运动”》等。

林　昶　男，北京市人，中国社会科学院日本研究所《日本学刊》副主编、编辑部主任，中华日本学会编辑出版部主任，世界知识出版社、北京大学出版社特约编辑。毕业于中国社会科学院研究生院日本研究系日本文化专业在职硕士研究生班。曾受聘为北京日本学研究中心客座研究员。研究专业和方向为日本文化。主要研究成果：《中国的日本研究杂志史》（专著，2001）、《中日关系问题报告》（合著，2005）、《中日关系报告》（合著，2007）、《中日农村经济组织比较》（合著，1997）、《杂志视点：中国日本研究的深化及其与世界的链接》（主编，2012）、《何方集》（选编，2001）、《宦乡集》（选编，2002）、《何方谈史忆人》（选编，2010），并任《中国的日本研究》（1997）、《中国的东北亚研究》（2000）、《中日青年论坛》（1998～2003）、《21世纪的日本》（2000～2004）、《日本发展报告》（2002～2012）、《日本研究报告（2013～2015）》等工具书和丛书的副主编。

摘　要

本书由中华日本学会、中国社会科学院日本研究所和社会科学文献出版社合作推出，是中国社科院日本研究所研究人员的研究成果。

本书由总论、政治安全篇、对外关系篇、经济社会篇和附录构成，对2014年日本的国家战略、安保政策、对外关系、行政改革，以及能源、人口、思想意识、新闻媒体等经济社会诸领域的动态做了监测分析，对若干问题做了专题深入研讨，并收录了该年度日本大事记。

2014年，日本自民党赢得众议院选举胜利，继续掌控众议院绝对稳定多数议席，维持“一党独大”优势地位，为安倍内阁走向长期执政打下基础。

2014年，安倍内阁加紧落实“安保三支箭”，以释宪方式解禁集体自卫权，意味着日本自1945年战败以来时隔69年重新成为“能够进行战争的国家”，彻底告别二战后以“吉田路线”为标志的战略思路与发展路径，踏上追求“全面正常化”之路。

日本在“安倍经济学”激进的金融政策和灵活的财政政策刺激下，以经济向好、通缩缓和态势步入2014年。但时隔17年上调消费税率之举，虽成为重建财政长期目标的重要一步，却对国内需求造成重大冲击，此后经济连续两个季度陷入负增长。“安倍经济学”借助日元贬值扩大出口、弥补内需不足的预期亦落空。

2014年，安倍内阁全面推行“战略性外交”。“战略性外交”注重全球视野，在强化日美同盟的同时，强化日欧合作、推动日美欧三极协调、拉拢东南亚的一系列战略动作引人注目，但与邻国关系的改善未见实质性进展。

2014年11月，中日就处理和改善关系达成四点原则共识，习近平主席应约与安倍晋三首相进行了简短会见，持续冷淡的两国政治关系迎来改善契机。中日海洋事务高级别磋商会议召开，就政治法律、海上防务、海上执法与安全及海洋经济等领域展开磋商并达成共识。

展望2015年，安倍政府将继续朝着“重振日本”的战略目标前进。它以“强军”为核心，致力于整备安保法制，以日美同盟为基轴，完成修订《日美防卫合作指针》，并积极为今后修宪制造舆论环境。为落实解禁集体自卫权，将推动修改《自卫队法》《周边事态法》等相关法律。但“安倍路线”缺乏民意认同，将面临国内制约。

面向2015年，日本经济增长的内需和外需均不足。安倍内阁继续面临人口发展、政府债务等诸多难题，仍将大力推动结构改革，适度调整宏观经济政策，增加国民收入，改善投资环境，以扭转经济颓势，实现长期增长。安倍内阁将继续在追求长期改革目标与顾及短期经济增长之间处于两难境地。在内需短期难以大幅回升的预期压力下，对借助海外引擎拉动日本经济的期待将转化为压力，迫使安倍缓和与周边国家的关系。

2015年，安倍内阁将继续推进“战略性外交”“俯瞰地球仪外交”。而预计在日本战败70周年之际发表的“安倍谈话”在何种程度上继承抑或阉割“村山谈话”等，将直接影响今后一个时期日本与中国、韩国等邻国关系的走势，也直接关系到日本在国际社会的道义形象。

2015年，中日落实四点原则共识、建立危机管控机制有望取得进展，围绕东海问题及海上合作的磋商有望深化，财金、金融、节能环保等多领域的合作以及民间、政党、地方交流将得到发展。借由国际多边场合的高层接触可能增多，国民情绪的对立将有所缓解。但另一方面，中日关系改善的基础依然脆弱，政治关系的明显改善尚存在不确定性，全面改善经济关系将受到一定制约。历史转型期的中日关系，正在步入深度博弈与深度合作并行的常态。

关键词：集体自卫权　战略性外交　日本修宪　中日关系　安倍经济学

目 录

BLUE BOOK

ⅠB Ⅰ 总 论

B Ⅱ 政治安全篇

B Ⅲ 对外关系篇

BⅣ 经济社会篇

BⅤ 附　录

总　　论

General Report

BLUE BOOK

B.1

转折中的日本与中日关系

——日本形势回顾与展望（2014～2015）

李 薇　杨伯江*

摘　要：2014年，安倍内阁加紧落实“安保三支箭”，将“军事复国”路线付诸实践。在战败投降69周年之际，日本重新成为“能够进行战争的国家”，彻底告别了二战后以“吉田路线”为标志的战略思路与发展路径，踏上追求“全面正常化”之路。安倍“战略性外交”全面铺开，但与邻国关系的改善未见实质性进展。中日达成四点原则共识，领导人简短会见，改善关系迎来契机，但基础仍待巩固。

* 李薇，法学博士，中国社会科学院日本研究所所长、研究员，研究专业和方向为日本问题、民法；杨伯江，法学博士，中国社会科学院日本研究所副所长、研究员，研究方向为日本问题、东北亚地区安全。

2015年，安倍内阁将致力于整备安保法制、修订完成《日美防卫合作指针》，并积极为今后修宪制造舆论环境。但是“安倍路线”缺乏民意认同，面临国内制约。中日关系处于历史转型期，步入深度合作与深度博弈并行的常态，在双周期因素的作用下呈现两面性、阶段性发展特点。

关键词：安倍晋三　中日关系　修宪　集体自卫权　战略性外交

2014年是日本政府加紧落实“安保三支箭”，将“军事复国”路线付诸实践的一年。安倍内阁密集采取废弃“武器出口三原则”、解禁集体自卫权、修改政府开发援助（ODA）大纲及与美国共同修订《日美防卫合作指针》四大步骤，倾力推动新安全防务战略落地。与此同时，日本国会通过《国民投票法》修正案，为未来修改宪法铺平道路。至此，日本彻底告别了二战后以“吉田路线”为标志的战略思路与发展路径，踏上追求“全面正常化”之路。

2014年，安倍内阁“战略性外交”围绕四条主线全面铺开，但其实施效果开始在国内受到质疑。日本近周边外交处境困顿。受乌克兰危机影响，日本对俄外交遭遇挫折，普京访日计划落空，领土问题谈判陷入停滞状态。日韩关系不仅未能摆脱历史问题与岛屿争端的困扰，反而因日本政府实际否定“河野谈话”的行为雪上加霜。日朝围绕绑架问题的政府间磋商陷入僵局，日本借助人权问题对朝施压、延长对朝制裁，或导致日朝关系再陷僵局。

中日关系在2014年上半年持续紧绷。安倍在国际多边场合对华恶意攻击，日本政府以多种方式强化对钓鱼岛的宣传、控制与军事部署，坚持“不存在主权争议问题”的立场，但日益面临国内外压力。11月上旬，中日就处理与改善两国关系达成四点原则共识，习近平主席应约简短会见安倍首相，中日关系迎来改善契机，多项双边接触逐渐回复。但是，中日关系改善的基础仍不牢固，关系走势仍存在不确定性。

2015 年，日本政府将沿既定路线“毫不动摇地走下去”①，着力整备安保法制，完成《日美防卫合作指针》的修订。但是“安倍路线”背离主流民意，面临强力制约，安倍将不得不将更多精力投注于经济民生议题。中日关系面临历史转型期，正加速进入深度合作与深度博弈并行的常态，在双周期因素的作用下呈现两面性、阶段性发展特点。可以预想，安倍晋三在 8 月 15 日的讲话，在何种程度上继承抑或阉割“村山谈话”，将直接影响中日关系下一步走势。

一 “军事复国”路线进入落实阶段

安倍内阁在 2013 年推出了二战后日本历史上第一份《国家安全战略》、新《防卫计划大纲》和新一期《中期防卫力量整备计划》，即“安保三支箭”，以及为之提供法制、机制保障的日本版国家安全委员会及《特定秘密保护法》，从指导原则、政策措施、制度保障等多个层面完成了日本国家安全战略与防务政策的一次重大蜕变，使这一年成为日本“军事复国元年”。2014 年伊始，日本政府即宣布，将依据新《防卫计划大纲》，用十年左右的时间，对陆上自卫队七个师团、旅团进行整编，构建“有事”时可以从全国各地调遣机动部队的快速反应系统，以应对西南诸岛发生“不测事态”。② 为配合整编，防卫省将创设新的陆上总队司令部，以统领全国五个地区的各方部队。同时，根据新《防卫计划大纲》关于建立“两栖机动团”的方针，日本将增设 3000 人规模的登陆作战专门部队，用

① 『日本経済新聞』2014 年 12 月 25 日。

② 纳入此次整编范围的有第 2 师团（北海道旭川市）、第 6 师团（山形县东根市）、第 8 师团（熊本县熊本市）、第 5 旅团（北海道带广市）、第 11 旅团（北海道札幌市）、第 12 旅团（群马县榛东村）和第 14 旅团（香川县善通寺市）。

于执行夺岛作战任务。①

2014 年 4 月 1 日，日本以内阁决议的方式修改“武器出口三原则”，代之以“防卫装备转移三原则”。新原则对原来的三原则进行了全面修改，删除了禁止向“共产国家”和“国际纷争当事国”出口武器的条款，以“有助于日本的安全保障”为条件大幅放宽军事用品及技术的出口，同时规定重要的武器出口项目将由国家安全保障会议（NSC）做出判断。由此，日本的武器出口政策出现质的变化，从过去的“原则上禁止”转变为“原则上允许”。

“防卫装备转移三原则”出台后，安倍内阁接连采取了一系列后续配套措施，以实现其政策效果最大化。

第一，日本防卫省着手修改 1970 年制定的推进防卫装备国产化的“防卫厅方针”，加强与美国、英国、法国及东南亚国家的合作，提升防卫装备的开发和生产水平。6 月 19 日，防卫省推出“新防卫产业扶植战略”。该战略以“防卫装备转移三原则”为前提，内容包括积极参与先进战机等防卫装备的国际共同研发，扩大与友好国家的合作。这是 1970 年“防卫厅方针”制定 44 年来的首次修改，计划实施十年左右。②

第二，决定在 2015 年度成立防卫省直属机构“防卫装备厅”，负责日本与外国政府及国际机构间的武器装备出口谈判事务。“防卫装备厅”将由防卫省的技术研究总部、装备设施总部等部门整合而成，将对防卫装备的研

---

① 2014 年 2 月 2 日，日本政府公布“水陆机动团”全貌，计划在 2018 年之前完成编制。机动团人员规模在 2000～3000 人，作为“陆上总队”的直属部队，计划将司令部设于“西部方面普通科连队”所在的长崎县佐世保市。4 月，日本在那霸基地成立 E－2C 预警机部队（第 603 飞行队），以强化西南离岛防卫。防卫相小野寺在成立仪式上讲话，称将强化对钓鱼岛（日本称“尖阁诸岛”）等西南离岛的警戒和监视，以应对可能来自中国的“不测事态”。5 月 10～27 日，日本陆海空自卫队在鹿儿岛县奄美群岛展开夺岛演习。这是自卫队首次在国内以三军联合的形式进行夺岛演习，意在借此展示、强化夺岛的姿态。

② 新战略以战机和导弹为对象，主张日本参加国际共同研发和生产有利于汲取他国先进技术、削减研发和生产成本。对于日企参与国际共同开发生产的 F－35 战机，新战略主张在日本国内设立“亚太地区配置基地”，通过向进口国提供零部件等方式“扩大对后方支援的贡献”。新战略还提出要与大学及研究机构深化合作，以挖掘能应用于军事技术的民生技术。对于日本军工企业较晚着手研发的无人机和水陆两用车，新战略提出要设法降低采购成本。

发、采购与出口实行一体化管理；依据“防卫装备转移三原则”，建立对外谈判的窗口部门，推动装备产品的国际共同开发与出口。

第三，防卫省研究设立新的资金援助制度，对向日本购买武器的国家和与其他国家共同开发武器的日本企业提供金融援助，以促进日本的军事装备出口。据称，鉴于ODA的援助对象和领域有限，该项制度将可以起到补充ODA、帮助一些国家提高军事实力的作用。

第四，日本参议院6月6日通过《防卫省设置修正法》，决定在防卫省增设事务次官级别的防卫审议官，以加强安全领域的国际交流与合作，促进防卫装备的共同开发。

同年7月1日，日本政府同样以内阁决议的方式决定修改宪法解释，允许行使集体自卫权，并着手修改有关法律。决议规定了行使集体自卫权的三项条件：(1) 与日本关系密切的国家遭到武力攻击、从根本上对日本的存亡以及国民的生命与相关权利造成明确危险的情况；(2) 没有其他适当的手段（以“排除武力侵犯”）；(3) 行使“必要最小限度”的武力。根据《联合国宪章》第51条，集体自卫权是“与本国关系密切的国家遭受其他国家武力攻击时，无论自身是否受到攻击，都有使用武力进行干预和阻止的权利”。基于和平宪法精神，日本在集体自卫权问题上曾长期持“拥有，但不行使”的立场。安倍内阁以解释宪法的方式解禁集体自卫权，无论做出何种解释，都“无法从逻辑与法理上解决集体自卫权与宪法第九条宗旨之间的根本性矛盾，就好比‘战争’与‘和平’无法混为一谈”。[①] 解禁集体自卫权，标志着日本自1945年战败以来时隔69年重新成为“能够进行战争的国家”。而且，“与日本关系密切”“造成明确危险”等模糊措辞，为安倍内阁的政策运用留下了弹性解释空间。7月1日是日本自卫队成立60周年，安倍内阁选择在这一天解禁集体自卫权，可谓用意深远。[②]

2014年10月8日，日美两国政府公布关于修改《日美防卫合作指针》的

---

① 『朝日新聞』2014年6月27日。

② 吴怀中：《安倍急于解禁集体自卫权，图谋何在?》，《世界知识》2014年第14期。

中期报告。早在2013年10月，日美两国就在2014年结束前完成对1997年修订过的指针再行修改达成共识，“以应对日本周边安全环境的变化”。此次修订案中期报告的主要内容包括：（1）两国明确从“和平时期”到行使集体或个别自卫权的“紧急事态”的所有阶段都要展开合作。由此，现行指针中对三种情形的区分实际上不复存在，自卫队将从“平时”、“灰色事态”到“战时”都对美军开展“无缝隙”的合作与支援。（2）两国明确将“宇宙”“网络”作为新的战略领域，在导弹防御、情报收集、预警侦察、太空、网络空间等方面开展与强化全方位合作。（3）自卫队对美军的支援扩展到全球范围，不再有地理限制；而且只要满足日本行使集体自卫权的三项条件，自卫队即可在支援美军时使用武力。（4）删除现行指针中“周边”的提法，强调为体现日美同盟的“全球性质”，两国将扩大军事合作范围，强化军事合作力度，增进与地区盟国、伙伴国的三国或多国间安全防卫合作。日本政府在10月3日举行的国家安全保障会议上讨论并通过了指针修订案中期报告，原计划在2014年底前与美国共同完成最终报告。但为与日本国内“安保法制”建设保持同步，12月19日，日美两国外长与防长组成的安全保障协商委员会会议（“2+2”会议）发表公告宣布，最终报告将推迟到2015年上半年公布。

10月28日，日本政府公布《ODA大纲》修正草案。这是日本时隔11年再度对大纲做出重大修改，其对外军事援助色彩大幅增加。3月28日，外相岸田文雄在东京演讲时宣布，“为了强有力地引领国际社会”，将对规定日本对外援助理念及方式的《ODA大纲》进行修改，力争在年内在内阁会议上通过修正案。[①] 鉴于2013年出台的日本《国家安全战略》提倡“朝着有利于国际社会稳定的方向高效实施战略性ODA项目”，岸田称有必要将这一内容反映到《ODA大纲》中。同日，日本外务省设立专家恳谈会，负责向外务省提出相关报告。其间，多个市民团体联名向安倍提交声明，要求在修改《ODA大纲》之际坚持非军事主义理念，担心安倍内阁将把ODA

① 外務省「岸田外務大臣ODA政策スピーチ　進化するODA~世界と日本の未来のために」、http：//www. mofa. go. jp/mofaj/ic/ap_ m/page3_ 000726. html。

变为日本助长地区动乱的工具，但未能阻止安倍内阁修改大纲的步伐。修改后的《ODA 大纲》有两点重大变化，引发国际社会广泛关注：（1）废除一律禁止援助他国军队的现行规定，首次允许“视情况援助他国军队参与救灾等非军事目的的活动”。（2）扩大援助范围。修改草案规定，对国内生产总值（GDP）等经济指标已达到一定水平的新兴国家与岛屿国家，如果该国在政治、经济上存在不稳定因素，则仍可以作为援助对象。

修订《ODA 大纲》与“防卫装备转移三原则”、解禁集体自卫权一道，成为安倍内阁的新“安保三支箭”。1992 年制定的《ODA 大纲》明确规定，“避免将 ODA 用于军事领域或助长国际纷争”。据此，日本历来禁止利用 ODA 向受援国的军队提供物资援助或帮助建造军用码头与道路，军人也不在 ODA 人才培养的范围内。与此相比，修改草案显示出，日本对外援助政策的视角开始从“消除发展中国家的饥饿与贫困”“确保日本的安全与繁荣”转向强调日本的“责任与义务”，不再回避军事领域的援助。尽管外相岸田文雄一再辩称“新大纲基本原则和旧大纲完全没有变化”，但不少日本媒体质疑，新大纲提出可以对他国军队提供仅限于非军事领域的援助，然而现实中“军事”与“非军事”的界线往往很难划分，如受援助国突然进入战争状态，被指定为非军事领域的粮食和车辆可能被用于军事作战。日本将优先用 ODA 资金援助东南亚地区，以加强合作，平衡中国在该地区日益增强的存在。而支援外国军队的禁令一旦解除，日本政府将可能以灾难救助为名，向菲律宾等国提供诸如修建军民共用港口等援助。最终，新《ODA 大纲》将改变日本和平外交的性质。[①]

二　安倍“战略性外交”显露疲态

2014 年安倍内阁“战略性外交”全面铺开，首相及主要阁僚遍访世界多个地区与国家，安倍本人成为二战后日本历史上出访次数最多的首相。安

① 『朝日新聞』、『東京新聞』2014 年 10 月 29 日。

倍内阁“战略性外交”基本围绕四条主线展开：(1) 宣传“安倍经济学”，寻找贸易投资及军工产品出口市场、确保资源能源进口。(2) 显示日本在世界的“存在感”，强化国际地位，为2015年再度“争常”谋篇布局。(3) 就解禁集体自卫权等安全防务政策转型寻求国际社会的“理解”，消除安倍参拜靖国神社给日本国际道义形象造成的损害。(4) 发起“中国指向型”国际公关，在抹黑中国“以实力改变现状”、借力“中国威胁”推动多边安全合作的同时，对华伸出“呼吁对话”的橄榄枝，从多角度牵制中国。然而，与“俯瞰地球仪外交”制造的火爆场面不同，安倍内阁对周边邻国的外交陷入困境，特别是在东北亚地区的孤立局面未见任何改观。

安倍“战略性外交”注重全球视野，2014年，在强化日美同盟的同时，强化日欧合作、推动日美欧三极协调的一系列战略动作引人注目。1月9日，出访法国的日本外相岸田文雄、防卫相小野寺五典与法国外长、防长举行日法之间的首次外交与防务会议，即“2+2”会议。双方就扩大在安保领域的合作达成一致，决定在“2+2”机制中设立两个委员会，分别用于推动两国在防务设备和技术方面的合作及负责军备出口监控机制和情报共享，每年举行一到两次磋商。4月底至5月初，安倍访问德国、英国、法国等欧洲六国，出席经济合作与发展组织（OECD）部长理事会等，并与欧盟、北约领导人会晤，就日本外交安全政策、乌克兰局势、日欧经济合作等举行会谈。5月6日，安倍在北约总部发表演讲，强调日本是北约“必然的伙伴”，双方将在打击索马里海盗、开展自卫队与北约部队的共同演练等方面加强合作。同时，安倍借钓鱼岛、东海防空识别区问题攻击中国，对中国军费逐年增长表示“担忧”，指责中国“频繁试图通过强力单方面改变现状”。结束访问之际，安倍在比利时举行记者会，称其以“积极和平主义”为基础、突破集体自卫权的外交和安全政策获得了各国的支持，强调目前东亚、欧洲的安全形势进一步恶化，日欧必须加强合作，共同应对。

对亚太外交体现了安倍内阁打造地区“民主安全菱形”的意图，带有明显的军事外交色彩。2月18日，日本与东盟国家在冲绳举行副部长级防务磋商。双方就牵制中国海洋活动、加强海上安全合作达成一致。日方就安倍推行“积极和平主义”及废弃武器出口三原则谋求东盟国家理解，并表示愿意为东盟国家强化海上安全提供装备、技术方面的支持。4 月上旬，日本与印度举行政府间磋商，讨论海上自卫队水陆两用救援飞机 US2 对印度出口事宜。4 月下旬，日本防卫相小野寺五典出访澳大利亚，双方就强化双边安保合作机制举行会谈。据称，双方探讨了钓鱼岛周边海域中国船只的动向及乌克兰局势，就“不允许单方面改变现状”取得共识。此外，双方一致同意加速潜水艇等防务装备的共同研发。6 月 11 日，日澳两国在东京举行外交、防务会议，即“2 + 2”会议，就签署共同开发防务装备协议达成一致。日澳将在日本提供的潜艇技术基础上，于 2015 年启动在船舶流体力学方面的共同研究。双方决定向两国领导人建议，加强两国军队联合训练，制定强化太平洋地区合作战略，将安全防务领域的合作提升到新阶段。11 月 16 日，安倍在澳大利亚出席 20 国集团峰会期间，与美国总统奥巴马、澳大利亚总理阿博特举行会谈。这是美日澳三国时隔七年再次举行三边首脑会谈，核心议题是强化三国之间的安全防务合作。

东南亚国家仍是安倍内阁“战略性外交”的重点对象，而且继缅甸之后，对“陆上东盟”的政治安全渗透开始向老挝、柬埔寨延伸。2013 年 11 月安倍访问老挝之际，曾与老挝总理通邢就探讨建立两国外交和防务部门参加的安全对话框架达成一致。据分析，与东南亚国家深化从经济到政治、安全的合作是日本外交今后一大趋势，而与老挝的对话是日本“与东盟成员国分别构建安全领域框架措施”计划的一部分。2014 年 4 月，由日本、老挝两国外交和防务部门人员参加的首次日老安全对话在万象举行，双方就在安全领域展开合作交换了意见。5 月 7 日，岸田文雄访问老挝，宣布日本将对老挝提供 24.5 亿日元的无偿援助资金，其中 22 亿日元用于支援老挝南部桥梁等基础设施建设，2.5 亿日元用于接纳老挝公务员赴日深造。6 月 30 日，岸田访问柬埔寨，就定期举行日柬两国外交及防卫部门间磋商达成一致。岸田就安倍政府即将解禁集体自卫权、扩大自卫队海外活动范围进行了解释，希望柬方予以理解。双方还就尽早缔结航空协议、开通两国间定期直飞航班达成共识。

对菲律宾、越南等南海声索国的外交，是2014年日本对东南亚外交的重中之重。5月，安倍会见到访的越南副总理，就此前发生的“中越海上冲突事件”表示，“对由中国单方面开采活动造成的地区紧张感到担忧”。双方就应对中国在南海地区开展的海洋活动进行密切合作达成一致。安倍表示，日本将加快向越南提供海上巡逻船的前期调查工作，协助越南强化海上警备力量。越方欢迎并表示期待安倍提出的“积极和平主义”能在维护地区和平稳定中发挥作用。6月24日，安倍会见到访的菲律宾总统阿基诺三世，双方就应对中国扩大海洋活动、两国加强安全领域合作等举行会谈。日方表示支持菲律宾就南海争端将中国告上国际海洋法庭，菲方则支持安倍政府解禁集体自卫权、放宽武器出口，同时请日本尽快向其提供巡逻船，以应对中国在南海的活动。安倍2013年7月访菲之际，承诺将帮助菲律宾加强海上防卫能力，其中包括以日元贷款方式向菲海岸警备队提供10艘巡逻船。此后，安倍与阿基诺三世先后四次会面，接触十分频繁。2014年7月31日至8月2日，岸田访问越南、印尼，重点与越南就日越在提高海洋监视能力方面展开进行磋商。岸田启程访越前，日本政府重启了因越方腐败案而暂停的对越政府开发援助项目。

为2015年谋求“争常”造势，是2014年日本外交主题之一。新年伊始，安倍即访问了非洲和中东，同时将对太平洋岛屿国家和中南美国家的访问提上议事日程。8月，安倍晋三在访问巴西期间宣布，日本、巴西、德国、印度将重振“四国集团”（G4），在2015年联合国成立70周年之际共同提出方案，建议将安理会常任理事国席位从目前的5个增加至11个（新增加的6个席位包括2个亚洲国家、2个非洲国家、1个中南美国家、1个西欧国家），非常任理事国从目前的10个（2个亚洲国家、3个非洲国家、2个中南美国家、1个东欧国家、2个西欧及其他地区国家）增加到14个（分别在亚洲、非洲、中南美、东欧地区增加1个席位）。9月，安倍赴南亚访问孟加拉国与斯里兰卡，此行重点一是“与位于印度洋海上交通要道上的两国进一步强化安全及经济领域的合作，牵制中国在该地区的活动”，二是为竞选联合国安理会非常任理事国、在讨论安理会改革之际掌握话语权铺平道路。2015 年秋季，联合国将改选非常任理事国。孟加拉国和日本此前宣布参加竞选，争夺亚洲地区的唯一席位。安倍访问期间，孟方宣布放弃竞选，转而支持日本，日方则承诺 4 ~5 年内向孟提供 6000 亿日元的经济援助，用于孟加拉国的道路、港口、发电站以及日本经济特区的建设。

安倍内阁活跃的“俯瞰地球仪外交”反衬出其近邻外交的困顿。不仅中日关系持续僵冷，日本与俄罗斯、韩国、朝鲜的关系在 2014 年也未取得实质性进展。

第一，对俄外交遭遇挫折，普京访日计划落空。2013 年 4 月安倍访俄之际，曾与普京就重启领土谈判达成共识。2014 年 2 月 8 日，安倍与普京在索契举行自他上台以来的第五次会谈，双方就普京秋季访日达成一致。双方同意加快谈判进程，早日解决领土争端并缔结和平条约。双方还就加强安全对话与能源合作、促进日本向俄罗斯西伯利亚地区投资等事项取得共识。安倍在记者会上炫耀他与普京的“信赖关系”，希望在此基础上推动日俄关系取得“飞跃性进展”。但此后随着乌克兰危机爆发，日本追随美国对俄制裁，冻结对俄投资、太空开发等有关协议的谈判，日俄关系急转直下。3 月 19 日，安倍本人首次就乌克兰局势公开表态，就克里米亚入俄严厉谴责俄罗斯，称俄罗斯此举侵害了乌克兰的统一性及其主权、领土的完整性，日本将与七国集团其他成员国加强合作，商讨对俄采取进一步措施。

随着乌克兰局势持续升级，外相岸田推迟了原定 4 月下旬对俄罗斯的访问。4 月 25 日，岸田宣布，鉴于乌克兰紧张局势日渐升级，日本政府将通过欧洲安全与合作组织（OSCE）等国际机构，向乌克兰追加共计 80 万欧元的无偿资金援助，用于推动乌克兰的民主化进程。4 月 28 日美国政府决定冻结 7 名普京亲信的在美财产，日本政府迅速跟进，于翌日宣布鉴于俄罗斯“未履行旨在缓和乌克兰紧张局势的日内瓦协议，持续进行侵犯乌克兰主权和领土完整的行动”，日本将对俄追加制裁，停发俄政府 23 人签证。5 月 24 日，普京在圣彼得堡国际经济论坛会议期间表示，日本“可能尚未做好就争议岛屿进行对话的准备”，暗示俄日围绕北方四岛（俄称“南千岛群岛”）

争端的谈判可能中断。

7月28日，安倍内阁官房长官菅义伟宣布，鉴于乌克兰局势升级以及马航MH17客机坠毁事件，日本将对俄罗斯追加制裁措施，包括冻结与克里米亚及乌克兰东部民间武装有关的个人和团体在日本的资产，以及限制进口来自克里米亚的各项产品。此举被俄方称为"不友好的短视行为"。8月5日，俄罗斯外交部宣布，原定于8月底举行、以两国争议岛屿为主题的日俄副外长级磋商延期。9月24日，日本政府宣布对俄罗斯追加制裁。制裁内容除已有的冻结俄政府官员资产外，还包括禁止俄罗斯5家主要银行在日本融资，禁止向俄罗斯出口武器。原定于9月下旬举行的日俄外长会谈也被取消。11月9日，安倍在北京亚太经合组织（APEC）峰会期间会见普京，双方就争议岛屿问题、乌克兰局势交换了意见，确定将为普京在2015年"合适的时期"访问日本做准备。12月9日，日本政府决定对乌克兰亲俄派势力进行制裁，冻结与乌克兰东部局势动荡有关联的14个团体与26名个人的所有在日资产，并对个人停发签证。

第二，日本与韩国围绕历史问题及岛屿争端而形成的关系僵局未见任何缓解。2014年2月，安倍内阁以韩国方面曾介入"河野谈话"内容酝酿过程为由，宣布成立专门小组，对谈话出台过程进行调查。随后，由日本法律界、媒体界等5名相关人士组成小组，依据当时的外交记录以非公开的方式进行了调查。安倍政府这一举动被认为是试图弱化"河野谈话"所体现的日本官方立场，在国际社会招致广泛批评。6月20日，日本政府在国会向各党派汇报关于"河野谈话"出台经过的调查报告，并在首相官邸、外务省等网站主页公布调查结果。报告称，在1993年日本发表"河野谈话"之前，日韩两国政府曾私下就谈话的文字表述做过修改，由此认定谈话出台过程受到了韩国政府的影响。报告一经出炉，立即遭到韩国、中国及美国等国家的质疑和批评，导致日韩关系进一步恶化。此后，日本政府更进一步，试图否定联合国慰安妇问题报告。2014年8月5日《朝日新闻》刊文，修正20世纪90年代关于慰安妇问题的报道，承认日本人吉田清所做的有关强征慰安妇的证言不属实。9月5日，菅义伟在记者会上称，1996年联合国法律专家拉迪卡·库马拉斯瓦米提交的慰安妇问题报告受到过《朝日新闻》相关不实报道的影响，因此内容是不确切的。据《读卖新闻》报道，10月14日，日本外务省人权人道担当大使佐藤地会见库马拉斯瓦米，要求其取消报告中与吉田证言相关的部分，但遭到拒绝。库马拉斯瓦米表示，“吉田证言仅仅是慰安妇报告的证据之一”。对此，菅义伟称，日本政府将继续向国际社会解释说明以寻求理解。

3月25日，经美国居中斡旋，日美韩三国领导人在荷兰海牙核安全峰会期间举行会谈。5月31日，日美韩三国防长在新加坡举行会谈，展示出三国“将携手应对朝鲜问题”的姿态。这是三国防长近三年来首次聚首。三方在会谈后发表共同声明，称在应对朝核问题、加强合作推进亚太地区安全等问题上达成了一致。但日韩两国防长双边会谈最终“由于双方日程无法调整”而未能举行。12月29日，美日韩三国签署备忘录，以共享朝鲜导弹与核武等相关情报。此前美日、美韩分别缔结有《军事情报保护协定》（GSOMIA），而日韩之间一直未能签订。但就在同一天，日本与韩国围绕慰安妇问题进行的副部级磋商无果而终。日方代表在磋商中重申立场，坚称日本政府“不能承认就此负有法律责任”。

第三，日本与朝鲜围绕绑架问题的磋商再度陷入僵局。2012年12月朝鲜发射远程弹道导弹，飞越日本冲绳上空，日朝政府间磋商延期，两国关系陷入停滞状态。安倍上台后将解决绑架问题作为“优先外交课题”，试图打破日朝关系僵局，2013年5月派内阁官房参事饭岛勋访问朝鲜，传递日本政府希望依据2002年9月签署的《日朝平壤宣言》发展两国关系的讯息。2013年12月至2014年1月，日本外务省亚洲大洋洲局局长伊原纯一在中国沈阳及越南河内实现了与朝鲜高官的秘密会谈。2月下旬，双方在中国香港进行接触，就举行日朝红十字会会谈、促成绑架受害者横田惠的父母与横田惠的女儿会面、重启两国政府间局长级磋商等问题进行了探讨。[①] 2014年3月20日日朝举行课长级非正式磋商，继而于当月30～31日在北京重启政府

① 日本共同社2014年3月30日报道。

间正式磋商。日方表示，如果朝鲜同意对“绑架受害者”展开调查，日本政府则考虑分阶段解除对朝经济制裁。朝鲜的朝日邦交正常化谈判大使宋日昊在会谈后披露，对于朝鲜一直主张“已经解决”的绑架问题，朝方没有拒绝与日方进行讨论。朝日双方还就今后继续举行磋商达成共识。

5月10日，日朝外长在缅甸进行接触，双方围绕为重新调查绑架问题等设立的特别调查委员会的工作交换了意见，朝方承诺9月上旬提交首份调查报告。5月26～28日，日朝在瑞典斯德哥尔摩举行政府间磋商。日方再次提出绑架及半岛核问题、朝鲜弹道导弹等“悬而未决的问题”，希望继续加强双边磋商。朝方则要求日方放宽自2006年以来全面禁止对朝进出口的经济制裁。7月1～2日，日朝两国在北京举行局长级磋商。朝方向日方通报了重新调查绑架受害者的情况，以及计划成立的特别调查委员会成员构成等信息。日方认为，朝方计划成立特别调查委员、重新调查绑架问题并由最高领导人金正恩直接领导，有助于开展富有实效的调查，对此给予积极评价。7月3日，安倍向媒体宣布，日本政府决定部分解除对朝鲜的单边经济制裁。解除的制裁措施包括：（1）禁止朝鲜籍船舶入港；（2）限制两国人员往来；（3）向朝鲜汇款须申报。不过，被解除入港禁令的对象仅限于以人道主义为目的的船只，而对朝鲜国家的进出口禁令仍将维持。2014年9月29日，日朝局长级磋商在沈阳举行。日本方面听取了朝鲜就重新调查进展情况所做的说明，要求朝鲜尽早提交首份调查报告，而朝鲜方面仍未能告知提交报告的具体日期，双方也未约定下次磋商的召开时间。

进入2015年，日朝围绕绑架问题的政府间磋商继续处于停滞状态。3月，日本政府决定再度延长即将到期的对朝全面禁止进出口制裁。[①] 与此同时，日本与欧盟共同提交的“朝鲜人权决议案”于3月27日在联合国人权理事会第28次会议上获得通过。决议案谴责朝鲜“有组织地侵害人权”，引发朝方“严厉谴责与反对”。[②]

① http：//www. chinanews. com/gj/2015/03 –11/7120039. shtml.

② http：//world. huanqiu. com/hot/2015 –03/6040458. html.

三 中日关系迎来改善契机

2013 年底安倍悍然参拜靖国神社，导致自 2012 年日本“国有化”钓鱼岛以来一直紧绷的中日关系“降至冰点以下”。2014 年，中日关系在紧张的气氛中开局。新年伊始，安倍即在瑞士达沃斯世界经济论坛上“对中国发起了几乎不加掩饰的攻击”。作为发达国家中唯一出席本届年会的政府首脑，安倍 1 月 22 日在论坛开幕式上发表了题为《日本视角下的世界重塑》的主旨演讲。演讲包括政治和经济两个方面。在经济方面，安倍强调“安倍经济学”取得的成就，宣称将坚持体制改革这一经济增长战略的核心，打破既得利益，释放妇女的潜在生产力，促进日本经济复兴。在政治方面，安倍矛头直指中国，呼吁增强军事预算公开透明化，制定海洋活动相关的国际准则。安倍称：“我们必须遏制亚洲的军事扩张，否则它可能会失去控制。”

安倍把当前日中关系比作第一次世界大战前夕欧洲列强之间的敌对关系，将中日之争及其背后的中美之争做比百年前的德英关系。这“令全球外交界感到毛骨悚然”。① 与此同时，安倍在记者会上为他参拜靖国神社辩解，称“为逝去的灵魂进行的祈祷”应当被视为“对于世界上任何国家的领导人来说都是十分自然的事情”。参拜靖国神社“并非在称颂所谓的甲级战犯。那里面没有（战争）英雄，只有为战争倒下的人们的灵魂。我没有敌意，没有侮辱人的意思”。②

安倍的言论遭到中韩等亚洲邻国的一致痛批。3 月 8 日，中国外长王毅在“两会”新闻中心记者会上就此表态：“至于有人将现在的中日关系与一战前的英德关系相提并论，我想强调的是，2014 不是 1914，2014 更不是 1894。与其拿一战前的德国做文章，不如以二战后的德国做榜样。”尽管日

---

① 英国《独立报》网站 2014 年 1 月 22 日报道。

② 『朝日新聞』2014 年 1 月 23 日。

本政府通过外交渠道向参与报道的海外媒体解释，称“首相的真意在于避免日中间的武力冲突”，但安倍的言论仍引发各界的诸多议论。国际战略研究界也不乏质疑将中美关系、中日关系与百年前德英关系简单类比的理性声音，其中哈佛大学教授约瑟夫·奈的观点最具代表性——“历史类比法尽管有时对防患于未然而言是有用的，但它的危险性在于传达了一种历史宿命感”。今天的世界与1914年相比有几个重要的不同：一是“核武器相当于使政治领导人有了一颗水晶球，可以看到战争升级后的世界会是什么样”。二是“今天的战争意识形态确实薄弱多了。1914年，人们确实认为战争是不可避免的，社会达尔文主义者的论点更是加强了这种宿命论”。人们从一战中“可以得出一个教训，即要小心使用分析人士的历史类比法”。“战争从来不是无法避免的，而认为战争是无法避免的观点可能成为导致战争的一个原因”。①

5月30日，安倍出席在新加坡举行的亚洲安全会议，再度对中国进行攻击。他在演讲中提出以遵守国际法为核心的“法制三原则”：“国家主张必须遵照法律”，“不得以主张为由诉诸武力或以武力相威胁”，“纷争的解决必须恪守和平”。安倍宣称，中国在南海的活动是“企图不断使用既成事实、使现状变化固定化的行为”，理应受到“谴责”。而为确保海空航行的自由，日本将“全力支持东盟各国”，包括向菲律宾和印尼提供巡逻船等。

与此同时，日本政府采取多种方式，强化对钓鱼岛的宣传与控制。4月15日，外务省在其官网上更新了钓鱼岛专门网页，并首次推出题为“尖阁诸岛”的多语种宣传手册，在官网上同步公开，借以宣传对钓鱼岛的“所有权”。宣传手册长达21页，共有日文、中文、俄文等11个版本，计划陆续发放到日本驻外使馆，以期在中日岛屿争端中赢得国际舆论的支持。手册包含了日方制作的历史资料和地图数据资料等内容，宣传日本“日中间不存在主权争议问题”的立场，声称日中两国围绕钓鱼岛问题达成的“搁置争议”共识是中国的“单方面主张”。与此同时，日方进一步强化对离岛的

---

① 约瑟夫·奈:《重回1914年?》,《亚洲时报》2014年1月22日。

管理。8 月 1 日，日本政府综合海洋政策总部公布 158 个位于日本领海边缘地带的岛屿的名称，其中包括中国钓鱼岛及其附属岛屿。对此，中国外交部向日方提出严正抗议。

日方所谓钓鱼岛“不存在主权争议”的立场，越来越受到日本国内及国际社会的质疑。日本政府 12 月 25 日公布的有关钓鱼岛及竹岛（韩国称“独岛”）的舆论调查结果显示，受访者中赞成日本政府钓鱼岛“不存在主权争议”立场的不足半数（48.2%）。对此，内阁官房领土与主权对策企划调整室表示，要加大宣传力度，让更多日本民众对钓鱼岛问题抱有正确的认识。12 月 31 日，日本共同社率先报道，30 日解密的英国政府文件记录显示，1982 年时任日本首相铃木善幸亲口向到访的英国首相撒切尔夫人透露，日中之间曾就钓鱼岛归属问题达成谅解和共识，同意维持现状。报道认为，虽然其中所指的“共识”未见诸正式外交文书，但铃木的上述发言证实了有关谅解和共识确实存在。① 这对日本政府“不存在主权争议”的立场形成又一沉重打击。

与近邻国家长期交恶，严重损害日本自身利益，日本国内对安倍强硬的周边政策的不满日渐增多。舆论认为，安倍“打着对抗中国的旗号四处奔走，但他花费国民税金进行的外交活动并没取得应有成果”；“俯瞰地球仪外交”实际是中空的“甜甜圈外交”，安倍出访首相访问了那么多国家，却恰恰漏掉了中国和韩国这两个他所谓日本与之拥有“最重要的外交关系”的邻国；安倍积极推行“俯瞰地球仪外交”，但“该战略最终要有所成就，还必须实现与中国的直接对话，能否访问中国、实现日中首脑会谈才是真正的焦点”。② 2014 年 4 月，美国总统奥巴马访日，在首次公开表态支持日本解禁集体自卫权、宣称《美日安全条约》适用于钓鱼岛的同时，也明确对日施加压力，要求安倍尽早与中国实现对话，谋求以和平谈判解决两国争端。③

---

① 『朝日新聞』2015 年 1 月 1 日。

② 『読売新聞』、『朝日新聞』2014 年 9 月 7 日。

③ 参见杨伯江《美国对日政策内在矛盾性及其地区战略影响分析》，《日本学刊》2014 年第 6 期。

各方压力之下，日本政府从5月起数次遣员访华，就缓和日中关系、实现领导人会见沟通斡旋。5月4～6日，自民党副总裁高村正彦率日中友好议员联盟代表团访华。高村在与中国全国人大常委会委员长张德江的会谈中提及，安倍首相希望借11月APEC领导人会议在北京召开之际，与习近平主席举行会谈。高村在结束访华回国后，于5月9日向安倍做了汇报，称"不是没有实现（与中国领导人）会谈的可能性"。另据日本媒体报道，日本前首相福田康夫7月27日秘密访华，为11月北京APEC会议期间实现日中领导人会谈展开斡旋。8月10日，中国外长王毅在缅甸出席东盟地区论坛期间，应约与日本外相岸田文雄举行非正式会谈，双方就如何改善两国关系交换了意见。这是2012年安倍上台以来中日外长首次对话。9月3日，习近平主席在纪念抗日战争胜利69周年座谈会上讲话指出，"中国政府和人民将一如既往地致力于发展中日关系，愿意在中日四个政治文件的基础上推动中日关系长期稳定健康发展"，日本方面对此给予了高度关注。

与此同时，安倍本人在国际多边场合抹黑中国的言行有所收敛，并频繁呼吁日中对话。9月6日，安倍在出访孟加拉国期间表示，希望在APEC会议期间能够实现日中首脑会谈。9月19日，中日韩三国财长会议在澳大利亚举行。这是时隔两年多三国再次举行财长会议。会议确立了要与东盟加强金融合作的方针并发表联合声明，表示"要通过三国的积极合作，为世界经济的持续发展和危机管理做出贡献"。9月23～24日，在时隔两年零四个月后，作为中日双方涉海事务综合沟通协调机制的中日海洋事务高级别磋商在青岛举行，两国相关部门就防止东海等海域发生冲突交换了意见。为避免舰船和飞机发生冲突，中日防务部门就重启海上联络机制达成一致。9月25日，中国外交部长王毅在纽约出席联大会议期间应约与岸田举行非正式会谈，双方就当前中日关系以及面临的问题交换了意见。9月29日，安倍在临时国会发表施政演说，首次提出要与中国构建"稳定的友好关系"。

11月6日，日本国家安全保障局长谷内正太郎到访北京，7日与中国国务委员杨洁篪举行会谈，就处理和改善中日关系达成四点原则共识：（1）双方确认将遵守中日四个政治文件的各项原则和精神，继续发展中日战略互惠关系；（2）双方本着“正视历史、面向未来”的精神，就克服影响两国关系的政治障碍达成一些共识；（3）双方认识到围绕钓鱼岛等东海海域近年来出现的紧张局势存在不同主张，同意通过对话磋商防止局势恶化，建立危机管控机制，避免发生不测事态；（4）双方同意利用各种多双边渠道重启政治、外交和安全对话，努力构筑政治互信。11 月 8 日，中国外交部长王毅在北京会见来华参加 APEC 部长级会议的岸田文雄。这是 2012 年 9 月以来中日两国外长首次正式会谈。双方对中日四点原则共识给予积极评价，岸田建议重启两国外长互访和经济高层对话。同日，中国商务部长高虎城会见日本经产大臣宫泽洋一，双方就双边经贸合作、区域和多边领域经贸合作等交换了意见。

11 月 10 日，习近平主席应约简短会见来北京参加 APEC 峰会的安倍晋三首相，赢得各方高度评价。日本主流报刊多发表社论，认为“虽然短短的 25 分钟会谈并不能使日中之间的冷空气瞬间转暖，但至少是朝改善的方向迈出了一大步”。“身为一国首相，安倍当然不可以在外国的压力下承诺不参拜靖国神社，但应该从大局出发，自我约束，不再参拜”。[①] 香港《信报》刊文称，中日领导人会见具有重大意义，“证明中日之间存在友好共识，只要大家坚守这样的共识，必然为中日乃至亚洲的和平奠定基础”。美国白宫新闻发言人欧内斯特表示，中日领导人会见是中日促使两国关系发生改善的“迹象之一”，表明中日通过外交渠道的沟通取得了一定成效，“美国非常乐见这一情况的出现”。《华尔街日报》认为，“习安会”是中日“双方相互做出让步、缓和姿态的结果”，中国作为东道主为此“做出了较为妥当的安排”。不仅中日官方的“克制冷静”值得肯定，媒体的报道基调和气氛也对会见的实现发挥了作用。同时，各方对中日关系的下一步走势抱持谨慎态度。美国国家安全事务副助理本·罗德 11 月 12 日在白宫记者会上表示，中日领导人会见“仅是中日避免冲突的第一步”，“华盛顿将继续关注中日之间的互动”。

---

① 『日本経済新聞』2014 年 11 月 11 日。

2015 年 1 月 21～23 日，第三轮中日海洋事务高级别磋商在日本横滨举行，两国外交、国防及其他涉海部门参加。双方举行了磋商机制全体会议和机制下设的政治法律、海上防务、海上执法与安全及海洋经济四个工作组会议，就中日关系、东海相关问题及海上合作深入交换了意见，并就如下内容达成一致：（1）双方对 1 月 12 日举行的中日防务部门海上联络机制第四轮专家组磋商取得的进展予以积极评价，同意争取早日启动防务部门海空联络机制，并就此进行磋商；（2）中国公安部边防局和日本海上保安厅同意继续就打击走私、偷渡等海上犯罪进行合作；（3）中国海警局和日本海上保安厅同意建立双方总部之间的对话窗口，并尽快讨论进一步合作的方式；（4）双方同意在中日海洋事务高级别磋商框架下，加强海洋政策及海洋法对话；（5）双方同意根据有关国际法加强在搜救、科技及环境等领域的海洋合作，双方并就早日缔结中日海上搜救协定交换了意见；（6）双方原则同意 2015 年下半年在中国举行第四轮中日海洋事务高级别磋商，具体事宜将通过外交渠道商定。

四　2015年日本与中日关系展望

2014 年，安倍内阁继上年出台“安保三支箭”之后，采取废弃“武器出口三原则”、解禁集体自卫权、修改《ODA 大纲》、修订《日美防卫合作指针》四大步骤，将“军事复国”路线推向落实阶段。2015 年，安倍将继续以“强军”为核心，朝着“重振日本”的战略目标挺进。正如第三届安倍内阁“基本方针”所表明的那样，日本政府将“以牢固的日美同盟为基轴，强力推进‘俯瞰地球仪外交’，无缝隙地整备安保法制”。[①] 2014 年 12 月 14 日众议院大选后，安倍表示要“毫不动摇地”沿既定路线坚定走下去，并且要加速推进“安倍路线”。

为让集体自卫权的解禁落到实处，安倍内阁在 2015 年例行国会期间将

① 『日本経済新聞』2014 年 12 月 25 日。

推动修改《自卫队法》《周边事态法》《武力攻击事态对处法》《国际和平协力法》《周边事态船舶检查活动法》《海上保安法》等近 20 部相关法律。这项工程涉及内容广泛，不可能在一次国会会期内全部解决。但是，此举给日本安保制度及法律体系带来的影响将是系统性、颠覆性的。与此同时，安倍内阁还将完成《日美防卫合作指针》的修订，强化对西南岛屿管控及钓鱼岛海域的军事部署，出台涉足军事援助的新 ODA 大纲，以补贴制度振兴防卫产业、以贷款援助促进武器出口。但是，纵观全局，“安保特色”突出的“安倍路线”势将面临日本国内因素的强力制约，看似强势的安倍“第三季”实际上具有脆弱性。

“安倍路线”背离主流民意，日本民众最关心经济、民生问题。2014 年 12 月 14 日的大选中，自民党、公明党联合政权保住了在众议院 2/3 以上的席位，同时在参议院也拥有过半数席位，安倍内阁在国会运营方面明显处于优势地位。但是，在自公两党合计占据的 326 个席位中，自民党的席位实际较选前减少了 4 席。这次选举中约半数选民弃选，投票率创下二战后国政选举历史上的最低纪录。尽管小选区产生的席位约有 3/4 为自民党所获，而实际投给自民党的票仅占全体选民的约 1/4。在美军普天间基地向名护市边野谷搬迁问题成为争点的冲绳县，自民党在 4 个小选区全部败北。根据共同社在选后进行的调查，安倍内阁支持率为 46.9%，不支持率为 45.3%，两者不相上下。而对安倍内阁安全政策的不支持率高达 55.1%，大大超出支持率（33.6%）。[①]《日本经济新闻》调查结果显示，在日本民众列举的期待安倍内阁优先处理的政策课题中，“社会保障”占据首位，高达 53%，其次是“景气对策”，达 43%。同时，对于安倍内阁计划在 2015 年例行国会期间审议通过集体自卫权相关“安保法制”，反对者达 48%，超过支持者 14 个点（34%）。[②]

同样，在安倍声称“要持续深化、扩大国民的理解与支持”的修宪问

① 『東京新聞』2014 年 12 月 24 日。

② 『日本経済新聞』2014 年 12 月 26 日。

题上，安倍也很难早日“让梦想照进现实”。修改1946年美国“钦定”的“和平宪法”，一直是战后日本保守右翼政治家们的政治目标，作为其代表人物，安倍更是念兹在兹，无日或忘。2007年5月，安倍在首任首相期间即推动国会通过了规定修宪公投手续的《国民投票法》。2014年6月，安倍内阁又推动国会对该法做出修正，规定新法生效4年后，参与投票者的年龄将从现行法律规定的20岁下调到18岁，以利于未来修宪公投案获得通过。但是，安倍首先面对修宪所必须跨越的刚性门槛。修宪需要参众两院各自2/3以上议员的支持，而自民党、公明党执政联盟在参议院并不具备这种优势。要越过这一障碍，自民党只有在2016年7月参议院选举中与公明党一道获得2/3以上的席位。这也就是2015年政绩得分对安倍而言极其重要的原因，因为它将直接影响2016年参议院选举的结果。其次，从民意看，根据上述民调，日本民众反对修宪的为50.6%，支持者为35.5%。[①] 而主张安倍内阁把“修宪”作为优先政策课题的仅有9%。[②] 综合研判，2015年安倍尚无法将修宪纳入现实政治议程，他将继续以向国民宣传为重点为将来造势铺路，引导舆论赞成修宪。

2015年，安倍内阁将不得不把更多精力投在经济民生议题上。安倍“第三季”面临更大的执政压力，而压力点首先来自国内经济形势。2014年4月日本时隔17年上调消费税（从5%到8%），此举是迈向重建财政长期目标的重要一步，但对占GDP约六成的国内需求造成重大冲击，此后经济连续两个季度陷入负增长。同时，“安倍经济学”借助日元贬值扩大出口、弥补内需不足的期待落空，2014年4～11月日本出口额同比仅微增0.3%。个人收入的增加追不上通胀率的脚步，日本官方2014年11月发布的经济速报显示，工薪族实际工资同比下降了4.3%。2015年安倍内阁将继续在追求长期改革目标与顾及短期经济增长之间处于两难境地，而保持一定增长不仅能为推行“安倍路线”奠定物质基础，更直接关系到民众对安倍内阁的满

① 『東京新聞』2014年12月24日。

② 『日本経済新聞』2014年12月26日。

意度，关系到政权本身的稳定度。在 2017 年 4 月日本将再度上调消费税、内需短期难以大幅回升的预期压力下，对借助海外引擎拉动日本经济的期待将直接转化为一种压力，迫使安倍缓和改善与周边国家的关系。

2015 年，中日关系的走势将在双周期因素的作用下呈现两面性、阶段性特点。现阶段中日关系受到大小两个周期的影响，异常复杂。从现实小周期看，继小泉顽固参拜靖国神社之后，2012 年日本政府“国有化”钓鱼岛所引发的冷战后中日矛盾的第二波集中爆发，在经过爆发期、扩散期和相持期之后，开始进入“收口”阶段。而从历史大周期看，中日关系正在从近代以来“日强中弱”的格局向历史的常态回归，正处于“战略错肩”的过程之中，调整不可能一蹴而就，需要用十几年、几十年的时间同步完成战略的磨合、利益的调整以及心理的调试。正是在这样一种复杂背景之下，安倍内阁对华政策表现出自相矛盾的两面追求：既想从中国的发展中分一杯羹，借助中国市场拉动“少子老龄化”影响下的国内经济，又要在安全上对华防范与牵制。而从主观战略意图看，安倍内阁刻意渲染、利用“中国威胁论”，用以引导国内舆论支持其“强军”路线，这势必进一步加深中日之间的战略互疑，使两国关系更难以实现根本改善。① 2015 年，安倍对华政策的上述两面都会有所加强，中日关系将加速进入深度博弈与深度合作并行的常态。

2015 年，中日落实四点原则共识、磋商建立危机管控机制有望取得进展，钓鱼岛海域空域“擦枪走火”的危险性会进一步降低。中日在多双边领域的经贸、金融、节能环保合作以及民间、政党、地方交流将得到恢复与发展，借由国际多边场合的高层接触可望增多，国民情绪的对立将会有所缓解。但是，另一方面，中日关系改善的基础目前依然脆弱，至少在上半年，政治关系的明显改善尚不可期。在 2015 年 8 月 15 日战败投降 70 周年之际，日本官方、政界在历史问题上何去何从，计划中的“安倍谈话”在何种程度上继承抑或阉割“村山谈话”，将直接影响下半年及今后一个时期中日关系的走势。

---

① 参见李薇《2014 年的中日关系：看点、问题、展望、课题》，《战略与管理》2014 年 11/12 期合编本。

政治安全篇

Political and Security Reports

B.2

2014年日本政党政治动向分析

张伯玉*

摘　要：2014 年日本政党政治的变动呈现两条路径：面对强势安倍内阁与“一党独大”的执政党自民党，在野党试图通过重组改变“多弱”格局以形成能够与之相抗衡的在野势力。安倍为长期执政先后通过改组内阁、提前解散众议院举行大选，不断加强其权力基础、增强其凝聚力，不仅不给最大在野党民主党以可乘之机，而且不断排除来自党内反安倍势力的挑战。2014 年 12 月 14 日大选后，自民党、公明党两党执政联盟控制众议院 2/3 议席，自民党一党单独控制绝对稳定多数议席、继续维持“一党独大”优势。安倍继续执政，日

* 张伯玉，法学博士，中国社会科学院日本研究所副研究员、政治研究室副主任，研究专业为日本政治，研究领域为日本政党制度与选举制度。

本政治进入第三届安倍内阁时期。

关键词：政党政治　自民党一党独大　在野党重组　内阁改组　大选

一　重组与在野党的聚散离合

自民党在2012年12月大选中获得压倒性胜利、第二届安倍内阁成立以来，日本政党政治格局呈现“一强多弱”态势。2013年7月参议院定期选举中，自民党继续维持“一强”优势，在参议院31个“一人区”，民主党、日本维新会、大家党一无所获，在野党候选人各自为战、互相竞争“非自民票”导致的结果是“同室操戈”，分散了“非自民票”，使选举形势有利于自民党。在野势力重拾“重组”战术，日本政界出现各种重组计划。能否整合成一个集中收集“非自民票”的新党，成为在野党重组的焦点之一。

（一）连结党重组计划

2013年12月18日，连结党在东京都召开成立大会。大家党前干事长江田宪司率领12月9日向大家党提出脱党申请的众参两院国会议员14人，与8月23日脱离大家党的柿泽未途众议员总计15名国会议员（众议员9人、参议员6人）参加成立大会。连结党代表为江田，干事长为小野次郎，政调会长是柿泽。该党纲领号称“为了成为集结在野势力的‘触媒’，不惜本党以发展为目的的解散消失”。该党基本政策，关于安倍内阁通过修改宪法解释解禁集体自卫权持慎重立场，“在现行宪法下，首先应该将可能的自卫权行使的框架或体制具体化”；关于规制改革和通过道州制确立地方主权等政策，基本延续大家党的政策主张。江田在记者会上表示：“到下次大选前，无论是在野党重组还是政界重组都未发生，我将辞去众议员之职。”连结党对重组表明了“非同寻常”的决心。该党重组计划是所谓“重组三段火箭式构想”，其中连结党成立是第一阶段，接下来分别是2014年春与日本维新会联合成立新党、年底前与民主党的一部分合并。

《产经新闻》和富士新闻网联合进行的舆论调查显示，对连结党不寄予期待的（66.2%）远远超过寄予期待的（28.7%）。对比连结党成立前的舆论调查结果：2012 年 9 月日本维新会成立时的期待值是 62%，同年 11 月成立的太阳党是 45.5%，同年 7 月成立的国民生活第一党为 11.1%。被调查者对连结党的期待在生活党之上、太阳党之下，远低于日本维新会。关于哪个政党能与执政党形成对立并是最寄予期待的政党的调查结果显示，民主党的支持率为 25.1%，日本维新会为 23.9%。过半数的被调查者（53.1%）对在野党重组并未寄予期待。①

江田所描绘的重组战略蓝图，是计划以民主党分裂和日本维新会解散为前提的。江田期待民主党在下一次代表选举时工会系统和非工会系统发生分裂，进入江田重组视野的联合对象是非工会系统。江田这一构想，也是以民主党代表海江田万里重振民主党效果不佳为前提的。对于与日本维新会的联合，则必须排除旧太阳党，即与维新会共同代表大阪市长桥下彻联合。江田在 2014 年 2 月出版的新书《政界重组》中，再次明确了政界重组分两阶段进行的战略：例行国会结束前后，连结党和维新会分别解散，再以维新会的大阪系统为中心重新组成新党；进而在秋天与民主党重组派再次合并重组。

江田已与日本维新会共同代表桥下等就“不与自民党联合、不执政党化”达成共识。对于旧太阳党系，江田则指出“有欲接近自民党的活动，也有在政策层面上持不同见解的议员”，“不打算与基本政策不同的人一起行动”。

对江田脱离大家党新组连结党，民主党前财务大臣安住淳评价：“这是讨厌被认为趋近自民党的人的集结，想推动组成两大政党之一翼。”维新会的片山虎之助则指出：“各党不能光考虑以自我为中心的政界重组。领导人和发起人以及做基础工作的人都需要。若大家都想成为明星则不能实现重

---

① 「江田新党『期待しない』66%　有権者は冷めた視線」、産経・FNN 世論調査、2013 年 12 月 17 日。

组。”江田表示，他自己就是想要做“打下手”的工作，并准备在新党纲领中写上“不惜本党以发展为目的的解散消失。”自民党的山本有二税调会副会长表示：“只要众议院是小选区制，必然会发生政界重组。民主党也能窥视到裂痕。在野党不重组就没有安定感。”

关于选择联合对象的标准，江田表示：“民主党内在上次大选小选区获胜当选的人不依赖工会也能够自力更生。我想与这样的人联合。不过，若政治理念和基本政策不一致的话就是野合。”

2014 年 2 月 22 日《产经新闻》报道，生活党代表小泽于 1 月向连结党代表江田宪司提出与该党合并的主张，被江田以“可就具体政策和法案合作”委婉拒绝。

江田以“政治理念和基本政策一致”为重组标准，若与生活党合并必然会遭到媒体的批判。这是由于连结党与生活党在主要政策上有距离。主张“小政府”的江田批判小泽“生活第一”路线为“财政驱动”政治；在行使集团自卫权问题上，小泽的立场是通过改变政府的宪法解释允许行使集体自卫权是可能的，而江田则对允许行使集体自卫权本身持慎重态度。小泽出席了 2014 年 1 月 18 日连结党大会，江田也出席了同年 2 月 25 日的生活党大会。由于生活党在 2013 年 7 月的参议院定期选举中一席未得，导致该党在国会的影响力下降。

（二）重组与日本维新会的分裂

日本维新会①在 2014 年 2 月的党大会上确定了推进在野党重组的活动方针。桥下之所以对江田重组计划积极响应，是因为桥下人气下降、声势大不如前。维新会在 2013 年 7 月举行的参议院定期选举中仅获得 8 个议席，

① 日本维新会是以桥下担任代表的地区政党“大阪维新会”为母体成立的。地域政党大阪维新会成立于 2010 年 4 月，2012 年 9 月发展成为国政政党日本维新会，同年 11 月与石原率领的太阳党合并。在 2012 年 12 月举行的大选中，该党在比例代表区获得 1226 万票，所获选票超过民主党（963 万），仅次于自民党（1662 万），在众议院赢得 54 个议席，一跃成为第二大在野党。

锐气骤减。继而，在 2014 年 3 月的大阪市长选举中，大阪市的投票率创市长选举史上最低纪录。

2014 年 4 月 5 日，日本维新会执行干部会决定与连结党在参议院组成统一会派。石原和桥下再次确认了推进与连结党合并的协议，将在例行国会会期结束前合并。维新会内以共同代表石原慎太郎为首的旧太阳党系议员，对与连结党合并持慎重态度。他们以同连结党在安全保障领域的政策主张有距离为由，反对与连结党合并。事实上，维新会内政策主张差异不仅体现在安全保障领域，桥下和石原在很多政策主张上都存在差异。关于核电政策，前者主张到 2030 年实现“零核电”，后者则否定“零核电”，折中妥协的结果是严格核电原则，到 21 世纪 30 年代逐渐取消核电。关于输出核电协定，前者反对，后者先是表示要在国会审议表决中违反党的方针投赞成票，后又撤回此发言。结果，石原在国会表决当天以身体不适为理由缺席众议院大会。关于宪法观，前者主张修改现行宪法，后者主张废除现行宪法，制定自主宪法，二者折中后为“大幅度修改损害国家、民族、国民自立的占领宪法，重建国家”。关于历史认识，前者认为作为战败国不得不接受那场战争是侵略战争的判决，后者则认为不是侵略战争，结果没能整合出党的统一见解。

2014 年 4 月 25 日，日本维新会和连结党在参议院组成统一会派，新会派名称为“日本维新会·连结党”，该会派在参议院拥有 14 个议席（维新会 9 席、连结党 5 席），成为参议院在野势力中仅次于民主党无所属之会的第二大会派。担任新会派代表的是日本维新会参议院议员团会长片山虎之助。片山在记者会上表示：“我希望这是迈向更大的统一会派和在野党重组的一步。”另一方面，连结党代表江田宪司在国会演讲中指出，对于与维新会的合并，“我希望能够借此‘清除国粹主义的色彩’”，意在牵制石原一派。石原也对大家党浅尾庆一郎代表明确表示：“不与江田合并。”新会派除可以向议院运营委员会派出理事外，还可以提出不带预算的法案。

2014 年 5 月 28 日，维新会分裂突然公开化。维新会共同代表桥下和石原在名古屋举行会谈。“不能与不同意制定自主宪法的政党一起行动”的石原，向致力于2014年夏与连结党合并的桥下提出分党建议，桥下表示同意。为对抗自民党和民主党两大政党，打着“第三极”旗号成立的维新会走向分裂。

是留在桥下共同代表领导的维新会，还是跟石原共同代表走？日本维新会国会议员被迫做出选择。连结党与民主党内主张在野党重组派欢迎日本维新会分裂，并期待在野党重组向新阶段发展。主张在野党重组的松野赖久国会议员团干事长和小泽锐仁国会对策委员长等约30人于5月28日夜在东京都内某饭店聚会。态度未定的“中间派”议员有15人左右，桥下派立刻对他们展开拉拢攻势。自旧太阳党时代起一直一起行动的平沼赳夫、园田博之、藤井孝男等互相确认一起行动。有地方首长经验的山田宏、中田宏两人也可能加入其中。石原派至少能够确保20人。桥下致力于以维新会为轴心的在野党重组似乎出现加速的趋势。连结党对维新会的分裂感到欣喜。相关评论也认为，一直坚持自主制定宪法的石原派从维新会中分裂出去，会加速在野党重组的推进。

2014年6月22日，日本维新会共同代表桥下为分党召开临时党大会。桥下呼吁某些国会议员“不要忘记（日本维新会旗下的）大阪维新会成员在众议院大选中到全国各地‘挖掘’比例票”的贡献①，以此牵制在大阪维新会的支持下当选、加入石原派却事先不打招呼的国会议员。日本维新会所属众参两院国会议员62人中，比例单独当选的中田宏国会对策委员长代理等加入石原派，初步分党的结果是桥下派37人，石原派23人，无所属2人。

2014年6月26日，石原派决定新党名为“次世代党”，其理念是立足于尚未出生的未来一代的立场，重要政策课题是制定新宪法。计划7月末制定党的纲领和基本政策，8月正式成立新党，9月中旬召开成立大会。次世代党以“断然实行基于新保守主义的改革，创造自立的国民、地域和国家”

---

① 在2012年的众议院大选中，桥下将大阪维新会旗下的大阪府议员、大阪市议员、堺市议员派到全国各选区助选，可以说他们是大选获胜的原动力。

为目标，应该解决的政策课题是制定新宪法等。

2014年7月31日，日本维新会通过大阪府选举管理委员会向总务省提出解散申请，完成分党手续。加入桥下派的议员有38人，桥下新党准备在9月与连结党合并，合并前桥下新党以日本维新会之名展开活动，桥下任代表。

由石原派组成的次世代党于7月31日在国会召开党首选举会议。只有平沼赳夫一人提出竞选党首申请，两院议员大会决定平沼就任党首。8月1日，次世代党通过东京都选举管理委员会向总务省申请提出成立新党，日本维新会也提出申请成立以桥下彻为代表的新党“日本维新会”。9月16日，次世代党在东京都召开成立大会。脱离大家党成为无所属的江口克彦参议员于8月26日加入次世代党后，次世代党拥有众参两院议员23人（众议员19人、参议员4人），党首平沼赳夫，干事长山田宏，石原就任最高顾问。

2014年9月21日，日本维新会与连结党合并组成新党“维新党”。维新党拥有众参两院议员52人（众议员41人①、参议员11人），成为继民主党之后的第二大在野党。维新党实行桥下和江田共同代表制。9月22日，维新党向总务相提交申请，正式成立。该党以“成为在野党重组的轴心”为目标，呼吁民主党等联合。日本维新会代表桥下和连结党代表江田就任新党代表，第一年采取共同代表制。桥下在维新党成立大会上表示：“这是面向真正致力于改革势力的集结（而努力）的成员的聚集。要展示出彻底对抗安倍政权的对抗轴。”江田则意气风发地表示：“若不以政策一致为前提迅速聚合在野党，便不能对抗安倍政权。”维新党干事长为大阪府知事松井一郎，总务会长片山虎之助参议员，政调会长柿泽未途众议员，代表代行松野赖久。维新党延续了党本部代表一人和非国会议员担任干事长的日本维新会体制。党本部设在东京和大阪，但以大阪本部为主。

维新党向民主党和大家党以及次世代党做工作，呼吁在野党重组。但

① 2014年10月14日，脱离大家党的众议员大熊利昭加入维新党，众议院维新会派增加一人。

是，大家党渡边派主张与执政党合作，次世代党平沼赳夫也主张与执政党合作。民主党代表海江田坚持自主重建路线。

（三）大家党的解散

2014 年 6 月，大家党成为日本政界众所注目的焦点。日本维新会“分党”后的新党、民主党以及安倍首相等争相向大家党发出合作邀请。坚持不与特定政党联合的“全方位外交”路线的大家党，反而成为各党争夺的对象。大家党之所以受到关注，主要是因为该党在参议院拥有 13 个议席（包括江口克彦）。浅尾庆一郎在党首讨论中称，“提出了各种政策方案，希望采用”以呼应各联合对象的邀请。大家党在与民主党海江田代表就 2015 年春统一地方选举中进行选举合作达成共识的同时，与桥下也确认展开政策协议。浅尾在 6 月 23 日的千叶市演讲中指出，“作为实现政策的手段必须扩大势力”，对在野党联合展现出积极姿态。浅尾对在野党重组的态度与其优柔寡断的性格和整合党内政治手腕不足有关。

2013 年夏还拥有 36 名议员的大家党一年多后减至 20 人。浅尾一直坚持不分在野党与执政党之别进行合作的“全方位外交”论，党内对此有“方向暧昧”的批判声音。6 月江口克彦参议员离党、9 月大熊利昭众议员离党均与此有关。浅尾在 9 月 14 日的电视节目上表示：“要是成为‘执政党的转包机关’显然路线不对。”言外之意否定与“执政党重组”。对浅尾的此番表态，有评论指出浅尾是考虑到渡边的重组主张才不得不明确其重组立场。对于与其他在野党的联合，浅尾在 9 月 11 日表示：“在这个时机不能一起（合作）。”浅尾关于重组的路线和立场依然暧昧不明，一直坚持“政界重组优先于在野党重组”。

2014 年 8 月 26 日，6 月 20 日提出离党申请的大家党最高顾问江口加入次世代党，江口在与平沼赳夫党首、山田宏干事长一起参加记者会时，提到入党理由他表示：“自由主义和保守主义等政治理念与我最接近。”江口出任该党顾问和宪法调查会会长。

2014 年 11 月 26 日，大家党决定解散后，渡边喜美前代表在栃木县那须盐原市记者会上表示，在众议院大选前不成立新党，在栃木县 3 区以无所属身份参加大选。渡边在接受《产经新闻》的记者采访时表示："根据选举结果探索成立新党，踏踏实实地集结志同道合的同志。"同一天，该党的松泽成文与和田政宗两名参议员在国会召开记者会，宣布将在大家党解散后的 29 日加入次世代党。次世代党准备任用松泽为副党首，和田为副干事长。

大家党被解散后，该党所属前众议员仅有前党首浅尾（无所属）和加入民主党的中岛克仁当选。

（四）"重建"优先于"重组"的民主党

2014 年 6 月 6 日，民主党海江田代表和大家党浅尾就 2015 年春统一地方选举推进选区调整达成共识。桥下对此激烈地批判道："（这是）为了维持议员身份的保身（之举），在野党必须夺取政权，难道想做万年在野党吗?"桥下认为，在野党的使命应该是"夺取政权和实行自民党不能推行的政策"，与在野党之间选区调整和选举合作相比，与其他政党合并组成能够对抗自民党的一大势力，即在野党重组更重要。

对于桥下和江田等在野党"集结"路线，民主党代表海江田代表是慎重的，维持在野第一大党势力、本党自主重建要优先于与其他政党合并。同时，海江田对坚称要"排除工会"、企图分裂民主党的桥下比较戒备。但是，以前代表前原为代表的重组派主张推进在野党重组，倡导集结非自民势力组建一个"大的家"，并认为"民主党恢复凝聚力是幻想"。民主党内赞成在野党重组的多为保守派，尤其在安全保障、外交政策中持有"一家之言"的较多。他们对工会系议员或旧社会党系议员毫不掩饰自己的厌恶感。前原、细野、长岛、松本等四人在 2014 年 11 月 19 日就与维新党联合成立新党同海江田代表直接谈判，被海江田代表拒绝。2015 年 1 月，细野在民主党代表选举中调整了其积极推进在野党重组的姿态。

2015 年 1 月 18 日，民主党代表选举落下帷幕，冈田就任新代表。在冈田、细野和长妻三位候选人的激烈论战中，民主党一度"封存"的"中道"路线再度被确认。冈田在 1 月 18 日的记者会上指出："自民党正在向右转，

（右派和左派之间的）正中间被空出来，包括这部分在内，民主党需要提出能够充分对应的政策。”冈田在代表选举论战中指出：“所谓‘保守中道’或‘中道自由’，民主党内存在类似曾经的‘宏池会’（自民党派系）所持的想法。”在决选投票前的演说中，关于修宪问题，冈田表示：“在安倍首相主导之下讨论修改宪法，必须慎重。”细野在选举论战中接受采访时也表示：“遵守9条思想的不是自民党而是民主党。”长妻在选举之前主张以“‘自由’思想来形成党内统一”，而在选举期间则不太使用“自由”一词，代之以“要对抗重视自我责任的新自由主义。通过组合共助与公助来支持自立的社会滋生活力”。1998年民主党建党时的基本理念就是“民主中道”，这也是聚合从自民党到旧社会党等各党派出身者的旗帜。但是，在2013年整合党纲时，保守派议员反感“中道”“自由”等宣示立场的概念，纲领中未出现“自由”“保守”“中道”等字眼。

民主党新代表冈田在记者会上指出，2015年将以经济、战后70年安倍首相将要发表的谈话以及安全保障法制等三个问题为中心与安倍展开讨论。对于与维新党的合并或重组，冈田表示：“维新党桥下说过与民主党的一部分联合。我不同意这种说法，不能接受以党的分裂为前提的（联合）。桥下对特定工会（民主党的支持团体‘联合’）持非常批判的态度。由于我们重视与工会‘连合’的关系，故意批判（联合）是何意？当前与维新党成为一个党无论如何也不能考虑。若维新党改变，或许有各种可能性。”[①] 在冈田新代表的领导下，如何使中道路线具体地体现在经济、安保政策领域，将直接关系到民主党的“再生”。

二　自民党与安倍内阁党政人事改组

2014年9月4日，安倍改组了内阁和调整了党务人事。其着眼点是为2015年9月自民党总裁选举连任，进而实现执政至2018年9月的长期执政

① 『朝日新聞』2015年1月19日。

目标布局。从人事调整结果来看，安倍政府确立并巩固了强势的执政体制，构筑了安稳的后院即自民党新体制，更为2015年自民党总裁选举连任铺平了道路。

（一）官邸主导政府运营的强势内阁体制依然维持稳固

首先，此次内阁改组，虽然更换了18位阁僚中的12位，但以内阁官房长官为首的主要阁僚如财务相麻生、外务相岸田、经济再生相甘利、文部科学相下村等被留任。同为主要阁僚的防卫相兼安全保障法制相，则起用了自民党安全保障问题最高负责人、副总裁高村的老搭档——江渡聪德。高村在第一届安倍内阁任防卫相时，江渡任副大臣。从主要阁僚的留任和防卫相的人事安排来看，改组后的安倍内阁基本框架并未改变，甚至在安保领域人事安排上有所加固，为今后在国会审议集体自卫权相关法案做了更为细致周到的安排。

其次，直接辅助、支持安倍的首相官邸工作人员继续维持原有人事体制。内阁官房长官、3位副官房长官以及5位首相助理均未做任何调整。以菅义伟为核心的首相官邸人事体制对安倍内阁的稳定运营的重要性可见一斑。

再次，大规模调整副大臣、政务官人事，总计25名副大臣、27名政务官中只有1名政务官、2名副大臣（其中一名为公明党议员）留任，1名政务官升任副大臣，其余全部更换为新人。菅义伟在记者会上表示，此次人事任命是根据自民党事前进行的议员任职愿望调查并尽可能考虑议员个人意向安排的，没有考虑来自派系领袖的推荐意见。相对于自民党内等待入阁的有59位“适龄”议员，本次内阁改组仅提供8个新科大臣职位远不能缓解“待入阁组”成员的不满而言，副大臣、政务官人事的大规模调整基本满足了自民党内青年层政治家的职位需求。

安倍此次改组内阁，在人事安排上做了高明的调整和配置，使改组后的内阁既能保持主要人事安排不变，又能缓解来自党内对内阁人事职位需求的压力。改组后的安倍内阁，以首相官邸为主导的强势内阁体制依然稳固。如果将2014年5月30日设立的内阁官房人事局，以“消除省厅条块分割行政”为口实将省厅审议官以上的干部人事管理权一元化收归其管理这一因素考虑在内，改组后的安倍内阁在其职权范围内——行政府，今后可以更加“独断专行”、政令畅通。曾经能够挑战主管大臣权威、制衡内阁行政施政权的官僚势力被弱化。

（二）自民党总裁选举最大竞争对手干事长石破入阁

对于希望在2015年9月自民党总裁选举中实现连选连任的安倍来说，目前党内最大的竞争对手是党内二号人物石破干事长。若石破继续担任干事长一职，则意味着手握执政党财政大权和人事大权的石破在党内的凝聚力进一步增强，将成为安倍2015年总裁选举连任的强劲竞争对手，加大安倍连任总裁的风险。因此，对安倍来说，此次改组内阁最棘手的问题是将希望继续留任的石破从干事长的位置上拉下来并使其加入内阁，以避免党内产生“龟裂”并“束缚”石破的政治言论与行动使其不得不处于支持安倍首相的立场，从而使党内“一小撮”反安倍势力影响有限。为此，安倍在一众侧近的群策群力下不得不拿出“降服”石破的最有力武器——“禅让”首相宝座（菅义伟和总裁特别助理萩生田光一对石破表示“下次就是您”），在如此强有力的诱惑面前，石破接受了入阁的要求。如此，安倍此次内阁改组的“终极”目标基本实现。

（三）以干事长谷垣为核心形成的自民党新体制，为安倍构筑了安稳的“后院”

安倍改组内阁前，就请前总裁谷垣出任干事长，这一人事安排，与菅义伟不谋而合。二人关于干事长人选之所以如此默契，是源于为实现“安倍内阁作为六年长期政权的执政目标”的深谋远虑。安倍与以菅义伟为首的侧近等精心制定了一个执政六年的“理想规划”：前三年即2015年9月自民党总裁选举前，将国民最关心的经济景气恢复作为内阁的首要任务，一切围绕此核心目标进行。唯此安倍才能在2015年9月总裁选举之时顺利实现连任。在安倍连选连任目标实现后的三年任期中（至 2018 年 9 月），安倍内阁将举全力完成修改宪法的夙愿。因此，自民党人事调整也是紧紧围绕 2015 年 9 月的总裁选举来布局的。为此，将 2015 年总裁选举的最大竞争对手石破干事长拿掉，成为调整党务人事的核心任务。而重视党内秩序与团结、人品与声望颇得好评的前总裁谷垣便成为取代石破的不二人选。

前总裁谷垣出任干事长，能够在自民党内形成以其为核心的“举党团结一致”对安倍内阁的支持态势；总务会长二阶俊博还与友党公明党很多政治家保持着相当良好的沟通与合作关系；政调会长稻田朋美与安倍在政治理念和思想信条上可谓“死党”，且属于“提拔”人事。因此，自民党新人事体制为安倍全力执政构筑了一个稳定无忧的“后院”。

三　大选与朝野政治势力力量对比的变化

2014 年 12 月 14 日，第 47 届日本众议院大选落下帷幕。自民党一党单独控制众议院绝对稳定多数议席，依然维持“一党独大”优势态势，自民党和公明党两党执政联盟控制众议院 2/3 绝对多数议席。安倍首相继续执政，日本政治进入第三届安倍内阁时期。

（一）“突然解散”

2014 年 11 月 18 日，安倍晋三在首相官邸召开记者会，宣布将解散众议院提前大选。11 月 21 日，众议院正式解散。此次众议院解散，看上去似乎是“突然解散”，其实并非如此。安倍早在 2014 年夏就开始着手研判合适的解散时机，具体负责此项工作的是安倍首相的政务秘书今井尚哉。今井在 2014 年 7 月向安倍首相提出了“年内解散、2015 年自民党总裁选举前后解散、2016 年众参两院双重选举等解散方案”①。对于年内解散方案，“与安倍有共同想法的政治家只有内阁官房长官菅义伟，这么说毫不夸张。菅在

① 「『財務省封じ』へ解散決断」、『読売新聞』2014 年 12 月 26 日。

8 月初就提出了同时实施推迟上调消费税和解散众议院的观点"①。

2014 年 10 月 20 日，安倍改组内阁不足两个月，颇受期待②的经济产业相小渊优子和法务相松岛绿两位女阁僚因"政治与金钱"问题被民主党严厉追究而双双辞职。此后，防卫相江渡聪德成为民主党追究的下一个目标。在民主党揪住阁僚丑闻不放、企图制造"丑闻国会"的猛烈攻势下，趁内阁支持率尚未出现大幅波动之机，解散众议院举行大选是对民主党攻势的绝地反击。首相官邸在 2014 年 10 月 25 日和 26 日实施了调查，根据调查数据基本得出"自民党确保议席过半数、公明党维持现状、民主党停滞不前"的结论。安倍和菅决定给"正在策划丑闻国会的民主党以严厉打击"③。

同一时期，也是安倍对是否于 2015 年 10 月如期上调消费税税率至 10% 这一重要政策课题做出判断的关键时期。鉴于执政党在消费税增税之后的国政选举中几乎均遭惨败④的前车之鉴，对于安倍首相及其内阁来说，消费税增税事关其政治生命。任内连续两次上调消费税成为安倍首相难以承受的重负，"自 2014 年 4 月决定将消费税由 5% 增至 8% 时起，就开始考虑 2015 年 10 月是否如期再度增税至 10% 的问题"⑤。对于志在长期执政的安倍首相来说，提振景气优先于消费税增税；对于以"财政均衡"为最重要课题的财务省来说，如期上调消费税是"至上命题"。财务省以"若不再次

① 「安倍が解散した真の狙いは自民党と財務省鎮圧」、『週刊ダイヤモンド』2015 年 12 月 13 日。

② 根据富士新闻网舆论调查，安倍改组内阁中最受期待的阁僚是地方创生担当相石破茂（15.5%），其次是经产相小渊优子（13.8%）。参见富士新闻网 2014 年 9 月 6 日至 7 日舆论调查数据。

③ 「安倍・菅が謀った師走『覇道』解散」、『文藝春秋』2015 年 1 月号。

④ 在 1989 年 4 月征收 3% 消费税后不久举行的参议院定期选举中，自民党自成立以来首次在参议院中未获过半数议席；1997 年桥本龙太郎内阁将消费税提高到 5%，翌年 7 月自民党在参议院定期选举中惨败，桥本首相引咎辞职；联合自民、公明两党通过《消费税增税法案》的民主党野田佳彦内阁在 2012 年大选中惨败，民主党下野，实施增税的任务移交给自民党安倍内阁。1994 年细川护熙首相"导入 7% 的国民福利税"的发言也成为其内阁总辞职的导火索。

⑤ 『平成 26 年 11 月 18 日安倍内閣総理大臣記者会見』、http://www.kantei.go.jp/jp/96_abe/statement/2014/1118kaiken.html。

提高消费税，日本在有关财政重建问题上便失信于国际社会”[①] 为由，向安倍首相施压促其如期上调消费税。自民党内围绕消费税增税问题形成“慎重派”与“积极派”两派。自民党税制调查会是积极增税派的牙城，其势力与影响不容小觑。会长野田毅认为：“只要不是雷曼危机级别的景气后退，就不应该延期增税。”自民党资深政治家如谷垣干事长、时任町村派会长町村信孝、前财务相额贺福志郎和现任财务相麻生等，友党公明党山口代表均主张应推进上调消费税。“慎重派”主要以当选一次的年轻议员为主，主张增税延期一年半。慎重派以议员联盟“使安倍经济学成功之会”为据点，其成员有 42 人。[②] 实际上，慎重派的背后是菅官房长官和安倍首相。对避开 2016 年参议院定期选举、延期一年半上调消费税“意已决”的安倍首相来说，问信民意是避免再度上调增税给其内阁带来的执政危机乃至消除增税“魔咒”的上上策。

在解散众议院后不久，安倍向身边的人透露了行使解散权的真正意图：“将消费税上调推迟 18 个月是一个棘手的问题。财务省和自民党税制调查会竭力主张增税。要打垮这些人，只能解散众议院。如果不解散，他们会发动大规模政变。”[③] 换言之，若安倍不以推迟增税问信于民意为口实解散众议院，而在 2015 年例行国会提交推迟上调消费税法案，国会将会因是否表决通过该法案而出现混乱，反安倍势力会借机发动“倒安倍”政变，从而给安倍内阁带来一场大的执政危机。在首相官邸与财务省、自民党内积极增税派的这场博弈中，断然行使解散权的安倍首相完胜。[④]

---

① 屋山太郎「財務省を『成敗』した安倍総理」、『Voice』2015 年 1 月号。

② 「消費税増税　攻防本格化」、『読売新聞』2014 年 10 月 23 日。

③ 「安倍が解散した真の狙いは自民党と財務省鎮圧」、『週刊ダイヤモンド』2015 年 12 月 13 日。

④ 町村信孝在 11 月 13 日的派系总会上表示：“我一贯坚持不改变应该如期上调消费税的意见。可是，党税制调查会也同意完全委托首相（裁决）。”被指为增税论急先锋的町村向本派干部解释道：“我们派是首相出身的派系，不能跟首相唱反调。”自民党内继续坚持反对推迟上调消费税的仅剩野田毅。可是，“野田毅也不能公然扯反旗，若因此在大选中不被公认则后果严重。最后也只能同意推迟（上调消费税）”。参见「自民ベテラン首相同調増税先送り反対派『一任しているから』」、『読売新聞』2014 年 11 月 14 日。

安倍首相11月解散众议院、12月举行大选的政治战略还受到友党公明党的欢迎。对曾多次要求自民党避免2016年同时举行众参两院选举的公明党来说，2014年内举行大选无疑是个不错的时机。

首相行使解散权，当然选择更有胜算或将损失控制在最小限度内的时期。在各种舆论调查结果中，最大在野党民主党的支持率一直低迷不振，党首海江田万里凝聚力不足，选举准备不充分，内定候选人仅130人左右。从民主党选举准备不足情况来看，安倍解散众议院提前大选把握住了最佳时机。

从第一次任期中汲取教训，政治上更加成熟、果断、自信的安倍，在其强有力团队的支持和配合下，面对因阁僚“政治与金钱”问题在国会受到民主党严厉追究、围绕是否如期上调消费税问题遭到财务省和党内积极增税派要求如期上调的双重压力，为巩固权力基础断然解散众议院，举行大选。解散权的行使虽受到“无大义名分”的质疑，却是打压党内反安倍势力、“镇压”财务省并绝地反击民主党国会攻势的撒手锏。在内外压力面前，安倍不是被动地采取守势，而是抓住有利时机、主动出击，给反对势力以“狠、稳、准”的打击。经此一役，安倍已完美变身为“进攻型安倍”。

（二）大选后朝野政治势力力量对比的变化

2014年12月14日大选后众议院朝野两派政治势力力量对比情况未发生变化，基本维持原有态势。大选公示前众议院议席定数为480席（缺员一人实为479人），自民党和公明党两党执政联盟议席总数为326席，民主党等在野势力议席总数为153席。大选前，选区人口变化较大的福井、山梨、德岛、高知、佐贺等五县的小选区被重新划分选区，分别由三个小选区调整为两个，即所谓“零增五减”。此次众议院大选，议席定数调整为475个，自民党和公明党两党执政联盟获得326议席，民主党等在野势力获149议席。

1. 自民党一党单独控制众议院绝对稳定多数议席

朝野两派政治势力议席数的多寡，直接关系众议院乃至整个国会的运营。众议院议席定数调整后，衡量多数党也就是执政党获胜“状态”的数量标准也相应的有所变化：过半数议席为238席，这是众议院各派势力获取政府执政权的最低标准；稳定多数议席为249席，意味着执政党能够控制众议院17个常设委员会所有委员长的职位和半数委员；绝对稳定多数议席为266席，达到这一标准意味着执政党能够确保17个常设委员会委员长的职位和过半数委员。通常情况下，确保绝对稳定多数议席的执政党掌握国会运营的主导权，政权运营稳定；2/3议席为317席，若达到这一标准，在众议院表决通过的法案即使被参议院否决，根据宪法规定可以再次在众议院表决通过成为国家法律。[①] 大选后自民党减少4个席位，即由295席[②]减为291席[③]，根据上述标准，自民党一党单独所获议席数量远远超过众议院绝对稳定多数议席，依然维持一党独大的绝对优势态势。

公明党由公示前的31席增至35席，自民党和公明党两党议席减增数量相抵，执政联盟两党议席总数依然维持326席，超过2/3绝对多数。

2. 民主党、维新党议席增减幅度不大

大选公示前，民主党所属众议员由55名增至62名，主要来自大家党（3名）、生活党（2名）、新党大地（1名）和无所属（1名）等政党和政治团体。大选后民主党所属众议员增至73名，议席增幅不大。在此次大选中，民主党比例区所获选票和得票率（978万票、18.33%）与2012年大选（963万票、16%）相比，仅有微小增加。

与2012年12月大选日本维新会、大家党以及未来党等竞争“第三极”形成鲜明对照的是，维新党成为硕果仅存的“第三极”势力。维新党减少一个席位，由公示前42席减为41席，“第三极”新鲜度下降。在2012年大选中，日本维新会比例区所获选票和得票率（1226万、20.38%）超过民主

① 「自公議席の増減焦点」、『東京新聞』2014年12月2日。

② 2012年12月16日的大选自民党所获议席为294席，同年12月28日以无所属身份当选的鸠山邦夫请求复党的申请被批准，自民党众议院增加一席。

③ 因两自民党候选人分别在麻生太郎和古贺诚的支持下争夺福冈1区的小选区公认候选人身份，导致自民党未在该区提名公认候选人，两人以无所属身份参加竞选。麻生支持的井上当选后被自民党追认为该党众议员。

党，仅次于自民党（1662 万席、27.62%）；所获议席（小选区 14 席、比例区 40 席）仅比民主党（小选区 27 席、比例 30 席）少 3 席。而在此次大选中，维新党比例区所获选票和得票率（838 万票、15.72%）不敌民主党，所获议席（小选区 11 席、比例区 30 席）远低于民主党（小选区 38 席、比例区 35 席），即便加上次世代党 2 个议席，其势力与影响也远低于日本维新会。维新党在众议院已经失去日本维新会曾经拥有的“能够提出内阁不信任决议案和与预算有关的法案”① 的权力。

3. 政治光谱左右两端势力议席增减变化显著

右翼政党——次世代党险遭全军覆没，由公示前的 19 席②骤减至 2 席。大选后次世代党仅剩下在选区拥有牢固支持基础的党首平沼赳夫和顾问园田博之两名 70 岁以上的高龄资深议员。该党最高顾问石原慎太郎在公示前一度表示不再参加竞选，后在该党年轻议员的要求下，勉强以东京比例区比例代表最后一名的顺序登录在比例代表名簿，但最后落选。该党右翼政客山田宏、西村真悟、中山成彬等全部落选。在 2014 年 2 月东京都知事选举中获得 61 万票的前自卫队航空幕僚长田亩神俊雄再次以次世代党公认候选人身份参加竞选，结果在竞争东京 12 区小选区席位的四位候选人中位居最末位，仅获得 3.9 万张选票。“网络右翼民意”与现实国民民意的差异，使次世代党右翼保守理念“坠地”。

左翼政党——日本共产党议席倍增，由 8 席增至 21 席。更引人注目的，是该党在新选举制度实施以来实现小选区零议席的突破——在冲绳 1 区赢得首个小选区议席。随着议席数量的增加，日本共产党在众议院的权利也相应增加：不仅能参加党首讨论③，还能提出不伴随预算的法案④。日本共产党议席增加，主要缘于该党最近两年积极努力争取无党派层的支持。首先，积

① 在众议院拥有 51 席以上的党派势力才能够行使这一权利。

② 2014 年 11 月 16 日太阳党代表西村真悟加入次世代党。同年 11 月 28 日，已被次世代党公认为候选人的上野宏史在未办理离党手续的情况下以无所属身份参加竞选。

③ 拥有 10 议席的政党党首才能参加党首讨论。

④ 拥有 21 议席的会派才能在众议院提出不伴随预算的法案，日共议席刚好满足这一条件。

极努力使候选人年轻化。如2013年参议院定期选举在东京选举区拥立30岁的吉良佳子，在此次大选提名有乐队活动经历、年轻美丽的32岁的池内沙织为候选人，不断向选民传递该党年轻化、清新化的新形象。其次，在政策上，日本共产党切实关注年轻人关心的就业问题，检举揭发“黑企业”以及在网络上推出让人耳目一新的动画宣传该党政策主张等。这些努力得到了无党派层的积极回应，16%（上次大选为6%）的无党派层在比例区将选票投给了共产党。[①] 此外，也与日本共产党党员人数逐渐增加有关。2011年日共党员人数减至约38万人，2014年1月增至约40万人。

4. 大家党的解体与次世代党势力的后退给执政联盟“政治力学”运动带来一定影响

大选前，公明党一直遭受次世代党和大家党的直接“威胁”，尤其是次世代党一直企图取而代之。次世代党与安倍首相具有共同的政治理念和思想信条，其自主制定宪法的主张与旨在修改宪法第九条的自民党主张并无本质区别。大家党以渡边喜美为首的一派有关修改宪法、行使集体自卫权等主张与自民党的契合度也很高。意欲与安倍政府合作以推动上述议案，微妙地影响着执政联盟“政治力学”的运动。次世代党在给公明党带来压力的同时，也给安倍首相提供了备选项和侧面支持，使其政权运营更加“自如”。如安倍重视的慰安妇问题，正是由于山田宏众议员于2014年2月在例行国会中提出“‘河野谈话’的欺瞒性”，安倍内阁才开始着手检查核实“河野谈话”的出台过程，有识之士小组才提出了“不能确认所谓‘强制带走’”的报告。[②] 次世代党势力的后退，使安倍内阁失去了来自右翼保守在野党的强力侧面支持，从而影响安倍内阁的政权运营与修改宪法课题。日本共产党势力的发展，将使安倍内阁面对日共的尖锐对决攻势。联合伙伴公明党却减少了外部压力，其在执政联盟内能够行使的“拒绝权”相对提升，发言权也增大。

---

① 「自民、支持層増やす　無党派も取り込む」、『朝日新聞』2014年12月15日。

② 「大敗次世代、存続の危機」、『産経新聞』2014年12月22日。

2014年大选后日本朝野两派政治势力力量对比虽然没有发生变化，自民党依然维持一党独大优势态势，自民党和公明党执政联盟依然控制众议院2/3绝对多数。但是，在野各派势力之间，尤其是左右两翼政治势力议席增减的显著变化，不仅给自民党和公明党执政联盟“政治力学”运动带来一定影响，而且对安倍内阁修改宪法的所谓“历史使命”的推进产生了一定的影响，安倍首相失去了来自右翼保守在野势力的强力支援。

四　结语

二战后日本保守势力长期一党执政。“1955年体制”时期除短暂的细川护熙、羽田孜两内阁外，自民党长期一党独大执政政权。虽说自民党一党长期执政是选民选举的结果，但也难免会涉及“一定频度的政权轮替是否民主主义的必要条件”这一疑问。1993年自民党下野，标志着“1955年体制”时期的自民党一党长期执政结束。日本进入政治改革时代，先后进行了众议院选举制度改革、国家财政补助政党制度的实施以及强化内阁功能的中央省厅行政改革等。在以实现政权轮替、两大保守政党制为目标的新选举制度下举行的第五次大选中，二战后的日本终于实现了真正意义上的政权轮替。可是在三年零三个月后的2012年大选中，自民党再次以绝对优势夺回政权并在2014年大选中继续维持“一党独大”优势态势。这是否标志着日本两大政党制理想已经破灭，进入新一党独大时代?

毋庸置疑，选举制度与政党政治是相互影响的关系。日本能否实现有一定频度政权轮替的民主主义，关键还在于能否培育出成熟的、能够担当政权、有责任感的在野党。在中选区制下，社会党作为第一大在野党一直没有上台执政的意愿和积极性，长期甘做万年在野党。在小选区比例代表并立制下，急于执掌政权的民主党一贯采取扩大战术，在积极扩大选民支持的同时，将各种党派、组织迅速地拉进党内。民主党在急速壮大的同时也埋下了迅速萎缩的导火索，正如小泽领导自由党加入民主党后民主党的迅速壮大与小泽带领52名议员脱离民主党后民主党遭受致命打击一样。民主党重建之路虽说举步维艰，但是，只要该党不分裂，日本政坛短期内尚难出现能够取代民主党的在野党。与安倍路线共命运的自民党一党独大优势也并非坚不可摧，在比例代表区得票率仅为33.11%的自民党，其在众议院的绝对优势势力与选民民意之间存在着大的乖离。稳步走向长期执政的安倍内阁也并非无懈可击，安倍内阁的“历史使命”与选民关心的政策课题之间也有距离。批判自民党和安倍路线的国民并不会自动地支持民主党，民主党能否重建关键取决于其自身的努力。

曾取自民党而代之，成功实现政权轮替的民主党，为何历经两年仍不见恢复景象？首先，从民主党自身来说，实现再生确非易事。自民主党从诞生至夺取政权仅用了13年，其实是在未做好执政准备的情况下上台执政的。因此，民主党上台执政并不能给选民带来“新政党、新社会、新气象”的切实感受。民主党统治能力的欠缺进而围绕重要政策的分裂，在政策决定时党应该如何参与政府决策没有明确的规范，地方组织没有培育起来，实际推行的政策与政权公约存在矛盾等问题都被暴露出来。虽然民主党政权推动实现的政策转换不乏有意义和有价值的，但是国民更多关注的是民主党政权失败的一面。对民主党的失望甚至导致国民对政治变革希望的破灭。同时，急于上台执政的民主党一贯采取扩大战术，在积极扩大选民支持的同时，将各种党派、组织拉入党内。民主党自身能够独立再生的基因弱。其次，战后自民党一党长期执政的负效应，导致日本社会不能培育能够担当政权的中道左派在野党。自民党一党长期执政的成功与在野党不能上台执政的失败是一体两面，正如此次大选中在野党的无力与自民党一党独大互相影响一样。民主党再生的关键取决于该党能否提出有魅力且有整合性的纲领，其政策重点应该放在社会政策领域，经济和外交政策宜采取现实主义路线，一步一步地努力进步争取选民支持。

日本已经进入必须重新认识政党功能及其理想状态的时代。[①] 战后日本在经济高速增长时期，经济增长成为整个社会最重要的追求目标，多数国民

① 萱野稔人「政策競争は将来の財源奪う」、『朝日新聞』2014年7月9日。

都曾有过“经济增长可以解决一切问题”的成功体验。政党最重要的功能就是提出并实现支持者希望推行的政策，将因之而产生的利益分配给支持者。自民党重视积极开发，社会党关心充实社会福利，分别受到各自支持者的支持。现在，包括日本在内的发达资本主义国家已经步入成熟社会，政党继续发挥上述功能变得日益困难。[1] 当前日本正面临财政困难与老龄化社会快速发展的现实。财政困难使政党裁量政府财政支出以换取选区支持者支持的余地不断缩小。同时，随着价值观多元化的发展，选民政策偏好多元化，政党难以整理、提出并实现细分化、多元化的政策需求。比如，与政府主导的经济开发相比，保守派更重视民间的自由竞争；与社会福利相比，社会民主主义者更重视环境保护。于是，出现还是多党制好的主张。可是，这种认识没有看到现实变化的全部，还是立足于政党应该给支持者带来利益的视点之上。进入成熟社会，通过政党进行利益分配本身已经变得困难，应将支持者的利益与政党利益聚合、利益表达功能区隔开来，从中长期视野思考政党应有的理想状态。

① 待鳥聡史「有権者と政策との仲たちを」、『朝日新聞』2014 年 7 月 9 日。

B.3

试析日本安全保障政策的转变

——以解禁集体自卫权为中心

何晓松*

摘　要：安倍上台后，以“积极和平主义”为安保政策的基本理念。日本“积极和平主义”的含义：首先是坚持日美同盟，在日美同盟框架下，积极参与国际事务，塑造国际和平秩序，保卫战后70年和平发展成果；其次，不仅在经济、文化上做贡献，也要突破宪法限制，解禁集体自卫权，在安全保障领域积极作为；再者，废除“专守防卫”政策、“武器出口三原则”等基于宪法的和平主义原则。安倍提出“积极和平主义”的目的是“摆脱战后政治体制”，实现日本“正常国家化”。解禁集体自卫权是日本安全保障政策转变的一环，解禁后将修改《自卫队法》《武力攻击事态法》等相关法律，并修改《日美防卫合作指针》。安倍解禁集体自卫权引发宪法争论，安倍用各种手段混淆法律概念，用宪法解释架空宪法，为以后修宪做准备。安倍向国民说明的行使集体自卫权事例，牵强附会，让人产生许多疑问。解禁后日本自卫队可以保卫美国军舰、参加周边战争等，提高日本军事威慑力。

关键词：积极和平主义　集体自卫权　安全保障

* 何晓松，法学博士，中国社会科学院日本研究所助理研究员，研究方向为日本国家战略、安保战略、政治体制。

2014年7月1日，安倍通过内阁决议解禁集体自卫权，实现战后安全保障领域重大突破。日本发动集体自卫权虽然受三个条件限制，但以日本政府对威胁的主观判断为标准，日本政府向海外派遣自卫队毫无障碍。解禁集体自卫权是日本安保政策转变的重要一环，从2013年底的“安保三支箭”到2014年解禁集体自卫权，再到2015年修改安保相关法律，修订《日美防卫合作指针》，安倍上台后连续突破宪法限制，加速推进日本“国防正常化”，争做政治、军事大国。

一　日本安全保障体制的重构

2013年12月17日，安倍内阁在国家安全委员会和内阁会议上正式通过《国家安全保障战略》，同时通过新《防卫计划大纲》和《中期防卫力量整备计划》，被称为安倍的“安保三支箭”。《国家安全保障战略》是1957年日本发布《国防基本方针》后，时隔57年对日本安全保障政策的修正，指导日本安保政策转变。2014年是《国家安全保障战略》执行的第一年，日本安全保障体制发生重大转变，实现两大突破：首先，2014年3月出台“防卫装备转移三原则”，废除束缚日本武器出口的“武器出口三原则”。日本以“国际和平”和“日本安全”等主观判断标准为依据，决定武器出口对象国，可以向大多数国家出口武器。其次，2014年7月通过内阁决议解禁集体自卫权，赋予日本自卫队海外派兵权力。

2015年是《国家安全保障战略》执行的第二年，日本要加强国内安保体制，并建设强大安保力量，实现自卫队不仅派得出去，还要在战场上打得赢。为行使集体自卫权，日本需要修改《自卫队法》《武力攻击事态法》等十几部国内法律。根据日本安保相关法律修改进程，2015年日美要修订《日美防卫合作指针》。在世界范围内，日本自卫队可以参加美军军事行动。

《国家安全保障战略》是日本安保政策转变的指导方针，其重要目标是解禁集体自卫权和武器技术、装备出口，也是战略实施必不可少的条件。

《国家安全保障战略》还规定了日本安保政策的理念和方针，具体政策及实施纲要则在《防卫计划大纲》和《中期防卫力量整备计划》中规定。

（一）日本安保政策基调——“积极和平主义”

安倍上台后，联合中国周边国家包围中国，与沙特等没有防务合作的国家建立安全保障对话机制，向越南和中东国家推销核电站设备，向英国、澳大利亚、印度等需要日本武器技术的国家出口武器技术。安倍曾提出“价值观外交”“有主张外交”，在《国家安全保障战略》中，安倍正式把“基于国际协调主义的积极和平主义”作为日本国家安全保障及外交基本理念。[①] 安倍打出“积极和平主义”的口号，调整日本政治、外交、安保乃至经济体制，全面参与国际事务，力争实现“正常国家化”。

安倍宣扬“基于国际协调主义的积极和平主义”，含义包括五点。第一，积极参与国际秩序构建，为国际社会做更大贡献。[②] 在全球化时代，日本作为国际社会主要的一员，要积极作为，做更大贡献。2014 年 5 月，安倍私人咨询机构安保法制恳谈会发表报告书，称“日本安全保障环境严峻，面临复杂及重大安保课题”。因此，“从国际协调主义出发，日本要做更积极应对，国际社会也期待日本做出与日本国力相当的国际贡献……今后，日本坚持和平主义，从基于国际协调主义的积极和平主义立场出发，为实现日本及亚太地区和平安定，做出贡献”。[③] 日本要通过外交努力和海外派兵，强化以国际法规则和西方价值观为基础的国际秩序，在解决国际纷争上发挥主导作用。

第二，突破和平宪法制约，解禁集体自卫权，争取“正常国家化”。《国家安全保障战略》的要旨是预先防止威胁出现，创造有利于日本的国际秩序和安全保障环境。安倍的安保政策信奉“最好的防御就是进攻”，安倍一直宣称“解禁集体自卫权是预防日中战争最好的手段”。《国家安全保障战略》称，

① 柳沢協二『亡国の安保政策』、岩波書店、2014 年、72 頁。

② 洗堯「『国家安全保障戦略』を読み解く（1）平成の富国強兵戦略」、『軍事研究』2014 年 5 月号、68 頁。

③ http：//www. kantei. go. jp/jp/singi/anzenhosyou2/.

为“构筑国家综合防卫体制”，“美国核力量必不可少，为了维持和强化抑制力，日本要和美国紧密合作。并且，为应对导弹防御和国民保护问题，采取积极措施”。自卫队拦截飞向美国本土和军舰的导弹，保护运送日本侨民的美国军舰，都是日本在没有受到直接武力攻击时自卫队参与的军事行动。所以，要完成所列任务，日本必须解禁集体自卫权。安倍在2014年5月15日的记者会上解释行使集体自卫权的必要性时，列举了这两项任务。

第三，强化日美同盟。日本“积极和平主义”是建立在“国际协调主义”的基础上，日本的安全保障政策要和美国协调。日本在弹道导弹防御、海洋、宇宙空间、网络空间等安全保障领域加强与美国的合作，提高日美同盟的抑制力。《国家安全保障战略》中规定，“日美双方讨论防卫作用、任务、能力分担，修订《日美防卫合作指针》”。解禁集体自卫权后，日美要修订《日美防卫合作指针》，把美国保护日本的片面性日美同盟，变为“可持续”“平等”“分工平衡”的同盟。

第四，废除“专守防卫”政策和“武器出口三原则”。日本“专守防卫”政策有四个原则：（1）以联合国为中心；（2）建立日本的安全保障体制；（3）保持自卫所需的最小限度防卫力量；（4）联合国有效发挥作用前，依靠日美安保体制。日本保守派政治家认为日本依靠美国保护，付出了额外的保护费，“专守防卫”是高成本安保政策。《国家安全保障战略》在二战后首次提出“积极灵活地运用武装力量”，即新“富国强兵战略”。[①] 日本强化经济、技术、外交、军事力量，提高安全保障体制的强韧性。当今世界，支撑外交的权力手段有经济、技术，但最主要的是军事力量，日本安全保障主要的战略手段是强化军事力量。

安倍内阁强调建立“综合机动防卫力”。日本安保体制的核心是自卫队，日本要优先完善自卫队建设，确保维持周边海上与空中优势。因钓鱼岛问题，中日两国对立，日本把军事防御重点转到西南岛屿。日本向西南岛屿

① 洗堯「『国家安全保障戦略』を読み解く（1）平成の富国強兵戦略」、『軍事研究』2014年5月号、66頁。

运兵，需要保持东海制空、制海权。因此，日本把建军重点放在海、空军事力量上。安倍建立“综合机动防卫力”，也是要主动出击，在海外使用自卫队，维护日本利益。基于宪法第九条制定的“专守防卫”政策，限制自卫队赴海外作战保护日本投资和侨民，日本花巨资打造的高科技武装力量没有给日本带来好处。

安倍将在两个领域派遣自卫队：一是在海外保护侨民。日本被一些恐怖组织指定为袭击对象，日本国民遭到恐怖袭击，国家利益受到损失。二是在海洋领域，日本是岛国，海上运输线是日本的生命线，面对中国海军走向远洋，日本认为中国“威胁”日本的海上运输线。2014 年 5 月安保法制恳谈会发表的报告书提出：“在海洋上不尊重国际法，单方面依仗武力改变现状的举动在增加，开放、安定的海洋秩序，是世界和平、繁荣的基础，从中东到日本近海海上运输线是日本资源、能源进口通道，受沿岸国家地区争端和国际恐怖主义影响，日本海上运输线很脆弱。”

“武器出口三原则”是束缚日本军工发展、军力建设的另一障碍。2014 年 3 月安倍内阁通过内阁决议，废除“武器出口三原则”，代之以“防卫装备转移三原则”。日本国防产业为满足自卫队多品目、少数量的装备需求，不能导入大规模生产体制，因此日本军备物品价格过高。废除“武器出口三原则”，以日本的技术实力，可以成为世界前几位的武器出口大国。日本可以与西方国家共同开发军事装备，提高日本军事硬件的实力。日本向中国周边国家提供武器装备，可以在硬实力上抗衡中国。《国家安全保障战略》也对制定“防卫装备转移原则”做了规定：“防卫装备品的国际共同开发和生产是国际主流。因此，尊重‘武器出口三原则’至今发挥的作用……日本适应新安保环境，就武器等海外转移做出明确规定。”

第五，安倍提出“积极和平主义”，不仅是对外指导方针，对内也要求改革政治、军事体制。首先，为“构筑综合防卫态势”，以战略环境变化和国力、国情为依据，日本要建立有效的综合防卫力量。综合防卫力量建设要求日本政府机关加强与地方公共团体、民间部门的合作，构筑综合体制，应对从武力攻击到大规模自然灾害等事件，保护日本国民生命、财产以及领土、领海、领空的安全。日本要统合陆海空自卫队，建立后方支援体制，以利于自卫队在全国机动部署。其次，加强进攻性武器装备，发展海外武力投送能力和补给能力，做到打赢战争。日本正在建设与经济大国地位相称，可以在全球保护日本利益，在东海海上和空中夺取制空、制海权的军事力量。日本军舰、潜艇、战斗机已经实现大型化和远程（洋）化，今后要增加中远程弹道导弹、通信导航卫星、隐形战斗机、空中预警机、无人侦察机、轻型航空母舰、宙斯盾驱逐舰。

（二）以中国和朝鲜为日本安全保障防范对象

以中国和朝鲜的威胁为借口，日本“积极和平主义”战略指向中国和朝鲜。早在2004年《防卫计划大纲》中，日本就将中国正常的军备建设与发展同朝鲜的导弹和核问题相提并论，视中国和朝鲜为日本的威胁。到了2014年，由于钓鱼岛争端，日本把中国视为第一“潜在敌对国”。日本保守势力认为“中国快速崛起并在海洋、太空等领域积极进取”。日本2014年《防卫白皮书》称：“中国持续增加军费，在东海、南海等海（空）域提出不符合国际法秩序的领土主张，试图以武力改变现状。在尖阁诸岛（钓鱼岛）附近，侵入日本领海、领空，并设立东海防空识别区，妨碍公海上空飞行自由。”①

日本2010年《防卫大纲》载明“中国增加军费，实行军队现代化，是国际社会担心事项”。2014年日本对“中国威胁”的认识转变为“依仗武力改变现状”“采取高压姿态”，更列举“东海防空识别区”等具体事态，指出这是“危险行动”。② 日本对中国的军事动向感到强烈担忧和不满，表示今后要密切关注，并称“中国的军事行动在地区和国际社会也引起担忧”。日本对中国的指责没有上升到朝鲜的“威胁”，但表示“强烈担忧”。

日本对朝鲜的指责更肆无忌惮，朝鲜是日本安保战略的重点防范对象。

---

① http：//www. clearing. mod. go. jp/hakusho_ data/2014/pdf/index. html.

② http：//www. mod. go. jp/j/approach/agenda/guideline/2014/.

《国家安全保障战略》称："朝鲜增强核武器等大规模杀伤性武器及弹道导弹能力，在朝鲜半岛反复军事挑衅，并对日本重复挑衅言行，增加地区紧张。特别是朝鲜开发能够打到美国本土的弹道导弹，对包括日本在内的地区安全保障构成深刻威胁。"① 2014 年《防卫白皮书》称："如果朝方过于相信核武器和弹道导弹开发已经对美国形成战略威慑力，朝鲜可能会增加军事挑衅行为。""朝鲜不顾国际社会要求其自制的呼声，实施核试验并致力于核武器小型化、弹头化，对日本安全是重大的、紧迫的威胁。"日本对朝鲜的威胁认知从"对本地区安全保障紧要的、重大的不安定因素"到 2014 年升级为"紧迫的威胁"。

为了应对中国和朝鲜的威胁，"改善全球安全保障环境"，日本加强与亚太各国的防务合作，实施多国间训练、演习，扩展与各国的防卫交流、协作，帮助发展中国家增强防卫能力，确保海洋安全保障。今后，日本在两个方面防范中国和朝鲜，首先是帮助发展中国家增强防卫能力。2014 年 6 月，安倍向菲律宾总统阿基诺表示，通过 ODA 资金方式向菲律宾提供 10 艘海上巡逻艇，还要向越南提供巡逻艇，日本还争取向印度出口水陆两用飞机。其次是确保日本周边及海上运输线的制空、制海权。2014 年 9 月，日本与东盟各国外交和防务部门召开以"海洋安全保障"为主题的研讨会，11 月与东盟单独举行国防部长会议，就防卫合作达成共识。日本防御重心也向西南岛屿倾斜，强化西南地区防卫态势，为"有效应对中国威胁"，日本重视自卫队的机动能力，建立后方支援体制。

从 2014 年开始的未来 5 年的日本军备整备计划中，日本海上自卫队护卫舰部队将增加 1 个护卫队，护卫舰由 47 艘增加到 54 艘，其中宙斯盾护卫舰由 6 艘增加到 8 艘。潜艇部队增加 1 个潜水队，潜艇由 16 艘增加到 22 艘。航空自卫队的警戒航空队增加 1 个飞行队，战斗机部队由 12 个飞行队增加到 13 个，空中加油运输部队由 1 个飞行队增加到 2 个。作战用飞机增加 20 架，达到 360 架。

---

① http：//www. cas. go. jp/jp/siryou/131217anzenhoshou. html.

二　安倍解禁集体自卫权的宪法争论

2014 年 7 月 1 日，安倍内阁通过内阁决议，解禁集体自卫权，以安倍为代表的日本右倾保守集团利用解释性修宪，架空和平宪法，为以后修宪做准备。行使集体自卫权是日本“积极和平主义”战略的支柱，也只有解禁集体自卫权，“积极和平主义”战略才能实施。

（一）宪法第九条对集体自卫权的限制

日本行使集体自卫权受日本宪法限制，二战后历届日本政府对宪法第九条都有相似的固定解释。现行宪法第九条第二款规定：“为达到前项目的，不保持陆海空军及其他战争力量，不承认国家的交战权。”日本政府对此的解释是：“拥有自卫所需要的最低限度武装力量不违反宪法”，自卫队不是“战争力量”，“只有能够侵略他国的强大军事力量才是‘战争力量’”。自卫队力量是否超过“最低限度”要依照国际形势和军事水平变化来判断。如朝鲜成功试射中程导弹，日本要做必要准备。但是，大规模及彻底毁灭对手的武器装备，如洲际弹道导弹、远距离战略轰炸机和攻击型航母受宪法制约。

日本政府解释发动个别自卫权的三个条件：（1）对日本有紧急不公正的侵害；（2）排除这种侵害除了出动自卫队没有其他合适办法；（3）必要最小限度地使用武力。日本政府对集体自卫权的定义在《关于众议院议员稻叶诚一提出的宪法、国际法和集体自卫权的答辩书》中称：“国际法上，国家有集体自卫权，即与自己国家有密切关系的国家遭到武力攻击，即使本国没有直接被攻击，也可行使武力阻止。在国际法上，日本是主权国家，当然拥有集体自卫权。但宪法第九条允许的自卫权行使是保卫国家，行使必要最小限度自卫权，实施集体自卫权超过这个限度，在宪法上不允许。”①

① http：//www. shugiin. go. jp/internet/itdb_ shitsumona. nsf/html/shitsumon/b094032. html.

自民党一直主张解禁集体自卫权，安倍参与制定的自民党《宪法修正草案》中，第九条第一款第一项保留现行宪法第九条第一款规定，但在第一款下增加了第二项规定“前项规定不妨碍日本发动自卫权”。在《日本国宪法修改草案问答》中，第八项称“自卫权包括联合国宪章承认的个别自卫权和集体自卫权”。

自民党拟定的《国家安全保障基本法案》中，第10条规定了个别自卫权和集体自卫权行使要件。“基于第二项第四号基本方针（《联合国宪章》规定行使自卫权，要在必要最小限度内），日本行使自卫权遵循以下原则：(1) 从外部发生对我国或与我国关系密切的他国武力攻击事态。(2) 行使自卫权后，立即向联合国安理会报告采取的措施。(3) 自卫措施在联合国安理会采取维护国际和平、安全措施后终止。(4) 第一号规定的与我国关系密切的他国受到武力攻击，我国与受到武力攻击的他国有足够关联性。(5) 受到武力攻击的国家向日本发出支援请求。(6) 自卫权的行使控制在保卫日本安全的必要限度内，反击手段要与武力攻击程度保持平衡。”因此，日本行使集体自卫权的顺序是：(1) 同盟国受到外国武力攻击，同盟国行使个别自卫权；(2) 同盟国向日本发出支援请求；(3) 根据请求，日本派自卫队支援；(4) 日本向联合国安理会报告行使自卫权所采取的措施。

（二）解禁集体自卫权的宪法争论

安倍用内阁决议解禁集体自卫权，与日本内阁法制局“要宪法允许行使集体自卫权，必须修宪，不修宪不能行使”[①] 的宪法解释相违背。日本政府创造出宪法中没有的“个别自卫权”概念，做出自卫队符合宪法的解释。但因同样理由，其必然结果是日本不能行使集体自卫权。[②] 因为，集体自卫权是“保卫他国”，与自卫队是“为自卫设立的必要最小限度的武力”相矛盾。

---

① 参见角田内阁法制局长答辩，1983年2月22日众议院预算委员会，http://kokumin-anpo.com。

② 参见大森内阁法制局长答辩，1999年5月20日参议院日美防卫指针委员会，www.kantei.go.jq/singi/anzenhosyou2/dai5/siryou.pdf。

2014年5月安保法制恳谈会发布报告书，认为"'必要最小限度'不是'绝对概念'，是'量的概念'，以前的政府解释称行使集体自卫权超出'必要最小限度'，但集体自卫权可以纳入'必要最小限度'中"。宪法第九条不保持战争力量和否定交战权的规定，是宪法否定集体自卫权的"质的概念"。① 秋山内阁法制局长在2004年1月26日众议院预算委员会上答辩道，"集体自卫权不符合自卫权行使的第一要件即发生对日本的武力攻击事态……必要最小限度不是数量概念"。安倍针对秋山的答辩，在参议院预算委员会称"行使集体自卫权超过必要最小限度是量的概念，不是绝对概念"。以此，把否定集体自卫权行使的"必要最小限度"设定为"量的概念"，即不超过必要最小限度的集体自卫权符合宪法。

2014年5月安保法制恳谈会发表的报告书认为，"以前日本政府关于行使集体自卫权违宪的宪法解释是错误的，应该符合宪法。宪法第九条的'自卫'包括个别自卫权和集体自卫权，'自卫措施应限制在必要最小限度内'。行使集体自卫权时，控制在'必要最小限度'内，就符合宪法规定"。②

2014年2月21日，安保法制恳谈会代理会长北冈伸一在日本记者俱乐部提出行使集体自卫权的五个条件：（1）与日本有密切关系的国家受到武力攻击；（2）放置不管会对日本安全有重大影响；（3）受害国向日本请求援助；（4）日本自卫队通过第三国领土要得到同意；（5）首相综合判断形势，派兵前要取得国会同意。北冈称："以国际标准衡量，日本行使集体自卫附带许多条件。"在运用上，报告书提出"对日本安全可能有重大影响时，可以行使集体自卫权"。日本政府和自民党也指出行使集体自卫权不能无限制，要在必要最小限度内行使。

2014年6月13日，自民党和公明党举行执政党协议时，自民党提出："行使集体自卫权的条件是日本生存受到威胁，国民生命、自由及追求幸福

---

① 水島朝穂「安保法制懇の政局的平和主義」、『世界』2014年5月号、81～82頁。

② http://www.kantei.go.jp/jp/singi/anzenhosyou2/.

的权利有从根本上被颠覆的危险。”这句话借用了日本历届内阁规定的行使个别自卫权的条件，即“受到国外武力攻击，国民生命、自由及追求幸福的权利从根本上被颠覆，日本可以发动个别自卫权”①。自民党在上面这句话中，加入了“日本生存受到威胁”和“有……危险”字样。在公明党的要求下，“危险”改为“明确的危险”。② 自民党照搬日本行使个别自卫权的条件，用到集体自卫权上，只修改了几个不重要的词。

安倍还在国会搬出“砂川事件”，认为日本最高法院判决表明日本可以行使集体自卫权。③“砂川事件”是日本居民闯入美军立川基地，阻止基地扩建的事件。东京地方法院以驻日美军基地违反宪法第九条，判定闯入基地民众无罪。1959 年 12 月 16 日，日本最高法院推翻东京地方法院判决，判决书写道：“《联合国宪章》承认个别自卫权和集体自卫权是所有国家固有权利。”裁判长田中耕太郎还写了补充意见：“一国保护自己免受侵略，同时是保护他国，帮助别国防卫就是保卫自己国家。换言之，当今没有严格的自卫概念，自卫即是他卫，他卫即是自卫。因此，不管自卫还是协助他国防卫，都是各国义务。”“原则上，以国内问题为例，个人面对紧急的、不公正的侵害，保卫自己和他人权利，是正义要求。这是保护全体法律秩序，在国际关系中也是如此。”④

日本最高法院有解释宪法的权力。因此，“砂川事件”判决书成为安倍解禁集体自卫权的有力武器。2014 年 2 月 5 日，安倍在参议院预算委员会称：“根据‘砂川判决’，个别自卫权、集体自卫权是合法的、合宪的。”⑤ 自民党和公明党组成的执政党协议会会长高村正彦在 2014 年 4 月也以“砂川判决”为依据，向公明党说明解禁集体自卫权符合宪法规定。日本右翼报纸、杂志，如《产经新闻》《正论》等摇旗呐喊，左翼报纸《朝日新闻》

① 参见 1972 年 10 月 14 日政府说明书，1981 年 5 月 29 日政府答辩书，2004 年 6 月 18 日政府答辩书。

② 宮崎礼壹「憲法九条と集団的自衛権は両立できない」、『世界』2014 年 8 月号、152 頁。

③ http：//thepage. jp/detail/20140507 – 00000017 – wordleaf.

④ 潮匡人「集団的自衛権で錯乱する朝日新聞」、『正論』2014 年 6 月号、172 ~ 173 頁。

⑤ http：//www5. sdp. or. jp/comment/2014/02/14/.

等抨击政府立场，日本舆论界掀起论战。

日本社会对“砂川判决”早有争议。在1967年3月30日的参议院预算委员会，高辻内阁法制局长称：“最高法院关于砂川事件的判决是判断美国驻兵问题是否违宪，除了这点，没有对其他问题做判断。”[①] 1973年9月13日在参议院内阁委员会上，中山防卫厅长官作证称“‘砂川判决’没有判定自卫队符合宪法”。

日本宪法专家普遍认为“砂川判决”只是判断旧《日美安全条约》是否违反宪法。“砂川判决”判定“宪法第九条没有否定日本作为主权国家固有的自卫权”。而自卫权从日本政府解释的时间序列看，1951年9月8日旧《日美安全条约》缔结后，吉田茂在1951年10月6日的众议院全体会议上称：“作为自卫权发动的结果，缔结《日美安全条约》是当然的。”“日本恢复独立后，拥有自卫权。但是，日本拥有的自卫权是不依靠武力的自卫权。”[②] 自卫队成立后，政府把个别自卫权作为自卫队符合宪法的论据。因此，“砂川判决”中的“固有自卫权”是“不依靠武力的自卫权”。最高法院的“砂川判决”承认日本政府“发动自卫权的结果，缔结了《日美安全条约》”，美国驻日基地符合宪法。“固有的自卫权”即指个别自卫权，“砂川判决”不能成为安倍解禁集体自卫权的根据。[③]

三　解禁集体自卫权对日本安保政策的影响

安倍内阁解禁集体自卫权后，废除之前发动自卫权的三个条件：（1）对日本有紧急的、不公正的侵害；（2）排除这种侵害除了出动自卫队没有其他合适办法；（3）必要最小限度地使用武力。安倍内阁设立了新的条件：（1）不仅限于日本受到武力攻击，与日本有密切关系的他国受到武力攻击，日本生存受到威胁，国民生命、自由以及追求幸福的权利有从根本被颠覆的

① 水島朝穂「安保法制懇の政局的平和主義」、『世界』2014年5月号、89頁。
② 水島朝穂「安保法制懇の政局的平和主義」、『世界』2014年5月号、89頁。
③ 水島朝穂「安保法制懇の政局的平和主義」、『世界』2014年5月号、90頁。

危险；（2）为排除此危险，维护日本独立，保护国民，没有其他适当手段；（3）必要最小限度地行使武力。新条件的第二项和第三项与原有条件的第二项和第三项相同，只是变更了第一项。① 新条件的第一项同时规定了个别自卫权和集体自卫权的行使条件。首先是日本受到武力攻击，行使个别自卫权，其次是规定集体自卫权行使条件。以下两个条件同时满足，可以发动集体自卫权：第一，与日本有密切关系的他国受到武力攻击；第二，日本的生存受到威胁，国民生命、自由以及追求幸福的权利有从根本被颠覆的危险。

在现阶段，日本派兵参加海外战争的可能性小。2014 年 5 月 27 日，日本执政党协议会公布日本行使集体自卫权的事例，主要集中在以下几个领域。

第一，在公海护卫美国军舰。“日本周边国家发生战争，在日本周边海域活动或出入驻日美军基地的美国军舰，特别是这些军舰中防御能力低的运输舰、补给舰需要保护，美国向日本发出请求。日本为保全独立，对美协作必不可少。”② 在朝鲜半岛战争、台湾海峡战争，日本不能护卫美国军舰。朝鲜半岛发生战争，美国发动集体自卫权介入，仅此并不威胁日本生存，只有战争波及日本，日本可以发动个别自卫权也不是集体自卫权。美国在战争中是支援方，不是受害方。所以，美国不能要求日本发动集体自卫权，只有韩国可以要求。③ 但韩国已经明确表态不会允许日本军队进入韩国领海和领空。如果台湾海峡发生战争，因台湾是中国领土的一部分，属于中国内战，台湾没有权利要求日本发动集体自卫权。

日本政府虽然提出在公海保护美国军舰，但美国军舰不一定会保护日本军舰。公海超出《日美安全条约》第五条的范围，美军要服从《美军介入和使用武力规则》。该规则规定：“美军没有政府指示，禁止进入别国军事对峙区域。”美国陆军《官方法律手册 2013》规定：“美军行使集体自卫权，以及保卫多国籍军队，需要政府授权。”“美国总统和参谋长联席会议主席可以下令行使集体自卫权。”所以，美军也不能仅根据现场判断，保护

① 福好昌治「検証！集団的自衛権『8つの事例』」、『軍事研究』2014 年 10 月号、199 頁。
② 福好昌治「検証！集団的自衛権『8つの事例』」、『軍事研究』2014 年 10 月号、200 頁。
③ 福好昌治「検証！集団的自衛権『8つの事例』」、『軍事研究』2014 年 10 月号、200 頁。

受到攻击的日本自卫队。①

第二，拦截飞向美国的导弹。日本政府的说明是：“一国对另一国及其驻留该国的美军发动武力攻击，即发生美国卷入的武力攻击事态。美国向日本发出申请，拦截从攻击国基地飞向关岛和夏威夷的导弹。”2014 年 5 月安保法制恳谈会发表的报告书认为：“美国遭到弹道导弹破坏，影响日本防卫，如果日本雷达捕捉了弹道导弹，应该拦截。”现实中，中国是核大国，与美国发生常规战争的可能性小。朝鲜半岛如果发生战争，朝鲜也是先攻击驻韩美军基地和驻日美军基地。因为，美军反击朝鲜要利用驻韩和驻日基地。驻日美军基地受到攻击就是对日本攻击，日本会发动个别自卫权，可以击落朝鲜射向各地的导弹，这并不是行使集体自卫权。在技术上，日本海上自卫队宙斯盾舰装备的 SM－3 导弹射程短，不能拦截飞向美国本土或关岛的中、远程导弹。开发中的 SM－3A 导弹可以拦截飞行轨道末端的弹道导弹，这需要日本军舰部署在美国本土沿岸或关岛附近，这影响日本本土防御，没有现实性。②

第三，保护运送日本侨民的美国运输舰。安倍在 2014 年 5 月 15 日的记者会上，向国民说明集体自卫权时举出这个例子。日本政府称：“在日本周边发生武力攻击事态，美国军舰在公海上受到武力攻击，从攻击国言论看出可能对日本发动武力攻击。日本需要撤退侨民，但日本靠自身实力不能应对，向美国发出请求，美国派运输舰协助。美国运输舰自我保护能力低，美国向日本提出护卫要求。”

在 1997 年日美修改防卫指针时，日本曾要求美国帮助运送侨民，遭到拒绝。《日美防卫合作指针》中写道：“非战斗人员的日本国民或美国国民要从第三国撤退到安全地域，日美两国政府各自负责本国国民撤退。”美军不会运送日本侨民，而安倍还声称：“应该保护运送日本国民的美军运

① 水島朝穂「安保法制懇の政局的平和主義」、『世界』2014 年 5 月号、83 頁。

② 福好昌治「自民党は『集団的自衛権』を誤解している」、『軍事研究』2014 年 1 月号、60 頁。

输舰。”①

第四，在影响日本船舶航行的国际海域扫雷。安保法制恳谈会发表的报告提出：“日本输入石油必须经过的海峡（如霍尔木兹海峡，每年3000艘日本船只通过）发生武力攻击事态，攻击国布设水雷封锁海上交通，日本原油供给大部分停止。这对日本经济、国民生活有重大影响。联合国及各国要求日本参加国际扫雷行动，为日本的生存，日本应参加扫雷行动。”这个例子是预想伊朗封锁霍尔木兹海峡，日本汽油价格上涨，威胁日本国民“追求幸福的权利”。但这没有从根本颠覆国民生命、自由以及追求幸福的权利，也不威胁日本的生存。

海上扫雷行动一般不会要求特定国家发动集体自卫权，通常是联合国安理会通过决议，组成多国籍扫雷部队，日本会派遣舰队参加。这是联合国发动的集体安全保障。集体安全保障和集体自卫权有区别，集体自卫权是被害国要求特定国家（盟国）支援，特定国家支援被害国。而集体安全保障是被害国向不特定多数国家（联合国）要求支援，多数国支援被害国。

第五，保卫正在警戒潜艇和弹道导弹的美国军舰。日本政府的说明是：“发生把美国卷入的武力攻击事态，战斗急速扩大。美国及日本的雷达搜索敌国潜艇和弹道导弹时，防卫飞机和对舰导弹能力减弱，美国会向日本发出保护美国宙斯盾舰的请求。”美国国防部导弹防卫研究所在2007年7月4日发表报告，指出宙斯盾弹道导弹防御巡洋舰雷克·埃利号使用SM－3IA和SM－2A导弹，模拟同时迎击弹道导弹和对空目标，取得成功，证明宙斯盾舰集中雷达搜索弹道导弹飞来方向的同时可以防空。②

宙斯盾舰反潜能力强，号称“防空能力卓越的反潜舰”。宙斯盾舰搭载两架SH－60直升机，可以搜索、攻击潜艇。因此，美国宙斯盾舰不需要日本自卫队帮助。宙斯盾舰搜索弹道导弹的雷达是舰桥上部的SPY－1型雷

---

① 半田滋「他衛の戦争に駆り立てられる日本人」、『世界』2014年8月号、164頁。

② 水島朝穂「安保法制懇の政局的平和主義」、『世界』2014年5月号、84頁。

达，反潜声呐装在船舱底部，两者互不冲突，不会因警戒导弹和潜艇而降低防空能力。

第六，强制性的停船检查。日本政府指出："日本周边发生战事，装载武器等物资的可疑船只在日本周边航行，这些武器可以扩大冲突，用来攻击日本，国民有牺牲生命的可能性。美国向日本发出检查过往船只的请求，日本不仅实施后方支援，也应对装载武器驶向攻击国的船只登船检查，如有必要扣押船只。"这是预想朝鲜或中国与美国发生军事冲突，日本强行登上装载武器的船只或扣押船只，这是日本行使集体自卫权。①

在日本周边发生战争，可以认定为周边事态。根据《船舶检查法》，自卫队可以登船检查。日本如果修改《船舶检查法》，可以警告射击和危害射击，强制性地实施检查。一般遵照联合国安理会经济制裁决议实施，既不是个别自卫权的发动也不是集体自卫权的发动。②

四　结语

安倍解禁集体自卫权是日本推进"独立自主"安保政策的重要一步，日本自20世纪80年代以来，利用国内、国际政治环境的转变，加速军事大国化步伐。在日本国内，国民普遍要求增强军事力量，摆脱宪法对自卫队的限制。国际上，美国敦促日本承担更多的军事负担，解禁集体自卫权。以安倍为首的日本保守右倾政治势力，在国内军工、财界、官僚等利益集团推动下，谋求"国防正常化"。日本解禁集体自卫权有加强日美同盟、保卫领土主权的意图。但从21世纪80年代以来，日本修宪、强军的呼声日渐高涨，2014年终于如愿以偿。日本在国际贡献的旗号下，追求国家权力，提高国际影响力是日本的长期目标。

安倍解禁集体自卫权后，需要修改《自卫队法》等安保相关法律，也

① 福好昌治「自民党は『集団的自衛権』を誤解している」、『軍事研究』2014年1月号、64頁。

② 福好昌治「検証！集団的自衛権『8つの事例』」、『軍事研究』2014年10月号、201頁。

会修改《日美防卫合作指针》。2014 年 10 月 8 日，日美防卫合作小组发表《日美防卫合作指针》中期报告书，载明把日本解禁集体自卫权“适当地反映到新防卫指针中”。报告书强调“全方位”“无缝隙”应对威胁，包括应对“灰色地带”即行使警察权和出动军队之间的“非战争军事行动”，还包括宇宙空间战、网络战等。[①] 日本自卫队配合美军的行动将扩大到全球。2015 年日美将完成新《日美防卫合作指针》的修订，2015 年以后将是日本新安保政策的实施阶段，日本的“积极和平主义”走向何方需要认真关注、研究。

① 石破茂・前原誠司「参院選後の『この國のがたち』を語子」、『文藝春秋』、2013 年 7 月号、165 頁。

B.4

从“道州制”看日本行政改革的走向

赵 刚*

摘　要：作为日本实施行政改革的一项重要内容，“道州制”问题一直为众人所关注。始于明治维新的道州制议题，跨越两个世纪延续至今却未能落实。二战后日本重启道州制议题，但屡经挫折。20 世纪 90 年代日本推行行政改革，是强化中央集权还是推行地方自治成为行政改革关键。安倍两度执政，导入道州制曾是其领导自民党“重振日本”的一个重要项目，2012 年众议院选举时更是被写入竞选纲领成为自民党对其选民的郑重承诺。时隔两年，自民党版的《道州基本法》却依然还在“酝酿”之中。

关键词：道州制　行政改革　地方自治　中央集权　修宪

自 1993 年自民党长期执政的“1955 年体制”崩溃以后，“改革”似乎成了日本政坛的一个常用词，在诸多的“改革”方案中，行政改革又是其重中之重。而作为行政改革方案中的地方分权改革的具体体现，“以道州制取代现行的 47 都道府县制度”似乎又是日本朝野的共识，尤其是得到了经济界的强烈支持。但是，尽管执政的自民、公明两党和在野的大家党和维新会都在 2012 年的众议院选举以及 2013 年的参议院选举中，在各自的竞选纲领提出了推行道州制的规划，甚至明确了实施计划的期限，然而，直至今

* 赵刚，中国社会科学院日本研究所副研究员，研究方向为日本政治、思想、社会、文化。

日，道州制的改革却迟迟不见动静。

本文拟就“道州制”的历史背景、当前日本行政改革的现状，以及安倍政府对于“道州制”的真实设想进行梳理和分析，对日本行政改革的现状和未来走向加以展望。

一　道州制的基本定义以及历史演进

（一）道州制的定义

关于什么是道州制，行政学者西尾胜的定义为：“道州制就是建立比以往的都道府县范围更广的机构或团体的一种制度设想。”① 而佐佐木信夫则进一步对道州制做了如下的解释：“道州制就是将国家与地方的责权进行明确分工后，国家尽可能地赋予地方以与当地事务相关联的权限，在更广的范围内设置政府的机构，以达到构建多极分散型国家的形式。”② 两者的区别在于，如果说前者只是对道州制形式的一种简单说明，后者则更进一步明确了日本社会对道州制具体内容的期待。

作为如今日本行政改革的热门话题之一的道州制，其历史渊源颇为久远，可以追溯到明治维新时期，而按阶段又可以分为二战前和二战后。

（二）明治时期以及二战前的道州制

1. 道州制的源头——“版籍奉还”“废藩置县”

明治维新（1867 年）在废除了封建幕府制度的同时，也开启了日本近代国家制度。其明显的一个方面就表现在，明治政府改变了之前的镰仓、室町、江户幕府时代延续数百年的诸侯自治的封建格局，明确了以建立高度中央集权的政治体制为其目标。作为行政改革的象征，明治四年（1871）8

① 西尾勝『地方分権改革』（行政学叢書 5）東京大学出版会、2007 年、151 頁。

② 佐佐木信夫『新たな「日本のかたち」—脱中央依存と道州制—』、角川新書 175、2013 年、93 頁。

月，当时的新政府主导并实施了“废藩置县”的地方行政制度改革，即在原有藩的基础上，最初在全国设 3 府 302 县，其后再度削减为 3 府 35 县（1876），其行政长官由中央政府直接任命。“废藩置县”的行政改革，从制度上保障了日本从原有的封建体制成功地向近代资本主义社会转型。应该指出的是，“废藩置县”是在“版籍奉还”的基础上实施的，庆应四年（1868），幕府将军将政权奉还于天皇，明治政府以“王政复古”的名目实施天皇亲政的君主立宪制。但是，当时的实际权力依然掌握在地方大小的诸侯手中，缺乏统治权威的新政府只能通过“太政官”向诸侯下达命令。为实现中央集权，明治政府以赐予“华族”为交换条件，要求各地大名将其所拥有的领地和管辖的民众返还给天皇。“版籍奉还”和“废藩置县”是日本近代实施行政改革的重要举措，大规模合并县（藩），在制度上实现了地方治权归属中央管辖的一元化行政，强化了中央集权。

2. 中央集权的进一步强化造就了第一部道州制法案

道州制最初被提上日本政府的议事日程是在 1927 年，田中义一担任当时的内阁总理。是年日本出兵侵略中国山东，中日关系处于紧张状态。当时日本全国一共有 3 府 43 县（1888 年 12 月）。在名为《州厅设置法案》的政府提案中，负责起草的行政制度审议会对道州制进行了以下六项规定：（1）以现行府县所管辖的行政区域为基础，将若干府县为单位进行合并设立州一级行政单位；（2）将日本全国的行政区域（北海道除外）分为仙台、东京、名古屋、大阪、广岛、福冈六个州，各自成立州政府以及配置州行政长官；（3）原有府县作为单纯的地方公共团体执行基本行政业务，实行地方自治，府县长官民选；（4）府县受州政府的委托执行教育、产业、卫生、土木等行政业务；（5）府县管辖范围外的地方行政事务由州行政长官统治，警察署长隶属于州行政长官；（6）州行政长官的任命权在内阁。[①] 这是自明治维新以后日本为强化中央集权而针对地方行政区域划分实施改革的又一次尝试，同时也是日本近代历史上出台的第一份关于道州制的法案。可以说，

① 地方自治制度研究会編『道州制ハンドブック』、ぎょうせい、2006 年、110～112 頁。

《州厅设置法案》的出台是触及明治维新后日本地方行政制度改革的一个重大举措。

3. 九大地方总监府体制与道州制的原型

道州制议题尽管因为遭到地方政府的反对而未能实施，但是在临近二战结束的1945年，在一小撮狂热的军国主义分子的鼓动下，军部准备在日本本土实施所谓的“本土决战”。作为战时临时措施，政府指定的九大地方总监府体制（北海、东北、关东、东海北陆、北陆、近畿、中国、四国、九州）应运而生，其行政上的管辖区域与军事上的管辖区域重合，实际上已经取代府县成为一级地方行政机构。其时，日本全国的交通、能源等重要的物资均掌控于军部手中，九大地方总监府成为为强化军国主义服务而形成的统治机构。以至于当时的报纸将地方总监府跟田中义一内阁时期提出的道州制相提并论，称之为“实际上实现了作为行政区域而由国家直接管辖的道州制”[①]。1945年的九大地方总监府虽然只存在不到一年的时间，但是其管理模式以及区域划分，成为道州制的原型，以至于对今日的道州制基本构想依然有影响。

道州制议题，在战后日本经济复兴与地方自治中反复出现。战后道州制的议题再次进入公众关注视野主要有两个时期——二战后经济复兴阶段和平成大合并以后。

（1）经济复兴时期的道州制议题（1948～1970）

二战后日本经济是在一片废墟上重建的。1945年至1947年，日本在政治上受美国的管制，在经济上也基本依靠美国的接济维持生存。1947年5月日本实施新宪法，同时也制定实施了《地方自治法》。为了强化对全国经济的统一调控实现经济复兴的目的，日本政府再次将道州制提上了议事日程。这一阶段的道州制议题有两个特征。

第一，政府主导，二战前强化中央集权的思维浓厚。1948年，日本内阁所属的行政调查部门向当局提交了名为《关于广域地方行政制度的诸方

① 『東京朝日新聞』1945年6月11日。

案》的政策建议。方案对日本的行政区划提出了三种建议：一是，在现存府县之上设广域地方行政厅，府县知事由民选产生，而地方行政厅长官由中央任命，为三级行政体系。二是，废除现有都道府县，直接设“道”，行政委员由民选产生。三是，废除现存府县设“州”，州长官由中央任命。强调“无论何种形式的行政模式，都必须服从于中央的管制”①。可以看出，在该政策提案中，除第二方案以外，州长官都是由中央直接任命的官僚，说明即便在二战后的日本，道州制在本质上依然深受战前影响，其目的在于集中并强化中央政府的权力。其后，直至60年代中期，政府主导的道州制构想一直没有中断。比如：1957年，日本内阁第四次地方制度调查会向内阁提交了《地方制意见报告书》，建议将全国的行政区域分割为7～9个部分，废除府县一级行政机构，由中央派员直接管理。1965年，第10次地方制度调查会提交了题为《关于府县合并的答疑》的报告书，建议总理大臣应该考虑将有关府县的合并要求提交国会讨论解决。根据该提案，1966年佐藤内阁正式向国会提交了《都道府县合并特例法案》，寻求国会的批准。

第二，财界积极支持，地方自治体消极对应。日本经济界出于对经济利益最大化追求的目的，战后对道州制给予了关注和积极的支持。无论是战后日本经济从废墟中再生的阶段，还是其后的高度增长时期，财界一直坚持不懈地要求政界考虑导入道州制。比如1963年中部经济联合会提出了合并东海三县（爱知、静冈、三重）的建议，同一年关西经济联合会也提出了将大阪、奈良、和歌山三县进行合并的建议。② 在上述建议中，都提出了废止府县，设立道州。其后，关西经济联合会又于1969年10月发表了《关于地方制度改革的基本意见》，日本商工会议所也于1970年1月发表了题为《用道州制建设新国家》的文章，也都一致强调希望废除都道府县实行道州制行政体系。被称为“经营之神”的松下幸之助更是“废县置州”一

---

① 地方自治制度研究会編『道州制ハンドブック』、117～119頁。

② 片木淳『地方自治特論』、http：//www.f.waseda.jp/katagi/jititokuronA2.pdf。

词的发明者。但是，财界对道州制的积极动议并没有得到地方自治体的积极响应。20世纪50年代中期至70年代初，日本经济快速增长，通过中央政府强化经济调节能力使日本摆脱贫困已不是当时政府最为关注的议题。其背景在于，自1953年10月《町村合并促进法》实施立至1965年，在都道府县维持原有总数的同时，日本的市町村数量在短短12年间由9868个降至3392个，实际上已经达到了大合并的目的。当时日本的经济复苏伴随着市町村的合并，都道府县的行政区划并未成为日本经济复兴的阻碍。因此，1966年佐藤内阁提交的《都道府县合并特例法案》未能通过国会审议，在1969年成为废案，这也是道州制行政改革受到的最为严重的一次挫折。

（2）大合并与道州制议题的复苏

如前文所述，作为强化中央集权的手段，日本从明治维新以后一直对地方自治体采取合并削减其总数的方式，这样的趋势也一直延伸到现代。但是，47都道府县制的大框架几乎没有变化，每一次被合并的都是各个都道府县下属的市町村。而除1888年香川县与爱媛县分离并各自独立成县以及1972年的“冲绳回归”之外，现行都道府县制已经实行将近130年。

表4－1　市町村合并的演进轨迹

年　代	原有市町村数	合并后市町村数	依据法律条例
1878～1889（明治大合并）	71314	15820	《郡区编制法》（1878） 《内务大臣训令》（1888）
1943～1945（战时合并）	200（市）、10476（町、村）	205（市）、10615（町、村）	
1953～1961（昭和大合并）	9868	3472	《町村合并促进法》（1953） 《新市町村建设促进法》（1956）
1995～2006（平成大合并1）	3232	1820	《地方分权一括法》（2000） 《关于市町村合并特例相关法》（合并新法）（2005）
2006～2010（平成大合并2）	1820	1727	合并新法修改（2010）

资料来源：根据日本总务省网页资料制表，http：//www. soumu. go. jp/。

从表4-1可以看出，1878年至2010年，日本的地方行政机构一直在被不断合并削减，虽然伴随每一次市町村合并，道州制都呼之欲出，但始终因为各种原因不能得以推行。

二　行政改革与道州制

自1989年1月8日起，日本改年号为平成。在世界步入冷战结束的时期，日本在经济上进入了被称为“失去的十年”的长期衰退阶段，同时，在政治上也结束了长期以来自民党一党独大的“1955年体制”。

与“国际化”一样，“改革”似乎也是日本进入平成时代的一个关键词。回顾1989年至今，对道州制产生较大影响的三个阶段，即桥本行政改革、小泉结构造改革以及安倍经济改革。

（一）桥本行政改革为道州制的“复活”创造了条件

桥本行政改革始于自民党与当时的社会民主党联合执政的1996年。是年6月，自民党发表了后来被称为“桥本构想”的竞选公约。[①] 在该公约里，桥本面对日本社会未来少子老龄化趋势以及国家财政入不敷出的压力，指出了行政改革的必要性，尤其是该竞选公约中有对压缩政府机构、降低政府职能、落实地方分权的设想。“地方分权”对于日本政府极力强化中央集权的做法来说是一个崭新的概念。成立于1995年的地方分权推进委员会，对促进地方分权的实施起到了决定性的作用。比如该委员会在1995年7月至1997年10月，分四次向当时的内阁提交了推进地方分权的“劝告建议”。根据该委员会的“劝告建议”，桥本内阁在1998年5月制定了第一次地方分权推进计划，同时以该计划为基础向1999年的第145届例行国会提交了《地方分权一括法案》，法案在2000年4月正式得以成立并实施。《地方分权一括法》在战后历史上第一次重新定义了中央与地方的关系，抑制

① http://www.pac.sfc.keio.ac.jp/manifesto/pdf.

了中央对地方的高压态势，从法律上废除了“机关委任事务制度”[①]，将原本属于中央省厅的行政权力下放到了地方政府。故而行政学者新藤宗幸将它定义为：“翻开了战后日本的中央和地方关系的新的一页。”[②]

然而，桥本行政改革虽然在一定程度上消解了地方特别是都道府县与日本中央省厅在“机关委任事务”制度上的矛盾，但是并未能从根本上解决过度集中于中央省厅的权力与都道府县之间的责权分配的矛盾。比如：地方自治体和中央省厅在法定受托业务纷争的问题上处理的方法，为解决中央省厅与地方自治体在发生业务争执时成立的“国家与地方纷争处理委员会”的权威性等问题成为《地方分权一括法》订立以后的新的矛盾。更为关键的是，当都道府县根据地方分权推进委员会的第五次建议，将其权限下放到市町村以后，同样接到建议的中央省厅却拒绝将其权限下放到都道府县以致“产生都道府县事务空转的困境”[③]。

桥本行政改革虽然本身并没有直接针对道州制的内容，但是桥本行政改革的四个主要项目（强化内阁机能、重组行政机构、削减行政权限提高效率、针对上述问题的相关制度改革）中前两项为道州制打开了一扇窗户。

桥本行政改革第一项是强化内阁机能，主要是为了强化首相与内阁府的权力，同时也是为了打破二战后政界官僚独大的局面。内阁府根据不同的目的设置了由大臣和专家组成的各种专门会议，前述地方分权推进委员会即为其中的一种类型。由于没有了官僚的阻挠，地方分权等新政在短时间内得以出台。第二项是国家行政机构的改革，具体而言是将原有的 1 府 22 省厅削减为 1 府 12 省厅。省厅的削减使得原本属于中央的权力分散到了地方，而“机关委任事务制度”废除后，中央省厅与都道府县责权调整的失败使都道

① 机关委任事务制度：原本属于中央省厅直接执行的事务，以法律或是政令的形式，单件委托于都道府县的知事（东京都特别区区长）、市町村长。在该条件下，都道府县的行政委员会成了中央省厅的地方机构，该机构代替中央省厅执行业务。中央省厅的长官与地方知事也成了同一行政机构内部的上下级机关的关系。

② 新藤宗幸『地方分权』、岩波書店、2002、71 頁。

③ 陈建仁：《从中央支配到地方自主——日本地方分权改革的轨迹与省思》，Airiti Press Inc.，2010，第 91 页。

府县与市町村之间产生了权力空白，始于1995年的“广域联合制度”同时又为道州制的复活创造了条件。

与此对应的是财界、智库和媒体的积极响应。早在1990年日本青年会议所就提出了联邦制构想，主张将日本行政区域划分为8个州4~500个藩。1996年松下幸之助创立的PHP研究所提出了将日本的行政区域划分为12个州257个府的建议。而日本最大的报刊《读卖新闻》则在1997年向政府提出了12个州300个市的方案。这一系列的行动使销声匿迹多年的道州制重新又回到了公众的视野。

（二）小泉结构改革为道州制扫除了障碍

2001年4月至2006年9月连续执政五年半的小泉内阁是日本步入平成以后最为稳固的政权。小泉在任中以强力推行并实现了在桥本内阁时代受到阻挠的邮政民营化而闻名。同时小泉的结构改革中的“三位一体改革”（废除削减国库辅助、税收财源的转移、全面修正地方交付税制度）[①] 中关于中央与地方行政以及财政关联的制度改革，使明治以来地方依赖中央、权力集中于中央的局面得以改观，不仅促成了“平成大合并”并在短时间内达到了目标，也使道州制在现实上有了必要。

2003年，官方背景的第27次地方制度调查会在其发表的《关于今后地方自治制度方式的答辩》一文中，虽然附加了需要慎重对待的前提，但同时强调了导入道州制的必要性。[②] 其后，2006年第28次地方制度调查会又在其提交的《有关道州制形式的答辩》[③] 一文中再次主张有必要导入道州制，以期提高行政效率、加速推进地方分权。

小泉在任期间不仅推行邮政民营化而且对道州制表示出极大的关心。2002年4月小泉召集自民党国家战略本部以及自民党“实现道州制之会”

---

① 竹中平蔵『構造改革の真実—竹中平蔵大臣日誌—』、日本経済新聞社、2006年、291頁。

② 第27次地方制度調査会「今後で地方自治制度のあり方に関する答申」、2003年、http://www.soumu.go.jp/iken/kenkyu/pdf/bunken_01_s0600.pdf。

③〔日〕京都府网：http://www.pref.kyoto.jp/mirai-pj/documents/shiryo3-4-1.pdf。

的主要成员，就道州制问题指示自民党国家战略本部加快研究速度。同年，自民党“实现道州制之会”向小泉提交的报告书从三个方面论述了导入道州制对日本实现行政改革的好处：确立地方主权，提高地方的自治意识，可削减10万亿日元以上的财政支出。[①] 2003年的众议院选举过程中，“实施道州制”被正式写进了自民党竞选公约。

财界也完全站在支持政界的立场上，从2002年至2005年，日本商工会议所、全国经济同友会、经团联、关西经济联合会、九州经济同友会、中部经济联合会分别发表声明和报告书，表示对设置道州取代现有都道府县的支持。其中，最具有代表性的是2003年1月1日经团联所发表的《面向充满活力与魅力的日本》[②] 以及2005年11月全国经济同友会发表的《建设新型地方主权型社会的提案》[③]。上述两个报告，都提到了为实现小政府大社会、地方主导型政治，实行道州制的必要性。

（三）两届安倍内阁下的道州制的命运

现任日本首相安倍晋三已经是二度出任内阁首相，第一届安倍内阁是从2006年9月26日至2007年9月26日。第二届安倍内阁是从2012年12月26日至今。两届安倍内阁在对待行政改革的问题上明显有了较大的变化。安倍第一次组阁是从小泉手里接过接力棒的，安倍本人也是小泉内阁的成员，因此在行政改革方面安倍无疑继承了小泉的意志，道州制在第一届安倍内阁时，得到了切实的进展。第二届安倍内阁是在自民党下野后重新回到政权中枢的背景下成立的，推动经济发展、让日本摆脱长期通缩的困境是安倍内阁对日本国民的许诺，也是安倍内阁能长期维持的基本前提。道州制虽然也被写进了自民党2012年的竞选纲领，但是与第一届安倍内阁时相比，第二届安倍内阁实行道州制的愿望在主观上已经大打折扣。

---

① 〔日〕道州制网：http：//www. doshusei. com。

② 〔日〕经团联网：https：//www. keidanren. or. jp/japanese/policy/vision2025. html。

③ 「新しい地域主権型システム　実現に向けた提言」、http：//www. doyukai. or. jp/policyproposals/articles/2005/pdf/051104a2. pdf。

1. 第一届安倍内阁短暂执政，但切实推动了道州制的进展

自命为小泉行政改革继承者的安倍，从2006年9月第一届安倍内阁成立的一开始就以雷厉风行的态度表现了对道州制的关心和支持。安倍本人不仅在多种场合表明了对道州制的支持态度，而且设置并任命了“道州制担当大臣”借以推动道州制改革。2006年12月安倍内阁提交并在国会通过了《道州制特区推进法案》。2007年1月在自民党本部安倍亲自主持召开了第一次“道州制特别区域推进本部”会议。同月，内阁会议又决定了《道州制特别区域方针》。是年7月，自民党道州制推进本部提出了《关于道州制的第三次中期报告》①，明确了将在今后6~8年内制定道州制基本法，10年内实现道州制的目标。上述举措都显示出第一届安倍内阁对道州制的积极支持态度。

受安倍内阁的影响，不仅是财界，地方的都道府县也表现出了积极的态度。由于北海道依据《道州制特区推进法》已经成为道州制的试点区域，九州地区对于道州制的实行表现出了极大的兴趣。2006年10月，九州地区战略会议发表了《关于道州制的答复》②，明确表示九州地区现有7县对道州制的支持态度。次年5月，九州地区战略会议又在其内部设置了“道州制讨论委员会”，专门研究在九州地区道州制的具体问题。全国知事会也在2007年1月发表了《关于道州制的基本看法》③ 的声明。该声明虽然也兼顾了部分反对实行道州制的府县的意见，强调了地方分权先行的重要性，但是在原则上明确表明支持对道州制问题进行研讨。

但是，第一届安倍内阁仅仅存在短暂的一年。安倍辞任后，道州制议题也随之消失了。

2. 第二届安倍内阁长期执政，道州制却前途暗淡

2012年12月的第46届众议院选举，自民党在安倍的带领下取得了压

① 「道州制に関する第3次中間報告」、http：//www. pref. shiga. lg. jp/a/bunken/files/jiminseisaku－021a. pdf。

② 「道州制に関する答申」、http：//www. pref. oita. jp/chijikai/kyusen/tousin_ h. pdf。

③ 〔日〕全国知事会网：http：//www. nga. gr. jp/data/document/2006/1396011791604. html。

倒性的胜利。那年的选举，道州制也是各个党派的一个重要话题。在野各党把民主党对道州制的消极态度作为民主党拖延行政改革后腿的证据进行批判。自民党还赶在选举前夕出台了《道州制基本法案》。

上任伊始，安倍政府就恢复了设置由总务大臣兼任的道州制担当大臣职位。2013 年 1 月，自民党道州制推进本部宣布将在 184 届国会上提交自民党的《道州制基本法案》。但是计划没有变化快，重新坐稳江山后的自民党，党内对于行政改革尤其是实行道州制反对的意见占据了上风。最具有象征意义的是，原定于 2013 年 6 月向国会提交《道州制基本法案》一事被迫取消。① 2014 年 12 月众议院大选，自民党的竞选公约里针对道州制的只有“在取得国民赞同的前提下逐步推行”② 的寥寥数字。而其他政党除了维新会还强调以道州制为轴心推进地方自治以外，其他政党几乎连将道州制作为议题的兴趣都没有了。正常情况下，至 2018 年底前日本政坛不会有较大的变动，自民党将长期执政，不难想象道州制的议题又将被束之高阁。

三 “安倍经济学”背景下道州制的未来走向

第二届安倍内阁是打着重振日本经济的旗号回到权力中心的。通过推行“安倍经济学”实现改善民生，是安倍内阁获取民心和巩固政权的手段。但修改宪法才是本届安倍内阁的终极目标。显而易见，1995 年开始的行政改革，在现阶段已经被束之高阁。取而代之的所谓“安倍经济学”的“三支箭”——量化宽松、增加公共开支、进行结构性改革。其内容几乎全都是针对长期低迷的经济下的“猛药”。“三支箭”里只字不提行政改革，作为行政改革一部分的道州制更是备受冷落。在不出意外的情况下，赢得了 2014 年众议院选举的自民党政权将是一个相对稳定的政权。未来四年道州制以及日本行政改革究竟将走向何方备受瞩目。

---

① 『河北新報』2014 年 6 月 23 日。

② 〔日〕自民党网：https：//www. jimin. jp/policy/manifest/。

（一）政界的观望导致道州制举步艰难

冷战后道州制曾经有过大小两次高潮：大高潮是第一届安倍内阁，凭借小泉行政改革之风，道州制在第一届安倍内阁短短的一年任期内得到了快速的推进。小高潮是2012年众议院选举之前，各党争相表明对道州制的支持态度。这两次高潮都与安倍有直接关联。然而，安倍在其第二届任上从一开始就并不热衷于道州制，他在2013年1月成立的由全体阁僚参加组成的行政改革推进本部时，其工作重心仅限于独立行政法人改革、特别会计改革以及消除浪费这三点，道州制恰恰就是从2013年开始逐渐淡出了人们的视野。2014年的众议院选举，除了维新会以外几乎没有一个政党直接言及道州制。

从表4－2可以看出，除维新会以外的各大政党都不愿意言及道州制的话题，自民党更是违背了选举前对民众的许诺。

表4－2　各主要政党有关道州制论点的变迁（2012～2014）

党　派	2012年众议院选举	2013年参议院选举	2014年众议院选举
民主党	放入中长期视野进行考虑		
自民党	早期制定《道州制基本法》，在该法成立五年之内实施道州制	早期制定《道州制基本法》	在取得国民赞同的前提下逐步推行
公明党	早期制定《道州制基本法》，设立道州制推进本部和道州制国民议会，五年内实现道州制	三年内制定《道州制基本法》约十年后实现“地方自主型道州制”	
大家党	十年内实现“地方自主型道州制”，早期制定《道州制基本法》	七年内实现“地方自主型道州制”，年内（2013）通过《道州制基本法》	
维新会	由中央集权转向道州制		以道州制为轴心实现“自立”与“分权”，第一目标是实现“大阪都”

资料来源：根据各主要党派2012年众议院选举、2013年参议院选举以及2014年众议院选举公约制表。

（二）道州制的未来寄托于财界的支持

与政界的冷漠表现相比，财界依然热情不减当年。2013 年 3 月，经团联会同日本商工会议所、经济同友会和各地的经济联合会联合发表了题为《寻求早日制定道州制基本法》的声明，呼吁国会尽早为道州制立法。同年 6 月，经团联、日本商工会议所以及经济同友会共同成立了“推进道州制国民会议”。迄今为止，该团体已经多次组织会议要求政府切实落实对道州制的许诺。

财界对道州制之所以有如此强烈的兴趣，主要是因为经团联对道州制及其由道州制引发的经济效益有极大的兴趣，同时也体现了日本经济界在战后 70 年欲从幕后走向前台参与政治改革的愿望，如《面向导入道州制的第二次提案》中所述：“（1）伴随道州制导入的财税改革可以带来新的财源（合计 58483 亿日元）；（2）用上述财源可以对港湾、道路等基础设施进行改造，同时产生新的就业机会和产业；（3）加强地区间的共同价值观。”经团联关于道州制的基本设想是将日本全国分为 10 个区域设置道州。道州和基层自治体（市町村）各自拥有充分的自主权。国家的权限仅限于国防与外交领域，事关民生的部分由各道州自行决定。经团联将道州制终极目标定义为：改变明治以来中央集权体制为地方自立体制。①

“安倍经济学”是否能取得成功，关键在于能否得到财界的支持。来自财界强烈的呼声，将会成为未来道州制是否能继续得以推动的一个重要的因素。

（三）地方自治体的态度将决定道州制的未来

包括都道府县和市町村在内的地方自治体，对于道州制有着截然不同的看法。总体来看，在都道府县内部起初对于道州制持肯定意见的占了多数。

---

① 「道州制の導入に向けた第 2 次提言」、https：//www. keidanren. or. jp/japanese/policy/2008/081. pdf。

2007年1月全国知事会发表的《关于道州制的基本看法》在肯定了道州制是对地方分权起到推动作用的同时，确认了道州将是替代都道府县的广域自治体。① 但是，伴随自民党等主要政党对道州制态度的变化，全国知事会的态度也有了改变。2014年5月全国知事会分别向自民党政调会、总务会、干事长以及自民党道州制推进本部提交了《关于道州制推进法案》的意见书。② 全国知事会通过该意见书对自民党的道州制法案的内容表示了忧虑和不满。市町村一级的自治体从一开始就对道州制表示了强烈的反对。2008年全国町村长大会发表了《特别决议》的声明，声明中对由政界和财界主导的道州制表示了强烈不满，对由此可能带来的新的中央集权表示了担忧。《特别决议》明确表示了坚决反对道州制的态度。③ 2014年2月全国町村会坚持一贯的观点，再次要求自民党道州制推行本部停止提交《道州制推进法案》④。

在众说纷纭之中，对道州制的态度最为明确的可能就是现任大阪市市长桥下彻。作为维新会的实际创立人之一，桥下彻也是大阪都构想的发起人。桥下的大阪都构想，由2012年通过的《关于在大都市设置特别区的法律》⑤在法律层面上已经得到了保障。维新会在被称为其政治主张的“维新八策”中明确表示实施道州制是维新会的基本方针。⑥ 尽管维新会在2014年的大选中惨败，尽管桥下的大阪都构想因为在2013年堺市地方选举中失败而遭受挫折，但是桥下的民众支持率以及以九州为代表的各府县以及以名古屋、北九州为首的政令指定都市对道州制的赞同，在不久的将来使道州制重新成为焦点话题也不是完全没有可能。

---

① 〔日〕大阪府网：http：//www. pref. osaka. lg. jp/attach/3220/00014484/2007sannkou4［1］. pdf。

② http：//www. nga. gr. jp/ikkrwebBrowse/material/files/group/3/140508%20sityou. pdf.

③ 全国町村長大会「特別決議」、http：//www. zck. or. jp/activities/251120－01/tokubetsu. pdf。

④ 〔日〕全国町村会网：http：//www. zck. or. jp/activities/260306/260306index. html。

⑤ 〔日〕众议院网：http：//www. shugiin. go. jp/internet/itdb_ housei. nsf/html/housei/18020120905080. htm。

⑥ 〔日〕维新会网：https：//j－ishin. jp/about/ishinhassaku/。

（四）道州制能否实现是安倍内阁行政改革的试金石

安倍本人对道州制的态度从第一届安倍内阁时的表现来看，总体上来说是肯定的。但是第二届安倍内阁时针对道州制的态度，如前文所述从一开始就显得非常勉强。在参众两院具有绝对优势的自民、公明两党，如果执意要通过《道州制基本法案》在技术上应该是完全没有问题的。但是，该法案之所以一拖再拖，以致几乎就要不了了之，其原因固然有前述的市町村会的反对，自民党内有不同声音等，但其根本的理由主要有以下两个。

1. 道州制有可能会导致削弱中央集权

长期担任具有官方背景的地方分权推进委员会委员的西尾胜对道州制从四个方面提出了疑虑：（1）由道州制有可能会诱发联邦制，而联邦制不适合日本的国情；（2）中央集权会被道州制削弱；（3）道州区域的划分十分困难；（4）现有市町村体制已经十分成熟，没有必要继续合并。①

在上述疑虑中，恐怕第二点的削弱中央集权，对安倍内阁来说是最为难以接受的。以大阪市的桥下为首的新保守派势力所倡导的“地方再生”，强调的地方分权与安倍现在所推行的强化中央集权的政策恰恰是相对立的，或许这也是第二届安倍内阁突然对道州制变脸的根本原因之所在。但是，始于1996年的桥本行政改革目的之一就是在于重新梳理明治以来中央与地方的关系，将权力、财力下放到地方。虽然桥本行政改革也提及了强化首相和内阁府的权力，但桥本更强调的是由此而削减并重组中央省厅，将原属于霞关各个省厅的权力集中到内阁府，其目的在于从“官僚”手中夺权。而作为行政改革重要组成部分的道州制如果得以实现，无疑将会进一步削弱属于中央省厅的权限。

2. 与道州制相比，修宪才是安倍内阁的真正目标

迄今为止的两届安倍内阁，尽管其对外宣传口径不断变化，但是其基本理念始终如一，即一切都是为了修宪以及为修宪做准备。第一届安倍内阁在

---

① 西尾勝『自治・分権再考』、ぎょうせい、2013、164～171 頁。

短短一年时间内就通过了《教育基本法》、《防卫厅设置法》（2006 年 12 月 5 日）、《有关修改日本宪法手续的法律》（国民投票法，2007 年 5 月 14 日）、《伊拉克复兴支援特别法》（2007 年 5 月 15 日）等一系列以修宪为目的的法律。第二届安倍内阁更是经济政策向左，政治继续往右拐。对外重新修改“武器出口三原则”，为日本武器出口敞开大门，对内强行通过《特定秘密保护法》加强统治力度，设立国家安全保障会议（NSC）更是为了强化中央集权。安倍内阁的所作所为，无疑与迄今为止以小政府大社会、地方自治为目标的行政改革是背道而驰的。

道州制在未来数年能否真的像自民党在其竞选公约中说的那样得以逐步实现，在某种程度上也是检验安倍内阁对行政改革的真实态度的试金石。

B.5

从知事选举看冲绳县民的政治意识

唐永亮*

摘　要： 2014年11月16日冲绳县迎来了战后以来第12次县知事大选。最终，前那霸市市长翁长雄志获得36万余票，力压其他三位候选人高票当选。选举结果是体现民意整体走向的重要表征。此次冲绳县知事选举既表达了冲绳县民对仲井真弘多在任期间违背自己竞选公约，允许美军基地搬迁至边野古的做法的即刻报复，又凸显了大部分冲绳县民欲摆脱基地依存经济模式，追求冲绳与本土平等承担基地负担的民主主义精神。这对冲绳县未来的发展，对日本本土与冲绳的关系和日美同盟关系都有影响。面对冲绳县民的政治压力，安倍政府未来的基地政策是否会做出调整以及该如何调整，是对日本中央集权体制和未来日美同盟关系的一个重要考验。

关键词： 日本　冲绳　知事选举　县民　政治意识

2014年底举行的冲绳县知事选举，因其结果直接影响普天间美军军事基地搬迁的未来走向而备受世人关注。本文将以此次冲绳县知事选举为切入点，尝试剖析选民的政治意识和冲绳县知事选举结果对未来冲绳发展及冲绳—中央政府—美国之间的关系会产生何种影响。

---

* 唐永亮，哲学博士，中国社会科学院日本研究所副研究员、文化研究室副主任，研究方向为日本文化、社会思潮、思想史。

一　2014年的冲绳县知事选举

2014年12月9日时任知事仲井真弘多的任期恰满四年。为选出新知事，11月16日冲绳县迎来了战后以来第12次县知事大选。如表5－1所示，此次竞选有四位候选人：得到社民党冲绳县联合会、共产党冲绳县联合会、生活之党冲绳县联合会以及一部分被自民党除名的那霸市市议员支持的翁长雄志，得到民主党本部和民主党冲绳县联合会认可但不推荐的喜纳昌吉，以及得到冲绳革命党和维新之党冲绳县本部支持的下地干郎和得到自民党推荐的仲井真弘多。

表5－1　2014年冲绳县知事候选人一览表

姓　名	发表参选声明的时间	年龄(岁)	性别	所属党派	主要职务
翁长雄志	2014年9月10日	63	男	无党派	前那霸市市长
喜纳昌吉	2014年9月24日	66	男	无党派	原民主党冲绳县总支部联合会代表、原参议院议员
下地干郎	2014年7月31日	53	男	无党派	原冲绳革命党代表、原邮政民营化大臣
仲井真弘多	2014年8月7日	75	男	无党派	时任冲绳县知事

资料来源：『沖縄県知事及び沖縄県議会選挙』、http：//www. pref. okinawa. jp/site/senkan_ i/event/tijisen/h2btijisen. html。

在选举之前的数次舆论调查中，前那霸市市长翁长雄志都一马当先，而想寻求连续三届连任的时任知事仲井真弘多则紧随其后。[①] 2014年11月16日，冲绳县知事选举结果最终揭晓，并没有出现戏剧性的转折，翁长雄志获得360820票，顺利当选新一任冲绳县知事；仲井真弘多获得261076票；下地干郎获得69447票；喜纳昌吉获得7821票。此次选举得到冲绳县民的高

① 2014年10月25～26日《冲绳时报》与琉球广播（RBC），2014年11月7～8日《冲绳时报》与朝日新闻社、琉球朝日广播（QAB）等数次围绕冲绳县知事选举所做的联合舆论调查结果都显示，翁长雄志一直高居榜首，仲井真弘多紧随其后，屈居第二。

度关注，投票率为64.13%，比2010年的60.88%增加了3.25%。据朝日新闻社11月16日实施的一项舆论调查的结果，对于仲井真弘多两届任期8年的执政情况，有18%的人表示"非常满意"，有45%的人表示"一般满意"，两者合计63%。而在回答"一般满意"的人中有46%的人将选票投给了翁长雄志，有42%的人将选票投给了仲井真弘多。受访者中1/3是无党派人士，他们中有62%的人把票投给了翁长雄志。从政党支持情况来看，公明党支持层中有35%的人、自民党支持层中有24%的人将选票投给了翁长雄志。①

二　知事选举与冲绳县民的政治意识

翁长雄志之所以能够压倒其他三位候选人高票当选，与他的竞选公约能够得到县民的支持不无关系。从四位候选人的竞选公约来看，他们对日本政治的认识、对未来执政的设计，特别是围绕修宪、消费税增税、《跨太平洋伙伴关系协定》（TPP）、赌场娱乐中心建设、安保体制和普天间美军军事基地搬迁等问题的观点差异明显。这也可说是本次选举的一大特点。

（一）关于修改宪法的看法

关于修宪问题，四位候选人可以分为截然鲜明的两种态度。一派是坚决反对派。下地干郎认为，《日本国宪法》是一部在世界上引以为傲的和平宪法。虽然宪法随着全球化的发展，出现了亟须尽快修改的部分，但是也应该在保卫和平宪法标志的第九条第一款的前提下进行修改。而安倍政府策划修改关于集体自卫权的政府解释是所谓"解释修宪"，不论冠以怎样的限制说明都使日本成为可以在海外发动战争的国家，这是违背立宪主义精神的，是为国民所不能接受的。喜纳昌吉也认为现行的《日本国宪法》确实存在一些重大缺陷，在继承和发展前言以及第九条之崇高精神的前提下，应该着手

① 『朝日新聞』2014年11月17日。

修改宪法。他甚至认为，应该在第九条后增设第三款“不承认行使集体自卫权”。另一派是谨慎松动派。翁长雄志认为，相比过去，当代社会出现了核扩散、国际恐怖等问题，能否修改宪法需要时间加以充分的讨论，以提高人们对这个问题的关心和理解。而仲井真弘多则认为，修改宪法需要征得国民的同意，并且要在国会上充分讨论，集体自卫权是联合国宪章承认的，是一个主权国家的权利，但究竟应该怎样来行使则需要进行充分而具体的讨论。

（二）关于消费税增税的看法

关于安倍晋三政府权大力推进的消费税增税政策，除了仲井真弘多持有条件支持的态度外，其他三位候选人均表示反对。仲井真弘多认为，伴随着日本少子老龄化的发展，稳定而充实的社会保障是国家的重要课题，而消费税作为国家、都道府县、市町村社会保障施政的稳定财源，发挥着重要作用。将消费税率提高到8%，冲绳县的年度地方消费税收入会达到22.5亿日元，这些款项将全部被用于社会保障事业。而将消费税率进一步上调到10%，也是政府深入分析国家经济状况而做出的决定。与之相对，翁长雄志则认为，财务省虽然对提高消费税率给出了种种理由，但实际上增税的效果根本就没有显现。下地干郎则认为2014年8月的“景气指数”和内阁府发布的9月“消费者态度指数”都在下跌，低收入层开始收紧消费，而对于低收入者比例比较高的冲绳来说，增税的影响比预期还要大。喜纳昌吉的观点更为鲜明。他认为造成二战后日本经济“失去25年”的最直接的原因就是消费税增税，而2014年春将消费税率提高到8%则会导致“安倍经济学”破产。如果再将消费税率进一步提高到10%，恐怕会导致日本经济崩溃，国民生活极度恶化。日本应该废除消费税，促进个人消费，恢复内需主导下的景气。

（三）关于加入TPP的看法

对于日美两国之间正在开展的TPP谈判，四位候选人虽都持反对的态度，但其中仍有微妙的区别。喜纳昌吉持彻底的批判态度，他认为TPP归根结底是美中之间在环太平洋地区的霸权争夺，经济问题背后潜藏着军事摩擦的可能性。TPP是为了美国的利益、世界大企业的利益而服务的，对于日本国民则毫无利益可言。甚至可以说，TPP是使日本变成世界大企业和美国经济殖民地的不平等条约。下地干郎和翁长雄志则认为，如果日本加入TPP，将对冲绳县农林水产业造成巨大冲击，若日本政府在保护砂糖、牛肉、猪肉、菠萝等商品方面没有有效的措施，将坚决反对日本加入TPP。仲井真弘多虽然没有明确反对日本加入TPP，但是他也认为如果撤销关税将对冲绳特别是离岛地区的经济影响甚大，因此确保大米、小麦、牛肉、猪肉、乳制品、甘蔗等农畜产品的关税至关重要。

（四）关于开设赌场、娱乐中心的看法

对于为了振兴冲绳经济是否可以引入赌场的问题，四位候选人形成了三种态度。翁长雄志表示反对，他认为在冲绳县《2012年度综合观光胜地工作讨论报告书》中已明确写着，虽然通过设置赌场有希望提高当地的经济效益、发挥增加就业的连带效果，振兴冲绳的观光产业，但是其所引发的赌瘾问题、青少年问题等不良影响也非常令人担忧。冲绳未来的观光依靠软实力的吸引，而赌场会对青少年的生活环境产生不良影响，因此反对设置赌场。与之相对，下地干郎和喜纳昌吉持肯定态度。下地干郎认为，引入赌场、娱乐中心符合冲绳县观光立县的方针，有利于拉动观光客的个人消费、促进经济增长。就这个问题，冲绳县可以设置研讨委员会，探讨引入赌场、娱乐中心的具体做法。喜纳昌吉则认为，“弹子屋”“娱乐老虎机”更容易让人上瘾，为什么人们对它们置之不理，却单单反对设置赌场呢？冲绳县可以面向亚洲急速增加的富裕阶层，建立包含赌场在内的集长期滞留型高级旅游胜地、医疗、护理、疗养于一体的设施体系来吸引高消费群体，以提高观光产业的收益性和对其他产业的波及效果，增加县内的雇佣机会，提高县民的收入。仲井真弘多的态度比较暧昧，他认为建立包括赌场在内的内容丰富

的娱乐中心是将冲绳打造成世界级观光地的一个有效手段，但赌场也会带来赌瘾等社会问题，对此应充分讨论，在得到县民同意的前提下，制定出适合冲绳综合性观光胜地建设的方案。

（五）关于日美安保体制的看法

四位候选人对日美安保体制及冲绳在日美安保体制中的作用有着不同的认识。下地干郎承认《日美安全条约》是日本防卫安全保障的根基，应该不可动摇地维持下去。但是，他认为安保条约是一笔公共财富，其利益和责任需要全体国民平等分享，冲绳目前正承受着不平等的过重的基地负担，应该尽快减轻这些负担。对于中日之间出现的钓鱼岛问题，下地干郎认为，为解决这个问题，冲绳县包括中国台湾也可以加入进来共同开发钓鱼岛及其周边海域的资源。翁长雄志认为，日美安全保障体制对日本的安全保障而言确实很重要。但是，只占日本国土面积0.6%的冲绳承载着日本国内74%的美军专用设施，这是很奇怪的，一个国家的安全保障应由全体国民公平地共同分担。他认为钓鱼岛问题需要依凭外交和国际法来解决。仲井真弘多也持有相近的观点，他认为日美安保体制给日本带来了战后稳定和经济发展。但是，在遵守日美安保体制的同时，也应把大幅减轻冲绳过重的基地负担作为最优先的课题来解决。喜纳昌吉对《日美安全条约》持批判态度。他认为日美关系应该进行彻底调整，应以日美和平友好条约替换《日美安全条约》。而为了保障冲绳的安全，可以邀请联合国，让包括日本、美国、中国、韩国、朝鲜和俄罗斯等国部队在内的联合国维和部队常驻冲绳。钓鱼岛“国有化”是造成中日关系紧张的重要原因，可以考虑将钓鱼岛冲绳“县有化”，以实现国际共同管理、共同开发，用共同开发获得的收益支付联合国维和部队的日常运营经费。从历史的独特性和基地问题的深刻性来看，无论是安保层面还是外交层面，对冲绳都有必要实施“一国两制”的政策。为了强化冲绳县的外交独立性，可以设置“外交部”，由副知事担任“部长”。

（六）关于普天间基地搬迁的看法

关于普天间机场搬迁问题四位候选人的观点差异比较大。仲井真弘多支持中央政府将普天间美军机场搬迁至边野古的做法。他认为在人口密集区设置的普天间机场是世界上最危险的地方，而清除这一危险区域的现实且具体的办法就是使普天间美军机场五年内停止运营，并将其搬迁至边野古。冲绳县政府承认边野古填海造地是经过严格审查而做出的决定。边野古基地不是一个新增基地，而是一个替代设施，它的安全性要比普天间基地高。虽然让边野古地区承担这个任务是痛苦的选择，但这是为了确保地区安全和振兴地区经济最好的选择。与之相反，翁长雄志则认为根据冲绳县舆论调查的结果，县民普遍反对将普天间机场搬迁至名护市边野古。解决冲绳基地问题，不是县内搬迁，而应将其搬迁至县外或国外。下地干郎指出，历史证明通过知事选举是解决不了边野古搬迁问题的，可以考虑在新知事就任 6 个月内就边野古搬迁问题举行县民投票。如果“赞成”的多就推进，如果“反对”的多就中止。喜纳昌吉则认为“县民投票”要落实的话，需要执行新预算，那要等到 2015 年 4 月以后才行，而政府已经计划 2015 年初就开工建设边野古基地，所以无论如何都来不及了。因此，新知事应依据行政法赋予的职权撤销边野古填海造地的许可，以合法、和平的方式阻止边野古基地建设。

正如 19 世纪法国学者厄内斯特·勒南所言：“民族的存在，就是每日的公民投票”，选举是近代西方民族国家形成的重要基础，选举结果是体现民意整体走向的重要表征。2014 年冲绳县知事选举淋漓尽致地展现了当代冲绳人的政治意识。据共同通讯社 2014 年 11 月 16 日围绕冲绳县知事选举所做舆论调查的结果，当问及“您在投票时重视什么政策时”，回答结果依次是重视美军普天间机场的归还、搬迁问题（60.5%），经济振兴、雇佣就业（15.4%），儿童培养教育（7.3%）。[①] 由此可见，美军冲绳军事基地问

① 『東京新聞』2014 年 11 月 17 日。

题是冲绳县民在选举中关心的焦点。

基地问题实际上是日美安保体系的重要一环。冲绳县民对于是否要维持和强化日美关系的态度矛盾。据日本广播协会（NHK）2012 年以冲绳县民为对象所做的舆论调查的结果，当问及“日本在多大程度上有受到别国侵略的危险”时，有约八成人表示“有危险”。而当被问及“日美安全保障条约对于日本的和平和安全起了多大作用”时，有 53% 的人回答“有作用”，远远低于日本全国 75% 的比例。对于今后的日美同盟关系，有 46% 的冲绳县民表示应该“强化 + 维持”，有 44% 的人表示应该“减弱 + 解除”，而与之相比，日本全国持“强化 + 维持”意见的占七成以上。当问及“靠什么来保障日本的国家安全呢”，有 49% 的冲绳县民表示“可以依靠联合国的协助”，有 30% 的人表示“可以继续与美国合作”。①

实际上，20 世纪 70 年代以来，冲绳县民对美军基地的态度经历了从反对到肯定的巨大转变过程。NHK 调查的结果显示，当问及“回归后，在冲绳还将留有美军基地，对此您如何看”，1972 年调查时回答这样做对日本的安全是“必要”的人占 7%，回答“没有办法之举”的占 19%，两者合计 26%；而回答“没有必要”的占 20%，回答“相反却（给日本）带来了危险”的占 36%，两者合计占 56%。持反对意见的比例远远超过持肯定意见的比例，这种情况一直持续到了 1992 年。NHK 针对 2002 年冲绳回归 30 年所做的调查的结果显示，持“必要 + 没有办法”的人数大大增加；而 2012 年时这一比例继续增至 56%，持“没有必要 + 相反却带来了危险”的比例降至 38%。值得关注的是，这种态度的转变似乎与冲绳基地所带来的经济利益没有太大关系。因为当问及“在冲绳有美军基地，对你的生活和工作是否有帮助”时，回答“没有帮助”的占 69%，回答“有帮助”的仅占 29%。这一比例 35 年来几乎没有变化。②

---

① 河野啓・小林利行『復帰 40 年の沖縄と安全保障—「沖縄県民調査」と「全国意識調査」から—』、『放送研究と調査』2012 年 7 月号。

② 河野啓・小林利行『復帰 40 年の沖縄と安全保障—「沖縄県民調査」と「全国意識調査」から—』、『放送研究と調査』2012 年 7 月号。

虽然一半以上的冲绳人对冲绳保留美军基地持肯定态度，但是他们认为冲绳的基地负担已经达到了极限。NHK 调查结果显示，当问及“您对冲绳美军基地怎样看”，有近八成人主张应该缩减（“应该全面撤销”＋“缩减至和本土一样”），这个比例 30 年来几乎没有变化。值得关注的是，这种对基地的看法似乎与冲绳战争的经历及居住环境的体验有很大关系。在经历过冲绳战役的人当中，多数人都主张“应该全面撤销”，而很少有人主张“缩减至和本土一样”。① 就如经营设计事务所的知念秀雄（72 岁）在接受记者采访时所指出的，69 年前的冲绳战役中，疏散到边野古附近的母亲被美国军机扫射致死，刚刚 3 个月大的妹妹也不久离世，因此，他绝不允许在这个地方再建造一个新的军事设施。② 曾经在外县居住过的冲绳人中也大多主张“应该全面撤销”美军冲绳军事基地。

以 1995 年美军士兵强暴少女事件为契机，日美之间达成了以冲绳县内搬迁为条件的普天间基地归还协议。2009 年时任首相鸠山由纪夫提出了“最低也要搬迁至县外”的主张，立即赢得了冲绳县民的极大拥护。虽然民主党政府最终因受到来自美国的压力而决定将基地搬迁至冲绳县名护市边野古，但是，冲绳县民反对县内搬迁的声浪并没有明显减退。NHK 2012 年所做的舆论调查的结果显示，当被问及“作为美军普天间基地归还的交换条件将基地搬迁到名护市，您如何看”，表示“赞成”（包含“某种程度赞成”）的占 21%，表示“反对”（包括“某种程度反对”）的占 72%。与之相对，从日本全国来看，表示“赞成”的占 36%，而表示“反对”的占 45%。当被问及为何赞成搬迁时，冲绳县民回答最多的是“去除危险性”。在反对搬迁至边野古的人当中，有 30% 的人赞成将普天间基地“迁至海外”，有 18% 的人主张“迁至日本国内除冲绳县以外的地区”，有 18% 的人主张“撤销，不建立其他替代设施”。总之，有六成以上的人主张撤销美军军事基地或将其搬迁至县外。而据《冲绳时报》与琉球广播（RBC）2014

① 河野啓・小林利行『復帰 40 年の沖縄と安全保障—「沖縄県民調査」と「全国意識調査」から—』、『放送研究と調査』2012 年 7 月号。

② 『沖縄タイムス』2014 年 11 月 13 日。

年10月25~26日所做的冲绳县民舆情调查的结果，对于冲绳县原知事仲井真弘多违背竞选公约，承认日本政府边野古填海造地的做法，有62%的人表示“反对”，只有28%的人表示“赞成”。对于如何解决普天间机场的问题，有29%的人认为应将其搬迁至县外，而有47%的人认为应将其搬迁至国外，两者合计占76%；支持设置在县内的人只占19%。①

总之，从某种意义上说，2014年冲绳县知事选举是明确传达县民意识的楔子，其既反映了冲绳县民对仲井真弘多在任期间违背自己的竞选公约、允许美军基地搬迁至边野古之做法的即刻报复，也凸显了大部分冲绳县民欲摆脱基地依存经济模式，追求冲绳与本土之平等的民主主义精神。

三　冲绳县知事选举的影响

2014年冲绳县知事选举是冲绳县民及县内各派政治势力打破意识形态上的藩篱，首次以反对将普天间美军基地搬迁至边野古为目的，合力阻止美军冲绳基地驻扎永久化的一个具有历史意义的事件，这不仅对冲绳县未来的发展，而且对于本土与冲绳的关系和日美同盟关系都有影响。

（一）对冲绳县未来发展的影响

如果翁长雄志不违背自己的竞选公约，未来冲绳恐怕将会朝着逐渐摆脱基地依存经济模式、确立自主自立的经济模式的方向发展。然而，值得注意的是，2013年安倍晋三首相与时任知事仲井真弘多约定，直至2021年为止中央政府每年向冲绳提供3000亿日元的振兴预算，而作为条件，仲井真弘多承认中央政府为解决美军普天间基地搬迁问题而在边野古填海造地的做法。翁长雄志在接受《冲绳时报》采访时指出：“如果在知事竞选中取得胜利，我将再次向日美两国政府和联合国传达冲绳县民反对边野古填海造地的看法……其次，还要在华盛顿设置常驻工作人员，形成新的意见交流渠道。如

① 『沖縄タイムス』2014年10月28日。

果原来的许可在法律上有瑕疵，就可以收回。收回许可也是我当上知事后阻止边野古基地建设的一个办法。”[①] 由此可见，翁长雄志执掌权柄后，势必会影响冲绳与中央政府的关系。而作为反击，中央政府也会用削减一次性补偿金的形式来逼迫翁长雄志就范。这样无疑会对冲绳未来的经济发展产生不良影响。作为预定搬迁目的地的边野古区的区长宫城行雄在得知选举结果后不无担忧地指出，如果中央政府的冲绳振兴政策停下来的话，边野古周边的经济或许会恶化。2015 年新年伊始，中央政府明确表示将 2015 年度的冲绳振兴预算削减约一成，由 2014 年的 3501 亿日元减少到 3000 亿日元左右。[②] 并且，按照以往的惯例，自民党召开预算案讨论会都会邀请冲绳县知事参加，而 2014 年没有邀请冲绳县代表出席。对此，一位自民党的干部表示："这是理所当然的，要搞清立场啊。"这明显表达了对翁长雄志的不满。[③] 在政府减少经济援助，而冲绳美军基地问题又短期内无法解决的情况下，冲绳如何实现自立自主的经济发展，是新一届冲绳县政权面临的重要课题。从政治的角度上看，此次选举是继 20 世纪 50 年代反对美军永久性收购冲绳土地而爆发的"全岛斗争"之后的又一次全岛性的"斗争"，对于进一步推进冲绳的民主主义运动无疑具有重要意义。长期以来，冲绳县内各派政治力量一直以意识形态的对立为背景，形成了依靠政府经济振兴政策的国家志向派和摸索地方经济自立的地方分权派的对立结构。在此次冲绳知事选举中，曾担任自民党冲绳县联合会干事长的翁长雄志率领相当一部分党内支持者打破保守革新界限，[④] 宣布"不是出于意识形态，而是基于自我认同，站在全冲绳的立场

---

① 『沖縄タイムス』2014 年 10 月 22 日。

② http：//www. news24. jp/articles/2015/01/08/04266813. html.

③ http：//news. tv－asahi. co. jp/news_ politics/articles/000042063. html.

④ 实际上，翁长雄志在 1999 年担任县议员时曾力主推进普天间基地搬迁。在他担任那霸市市长以后，开始反思政治斗争中"右"与"左"长期斗争的危害性，提出了"整个冲绳"的想法。他认为，如果不能让全体县民心往一处想，那么冲绳的政治和经济无法得到发展。2009 年鸠山由纪夫担任首相后倡导"至少要把普天间军事基地移到外县"引起了翁长雄志的共鸣。在 2010 年召开的要求普天间基地县外搬迁的冲绳县民大会上，翁长雄志出任共同代表。2013 年他率领冲绳县内市町村代表向安倍晋三首相面呈要求停止边野古搬迁的"建议书"，成为反对边野古搬迁运动的核心人物。

上采取负责任的行动。不能让政府再建一个今后会存续 100 年的基地”。最终，翁长雄志以领先仲井真弘多约 10 万票的巨大优势取得了最后胜利。以此次冲绳县知事选举为契机，冲绳县内革新、保守、中间势力明显界线的打破很可能导致县政坛的进一步分化重组。[①] 而这次阻击冲绳基地搬迁至边野古斗争的阶段性胜利，又无疑是对县内追求地方主权的民主主义运动的巨大鼓舞。

（二）对中央与地方关系的影响

2014 年冲绳县知事选举的结果对未来冲绳与中央政府的关系也有影响。从冲绳的角度上看，普天间机场是美军通过“刀枪和推土机”强行夺取当地住民的土地而建成的，并未征得全体冲绳县民的同意。“而此次选举若接受将基地搬迁至边野古的做法，就是冲绳人自己第一次认可了基地建设。”不仅如此，如原琉球新报社社论委员长、北陆大学客座教授野里洋所言，二战后 69 年来冲绳县民一直承受着美军基地的重压，已经超出忍耐的极限，他们希望从根本上解决基地问题，期望通过此次知事选举唤起几乎不关心冲绳基地实际情况的日本本土人的关注。他们通过向屈服中央政府的仲井真弘多说“不”，来抗议奉行安倍政府二者择其一的做法，即“要么搬迁至边野古，要么将普天间基地固定化”。翁长雄志甚至在 2015 年 1 月 5 日发表的新年献词中明确表示，“美军基地是冲绳经济发展的最大障碍”。[②] 在知事翁长雄志的授意下，2015 年 1 月 26 日冲绳县成立了针对前任知事承认边野古填海造地一事的第三方检证委员会，以检查其中的审查手续和内容是否存在问题。翁长雄志表示：“如果判断其中存在瑕疵，将最大限度地尊重该判断，并做出应对。”[③] 在翁长雄志掌权下，冲绳县政府对基地的态度无疑会使冲绳与中央政府之间的裂痕越来越深。从中央政府的层面上看，就在翁长雄志发表竞选公约后，菅义伟官房长官就于当天举行的记者见面会上表示：“去

---

① 『沖縄タイムス』2014 年 10 月 31 日。

② http：//news. tbs. co. jp/newseye/tbs_ newseye2387018. html.

③ http：//news. tbs. co. jp/newseye/tbs_ newseye2403835. html.

年年底在得到仲井真弘多知事许可后，我们（在边野古）已经谨慎开工。这个问题已是过去的问题了。”中央政府摆明了不管翁长雄志是否当选，都会以继续推进边野古基地建设来解决普天间美军基地问题的姿态。① 而就在冲绳县知事选举结果揭晓后不久，安倍晋三随即宣布解散众议院进行大选，以此来消解冲绳县知事选举结果在媒体和政坛的扩散效应。但是，就如冲绳国际大学政治学教授佐藤学所说，这次的选举结果对众议院选举中的边野古搬迁反对派而言无疑是一剂强心针。② 12 月 24 日上京履新的翁长雄志知事未能见到安倍晋三首相和山口俊一冲绳担当大臣，从此似乎也可以窥见冲绳—中央关系趋于紧张的冰山一角。③ 而透过这些表面现象，还有一个更加深刻的问题值得反思：地方民意与国家意志，地方政府与中央政府到底是何种关系？就如早稻田大学大学院江上能义教授所言，外交、安全保障是国策，但是在民主主义国家也需由地方居民的整体意志来决定。安倍自民党政府如同国家下包工程一样来处理地方自治的守旧的中央集权体制受到了人们的质疑。④

（三）对日美同盟关系的影响

2014 年冲绳知事选举对未来的日美同盟关系也不无影响。美国高度重视 2014 年冲绳县知事选举，对于翁长雄志的当选，美军当局于 11 月 16 日发表声明称：“对于自治体选举不做评论。针对其对日美安全保障的影响，总体上美军将继续与日本防卫省保持紧密的合作。”也就是说，对于美军而言，冲绳县政府与日本中央政府间的问题应由日本政府来解决。⑤ 毋庸置疑，冲绳县政府与中央政府围绕普天间美军基地问题如果一直僵持下去的话，必将对日美安全保障体系产生影响，毕竟失去地方上的理解，稳定的军

---

① 『東洋経済』2014 年 9 月 11 日。
② 『東京新聞』2014 年 11 月 17 日。
③ 『沖縄タイムス』2014 年 12 月 26 日。
④ 『読売新聞』2014 年 11 月 21 日。
⑤ 『東京新聞』2014 年 11 月 17 日。

事基地和安全保障政策都无从谈起。也正因如此，有评论员认为，经过此次县知事选举，普天间军事基地问题的解决已经进入一个新阶段，这是改变“要么搬迁至边野古，要么将普天间基地固定化”这种二者择其一思考方式的一次良机，日本政府应尽快与美国协商寻找新的代替方案。① 但是，就如猪口邦子教授所言，将普天间军事基地向县外或国外搬迁，这些费用美国无论如何是不会负担的，而且这是有关同盟国信义的问题。②

如何能够找到一个冲绳、日本本土和美国三方都满意的答案，是日本政府未来必须要考虑的重要课题。然而，长期以来日本政府在美军基地问题上几乎没有太大发言权，颇为人们所诟病。③ 要解决基地问题，日本政府能否在基地问题上增加发言权、发挥更大的积极性似乎也是关键。而值得关注的是，日本政府表示在2015年年度预算中将会对美军普天间机场的边野古搬迁施工预算进行大幅调整，由1500亿日元增至1900亿日元左右。对此，中谷元防卫相2015年1月11日对媒体说：“搬迁至边野古是唯一的办法，也是最快的解决办法。为了推进工程的施工进展，就要增加一些必要的预算。”同时，中央政府将不再等待冲绳县政府的检查结果，预定于2015年6月左右开始边野古基地的主体工程施工。④ 而与之相对抗，2015年1月22日冲绳县议会多名议员聚集在美军普天间基地大门口前静坐，以抗议政府在边野古强行开工作业。⑤

总之，2014年冲绳县知事选举展现了大多数冲绳县民期冀和平、追求地方主权的民主主义精神。实际上，2014年冲绳县知事选举所反映的问题，也是现在日本本身存在问题的一个缩影，即只存在宏观与微观上的利害对立，却缺少多元价值的选择项。就冲绳而言，宏观上存在着日美关系、本土与冲绳县的双重对立关系，在冲绳县内部也存在着微观上的利害对立关系。

---

① 『朝日新聞』2014年11月17日。

② 『朝日新聞』2014年11月16日。

③ 『読売新聞』2014年11月21日。

④ 『琉球新報』2015年1月12日。

⑤ http：//news. tbs. co. jp/newseye/tbs_ newseye2400741. html.

在如此种种对立关系的胶着之中，新的价值选项很难被创造出来，人们只能被迫不断从既存的选项中进行选择，最终走的只是已经取得了“实效”的既定路线。① 面对冲绳县民明确的政治意识，安倍政府未来的基地政策究竟是否会做出调整、该如何进行调整，是对日本中央集权体制和未来的日美同盟关系一个重要考验。

① 西田亮介『沖縄県知事選に見る現代日本の縮図—価値についての選択肢の不在と交錯するマクロとミクロの利害関係—』、http：//politas. jp/articles/148。

B.6

2014年的日美同盟：战略合作下的协调与摩擦

卢 昊*

摘 要： 2014年，在美国延续“亚太再平衡”政策，以及日本致力推动“正常国家化”与“军事大国化”的背景下，日美同盟内部密切协调，战略合作与矛盾摩擦并存。日美以应对中国为“问题意识”，致力于“改造与强化”同盟关系，重点在安全领域加强战略合作，日本作为美国的“地区战略支点”的作用与能力得到增强。在地区事务方面，日美也试图联合介入，扩大同盟网络，进行协作。但在日本的独立性和战略主体意识显著增长的背景下，日本在地区事务处理方面的若干思维和行动，与美国的利益产生了明显的摩擦与矛盾，为美国的同盟管理带来了“难题”，为同盟中长期的发展增加了不确定性。

关键词： 日美同盟 亚太再平衡 日美防卫指针 防务合作 地区安全

2014年，日本更主动地加强对美外交力度，期望充分利用美国“亚太再平衡”政策，推动日本“正常国家化”，捍卫和扩大日本的国家利益。而美国也倾向于最大限度地挖掘日美同盟的价值，发挥日本作为美国“地区战略支点”的

---

* 卢昊，法学博士，中国社会科学院日本研究所助理研究员，研究方向为日本外交与安全保障政策、日本海洋战略等。

作用。一方面，美国护持霸权的地区战略与日本的大国化目标产生了“共鸣”，双方在地缘政治方面共同的“问题意识”——应对中国的崛起，推动了同盟的“复苏”和发展；另一方面，“追求大国地位与尊严”，期望彻底摆脱战后体制束缚的日本，其战略主体意识和独立性不断增强，“借同盟之力，最终脱同盟而自立”的倾向日益显现，这也对美国的“同盟管理”提出了“难题”。

2012年底安倍执政以来，日美的相互关系定位更为明确，关系基础也较为稳固。相互关系定位方面，日美更为明确而公开地将对方界定为“至关重要的战略盟友”，而且在推动同盟内部关系“相对平等”、权利责任共享方面达成了共识。2013年底日本新出台的《国家安全战略》，将加强日美同盟作为日本三大安全战略目标之一，称“日美同盟是维持日本国家安全的基轴”，“日美同盟以普世性价值理念与共同战略利益为基础，而从地缘上看，日本处于支撑美亚太战略的关键位置”。[①] 美国防部2014年初出台的新版《四年防务评估报告》则指出，“历史性的条约联盟依然是美国在亚太军事力量存在的基础”，日本作为美“亚太再平衡”战略支点与基石的地位是不容否认的。[②] 关系基础方面，2014年日美政府、国会与军方高层间往来，会谈涉及议题广泛，以加强战略合作、统一同盟步调为基本方向（参见表6－1），维持了较为通畅而有效的政治、安全协商。随着政府间战略合作的加强，以及多层次接触交流渠道的持续，日美民众间的相互感情认知保持了相当高的正面性。[③] 这都成为日美同盟“基本面”的稳定性因素。

---

① 内閣官房『国家安全保障戦略について』、http：//www.cas.go.jp/jp/siryou/131217anzenhoshou/nss－j.pdf。

② Michael J. Green, Nicholas Szechenyi and Victor Cha, “Pivot 2.0：How the Administration and Congress Can Work Together to Sustain American Engagement in Asia to 2016,” http：//csis.org/files/publication/141223_ Green_ Pivot_ Web.pdf.

③ 根据日本政府2014年12月底公布的外交舆论调查，82.6%的日本人对美国“有好感”或“较有好感”，在主要外交对象国中排名首位。根据美国盖洛普调查机构2014年底的舆论调查，80%的美国人对日本“有好感”或“较有好感”，排名受访国家第5位，次于加拿大、英国、德国和法国。参见総務省外交に関する世論調査（2014年度）、http：//survey.gov－online.go.jp/h26/h26－gaiko/2－1.html；The Gallup Poll, “Canada, Great Britain Are Americans' Most Favored Nations,” http：//www.gallup.com/poll/181961/canada－great－britain－americans－favored－nations.aspx? utm_ source＝foreign%20relations&utm_ medium＝search&utm_ campaign＝tiles。

表 6－1　2014 年日美政府、国会与军方高层间的主要会见

时　间	参与者	主要议题
1 月 8～10 日	日美国会议员联盟会长中曾根弘文、自民党代理干事长盐崎恭久等访美，会见美助理国务卿拉塞尔等	日美关系，日国内政治与安保政策（解释安倍参拜靖国神社）
1 月 17～19 日	日国家安全保障局局长谷内正太郎访美，会见美国务卿克里、国防部长哈格尔和总统安全事务助理苏珊·赖斯	日美关系，防务合作（解禁集体自卫权等），地区形势，重大国际问题
1 月 13～17 日	日副外相岸信夫访美，会见美众议院军事委员长福布斯、副国务卿伯恩斯等	日美关系，日国内政治与安保政策（解释安倍参拜靖国神社），国会、政府间交流
1 月 24 日	美副国务卿伯恩斯、助理国务卿拉塞尔访日，会见官房长官菅义伟、外相岸田文雄等	地区形势，日美关系（日美防卫合作指针修订、驻日美军基地搬迁、TPP 等）
1 月 20～21 日	美国参议院外交委员会委员、共和党参议员卢比奥（下任美总统热门候选者）访日，会见安倍、副外相岸信夫等	日美关系，日安保政策，地区形势（中日韩关系）
2 月 2～3 日	美国太平洋舰队司令洛克利尔访日，会见安倍和防相小野寺五典等	日安保政策，防务合作（日美防卫合作指针修订、驻日美军整编）
2 月 7～8 日	日外相岸田文雄访美，会见美国务卿克里、国防部长哈格尔、总统安全事务助理苏珊·赖斯等	日美关系（奥巴马访日、防务合作、TPP 等），地区形势（朝鲜半岛、日韩关系、中国问题）
2 月 17～18 日	美众议院外交委员长埃德罗伊斯率美跨党派议员联盟代表团访日，会见安倍和日美国会议员联盟会长中曾根弘文等	日本国内政治，地区形势（历史与领土问题）
4 月 5～6 日	美国防部长哈格尔访日，会见安倍、外相岸田文雄与防相小野寺五典	日安保政策，防务合作（日美防卫合作指针修订、驻日美军整编、美日韩合作、美日与东盟合作）、地区形势和国际问题（朝鲜半岛、中国、俄乌问题）
4 月 21～22 日	美众议院多数党领袖、共和党议员康托尔率美跨党派议员代表团访日，会见安倍等	日安保政策，日美关系，亚太地区形势等

续表

时间	参与者	主要议题
4 月 23 ~25 日	奥巴马访日,会见安倍	日美关系(防务合作、TPP、能源与气候变化合作、超导材料合作),俄乌问题,亚太局势(日韩关系,日中关系、钓鱼岛问题与南海问题)
5 月 27 日	美海军作战部长格林纳特访日,会见安倍及防卫省高官	日安保政策,日美防务合作(海军力量合作、驻日美军整编等)
5 月 30 ~31 日	安倍与日防相小野寺五典在新加坡出席亚洲安全会议(香格里拉会议)期间会见美国防部长哈格尔	地区形势(中日关系、南海形势),防务合作(日美防卫合作指针修订、驻日美军整编等)
7 月 6 ~13 日	日防卫相小野寺五典访美,会见国防部长哈格尔	防务合作(日美防卫合作指针修订、解禁集体自卫权、武器装备与技术合作等),地区形势与海洋安全
8 月 8 ~10 日	日外相岸田文雄在缅甸出席东盟地区论坛外长会议期间会见美国务卿克里	地区形势与国际问题(朝鲜半岛、俄乌问题、中东问题)
8 月 10 ~11 日	美众议院军事委员长霍华德·麦基翁访日,会见日防相小野寺五典、官房长官菅义伟等	防务合作(驻日美军整编),朝鲜半岛局势等
8 月 22 ~23 日	美国防部副部长罗伯特·沃克访日,会见安倍、副外相岸信夫、副防相武田良太等	日美关系,日安保政策,防务合作(日美防卫合作指针修订、驻日美军整编等)
9 月 21 ~26 日	安倍在纽约出席联合国大会期间会见美副总统拜登、前国务卿希拉里等,外相岸田文雄会见美国务卿克里	日美关系(日美防卫合作指针修订、TPP),中日韩关系,重大国际问题(俄乌问题、中东、朝鲜半岛)
11 月 16 日	安倍在澳大利亚布里斯班出席 G20 峰会期间会见奥巴马	日美关系,国际事务与全球性问题(气候变化等)

资料来源：作者根据日本外务省、防卫省与美国驻日大使馆信息资料整理。

在战略合作方面，日美同盟以安全承诺与军事合作为核心。在 2014 年，除推动跨太平洋伙伴关系协定（TPP）谈判，强化日美经贸纽带和地区经济参与度外，日美两国依然将“重点突破”的方向放在安全合作方面。日美一方面致力于在制度上“改造与强化”同盟关系，通过修订《日美防卫合作指针》，以及促使日本在安全上“自我解禁”，使其朝向“全球型”、“全天候型”和“全面共享型”的同盟模式发展；另一方面，日美加强了双边安全合作，重点落实协商成果，在战略战术协调、军力部署与设施共享、联合演习与武器装备技术合作方面，取得了一些具有意义的进展，也预示了日美中长期在军事能力建设方面彼此借重、“互助互利”的趋势。

在推进同盟建设与双边安全合作的同时，日美还协同加强对地区事务的干预，试图以灵活的方式拓展同盟网络，继续掌控地区主导权，对日美“共同的战略对手”即中国施加压力。但与此同时，日美在地区事务的利益诉求与步调并不统一。战略自主性日益增强的日本在具体议题上“自行其是”，一些举动与美国的国家利益与地区战略产生矛盾，尽管日美之间进行了协调，试图管控与解决同盟内部矛盾。但现实情况显示：日美在近年以前所未有的目标期待展开战略合作、影响地区安全的同时，也不得不面临着日益增多的摩擦。短期内，这些矛盾不会根本上动摇或瓦解日美关系基础，但毫无疑问，它们使得日美同盟内部的心理与策略博弈更趋复杂化，为同盟整体的中长期发展增添了不确定因素。

一 “指针”的修订与美国支持日本“自我解禁”

在法律与制度基础角度强化日美同盟方面，2014 年日美均将《日美防卫合作指针》（以下简称“指针”）作为重要的一项议程，通过“指针”修订推动日美同盟“准重新定位”，为未来 15 ~ 20 年的日美同盟制定明确的“路线图”，是日美共同的目标。同时，与“指针”修订直接相关，日本在安全政策上的“自我解禁”得到美国前所未有的公开支持。美国的“赋权”与鼓动，有利于日本实现其期待已久的，在修宪与安全政策“突破禁区”、“借船出海”的战略目标，如果“指针”修订和日本的“自我解禁”按照目前的方向继续推进，日本在日美同盟体系中的角色以及影响地区安全的能力显然将得到增强。

（一）“指针”修订的进展与方向

“指针”的修订是贯穿当前日美同盟强化过程的主要线索。2013 年 10 月的日美外交与防务“2 +2”会议上，日美确认将以“扩大日美同盟框架中日本的作用”为基本方向，修订作为日美同盟战略合作制度化纲领的“指针”，为此日美间将展开密切协调。[①] 2014 年3 月，日美防卫合作小委员会的成员在夏威夷举行会谈，启动对“指针”的评估工作。经过多轮磋商，10 月 8 日，日美公布了《关于日美防卫合作指针修订的中期报告》（以下简称“中期报告”）。日美原计划在2014 年底完成“指针”修订，但最终未达成目标。其中日本一再提出推迟发表“指针”修订成果，其主要考虑之一，是避免执政集团在政治选举中因国内修宪与安全问题论争的白热化而受到冲击，美方尽管认为“需要抓住时机”，但支持日本的考虑，且认为比起匆忙修订与发表，更重要的是将日本解禁集体自卫权后具体的法制、政策变化纳入新“指针”。对于此次“同盟改造”的工程，日美均持相对慎重的态度，认为应使其适应相关法律与制度的配套性修改，兼顾国内政治形势与国际反应。从现在的情况看，新“指针”的最终出台时间可能为2015 年春季，特别是 4 月底安倍访美的时候。

关于“中期报告”的内容，日美宣称，以促进“同盟均衡与权责分享”为前提，双方达成以下共识：（1）在政府层面“无缝而实效地”实现同盟内部协调；（2）采取措施防止有损日本安全事态的发生；（3）强化日美在塑造国际安全环境方面的合作；（4）在“新战略领域”即太空及网络空间方面加强合作；（5）适时且有实效性的相互支援。以此为基础，日美期望新“指针”能够确保同盟关系基于“无缝的、强有力的、灵活而有效”，彰显全球性特征并加强与地区伙伴合作，并促使“日美的安全政策之间发挥

---

① U. S. Department of Defense, “Joint Statement of the Security Consultative Committee: Toward a More Robust Alliance and Greater Shared Responsibilities,” http: //www. defense. gov/pubs/U. S. – Japan – Joint – Statement – of – the – Security – Consultative – Committee. pdf.

相乘作用”。[1]“中期报告”列出了强化日美同盟的基本课题方向、内容，以及具体的同盟合作场合与“情境”（详见表6－2）。

表6－2 “中期报告”对“指针”修订方向的说明

课题与方向	内容	具体的合作场合与情境
强化后的同盟内协调	改善同盟内协调框架，以期能够适时地展开情报共享，以及在政策规划与实际应用两方面进行更有效协调	—
无缝地确保日本和平与安全	从平时到紧急事态的任何阶段（包括介于和平与武力冲突之间的“灰色区域事态”阶段），采取无缝的措施，防止日本安全受到损害	1. 情报收集、警戒监视及侦察 2. 训练与演习 3. 设施与区域的使用 4. 后方支援 5. 资源（设备）的防护 6. 防空与反导 7. 设施与区域的防护 8. 搜寻与救援 9. 确保经济制裁时效性的相关活动 10. 战斗人员避难时的相关活动 11. 对难民的措施 12. 海洋安全保障
致力于地区与全球和平与安全的合作	推进与地区同盟国、伙伴国家的三边及多边的安全与防务合作，基于国际法与国际认可的规范开展合作	1. 国际维和行动 2. 人道主义支援与灾害救援 3. 海洋安全保障 4. 能力建设 5. 情报收集、警戒监视及侦察 6. 后方支援 7. 协助非战斗人员避难时的相关活动
新战略领域的日美合作	“以强化太空与网络空间的稳定与安全为目标”，加强自卫队与美军在新战略领域的合作	1. 在太空监控方面共享情报 2. 共享情报与技术，确保网络安全

① U. S. Department of Defense, “The Interim Report on the Revision of the Guidelines for U. S. －Japan Defense Cooperation,” http：//www. defense. gov/pubs/20141003_ INTERIM_ REPORT. pdf.

续表

课题与方向	内　容	具体的合作场合与情境
日美联合工作	密切磋商,加强双边情报共享与意见交换	1. 防务装备与技术合作 2. 情报储存保管 3. 教育与研究交流

资料来源：作者根据“中期报告”内容整理。

应该说，“中期报告”倾向于揭示原则方向，且回避了诸多可能引发争议的日美军事合作具体事项，但应可以认为，“中期报告”在相当程度上反映了已经确定了的“指针”修订方向，可以归纳为以下三点。

首先，强调“全球性”，在地域范围与议题上扩大日美同盟的行动能力。“中期报告”将日美同盟未来的“全球性”强调为核心概念，删除旧“指针”中限定自卫队支援美军地理范围的“平时”、“周边事态”与“日本有事”三概念，代之以“全球和平与安全”这一在地理和议题上涵盖性更宽泛的概念，并列出诸多允许自卫队出动的情况。这意味着新“指针”将扩大自卫队活动范围，日本有望在“同盟支援”与“维护全球安全”的名义下，直接部署部队到与日本战略利益相关的地区。同时，日美同盟的“全球性”也反映在日美联合发展地区军事同盟与伙伴关系，协同抢占太空、网络等新战略领域高地和“全球公域”主导权等，从而拓展了日美同盟的利益交汇。从美国的角度看，这意味着同盟合法性的增强与战略价值的延伸；而从日本的角度看，这样的调整可以满足其打破“专守防卫”限制，以“合理且合法”的姿态介入国际安全事务的诉求。[①]

其次，强调“全天候”，在各事态阶段上增强日美同盟的军事干预能力。“中期报告”强调日美将从“平时”到“战时”的任何阶段展开“无缝合作”，其中“灰色地带事态”下日美的协作承诺与任务分配，是日美同盟军事权责“再调整”的重要体现。日方认为，这是确保同盟“能够抵御对日本的武力攻击”这一“核心功能”的关键。新“指针”很可能将在同

① 石破茂『日本人のための「集団的自衛権」入門』、新潮社、2014、23 頁。

盟框架内，赋予自卫队在“从危机事态到局部性冲突发生”情况下更大的行动自由，并一定程度上“锁定”美国在安全上支持日本、保卫日本的责任。从美国角度看，“全天候”的日美同盟有利于强化联合干预能力，威慑战略对手，在美国进行“离岸平衡”时发挥日本作为战略前线的作用；而从日本角度看，这意味着日本更有条件在“中日有事”特别是钓鱼岛事态紧张的情况下采取强硬手段，并争取“让美国卷入”使得同盟为己所用。

最后，强调“全面分享”，在决策指挥与情报信息等方面，实现日美同盟的“相互融合”。“中期报告”表示日美将在共同计划制定、政策协调到作战调整方面加强合作，发挥“技术与体制的要素作用”，即利用新的通信网络技术，并完善同盟内政府间、美军与自卫队间的协商机制，从而达到高度信息共享与行动协调下“同盟一体”的理想状态。日美认定，这不仅是危机事态下联合军事行动的前提，也有利于在和平状态下提升并对外彰显同盟实力。对于作为同盟中从属者的日本而言，这是其国家实力与战略能力的重要“加权”，而对于作为同盟主导者的美国而言，“全面分享”的同盟模式有利于对日本进行“同盟管理”，确保其按照美国的意志与设想行动。①

（二）美国支持日本“自我解禁”

与“指针”修订相联系的，是日本在安全政策上的“自我解禁”特别是解禁集体自卫权问题。关于此，负责“指针”修订日美外交、防卫部门官员表示，由于日本国内相关法律修订“滞后于计划”，中期报告无法显示日本解禁集体自卫权后如何支持美国的具体方式，而这些内容应当反映在新“指针”与未来同盟纲领中。美国的一些战略学者强调：日本如拘泥于过去的限制，将使得日美同盟“功能不全”，正在进行的“同盟改造”也难以达到目标。因此，美国应支持日本“以慎重的方式，在普遍讨论的前提下”解禁集体自卫权，尽可能回避引发政治争议或过分激进的设想，对安保法律

① 半田滋等『集団的自衛権の何が問題か：解釈改憲批判』、岩波書店、2014、35頁。

与政策进行相应调整。[①] 总体上，美国主流的对日战略判断是，日本要求在安全上自我“解禁”的理由与动机（“安全环境的威胁”与“积极的国际贡献”）是可以接受的。而且，在目前的阶段，并不需要担心日本的军事姿态会因“解禁”而更具侵略性，也不需要担心因此失去对日本的控制，美国要做的只是“战略性地利用这一动向”，支持日本“逐步恢复在安全领域的主权”。[②]

以推动“同盟改造”为背景，美国支持日本“自我解禁”的态度前所未有地明确化，继2013年日美“2+2”会议上美方首次公开支持日本解禁集体自卫权后，2014年4月美国防部长哈格尔与奥巴马先后访日，均明确支持日本解禁集体自卫权。其中，奥巴马也成为首次明确支持日本解禁集体自卫权的在任美国总统。[③] 5月上旬，美众议院军事委员会在新的国防授权法案中新增以下文字：“支持日本为进一步承担盟国责任而采取的努力。”5月中旬，美国防部发表声明称，尽管解禁集体自卫权与否应由日本自主决定，但“美国欢迎并支持日本就此问题进行讨论”。7月1日，安倍内阁通过解禁集体自卫权的内阁决议，美国国务院、国防部与国安会“迅速且一致”地表示了欢迎态度。当月日防相小野寺五典访美时，日美双方一致确定将解禁集体自卫权写入新“指针”。美方著名“知日派”人士如现任助理国务卿拉塞尔、前副国务卿斯坦伯格与阿米蒂奇、前助理国务卿科特·坎贝尔、前助理国防部长约瑟夫·奈等也频频在舆论场合发声，支持日本解禁自卫权。[④]

在2014年，日美在解禁自卫权问题上加强了“里应外合”。包括安倍

---

① Benjamin Schreer, “Japan and America: Forging a Global Alliance?” http://nationalinterest.org/blog/the-buzz/japan-america-forging-global-alliance-11539.

② リチャード・アーミテージ（Richard Armitage）「今後の日米協議では、次のようなことを熟慮してもらいたいと思っている」、『読売新聞』2014年11月3日。

③ 〔日〕外務省「オバマ・アメリカ合衆国大統領の来日」、http://www.mofa.go.jp/mofaj/na/na1/us/page3_000746.html。

④ 「日米同盟強化の思惑ズレ集団的自衛権、ガイドライン反映を確認防衛相会談」、『朝日新聞』2014年7月3日。

在内的日本政、军界高层在与美国政要进行会谈时，都将解释说明日本安全政策、法制的调整情况作为一项重要任务，以获得美方的理解与认同。美国基于在亚太继续倚重日本的考虑，也支持日本在同盟体系中承担更大责任，这不仅使得日本国内支持解禁集体自卫权的政治势力获得了更强的底气，由于美国的外交与舆论影响力，国际社会对于日本“自我解禁”的担忧也在一定程度上被削弱了。事实上，日本已经意识到，当前日本安全政策的“全面解禁”离不开美国的外力支持。[①] 在安倍内阁解禁集体自卫权后，日本媒体评论说，在“应对日益复杂的周边安全环境的迫切需要”之外，来自美国等盟友和安全伙伴的理解与支持，是日本加速“在安全上自立”的信心来源。[②] 可以预见，安倍内阁将更主动地利用美国因素，在国内安保政策论争中将同盟因素作为自身“新安保政策”的重要合法性依据。

二　日美双边防务合作的进展

在改造同盟整体架构的同时，日美还在体制、部署与能力建设等具体防务领域方面加强双边合作，尤其注重合作的细节化、可操作化，以及政策设想的落实，使同盟切实地为日本的“强军计划”与美国的亚太战略服务。日本期望借助美亚太军事战略的推进，尽可能在军事能力建设方面获得美国的资源与扶持，而美国则希望日本做好“地区战略支点”，利用日本的能力配合美国在亚太开展“空海一体战”，因而对日本的要求基本上都予以满足。[③] 正如美海军作战部长乔纳森·格林纳特5月在华盛顿发表演讲所言：在战略诉求的交汇下，日美两国“正在向着美国与北约的军事合作层级迈进”。[④]

① 豊下楢彦等『集団的自衛権と安全保障』、岩波書店、2014、18 頁。

② 「集団的自衛権　抑止力向上へ意義深い『容認』、『読売新聞』2014 年 7 月 2 日。

③ Michael J. Green, Zack Cooper and David J. Berteau, “Assessing the Asia - Pacific Rebalance,” http://csis.org/files/publication/150105_Berteau_AssessingAsiaPacificRebal_Web.pdf#search= ‘Assessing + the + AsiaPacific + Rebalance’.

④ “U. S Navy Commander Urges for Further Cooperation with Alliance,” *Washington Post*, May 15th, 2014.

（一）战略、战术协作与情报共享体制

2014 年，除了加强两国政府外交、防务部门的现有战略协作机制外，日美重点拓展了两军高层的协商渠道，以及情报联络体制。根据 2013 年日美“2 + 2”会议的决定，2014 年 4 月，首次日美总参谋长战略对话（Defense Chief Security Dialogue，DCSD）在美举行，自卫队统合幕僚长岩崎茂代表日方出席，会见了美参谋长联席会议主席马丁·邓普西。这一对话机制的建立，标志着日美军方最高层定期的、直接的联络的确立，被认为是提升美军与自卫队战略协作的关键举措。[①]

在战术协作与情报共享方面，2014 年 8 月，美海军作战部宣布接受日本海上自卫队军官常驻，建立日美海军之间的定期联络机制。允许进入作为战术中枢的作战部门，即使对于美国而言也是罕见举动。这反映了日美促进海上联合一体化联合作战的努力方向。年内日美防长与防务部门局级干部会谈中，日美均表示将加强日美防务部门情报收集、警戒监视与侦察（ISR）共同作业小组的磋商，另外，利用日本陆上、航空自卫队与美军同驻横田、座间基地的便利条件，推进两军 ISR 的一体化建设。日本还计划在横须贺船越地区建设新的“海上作战中心”，并在该中心内与美军建立联络与情报共享体制，深化日美在海上的情报共享机制。

（二）军力部署调整与基地共享

2014 年，日美加强了在日军力部署的调整。一方面，日美致力于尽快解决驻日美军整编与基地搬迁这一“长期性问题”，以扫清关系阻碍，推动自卫队担负起“本土防卫”与第一岛链军事干预的主要责任；另一方面，日美有针对性地加强了在日海空、侦察力量的前线部署。美国战略学者指出，当前驻日美军部署“重要性压倒其他在亚太的部署”，“对美国在亚太

① 防衛省『防衛白書（2014 年）』、229 頁。

地区的政治霸权前途的重大影响。① 美新版四年防务报告要求大幅增加海军在亚太的前沿部署，“强化关键海军资源在日本的存在”。② 而日本基于重点遏制中国的考虑，也在“西南诸岛”区域部署先进海空作战力量，在此情况下，日美在军力部署的计划高度重合，形成具有一定声势的相互呼应。

2014 年美军在日军力部署的若干调整，既是美国强化“亚太再平衡”军事面的应对之策，也是协助日本增强“全天候监控”与联合作战能力的举措。如 2014 年 10 月，驻日美军司令部宣布将在 2015 年至 2017 年期间，在横须贺基地新部署“本福尔德”号和“米利厄斯”号两艘反导驱逐舰。这是 1992 年以来美国首次增加横须贺基地军力部署。从 2017 年开始，美横须贺基地将部署“乔治·华盛顿”号航母在内的 13 艘大型军舰。2014 年 5 月，美军首次将原驻扎在关岛的“全球鹰”大型无人侦察机部署到驻日美军三泽基地，美海军陆战队也宣布将于 2017 年在日岩国基地部署 F－35B 战机中队。“全球鹰”和 F－35B 中队在日本的部署，均是美军此类部队首次海外部署。继 2012 年在冲绳部署“鱼鹰”大型运输机后，2014 年 10 月，日本政府人士透露称，美军计划于 2015 年夏向横田基地追加部署 12 架“鱼鹰”运输机，日美正就此展开协调。另外，2014 年 11 月，美军在京都府丹后市部署了在日本的第二部 X 波段反导雷达系统（附属于美陆军第 15 导弹防御中队），作为其在日本所构建的反导监视网络的重要组成。

作为加强日美军力部署合作的一环，2013 年日美“2＋2”会议上美国提出允许日本使用其在冲绳与九州的基地，以协助日本强化“西南防御”。2014 年，这些设想得到逐步落实。其中，日美筹划充分利用位于九州的佐世保基地，作为建设日本“水陆机动团”的核心根据地。另外，由于日本承诺负担部分美海军陆战队移师关岛费用（约 28 亿美元），自卫队获得了与美军共享关岛与马里亚纳基地的权利，这为自卫队未来实施海外部署，在大洋上监控中国海军远洋行动提供了重要的据点。

---

① Carnes Lord and Andrew S. Erickson, “Bases for America’s Asia－Pacific Rebalance,” http://thediplomat.com/2014/05/bases－for－americas－asia－pacific－rebalance/.

② 美新版四年防务报告强调，到 2020 年美国海军兵力的 60% 将部署在亚太地区。

（三）联合军演与作战力量强化

2014年，美国加大了对日本自卫队作战能力建设的扶持力度，联合军事训练与演习的频度与强度稳步提升。特别是，在日方的积极要求下，美军进一步明确了协助其建设“两栖机动作战力量”的重点。7月，日防相小野寺五典访美时，在弗吉尼亚州匡蒂科海军基地与美海军陆战队战斗开发司令部司令格鲁克举行了会谈。日美就美国帮助日本培训“水陆机动团”的具体合作达成一致，美军承诺优先“培训”陆上自卫队相关部队，以确保日本在2018年前构建起负责“夺岛作战”的“水陆机动团”。

联合军演方面，2014年2月，日本自卫队派遣部队前往美加州彭德尔顿营地，与美海军陆战队进行一年一度的“铁拳”联合军演，这已经是该项军演连续第九年实行。11月，日美进行了两年一度的“利剑”联合军演，规模创历史纪录。日本自卫队出动3万余人、出动包括“下北”号大型运输舰、“伊势”号直升机航母等30余艘舰船、260余架飞机，美军出动兵力1万余人及“乔治·华盛顿”航母在内的20余艘舰船和150余架飞机，其中美方首次在日美演习中出动F－22及F－35战机，协助日本模拟“离岛遇袭”场景。这是继2013年夏“黎明闪电战”军演后日美间又一次以“岛屿防御”为主题的大规模军演。陆上自卫队与美军年度例行的“山樱”指挥所联合演习也以“岛屿防御”、反导与反网络攻击为重点演习科目，自卫队还频繁利用年内与美陆军和海军陆战队进行联合训练的机会，派遣部队特别是重点打造的“水陆机动团”的主力连队前往美国受训。在2014年，海上自卫队与美军的舰队战术训练、反潜、反导特别训练，以及航空自卫队与美军的联合飞行训练也更具“周边防御”的针对性，对于强化日自卫队的作战力量，提升日美两军协作有重要意义。

（四）武器装备与技术合作

武器装备与技术方面，日美在2014年掀起合作高潮。特别是4月日本正式出台“防卫装备转移三原则”，为日美拓展相关合作创造了前提条件。

2014 年 3 月，日美防务部门在美举行有关日美装备技术合作的局长级会议。会上日美两国重点讨论了共同开发武器装备事宜。7 月下旬，日本政府通过内阁决议，决定向美出口“爱国者 -2”（PAC2）拦截导弹的感应器部件，这是“防卫装备转移三原则”后日本首次向国外出口武器。在美国公开表示“欢迎日本企业参与武器联合生产”的情况下，日本军工企业正在劝说日本政府放宽法律限制，允许它们通过并购美、欧企业等方式展开海外合作。有消息说日本政府正在积极考虑此事。① 一些美国战略学者表示，在武器装备技术方面，日本“有巨大潜力可供驱遣”，应进一步消除对外合作上的限制，包括再次修订日美军事物资与劳务相互提供协定（ACSA），使其更有利于日美军备上的“一体化”和自由交流。②

为“跨越式”地提升军力，日本加强了对最新式美制武器装备的引入，并努力实现其中部分项目的本土化生产（如 F -35）以节约成本，增强日本军工制造水平。日本的努力得到了美军的积极响应。目前，除 F -35 之外，日本对美制装备的重点购置项目包括 AVV7 水陆两栖装甲车、“全球鹰”大型无人侦察机、“鱼鹰”大型运输机、濒海战斗舰等。日美技术合作方面的主要项目则包括宙斯盾舰载导弹拦截系统、E -767 大型预警机电子化改造、自动化指挥系统的研发等。其中绝大部分项目都已敲定并列入 2015 年防卫预算（详见表 6 -3）。2014 年 7 月，日防相小野寺五典访美时重点进行了“美制装备考察之旅”，包括参观得克萨斯州的 F -35 战机制造工厂，乘坐美军“鱼鹰”运输机，参观美海军“马金岛”号濒海战斗舰等。小野寺表示除考虑增加购买 F -35 数量外，还将利用美制装备，重点武装日本正在建设中的“水陆机动团”，提升自卫队机动作战能力，谋求对“战略对手”的军事优势。③

① 佐藤健二「防衛産業：熾烈化する技術開発競争」、http：//www. business -i. co. jp/featured_newsDetail. php？4758。

② Arthur Herman，“The Time Is Ripe for Stronger U. S. -Japan Military Ties，” *Wallstreet Journal*，July 7，2014.

③ “Japan May Buy Additional F -35 Jets if Price Falls，” *Japan Times*，July，9th，2014.

表6－3　列入2015年日本防卫预算的日美装备与技术合作重点项目

装备部队	装备与技术项目	预算费用
航空自卫队	F－35A 隐形战机（进口与自主生产）	6架，共计1032亿日元，另支出177亿日元用于本土化生产的初期投资，181亿日元用于购置训练器材等
	E767 大型预警机（维修改造）	156亿日元
	"爱国者3导弹"（部件更新与维护）	115亿日元
陆上自卫队	"鱼鹰"大型运输机（进口）	5架，516亿日元
	AVV7 水陆两栖装甲车	30辆共计203亿日元
海上自卫队	SM－3BlockIIA 宙斯盾舰载反导系统（共同研发）	94亿日元
防卫省及直属部队	"全球鹰"滞空型无人侦察机（进口）	154亿日元（部件与地面远程操控设备等）
	日本自卫队自动化指挥（C4ISR）系统（共同研发）	50亿日元

（五）在太空、网络等"新战略领域"的合作

正如新"指针"修订方向所指出的，太空和网络是日美军事合作重点开展的"新战略领域"。在2013年日美"2＋2"会议通过诸多相关合作决议后，2014年年内这些决议逐步得到落实。在太空军事方面，日美将合作重点放在利用卫星开发自动化指挥（C4ISR）系统，以及联合实行"太空状况监视"方面。2014年5月，日美在华盛顿举行了第二次太空问题全面对话，双方就如何利用卫星进行海洋监视、监控"太空垃圾"，以及日本宇宙航空研究开发机构（JAXA）与美国战略司令部共享卫星数据等合作细节进行了磋商。而在稍早时间，日美在东京举行了首次海洋监视桌上演习，朝着实际应用卫星进行监视迈出重要一步。日本自卫队还按照日美协议，向美国空军派遣自卫官，接受太空军事课程的培训。在网络战方面，2014年2月，日美两国防务部门间首次"网络防御工作小组会议"在东京举行，会议商讨了日美如何在技术信息共享和人才培养上合作，以共同抵御所谓"来自

中国和朝鲜的网络攻击”。2014年3月，日本专门用于“网络战”的“网络防卫队”正式成立，按照日美合作协议，“网络防卫队”成员被派往美国接受培训，以迅速强化日本应对“网络战”的实战能力。

三　日美同盟与地区事务：协调与摩擦

2014年，在联手推动“同盟改造”，拓展防务合作的同时，日美还共同深度介入亚太地区事务，试图主导地区安全形势。其中，在拓展亚太同盟网络方面，日美的协作取得了一定成效，扩大了同盟在地区安全事务中的影响。但与此同时，日本在历史问题上的言行“打乱了同盟协同的步调”，扰乱了美国对地区事务的设想与部署，尽管日美随后展开外交协调，但日美政治与战略互信因此受损的现实已经无法改变。在对华、对朝鲜半岛和对俄政策方面，日美有协同一致的一面，也有因利益与行动分歧而产生摩擦的一面。

（一）以“日美＋1”模式拓展地区同盟网络

无论日本新出台的《国家安全战略》以及美国的新版《四年防务报告》，都将在亚太地区拓展安全同盟网络，加强与正式军事盟友与“合作伙伴”之间的纽带作为主要战略目标之一。为了充分利用日美同盟这一“稳定的常量”，扩大政策收益，日美都倾向于在日美协调基础上，将第三国纳入定期合作机制，即形成所谓“日美＋1”的关系模式。对于日本而言，这意味着可以充分享受美国的盟友资源与各种外交中介渠道，并以此为杠杆撬动日本自己的“战略性外交”。从美国视角看，将美国在亚太的同盟体系由“轮辐模式”转换为“网状模式”，更有利于美国灵活介入地区合作，发挥日本在其中的“联络角色”一方面可以“锁定”日本并调动其积极性，另一方面可以利用日本在亚洲的外交资产与软实力。美国战略学者指出，美国正利用日本，重点打造美日韩、美日澳、美日印，以及美日联合东盟部分成员国（越南、菲律宾等）等多组“三边关系”，形成纵横交织、覆盖面广而又富有弹性的合作网络。①

在2014年，借助“日美+1”模式，日美加强了与澳大利亚、印度和部分东盟国家的关系，其中日美澳三边合作进展令外界瞩目。在2014年日澳首脑实现互访、美澳首脑密切联络的背景下，11月在布里斯班G20峰会期间，日美澳三国首脑举行了会谈，这是日美澳时隔7年再次举行三边首脑会谈，对于激活三国间的战略合作具有重要意义。② 而6月、7月分别举行的美澳、日澳首脑会谈也强调了三国在日美澳战略框架中展开合作的方针。防务合作方面，2014年年内，日美澳在关岛进行了联合航空训练，在日本东北地区举行了代号“陆奥预警”的联合防灾演习。在南海举行的“太平洋合作伙伴”军演中，日本自卫队军舰首次运载美、澳部队参加军演。12月，美国决定在日本和澳大利亚建立F-35战机的维修基地，与两国共享新型战机制造技术和维修经验，日美还决定联合协助澳大利亚建设新型潜艇。在美国的主导和日本的积极行动下，日美澳关系呈现出“战略盟友化”的趋势。

日美印关系方面，三方的互动也取得成果。印度总理莫迪就任后在9月先后访问日、美，日印首脑会谈时，美国务院公开表示“希望能加强美日印三边合作”，此后莫迪访美时美方又提出这一精神。2015年1月日印外长在新德里会谈，表示将努力推动日美印三边合作，稍后奥巴马访印时再次强调：印度应当与美国及其亚洲主要盟国，特别是日本同步开展密切的合作。2014年，日美印举行了“马拉巴尔”大型海上军演，这也是日本自2009年以来再次参加这一美印海军间的传统军演。在武器装备联合开发方面，日美印也展开了事务协作，作为提升多边防务合作的一项新增长点。

除此之外，日美还协同发展与东盟国家关系，其中日美菲、日美越三边关系得到明显加强。2014年11月，日美菲首次在南海举行联合军演，

① Patrick Cronin, *The Emerging Asia Power Web: The Rise of Bilateral Intra-Asian Security Ties*, *Center for New American Security*, 2013, pp 35-37.

② 「日米豪首脳、海洋安保で協力確認、中国念頭に合同演習も」、『朝日新聞』2014年11月16日。

“携手干预海洋安全事务”的姿态非常明显，日本国内也再次响起声音，鼓吹建立基于海洋安全的“日美菲三国联盟”以遏制中国。美国为了减轻负担，特别鼓励日本在东盟国家的安全事务中发挥作用，在东盟国家海洋安全保障能力的建设中担当“引导者”，开展“人员代培”、战略援助和武器装备出口等。作为美国在东北亚的“外交根据地”，日美韩三边关系在2014年因历史问题受到冲击，美国多次出面“牵线”，试图调解日韩关系，并在3月海牙核安全峰会期间，以及8月东盟地区论坛外长会议期间，分别促成了日美韩首脑会谈和外长会谈，一定程度上阻止了日韩关系的继续恶化。

总体上，日美在通过“日美+1”扩展地区同盟网络方面，以合作与相互依靠为主，且取得了一定成果。日美特别注重安排和落实与相关国家的具体防务合作，特别是联合军演与武器装备合作来拉拢关系。在2014年，日美继续联手与多个亚太国家进行联合军演，特别是大型海上军演（详见表6-4），在日美双边军演（如“利剑”）中，日美还允许韩国、澳大利亚等国派观察员参加，“借军演拉动同盟关系”。“日美+1”或“日美+N”的海上军演模式之所以频繁出现，并受到亚太国家的响应，实际上反映日美借助海洋安全议题升温，强调乃至渲染安全威胁，进而借此联络盟友的战略考虑。

表6-4　2014年日、美共同参与的亚太多国间大型海上军演

时　间	军演名称及参与方	地　点	军演内容及日方派遣部队等
3月下旬到4月上旬	“科莫多”多国联合军演（日美东盟等14国）	印　尼	灾难救援与医疗等
5月下旬到7月中旬	“太平洋合作伙伴”日美澳联合军演（与东盟合作）	越南、柬埔寨与菲律宾	医疗救援。日本派遣“国东”号大型运输舰参加（运输美澳盟友部队）
6月底到9月上旬	“环太平洋2014”多国联合军演（日美中等23国）	美国夏威夷、关岛与本土西海岸	战术、火力、反潜反导等。日本派遣“伊势”号直升机航母、“雾岛”号宙斯盾驱逐舰以及P-3C侦察机参加

续表

时　间	军演名称及参与方	地　点	军演内容及日方派遣部队等
7月下旬	“马拉巴尔14”日美印联合军演	日本冲绳与四国海域	防空、反潜和水面作战演习。日本派遣“足柄”号、“鞍马”号驱逐舰、US-2水上救援飞机和P-3C侦察机等参加
7月下旬	日美韩联合海上军演	日本九州以西海域	海上救援。日本派遣“金刚”号宙斯盾驱逐舰参加
11月下旬	日美菲联合海上军演	南　海	实弹射击训练、舰艇夜间通信训练等。日本派遣“涟”号驱逐舰及侦察机参加

资料来源：作者根据日本防卫省、共同社资料整理。

（二）历史问题引发的日美矛盾

在亚太，历史问题并非限于一国国内政治的问题，而是与地区事务密切相关。2014年，对包括日美同盟在内的地区国际关系造成重大冲击的，无疑是日本在历史问题上日益强化的修正主义立场。2013年底安倍参拜靖国神社，不仅直接导致日本近邻外交陷入困局，还在日美之间引发了一场“外交地震”。尽管安倍2014年1月连续派遣中曾根弘文、岸信夫与谷内正太郎等人前往美国“危机公关”，但此后安倍的亲信如NHK新任会长籾井胜人、NHK经营委员百田尚树、经济顾问本田悦朗等人又纷纷在历史问题上“失言”，或否认日本侵略历史，或否定美国对日作战及“东京审判”的正当性，或称赞支持安倍参拜靖国神社之举。尽管未再参拜靖国神社，安倍依然坚持修正主义历史观，特别是在是否继承“河野谈话”与“村山谈话”立场方面态度暧昧。日本在历史问题上强烈的“自行其是”与错误做法，打乱了美国发展与地区国家关系的部署，日美间的矛盾因此一度相当尖锐。安倍参拜靖国神社后，美驻日大使馆立刻发表声明称“对日本领导人采取恶化与邻国关系的行动感到失望”，稍后美国务院也发表了同样内容的声明，这是美国政府首次在靖国神社上明确地批评日本，而且声明使用了比

"遗憾"程度更深的"失望"一词。美国主流舆论一致批评安倍的行为，称安倍参拜所反映的狭隘民族主义信念"非常危险"，甚至关于安倍"是否复活军国主义，将过去的侵略战争合法化军国主义"的质疑声也响起。[①] 这在近年来的日美关系中是罕见的。

针对日本与安倍本人的历史问题表现，美国的忧虑是长期性的，而安倍的参拜及其亲信的频繁失言则一定程度上超出了美国的预料，迫使其改变了过去拒绝评论、拒绝介入的做法，也促使美国的战略专家与舆论重新思考这一问题对日美同盟的影响。[②] 从美国的视角看，日本在历史问题上修正主义倾向的发展，对于美国利益造成了至少三个层次的损害：（1）在地区关系层面，它损害了日美韩三边关系，而这是美国亚太同盟网络的关键部分；（2）在地区和国际事务层面，日本非正义、不道德的表述连带损害了日美同盟的合法性，以及美国的国家形象，使得支持日本的美国"堕入道德陷阱"；（3）在同盟内部关系层面，日本否认侵略历史和战后体制，实际上反映了明确的反美自立情绪，这将在长期为同盟关系埋下隐患，"美国从安倍及亲信的一系列言行中，嗅到了引发反美情绪的不祥征兆"。[③]在这三层损害中，美国政府优先考虑的是第一层次的后果，但并不意味着美国会忽视其他损害。

值得注意的是，日本在安倍参拜问题上"无视"美国，不与美国协调的做法，给日美关系造成了更为重大的隔阂，日美的政治与战略互信因此受到削弱。从2013年下半年开始，美方就试图阻断安倍的参拜"念头"。12月安倍曾派其助理卫藤晟一前往华盛顿试探美国是否容忍其参拜，结果得到了比预想更严厉的否定态度，稍后美副总统拜登访日会见安倍时，也以

---

① "Risky Nationalism in Japan: United States Needs to Make It Clear that Abe's Agenda Is not in the Region's Interest," *New York Times*, December 26th, 2013; "Japanese Prime Minister's Visit to War Memorial Was Provocative Act", *Washington Post*, December 28th, 2013.

② "Abe's Style Presents U. S. With Dilemma," *Wall Street Journal*, December 27th, 2013.

③ Thomas Berger, *Abe's Perilous Patriotism: Why Japan's New Nationalism Still Creates Problems for the Region and U. S. – Japanese Alliance*, CSIS Japan Chair, October 2014, p. 14.

“委婉但态度明确”的方式劝说安倍不要参拜。但最终都没有“拉住”安倍。[①] 日本的举动公开暴露了日美分歧，以及美国管控盟友能力的衰退。同时，日本坚持对国内民族主义和保守主义“绥靖”的做法也表明，日本的利益考虑，以及对自己行为后果的评估，和美国在这一地区的战略目标是明显有别的，某些时候甚至是难以兼容的。美著名日本问题专家谢拉·史密斯表示，安倍参拜“表明日本对东北亚地区的风险认识与美国不同”，体现了日美在政治目标上的巨大分歧。[②] 正如约瑟夫·奈所说，美国对于日本借助民族主义手段实现政治目的“不能认同”，认为这是一种无视外交上严重后果的冒险主义。[③] 美国的战略学者表示，日本在历史问题上处理方法的错误，比认识与观念上的错误更容易损害日美关系。

在2014年，关于历史问题，美国对日的协调与管控采取了“一边划定红线，一边温和安抚”的两面策略。一方面，由于日本的行动触及了美国在地区事务中的“底线”，并挑战了美国在同盟体系中的权威，美国决定给予日本“明确的警告”，包括“表示失望”，以及在此后给予日本一些“外交惩罚”。如2月份国务卿克里东亚之行刻意“绕过日本”，而岸田访美后美方又以严厉的口吻向其施压。另一方面，考虑到避免让历史问题影响同盟协作，美国此后又明显降低批评力度，不再提“失望”，并在言辞上安抚日本情绪，乃至对日本国内批评美国的声音不作反应，降低问题调门。美国方面认为，过分对日施压会加强日本的离心倾向，而且会使得中国、朝鲜等国态度更为强硬。[④] 美助理国务卿拉塞尔表示，2014年美国亚洲政策的一项主要挑战，是帮助日本修复与亚洲邻国的关系。换言之，美国希望“以建设性的方式进行补救”，将问题的焦点引向日本战后的和平贡献，以及与邻国关系历史的积极一面。美国对日本当下的要求是，在安倍不再参拜靖国神社，不

---

① 「尖閣と米国：日本への視線」、『朝日新聞』2014年1月14日。

② 「首相靖国参拝：外交立て直しに全力を挙げよ」、『読売新聞』2014年1月3日。

③ 「日本が進むべき道は：賛否や論点を聞く」、『朝日新聞』2014年3月16日。

④ 「米、谷内氏を異例の厚遇『靖国』後の局面転換狙う」、『日本経済新聞』2014年1月19日。

采取过分挑衅性的举动前提下，日本一不要触碰慰安妇问题（如推进所谓的“检证河野谈话”），从而导致美国修复日韩关系的努力再次化为泡影；二在历史问题上，必须保证与美国的沟通，确保同盟的一致对外性。① 不过，事实证明美国这一手段无法完全约束日本的行动。在2015年战后70周年纪念的敏感时期，“安倍谈话”将展示日本在历史问题上怎样的态度，将在地区内引发怎样的反响，这些问题的答案将牵动日美关系的敏感神经。

（三）对华政策方面日美的协调与分歧

如前所述，日美同盟开展战略合作是以中国作为“问题意识”的。日美同盟的行动与发展趋势，可以说很大程度上受到日美战略认知中的“中国因素”的影响与牵引。2014年中日关系到年终时有所回暖，但中日战略竞争的对立态势并未发生变化。在此情况下，日本迫切希望美国在外交、军事领域持续向中国施压，“挟美制华”的态势明显。而美国亚太战略尽管以牵制阻遏中国崛起为实质目标，但应对中国的目标与方式却与日本有明显差异。正如美前副国务卿斯坦伯格所说，美国的对华政策融合了“决心和安抚”。一方面面向中国表明捍卫自身利益的决心，并落实对盟友的承诺；另一方面也向中国保证，如果它“采取负责任举动”，美国不会反对其崛起与繁荣。②，美国对中国实施竞争—合作并存的“平衡政策”，在中日之间也试图维持着一种微妙的平衡。日本著名战略学者渡边昭夫指出，因为中国对于日、美两国都如此重要，因此日美关于对华政策的共识能够成为同盟关系发展的重要动力，而对华政策上的分歧，则必然会导致日美之间严重的不一致。③

---

① Sheila A. Smith，“President Obama and Japan - South Korean Relations”，*ASAN Forum*，March 25，2014.

② James Steinberg，Michael O'Hanlon，“Don't Be a Menace to South (China Sea)”，*Foreign Policy*，April 2014，http://foreignpolicy.com/2014/04/21/dont-be-a-menace-to-south-china-sea/.

③ 渡边昭夫「米中関係をめぐる日本の戦略：東アジア国際政治の新しい動態」、『国際問題』2014年1月号。

2014 年，日美在对华政策上开展“协作”的表现，主要体现在奥巴马总统访日时宣布“协防”钓鱼岛，以及日美联合在海洋、地区安全相关的一些问题上向中国施压。其中，2014 年 4 月奥巴马访日时，首次明确表示钓鱼岛适用于《日美安全条约》第五条，这被认为是在地区安全方面“纵日抑中”最为集中的表现，也是美国迄今为止在钓鱼岛问题上最明确的支持日本立场的表述。美国基于安抚日本，威慑中国，同时彰显美国“能够履行对盟友承诺”的考虑，在中日间的敏感问题上做出了偏向于日本的姿态。[①] 同时，日美发力介入南海问题，支持东盟内的南海声索国，以“牵制中国朝向南海甚至印度洋的海洋扩张”。2014 年 5 月底的亚洲安全会议（香格里拉会议）上，美国防部长哈格尔直接批评指责中国“在南海和东海采取单边行动欲改变现状”，并称美国“不允许”中国挑战其底线，与会的安倍与防相小野寺五典则间接批评中国“以强力改变现状，积累既成事实”，日美对中国发动舆论谴责。8 月的东盟地区论坛外长会议上，美国务卿克里和日外相岸田文雄也对中国的南海政策予以直接批评，要求中国“停止在南海的扩张行动”。日本舆论表示，日美联手构筑“对华包围圈”符合两国利益，日本应努力将美国拉入与中国对抗的阵营，正如一些日本知名学者从日本立场出发称：“日本应该让美国等大国认识到中国在东亚奉行的强硬政策，与它们以及那些无法与中国抗衡的东亚国家联合起来，这是日本今后面临的重要课题。”[②]

但是，美国的言行表明，尽管美国基于盟友立场可给予日本“适当的偏向”，但不愿放弃在中日之间维持平衡的基本方针。在日本，奥巴马一方面重申同盟承诺，又同时表示美国对中国的和平崛起表示欢迎。在稍后访问

① 此前美国政府关于钓鱼岛问题最为明确的“挺日”表述是 2010 年 9 月下旬，时任国务卿希拉里·克林顿在纽约的日美外长会谈中指出：“钓鱼岛是《美日安全条约》的适用对象。”但美方同时强调希望中日以和平方式解决。关于美国在钓鱼岛问题上的官方表态沿革，参见杨伯江《美国对日政策内在矛盾及地区战略影响分析》，《日本学刊》2014 年第 6 期，第 33 ~ 47 页。

② 川島真「中米『新大国関係』と日本のポジション」、『週刊ダイヤモンド』2014 年 5 月号、22 頁。

菲律宾时他又称美国的目标“不是要与中国对抗，也不是要遏制中国”。美助理国务卿拉塞尔在接受《朝日新闻》采访称，奥巴马总统的意图不是要和中国敌对，而是“创造外交和政治空间”，告诉中日解决问题只能依靠和平手段。对此日本国内舆论解读说，尽管美国基本上否定了中国对钓鱼岛的领土主张，“但对日本的各种应对也是以严厉的方式进行审视”，换言之不会无条件支持日本的诉求。[①] 根据日本政府内部人士的说法，奥巴马访日时围绕联合声明中的涉华内容，日美之间进行了艰难的磋商。“原因是美国务院内部深刻担忧与中国对立加剧，因而不愿把日方的立场写入联合声明”。在应对中国时，日美表现出明显的“温差”。[②]

在日本看来，日美对华政策的这种“温差”不仅存在，而且日趋常态化。一方面，由于顾虑与中国关系极度恶化，无论2013年下半年处于焦点的中国划设东海防空识别区问题，还是2014年中国在东海、南海坚定主张自身权益的行动，美国都没有按照日本的设想或愿望，给予中国实质性的、让中国难以接受的压力或“惩罚”，而是留有余地；另一方面，从日本的视角看，美国似乎将同盟关系和对华协调放在一个平等的位置上，而且日益看重中国而非日本，寻求与中国建立稳定的合作关系。从领导人关系看，安倍难以与“务实而冷酷”的奥巴马亲近起来，习近平却能和奥巴马相谈甚欢，这些细节都令日本感到嫉妒、不安与焦虑。对此，一些日本国际问题学者将原因归咎为美国战略能力的衰退，不得不在全球与地区事务上求助中国。也有观点认为，奥巴马本人缺乏外交经验，所谓的“奥巴马外交”缺乏连贯性和坚定的理念支撑。[③] 据说，连谷内正太郎都曾在公开场合表示，奥巴马本人“注重国内政治因素”，是市民运动家出身，因而对他的外交不能抱有

---

① ダニエル・ラッセル（（Daniel R. Russel）「米政権が見る東アジア」、『朝日新聞』2014年7月5日。

② 「オバマ米大統領：来日安保、ぎりぎりの調整日米、中国へ温度差」、『毎日新聞』2014年4月25日。

③ 久保文明「オバマ外交のヴィジョン：あるいはオバマ外交にヴィジョンはあるか」、『国際問題』2014年4月号（No. 630）、6頁。

很高期望。[1] 这些言论的频繁出现表明，日本对美国外交政策，以及给予日本的同盟承诺的信任正受到削弱。

日美在对华政策方面的分歧显示，日美同盟在“应对共同战略对手”，展开协调的同时，也陷入了传统同盟理论中常见的“同盟困境”，即担忧“被抛弃”或“被牵连”。对于日美同盟而言，面对中国的“同盟困境”则体现为日本担心“被越顶”，而美国则担心“被越轨”。一方面，美国在亚太战略的底线之一，就是避免卷入与中国的直接冲突当中。这意味着美国不会采取军事冒险政策，同时担心日本因与中国长期处于冲突边缘，最终一方或双方“越轨”危机升级，并将不得不履行盟约的美国卷入。这也是2014年美国在公开场合反复强调中日应优先建立危机管控机制的原因。另一方面，日本则担心，中日冲突时美国会因不愿与中国发生冲突而“变节”，导致日美同盟彻底“空洞化”。[2] 而且，在美国战略中的优先合作地位被逐渐主导地区发展的中国所抢去，美国会抢在日本前面与中国改善关系，“中美新型大国关系”的构建，加剧了日本的这种担忧。基于此背景，一些日本保守派评论家再次举出1971年中美联合公报发表时日本被美国“越顶”的历史，告诫政府与民众“需要做好美国故伎重演的心理准备”，而且要将建立“强大日本”作为摆脱这一困境的必然选择。[3]

（四）对朝、对俄政策方面日美的协调与分歧

2014年，日美在对朝、对俄政策方面的协调与分歧也受到外界关注。希望在近邻外交方面打开缺口、取得突破的日本，希望自主性地发展与朝鲜及俄罗斯的关系。但日本的举动与美国的战略安排相抵触，因而遭到美国的反对。日美为此展开“统一步调”的协调，日本最终因美国的压力而部分放弃了独立行动的努力，但显然，日本不会满意于美国的管控，也会轻易放

① 中西輝政「『反日』オバマと習近平に感謝する」、『Voice』2014年5月号。

② 田久保忠衛「アメリカの変節がもたらす衝撃事態に備えよ」、『正論』2014年4月号、5頁。

③ 田久保忠衛「強い国、強い同盟以外に道はなし」、『産経新聞』2014年12月31日。

弃既定的目标，日美在对朝、对俄政策上的利益与策略分歧，在同盟内部增加了新的隔阂。

对朝政策方面，2013 年安倍内阁致力于在解决绑架问题、推动日朝关系正常化方面有所突破，因此积极扩大对朝接触，而与美国现行的对朝鲜的“孤立施压”政策产生了矛盾。2014 年，关于日本政府高层乃至安倍本人“即将访朝”的消息说法再次盛行，引发了美国的警惕。6 月初，外相岸田文雄在参议院外交防卫委员会答辩时称“安倍访朝是解决绑架问题的选择之一”，美国立刻做出反应，对日本的行动进行管控。6 月 7 日，日美举行外长电话会谈，美国务卿克里对岸田表示，日本的做法损害了日美韩合作关系，要求日本与美国密切沟通，统一对朝步调。[①] 7 月 1 日，日朝两国在北京举行政府间磋商，日本以朝鲜再次成立人质绑架问题调查小组为理由，部分解除了对朝制裁，试图改善对朝姿态。在此情况下美国再次出面协调干预。7 月上旬克里再次与岸田举行电话会谈，对绑架问题上日朝两国走近，以及日本“单边行动”对朝放松制裁表示了不满。在美国的压力下，日本放缓了对朝关系改善的步伐，在 8 月的日美外长会谈，以及 11 月在布里斯班的日美首脑会谈上，日方都表示“将配合美国及其盟友在朝鲜半岛的政策”，继续对朝施压。另一方面，9 月底日朝外交部门局长级磋商在沈阳举行，讨论绑架调查问题。这表明在日美在“协调一致”对朝施压的同时，日本依然没有放弃在对朝政策上的主动性。

对俄政策方面，2014 年，日本谋求继续对俄推进“战略性外交”，改善日俄关系，以解决日俄领土争端问题，发展与俄的安全合作和能源、经贸关系。但由于乌克兰危机，美俄之间的战略矛盾骤然升级，美国要求其盟友与之保持一致，对俄施压制裁，而日本在对俄政策上的“自行其是”触动了美国的神经。4 月和 7 月，日本追随美、欧对俄实施了两轮“象征性”的制裁，其间，5 月初，谷内正太郎作为安倍的特使访俄，会见了普京亲信、俄安全保障会议秘书帕特鲁舍夫，就日本对俄制裁进行解释，求取谅解。这一

---

① “Kerry Pushes Tokyo for More Pressure on pressure Pyongyang,” *Washington Post*, June 8th, 2014.

访问遭到美国的批评，据说奥巴马对其周围人士表示，这一举动“损害了日美间的信赖关系”。5月中旬马航坠机事件发生时，正在乌克兰访问的岸田文雄准备顺道访俄，在俄乌间采取“平衡外交”，但因遭到美国反对而作罢。6月初，与普京关系密切的俄国家杜马主席纳雷什金又受日方邀请，赴日出席日俄文化交流。日本考虑到美国的态度，未安排安倍与其会谈，但日方没有将纳雷什金列入禁止入境名单，又对其予以较高规格接待这一事实已经让美国相当不满，并通过外交渠道传达给了日方。在此情况下，日本意识到，在同盟一致的前提下，日本在对俄政策方面“无法超越美国的底线”。在美方的施压下，日本于2014年9月下旬启动对俄第三轮制裁，制裁力度有明显提升，而原计划于当年秋天的普京访日之行最终未能实现。对此，日本对美国的政策也怀有不满，认为美国严重影响了日本实行独立的外交政策。经过日本的努力，日俄首脑在11月APEC会议上举行了首脑峰会，这也表明尽管面临“美俄二选一”的压力，在对俄政策方面，日本依然试图与美国拉开距离，保留发展日俄关系的可能性。

四　结语

在2014年，日美同盟内部的协调、合作与摩擦、矛盾并存。但总体上，在战略合作的大方向与大框架内，日美同盟内部的“向心因素”依然大于“离心因素”，同盟强化成为关系主流。毫无疑问，在当前和未来一段时间内，日美双方对彼此的战略价值依然相当重要。美国亚太战略预定目标与实际资源之间有明显差距，国防预算的削减使得美国在维持亚太军事威慑力方面面临更大的压力，日本作为“地区战略支点”，支持美国离岸平衡，协助美国联络盟友的作用更加重要。而日本意欲推动修宪与“安保大改革”，追求政治与军事大国目标，在现阶段也不可能离开美国的支持。由于战略上相互依赖的现实，加上同盟制度与策略选择上的惯性，促使日美选择加强而非削弱同盟，并力图对同盟合作目标与方式进行调整，扩大日本在同盟中的责任与参与度，以适应发展的现实以及日本自身的诉求。

与此同时，日美从“大战略”到具体对外政策，在目标、实现路径与思维逻辑方面有着明显的区别。而且，当前所进行的日美同盟模式的调整与重塑，并未也很难改变其所面对的、为传统军事同盟所共有的结构性问题。基于历史案例的博弈论已经表明，传统军事同盟在努力遏制敌手的同时，对本方盟国的制约作用也在增强，无论同盟的主导者还是追随者，在主动增强其行动优势的同时，也限制了自己战略与政策选择的余地。① 事实上，美国在当前的亚太乃至全球战略布局中，日益倾向于发展与利用灵活的“非正式同盟”，而非传统军事条约下的同盟关系，作为战略工具上的补充。日本也在通过推动“战略性外交”，拓展各种“伙伴关系”，而非单纯依赖日美同盟。2014 年，日美两国在历史、对华政策和其他地区事务上的分歧与摩擦频频发生，这也反映出，双方在不断加强对同盟“工具性利用”的同时，实际上对彼此间的利益诉求差异心知肚明，对同盟关系也缺乏足够的长期信心，因而在勉力进行内部协调的同时，也在积极为自己寻求新的战略合作选择。

在日美战略合作的具体方面，2015 年，除奥巴马政府竭力推动的 TPP 外，安全与防务合作将继续作为日美同盟发展的主要动力，“指针”修订完成后，日美将以其作为指导，拓展同盟合作，在落实具体安全领域合作方面投入更多精力与资源。美国将继续支持日本在同盟内部与地区的安全事务中发挥更重要的作用。美国在安全政策上对日本的“有意纵容”和日本对此的“针对性利用”将继续贯穿日美同盟发展的过程。从日本的角度看，除了密切关注美国亚太战略动向、美中关系以及美国与其主要盟友关系，将其作为日本对美政策的实施依据之外，日本还将重点追踪美国国内政局的变化，特别是大选因素对美国外交政策的影响。日本认为，在奥巴马即将结束任期的情况下，美国的外交政策将发生关键变化，“因势利导”地利用美国内亲日力量，影响美国对日政策走向，是日本应采取的策略。②

① Songying Fang, Jesse Johnson and Brent Ashley Leeds, “To Concede or to Resist? The Restraining Effect of Millitary Alliances,” *International Organization*, Vol. 68, pp. 775 - 809.

② 「オバマ型外交政策の限界」、『産経新聞』2014 年 8 月 4 日。

B.7

日本《ODA大纲》修订及其“军援”趋势的显现

周晓娜*

摘　要： 2014年，在日本政府开发援助（ODA）实施60周年之际，时隔11年日本政府再次提出对《ODA大纲》进行修改。2015年2月10日，日本内阁决议正式通过新的《开发合作大纲》，大纲首次提出解禁ODA的军事用途，允许对其他国家提供“非军事目的”的援助，同时扩大援助对象范围，明确规定ODA应实现国家利益。此次《ODA大纲》修订，突出表现了“军援”色彩。安倍内阁成立以来奉行价值观外交，推行围堵中国的外交举措，制衡中国的意图十分明显。ODA作为日本最大的外交手段，日本修改《ODA大纲》的举措及其“军援”动向值得关注。

关键词： 政府开发援助　ODA大纲　开发合作大纲　“军援”趋势　国家利益

2014年是日本政府开发援助（Official Development Assistance，ODA）

---

* 周晓娜，经济学博士，中国社会科学院日本研究所博士后，研究方向为日本经济、综合商社等。

实施60周年。① 同年4月4日，日本外务大臣岸田文雄公开表态称，日本将修改《政府开发援助大纲》（简称《ODA 大纲》）。这是时隔11年后日本再次提出对《ODA 大纲》进行修改。10月28日，安倍内阁公布《开发合作大纲草案》，并原定于同年12月2日出台正式的新大纲文件，然而受日本国内大选影响，最终推迟了出台时间。2015年2月10日，日本政府正式通过了《开发合作大纲》（Development Cooperation Charter）。此次《ODA 大纲》修订，首次公开允许对其他国家及军队提供“非军事目的”的援助条款。与此前的《ODA 大纲》相比，其“军援”色彩明显。ODA 作为“日本最大的外交手段”②，它在一定程度上可以反映出日本的外交政策走向，日本修改《ODA 大纲》的举措及其“军援”趋向值得关注。

一 2014年日本修改《ODA 大纲》的深层背景

2014年4月，日本安倍内阁提出修改《ODA 大纲》，此次修改大纲源自日本国家对外战略的思考，并经历周密的准备过程。其根本目的是配合安倍的价值观外交政策，是日本实现国家对外战略的一项重要举措。

（一）背景和目的

在过去的60年间，日本政府面向发展中国家实施的 ODA，一直以基础设施建设、消除贫困等经济和民生领域为政策重点。首个《ODA 大纲》由宫泽喜一内阁于1992年制定，大纲规定了 ODA 的理念及四原则等政策内容。2003年，小泉纯一郎内阁修改《ODA 大纲》，明确规定日本的 ODA 不得用于军事用途和可能助长国际争端的领域。

---

① 1950年，英联邦国家发起科伦坡计划，它是第二次世界大战以后最早成立且面向发展中国家的援助计划。该援助计划旨在支援亚洲及太平洋地区国家的社会与经济发展。1954年10月6日，日本加入科伦坡计划，并于次年开始实施技术援助，主要包括派遣专家以及接收研修人员等。日本政府还将每年的10月6日定为“国际合作日”。

② 外務省『岸田外務大臣 ODA 政策スピーチ　進化するODA～世界と日本の未来のために』、http：//www. mofa. go. jp/mofaj/ic/ap_ m/page3_ 000726. html。

2013年12月17日，日本政府通过了《国家安全保障战略》（NSS），提出了未来十年的三项国家安全保障战略目标。该战略“突出主张日本要通过广泛的多边双边安全合作，以‘规则制定’、捍卫‘普遍价值’、推动‘全球治理’为着力点，来‘维护世界和平稳定’，实施日本所谓的‘积极和平主义’”[①]。涉及国际安全保障方面，该战略指出：“20多年间，为了国际和平合作，我国向柬埔寨、戈兰高地、东帝汶、尼泊尔、南苏丹等多个地区派遣了自卫队等，受到国际国内社会的高度评价。积极的和平主义基于国际合作主义的理念，鉴于国际社会对我国的评价及期待，今后我国将进一步修改《联合国维和行动（PKO）合作法》（《PKO合作法》），扩大联合国维和活动的广度和深度。届时，将与ODA合作以期谋求最佳实施效果”[②]，这是日本的政府政策方针首次明文规定自卫队在参与PKO等国际和平合作活动时，与ODA并行推进。

2013年6月14日，日本内阁会议通过了《日本再兴战略》，该战略明确指出，日本要战略性运用经济援助，以便出口基础设施并确保资源供应。为此，日本将开展战略性的ODA，它以“支援经济领域的国际扩张”“构筑良好国际环境”“推进人类安全保障”为三项基本支柱。[③]

从以上两个战略文件中可以看出，日本政府意欲借助ODA等政策手段创造和构筑有利于日本的国际环境，[④] ODA政策的修改既服从又服务于日本的整体外交战略。

（二）日本修改《ODA大纲》的程序

配合国内外政策改革，日本政府提出修改《ODA大纲》。为此，召开了一系列“有识者恳谈会”（专家顾问会）和意见交流会；为争取和收集对

---

① 吴怀中：《安倍“安保三支箭”的指向解读》，《世界知识》2014年第2期。

② 国家安全保障会議・閣議決定『国家安全保障戦略』、2013年12月17日、26頁。

③ 閣議決定『日本再興戦略』、2013年6月14日、90頁。

④ 東京財団『ODA大綱改定への安全保障の視座からの提言へ「積極的平和主義」実現に向けた包括的な平和構築指針が必要だへ』、2014年10月。

《开发合作大纲草案》的意见，还召开了各种层级的“公听会”（听证会）。

2014年3月28日，外务省设置“有识者恳谈会”，由岸田文雄外务大臣牵头、庆应大学乐师寺泰藏名誉教授担任主席，启动修改进程。时隔数日，日本外务省召开第一次专家会议。4月4日，岸田进行公开表态。6月27日，专家顾问会出台《关于修改ODA大纲的报告书》，建议日本政府解禁ODA的军事用途。为广泛听取国民意见，2014年5~9月，外务省在东京召开“关于修改《ODA大纲》的政策评议会临时会议”，先后在关西、北海道、名古屋召开三场意见交流会。11月中下旬，又分别于东京、京都、福冈、仙台四地召开四场听证会。

对此，日本民间的国际合作非政府组织举办了一系列会议。4月，组成“NGO圆桌会议”，公布关于《ODA大纲》修订案的共同声明；6月，召开“关于修改《ODA大纲》的ODA政策评议会临时会议”和“关于修改《ODA大纲》的国会议员学习会”；9月，公布“国际合作NGO对《ODA大纲》修订案的10项建议”；10月，召开“《ODA大纲》修订案的意见交流会（东京）”。

2014年10月28日，安倍内阁公布新的《开发合作大纲草案》。原定于同年12月2日通过正式的新大纲文件，受其国内大选影响，最终推迟了出台时间。2015年2月10日，日本正式出台新版《开发合作大纲》，首次公开允许对其他国家及军队提供“非军事目的”的援助。新大纲还将海洋、太空、网络安全、反恐、扫雷等敏感领域列入政府开发援助的支援范围。与此前的《ODA大纲》相比，日本政府开发援助的理念正在发生质的变化，“军援”趋向开始显现。这一质的变化，将会开启日本政府“军援”外交的新时代。

二　日本《ODA大纲》的运用现状及新大纲的内容变化与特点

日本ODA的实际支出额，在20世纪70~80年代不断增加，1989年的支出总额约为90亿美元，首次超过美国成为世界最大的援助国。2000年以前（不包括1990年），日本一直保持世界第一援助国的地位。2001年，受"9·11"等恐怖袭击事件影响，经济合作与发展组织下属的发展援助委员会（DAC）的其他援助国纷纷加大对外援助额，期望借由改善贫困来消除恐怖主义发生的温床。然而，在国际形势转变的大背景下，受国内经济及严峻的财政状况制约，日本却不断削减ODA预算。2001年、2006年分别被美、英超越，2007年再被德、法超越，成为世界排名第五的援助国家。①

（一）日本ODA的运用现状

《2014年政府开发援助（ODA）白皮书》及OECD的最新统计数据表明，2013年，日本的ODA支出总额为225.27亿美元，与上一年相比约增加20.7%，位居世界第二；支出净额与上年相比约增加9.2%，世界排名第四，超过了法国，前三位DAC成员国分别为美国、英国和德国。② 迄今为止，日本向169个国家、21个地区实施了政府开发援助。③

根据OECD的统计方法，对外援助额占国民总收入（GNI）的比例是衡量一个国家对外援助支出的重要指标。国际社会对此制定的衡量标准是0.7%。2013年，日本ODA实际支出额（预估值）在国民收入中的占比不足0.25%（参见图7－1）。2013年，在28个DAC成员国中，日本以0.23%排名第18位。④

1. 援助数量和规模

为把握2014年日本ODA的援助情况，这里选取外务省ODA官方网站公布的2014年实施项目进行分析。

从件数构成看，2014年，日本ODA开发援助项目合计224件。其中，撒哈拉以南非洲以79件位居第一位（"埃博拉病毒"防治共27项）。亚洲

① 根据OECD－DAC的统计数据可得。
② 外務省『2014年版　政府開発援助（ODA）白書』、26頁。
③ 外務省『2013年版　政府開発援助（ODA）白書』、2頁。
④ 外務省『2014年版　政府開発援助（ODA）白書』、30頁。

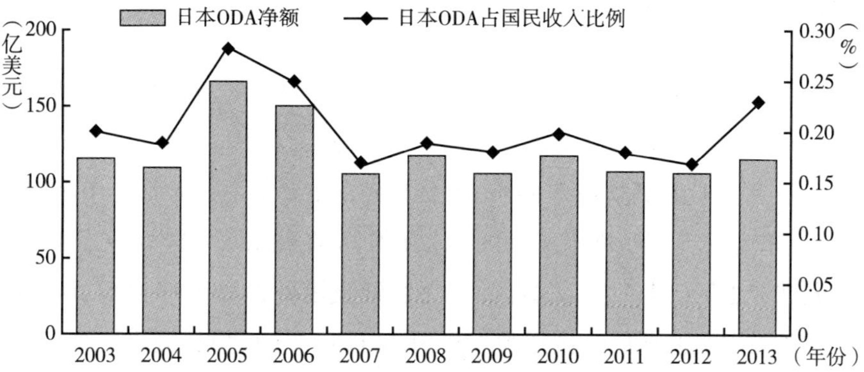

图7－1　日本ODA在国民收入（GNI）中的占比趋势变化

注：所有数据以2012年不变价格计算，2013年数据为预估值。

资料来源：*Development Cooperation Report* 2014：*Mobilising Resources for Sustainable Development*，OECD 2014。

地区共计67件，对东南亚的援助项目数量为38件，其中缅甸以15件居首，第二位是柬埔寨，共7件；南亚计26件，孟加拉国、印度、斯里兰卡等是重点援助地区；对东北亚地区的援助以蒙古国为实施对象。此外，日本在中南美、欧洲、中东及北非等地区都有开发援助案件。

从资金构成看，外务省ODA官方网站可查项目的ODA资金总计5248.57亿日元。[①] 南亚地区ODA资金合计1624.35亿日元，在ODA资金总量中的占比为31.6%，其中，孟加拉国获得的ODA资金援助为1211.92亿日元，印度合计156.43亿日元，斯里兰卡共141.54亿日元；东南亚地区次之，为997.56亿日元，占18.8%，其中，缅甸796.82亿日元、印度152.68亿日元；中亚及高加索地区共944.00亿日元，占17.8%；中东及北非地区、撒哈拉沙漠以南非洲地区的ODA资金分别为649.17亿日元、538.73亿日元，各占比12.3%及10.2%（参见表7－1）。

2. 援助形式

日本政府开发援助以日元贷款、无偿资金援助（双边援助和多边援助）

① 根据日本外务省ODA网站的案件检索计算得出。

及技术援助为主要组成形式。2013 年无偿资金援助约为 31.20 亿美元，约占 ODA（支出净额）的 29.4%。其中，通过国际机构支出的赠予约为 14.00 亿美元，约占 13.2%；技术合作占比约为 34.3%，大致是 36.40 亿美元；政府贷款（日元贷款）等合计约为 3.60 亿美元。[①]

2014 年，日元贷款共计 4348.10 亿日元，主要集中在南亚（1619.89 亿日元）、东南亚（799.18 亿日元）、中亚及高加索地区（868.39 亿日元）、中东及北非地区（484.73 亿日元）。无偿资金援助为 900.47 亿日元，其中撒哈拉沙漠以南非洲的受援额为 459.61 亿日元，"埃博拉病毒"使得该地区紧急救助性援助项目明显增加，共计 27 件。亚洲地区无偿资金受援额共计 379.63 亿日元，其中东亚占 61%，以缅甸、柬埔寨、越南为主要实施对象国。[②]

表 7－1　2014 年日本 ODA 项目实施基本情况

项目区域	社会基础设施及服务（件）	经济基础设施及服务（件）	生产部门（农林牧渔、制造业、贸易及旅游业等）（件）	救灾援助及其他（件）	件数合计（件）	区域 ODA 资金合计（亿日元）	占 ODA 资金总量比例（%）
东南亚	21	10	4	3	38	997.56	18.8
东北亚	2	1	0	0	3	5.83	0.1
南亚	16	6	2	2	26	1624.35	31.6
中亚及高加索地区	6	7	0	0	13	944.00	17.68
中东及北非地区	5	4	0	9	18	649.17	12.3
撒哈拉沙漠以南非洲地区	23	10	3	43	79	538.73	10.2
中南美地区	16	10	3	2	31	343.53	6.5
大洋洲	0	4	0	1	5	30.83	0.6
欧洲	1	4	0	6	11	114.87	2.2
ODA 资金总计						5248.57	100.0

数据来源：根据日本外务省 ODA 官方网站制作整理而成。

① 外務省『2013 年版　政府開発援助（ODA）白書』、30 頁。

② 根据外务省 ODA 网站的案件项目计算得出。

3. 地区结构

2014年，日本政府开发援助地区结构主要为亚洲和非洲地区。其中，东亚共计41件，南亚26件，中亚及高加索地区13件，中东及北非地区18件，撒哈拉以南非洲79件，中南美31件，大洋洲5件，欧洲11件。从ODA金额来看，东亚占整体的19%，南亚占31.6%，中亚及高加索地区占17.8%，中东及北非地区占12.3%，撒哈拉以南非洲占10.2%，中南美占6.5%，大洋洲占0.6%，欧洲占2.2%（参见表7－1）。

亚洲地区在经济社会发展以及地缘关系上，与日本的关系表现得尤为密切。日本2003年修订的《ODA大纲》中，唯一明确指出的援助重点地区是亚洲。20世纪70年代，在日本ODA的地区构成中，亚洲所占比重高达94.4%。80年代起，随着日本援助区域开始向多元化发展，亚洲地区获得的ODA占比绝对值趋于下降，但亚洲地区所占比重仍高于其他地区。再加上ODA整体援助规模扩大了，所以总的来看亚洲地区获得的实际数额呈相对上升趋势。① 可以说，日本的政府开发援助一直以亚洲为中心。

另外，从援助范围及行业的投向看，以社会基础设施服务为主、经济基础设施及服务次之，同时伴有大量紧急救助项目。2014年，日本对非洲地区的援助项目高达80多件，其中救灾援助43件，社会基础设施及服务23件。援助形式也主要以无偿资金援助为主。

（二）新大纲基本理念的变化及特点

1. 新大纲基本理念的变化

1992年版《ODA大纲》指出，日本“从人道主义观点出发，以消除发展中国家的饥饿与贫困为中心任务”，2003年版《ODA大纲》强调“要为国际社会的和平与发展做贡献，确保日本的安全与繁荣”。《开发合作大纲》则指出“为国际社会的和平、稳定及可持续发展做贡献，是日本的‘责任

① 外務省『2013年版　政府開発援助（ODA）白書』、31頁。

与义务'”（参见表7－2）。新大纲尤其强调外交政策要灵活机动，要认识到“开发合作”所发挥的重大作用。

表7－2　新旧《ODA大纲》基本理念的比较

1992年版《ODA大纲》	2003年版《ODA大纲》	2015年版《开发合作大纲》
从人道主义观点出发，以消除发展中国家的饥饿与贫困为中心任务	为国际社会的和平与发展做贡献，确保日本的安全与繁荣	为国际社会的和平、稳定及可持续发展做贡献，是日本的“责任与义务”
对全世界的和平与繁荣来说，发展中国家的稳定与发展不可或缺，在此意义上认清国际社会的相互依赖关系	作为世界上的主要国家之一，日本的责任包括致力于解决人道主义问题、全球性问题、维护世界和平、推进民主化进程及人权保障	日本GDP排名居世界第三，任务包括国际社会共同的问题、南北开发问题、人道主义问题等
发达国家与发展中国家共同致力于解决环境保护问题	确保日本的安全与繁荣，促进国民利益	确保日本的稳定与繁荣，实现“国家利益”
为使发展中国家脱离贫困，支援其进行自助努力	ODA作为最符合国际社会共鸣的政策，适用于渴望和平的日本	以实现人类安全保障为核心，基于各国家国民的自助努力，未来实现其自主发展

资料来源：根据今津武《日本的对外政策与政府开发援助（ODA）》、1992年版《ODA大纲》、2003年版《ODA大纲》以及2015年版《开发合作大纲》整理制作而成。

可见，日本开发援助的视角及理念从“消除发展中国家的饥饿与贫困”、“确保日本的安全与繁荣”到“日本的‘国家利益'”，其背后隐含一条从“利他”到“利己”再到“行使自身主动权”的脉络。

进一步对比分析新旧《ODA大纲》的基本方针、重点政策等方面，可以发现近期修订通过的新大纲即《开发合作大纲》在内容和特点上发生了三点重要变化。

2. 新大纲的特点

（1）解禁ODA的军事用途，打开了日本“军援”的大门

1992年版《ODA大纲》提出了日本政府开发援助的四项原则：第一，兼顾环境和开发；第二，避免用于军事用途及助长国际纷争；第三，在反恐及防止大规模杀伤性武器扩散等方面维持并强化国际和平与稳定的同时，从

发展中国家应将其国内资源适当且优先配置于本国经济社会开发的观点出发，对发展中国家的军事支出、大规模杀伤性武器及导弹的开发与制造以及武器进出口等情况予以充分注意；第四，对发展中国家在促进民主化、引入市场导向型经济方面的努力及基本人权和自由保障状况予以充分注意。

2003年日本首次修订《ODA大纲》，并明确规定ODA不得用于军事用途及可能助长国际争端的领域。2015年2月出台的新大纲提出，ODA可向他国及军队提供民生目的、灾害救助等非军事支援。新大纲还将海洋、太空、网络安全、反恐、扫雷等列入政府开发援助的支援领域。这意味着日本ODA开始解禁军事用途，从而会打开日本对外“军援”的大门，使日本旨在和平用途的外交举措发生根本性的变化。

（2）“实现国家利益”，是ODA的最高准则

开发援助的利益划分方式包括直接利益与间接利益、短期利益与中长期利益等。直接利益指出口受援国设备、助力本国企业走出去、完善投资环境、获得市场及资源等方面。ODA可促进发展中国家的经济与社会发展，同时有利于消除恐怖主义、构建良好的国际秩序，从而间接维护援助国的稳定与发展。

第二次世界大战后，国际上有“雅尔塔体系”、国内有《宪法》第九条对日本的约束，否定了日本运用军事外交手段的可能性。战败国地位，又使得日本在政治外交上的回旋余地很小。ODA作为推行经济外交的强有力手段，一直被看作“日本外交最大的手段”①。

此前的《ODA大纲》是以“支援发展中国家的自主努力”为基本理念，而新大纲的基本方针则强调通过“对话与合作”“共同创造，从而构筑相互发展的关系”，指出要“共享日本经验，强力促进日本自身的发展”。日本是资源极度匮乏、供给结构脆弱的国家，它通过政府开发援助获得了巨大的国家利益，但在政府文件当中对“实现国家利益”做出明文规定尚属首次。这一

① 外務省『岸田外務大臣ODA政策スピーチ　進化するODA～世界と日本の未来のために』、http：//www.mofa.go.jp/mofaj/ic/ap_m/page3_000726.html。

规定也充分反映了日本ODA外交的根本目的是实现国家利益的最大化。

(3) 扩大援助对象和内涵，推进与日本海外军事行动的合作

新大纲指出，应当灵活应对国际社会的援助标准，[①] 从而有利于日本开展外交。日本今后将扩大援助对象的范围，援助对象包含较发达国家或超过中等收入国家的国家，以及已经从受援国"毕业"[②] 的国家。合作内容包括实施职业教育等技术合作、共同开发及提高产品附加价值、提高生产率及技术创新能力等。具体实施方面，今后将在国际上借助《PKO合作法》加强与自卫队的联合，强化与非政府组织（NGO）的合作，共同致力于企业与发展中国家的开发问题等。

从"经济合作"到"开发合作"，日本开发援助的概念变得更广泛。在促进发展中国家经济增长及社会发展的基础之上，更加强调"普世价值"，诸如"推进基本人权""民主""法治"等概念，侧重价值观外交。从削减贫困、支援发展中国家可持续增长的方针，转为更加重视"高质量"的增长。具体表现为：应对扩大的贫富差距，确保环境与经济和谐发展，提高包含文化与体育在内的人类素质。关于构筑世界和平的概念，在涉及国际社会的稳定与安全问题上，今后日本将加强包括海上警卫队在内的执法机构的能力建设，打击恐怖主义与国际有组织犯罪，强化网络安全等。

日本政府要实现"正常国家"的外交战略目标，进一步扩大日本在国际上的影响力，也为了更好地配合安倍内阁的价值观外交政策，会逐步加大ODA支出。此前，外务省于2014年、2015年均推出"旨在营造新日本的优先课题推广框架"[③] 特别财政预算。其中，2014年"战略性ODA的开展

① 2008～2010年，国际社会认定的欠发达国家（LDCs）为人均国民收入在992美元以下。

② 2008～2010年，国际社会认定的可脱离欠发达国家（LDCs）的标准为人均国民收入大于1190美元。

③ 2014年共计11个项目，总计1109.26亿日元，其中"战略性ODA的开展（含对全球利益的贡献）"，1021.20亿日元；联合国非常任理事国选举对策，1.43亿日元；领土安全对策，5.35亿日元。2015年共计5个项目，总计1094.61亿日元，分别包括：战略性对外发声，520.04亿日元；基于积极和平主义、为全球问题做贡献，19.65亿日元；推广经济外交、助推"安倍经济学"，4.07亿日元；积极地、战略性地运用ODA，502.14亿日元；跳跃性地扩充外交实施体制，48.71亿日元。

（含对全球利益的贡献）”的预算额为1021.20亿日元，约占整体的92%。2015年，“积极地、战略性地运用ODA”（502.14亿日元）名义上只占该预算的50%左右，但增加了“战略性对外发声”（520.04亿日元）和“基于积极和平主义、为全球问题做贡献”（19.65亿日元）两个项目。

三 新《ODA大纲》打开了日本对外“军援”的大门

2013年，日本频繁运用ODA向东南亚国家提供巡逻船等军事器材。2014年，日本进一步应用ODA在东南亚地区开展价值观外交。2015年2月，日本政府出台的新大纲明确规定可向他国及军队提供支援，支援范围扩至海洋、太空、网络安全、反恐、扫雷等敏感领域，从而使日本ODA发生了质变，日本“军援”的大门已被打开。

（一）援助理念不断演变，“战略援助”重于“开发援助”

过去，日本政府开发援助的突出特点是重开发援助。首先，它把促进受援国的经济开发、开展经济外交放在首位，而不是从政治与安全战略关系出发；其次，经济外交特性决定日本的援助组成形式以低息、长期的日元贷款为主，而不是无偿资金援助；再者，表现为ODA和民间贸易与投资相结合的实施方式。ODA是日本经济外交的重要组成部分，充当了日本实施经济外交的手段之一。此时，“开发援助”最大限度地与日本的经济利益结合起来。

自20世纪70年代，日本成为世界经济大国并开始进一步谋求政治、经济大国地位以来，日本政府开发援助的内涵不断扩大，表现为追求经济、政治、安全方面的综合利益。换句话说，日本ODA的援助理念逐步从“开发援助”向“战略援助”倾斜。“战略援助”的具体表现大致分为两类：一类是增加经济援助，另一类是减少或停止援助。例如，1973年第一次石油危机爆发，意识到能源安全保障问题重要性的日本，在中东问题上一反亲美方针，开始尝试对中东的自主外交；1973年3月，日本对蒙古提供的无偿援助是其对社会主义国家提供的首例援助；1992年恢复对越援助；1989年、

1995 年、1996 年冻结部分对华援助；1988 年以后对缅甸一度停止援助，近两年在安倍内阁推行战略性外交的大背景下，缅甸成为日本支援自由民主、普世价值、市场经济化为前提实行的典型援助。

安倍上台以来，日本政府在有意识地以提供援助或停止援助的“战略援助”方法对受援国施加影响，以此谋求日本的国家利益。例如，在非洲实施的 ODA，不仅能确保来自非洲地区的资源，同时可以扩大对非洲的政治影响，还可以在国际社会上提高日本的国际地位。为加入联合国非常任理事国，日本曾通过加强对非洲经济援助的方式，争取过非洲国家的支持。2014 年，日本对孟加拉国的政府开发援助数额高达 1211.92 亿日元，在日本的经济外交压力下，9 月孟加拉国宣布退出联合国非常任理事国的竞争。至此，日本离“入常”又进了一大步。

（二）从量变到质变，最终打开日本对外“军援”的大门

日本政府对外援助 60 年的历程，对被援国的经济社会起到了一定的积极作用，展现了日本政府“开发援助”的特点。但近年来日本政府也在军事相关领域使用 ODA 援助。

一是加强海洋扩张战略，涉足军事相关领域。具体事项包括：向马来西亚海上法令执行厅（MMEA）派遣海保厅人员作为国际协力事业团（JICA）的专家提供“技术支援”，并邀请海保厅人员参加日泰两国打击马六甲海盗的联合演习；向印尼提供多项经济援助，2006 ~2007 年日本用 ODA 日元贷款帮助印尼在海峡沿岸设立了 4 个具有自动识别船舶功能的系统、33 个应对海难事故和海盗的无线电局，无偿援助其建造 3 艘巡逻船、3 艘日本新建的高速巡逻艇，促使印尼就“沿岸国与日本关于马六甲海峡航行安全与海洋环境进行长期合作”达成共识。2006 年日本提供的 ODA 援助全部覆盖从马六甲海峡到日本之间的海上通道沿岸国，包括越南和菲律宾。[1]

二是日本积极推进对菲律宾、越南等国的军事安全领域的开发援助。

① 参见李秀石《试析日本在太平洋和印度洋的战略扩张》，《国际观察》2014 年第 2 期。

2011年9月28日，菲律宾总统阿基诺三世访问日本期间，日本首相野田佳彦允诺继续向菲律宾提供ODA，但其款项已经不完全用于经济建设，其中部分用来为菲律宾的海岸警卫队通信系统设备升级。众所周知，菲律宾海岸警卫队是经常出现在南海争议区域的，此举的背后自然是针对中国。事实上，菲律宾也体会到了日本的意图，10月18日，中国的渔船就在南海遭到了菲律宾一艘军舰的袭扰。① 2013年12月，日本—东盟特别首脑峰会上，日本与菲律宾就利用ODA向菲提供巡逻船达成正式协议，同时就向越南提供巡逻船等防卫器材展开谈判。为此，日本将向菲提供690亿日元的贷款，用于台风灾区重建和强化海上警备能力。在这笔款项中，共有190亿日元用于向菲海岸警卫队提供10艘巡逻船。

2013年7月，越南派出调查团赴日考察如何利用ODA引进日本巡逻船。2015年2月26日，《越南经济时报》报道称越南交通运输部铁路项目管理委员会日前提出建设海防港铁路支线，该支线铁路项目计划利用日本ODA资金投资建设，总投资为33.36万亿越盾（约合15.6亿美元）。该支线铁路连接越南河内—海防国家铁路主干线，从海防港到亭武港区（Dinh Vu）及化肥厂区。② 从中，得以窥见日本对越南海防工程的重视程度。

综上可得，日本早就开始运用ODA为其“战略性外交”服务。2014年10月，新《ODA大纲》草案即《开发合作大纲草案》出台时，已经有不少国内外专家对日本意欲解禁ODA的军事用途进行过质疑。最终内阁会议通过的新大纲指出，日本ODA可用于“非军事目的”的援助，且未对军事及非军事的界限做出清晰的划定。日本政府对菲律宾海岸警卫队以及对越南提供巡逻船等援助行为曾一度突破了ODA的政策界限。至此，日本ODA已经完成了从量变到质变的飞跃，“军援”的大门终于被打开。

（三）配合价值观外交，加强推行制衡中国的政策举措

日本出台的新《ODA大纲》，解禁了ODA的军事用途，未来ODA可用

① 参见中日经济交流网：http：//cjkeizai. j. people. com. cn/98732/7626246. html。

② 参见环球网：http：//china. huanqiu. com/News/mofcom/2015－02/5772218. html。

于“非战斗领域”如扫雷、海岸警卫等。《朝日新闻》引用外务省官员的话说，解禁 ODA 的军事用途是安倍政府安保政策的“第三支箭”。① 可以认为，解禁 ODA 是安倍内阁安保政策转换、推行战略性外交以及实施积极和平主义路线的重要政策举措。如果说解禁集体自卫权是日本把中国当作“假想敌”进而推行对抗中国的战略，那么解禁 ODA 的军事用途，日本则可以通过多个方面向与中国有纷争的国家进行支援，如向东南亚国家提供巡逻船等，在提高日本在东南亚地区影响力的同时起到制衡中国的重要作用，进而使解禁 ODA 军事用途成为日本配合美国重返亚太战略、围堵中国的重要政策举措。

一是 2013 年 1 月安倍第二次就任首相后首访越南等东南亚三国。安倍自称，希望这次外访成为安倍内阁战略外交的开端，通过这次访问，日本将与在民主主义、基本人权以及法治领域有着共同价值观的国家强化合作。② 此次《ODA 大纲》修改，也更加强调“基本人权、民主、法治”等普世价值概念，从而为价值观外交战略提供了新的政策行动举措。

二是在支援以自由民主、普世价值为前提实行的援助上，2014 年以对缅甸的援助表现得尤为突出。事实上，安倍第一次上台以后，时任内阁成员麻生太郎副首相兼外务大臣出访的第一站就是缅甸。在对东南亚地区的援助中，缅甸以承接日本 ODA 的 15 项援助项目高居榜首，几乎占东南亚地区的 40%。2012 ~2014 年，日本对缅甸的日元贷款援助额达到 5016.99 亿日元。日本对缅援助领域广泛，涉及铁路交通、自来水完善、经济特区基础设施建设及农业灌溉等内容。

三是 2014 年 11 月参加东亚峰会的日本首相安倍晋三与东盟轮值主席国缅甸总统吴登盛在首都内比都举行会谈。安倍表示，在安全保障方面，考虑到中国在南海的势力正在增强，将为东盟各国提高海上安保能力提供

---

① 「見直し—非軍事の筋を通せ」、http：//www.asahi.com/articles/ASGC43CDZGC4USPT009.html。

② 《日本首相安倍晋三访越南，鼓吹联手“应对”中国》，新华网：http：//news.xinhuanet.com/mil/2013 -01/17/c_ 124241178.html，2013 年 1 月 17 日。

支援，包括在今后3年协助培养700人规模的相关人才。①安倍运用日本ODA，在东南亚地区推行价值观外交并倡导积极和平主义，以此起到制衡中国的作用。

四是日本对外援助的发展日趋呈现出政府援助与民间经济合作逐渐“合二为一”的趋势。2012年，发达国家向发展中国家流入的民间投资大致相当于ODA的2.5倍。② 未来日本政府开发援助也会进一步扩大与民间资金的合作，同时加强与地方政府、中小企业、NGO乃至各国际机构的合作（东盟等），旨在以政府援助带动民间力量为日本外交战略发挥作用。

2015年是抗战胜利70周年和联合国成立70周年，也是日韩邦交正常化50周年的特殊年份。在联合国千年发展目标（MDGs）向“后2015发展议程”过渡的关键时期，日本政府“战略开发合作”的发展动向值得我们密切关注。

① 参见大公网《大公资讯》：http://news.takungpao.com/world/exclusive/2014-11/2825458.html。

② 外務省『2013年版　政府開発援助（ODA）白書』、3頁。

对外关系篇

Foreign Affairs Reports

B.8

日本外交战略及对外海权关系探析

吕耀东*

摘　要：安倍上台以来，日本对外战略及海洋政策发生了重大变化，其海洋安全战略的扩张主义、现实主义色彩日趋浓厚，已经成为影响东亚和平稳定及地区海洋安全环境的不确定因素。日本提出从“岛国”走向“海洋国家”的战略构想，与日本走向“正常国家化”，实现政治军事大国的战略目标直接关联，是日本国家发展战略的重要组成部分。日本海洋战略构想是力求通过保护所谓本土安全、海上通道及经济安全，谋求政治与军事大国化，并与美国以同盟机制掌控西太平洋海权利益。为了落实上述海洋战略意图，日本不断扩大“钓

* 吕耀东，法学博士，中国社会科学院日本研究所研究员、博士生导师、外交研究室主任，研究领域为国际关系、亚太地区冲突与合作、日本政治外交及中日关系等。

鱼岛问题”事态，制造亚太地区海洋安全危机事态。如2014年度《防卫白皮书》中渲染“中国威胁”，扩大钓鱼岛、东海和南海问题事态的论调，凸显日本海洋战略的对华海权攻势，进一步恶化中日关系及周边海洋安全环境，加大了东亚地区各国涉及领土主权与海洋权益等问题的解决难度，迟滞区域经济合作的进程，给地区及国际社会的和平与发展带来不确定性因素。

关键词：日本　外交战略　海权　对外关系

日本的“正常国家论”必然会反映在对外战略构想和外交政策之中，安倍首相在2014年初于第186届国会发表的施政方针演说中表示，“今年，我将以俯瞰地球仪的视点，开展战略性的高层外交”。安倍在施政演说中说：“我坚信，只有自由、民主主义、人权、法治原则，才是为世界带来繁荣的基础。日本以及世界为了今后的继续发展，我们将与共同拥有这些基本价值观的国家加深合作。”① 安倍的上述演说，道出了其外交战略的核心仍然是价值观外交的老调重弹，如果说有所调整的话，那就是赋予了战略性外交“以俯瞰地球仪的视点”，通过构建全球性海洋民主安全联盟，体现价值观外交的“同质性”、战略性、主动性或主导性的特质。

一　以解禁集体自卫权提升日美海权同盟关系

从日本外交的决策理念来看，日本的安全战略支柱是日美同盟机制，因而要依托日美同盟关系，不断提升日本在同盟机制中的地位与作用。2013

① 「第百八十六回国会における安倍内閣総理大臣施政方針演説」、平成26年1月24日 http://www.kantei.go.jp/jp/96_abe/statement2/20140124siseihousin.html。

年第183届国会的施政演说中，日本首相安倍晋三表示："在开放的海洋之下，世界上最大的海洋国家——美国和亚洲最大的海洋民主主义国家——日本结成伙伴是理所当然的事情，并且需要不断强化这种伙伴关系。"① 安倍这样的执政理念表明，日本力图聚集具有共同价值观的所谓民主国家组成全球性海洋伙伴联盟，以此提高日本在联盟中的主导作用，谋求日本能够在未来新的国际秩序中成为政治军事大国。

长期以来，日本将同盟国美国作为其外交的根本基轴，致力于深化日美同盟关系。而美国也将日本作为在亚洲的重要盟友，借助日美同盟之力落实"亚洲再平衡战略"。2014年2月，时任日本防卫相的小野寺五典强调，若日后通过修改宪法解释实现允许行使集体自卫权，那么就应该在《日美防卫合作指针》中反映。对此，安倍晋三在参院预算委员会上就解禁集体自卫权问题也表示，如果公海上的美国舰只受到攻击，一同航行的自卫队舰只有必要给予防护。他强烈主张修改宪法解释以解禁集体自卫权，称"不给予防护将给日美同盟造成不可估量的损害"。为此，安倍提出了"日美同盟强化战略"，表明了日美同盟的重要性。该战略的核心内容在于向日本国内外传递出日美同盟在维护亚洲和平与繁荣方面起到的主导作用。具体来说，安倍将强调其推进的"积极和平主义"的意义，同时对奥巴马政府重返亚洲的"再平衡"政策表示支持。为了制衡中国，该战略明确反对"试图凭借实力改变现状"。"同盟强化战略"的具体内容包括：（1）强调日美同盟在维护亚太地区稳定和繁荣方面的作用，以及两国在广泛领域强化同盟关系方面取得的进展；（2）构建基于共同价值和战略利益的亚太地区秩序；（3）强调日美同盟将参与东南亚地区相关事务；（4）彻底强化人员交流以促进未来同盟关系的发展。②

4月24日，安倍与奥巴马在首脑会谈中，再次重申了日美同盟深化的迫切性，又向国际社会展现了日美同盟关系在维护"亚太及世界安全环境

① 2013年2月28日第183届日本国会有关安倍首相的施政方针演说，http：//www.kantei.go.jp/jp/96_abe/statement2/20130228siseuhousin.html。

② 共同社2014年4月23日电。

和平与稳定”方面的重要性和必要性。安倍首相在日美首脑会谈中表示：“日美同盟有着共同的战略利益，拥有自由、民主和人权等共同价值观”，这是维护亚太“和平和繁荣的基石”，“希望在亚太地区发挥日美同盟的主导作用”。这样的理念在日美首脑会谈后形成的《共同声明》中得到充分体现。安倍首相就日美《共同声明》宣称：“对于（日美）两国来说，这是一份划时代的声明。这份共同声明向国际社会表明了日美同盟为了确保亚太地区的稳定与和平，将发挥主导作用的决心和意愿。”这样的《共同声明》绝非双方标榜的“为了亚太及世界和平的人类共同利益需要”，完全是出于日美两国国家利益的战略需求。美国众议院军事委员会在5月8日通过的国防授权法案中加入了“支持日本为能够进一步承担盟国责任而采取的举措”的文字，表明美国推动日本解禁集体自卫权的意愿。

日本和美国曾多次标榜，两国同盟是亚太地区和平与稳定的“基石”，但事实可能恰恰相反。日美《共同声明》称“《日美安全条约》第5条适用于包括钓鱼岛在内的所有处于日本管辖之下的区域”的表态，强化了日美军事同盟关系，却侵害了中国核心利益和领土主权，给亚太地区带来了不稳定因素。事实证明，日本外交的重点是通过强化日美海权同盟关系，力求在遏制中国以及钓鱼岛问题上得到美国的全力支持，于是，在日美《共同声明》中，有了“钓鱼岛事项”。关于中国在东海划设防空识别区一事，日美《共同声明》还表示“强烈关切”。尽管日本对美国存有“亲而不从”的想法，日美两国对于强化同盟关系的战略诉求各异，但两国欲以日美同盟遏制中国的思维，是完全一致的。双方强调，“日美安保体制是有威慑力的重要公共财产”。“日美两国作为海洋国家，将基于对包含航行及飞行自由的国际法的尊重维持海洋秩序。”① 日美《共同声明》写入“钓鱼岛事项”一事，就是一个危险的信号。日本炒作“钓鱼岛问题”，渲染“中国威胁论”，刻意使钓鱼岛问题成为深化日美同盟关系的重要议题，已经严重损害了中

① 『日米共同声明：アジア太平洋及びこれを越えた地域の未来を形作る日本と米国』、http：//www. mofa. go. jp/mofaj/na/na1/us/page3_ 000756. html。

日、中美关系的健康发展，也加大了东亚各国在海洋权益及领土主权问题上的解决难度，并导致了东亚安全局势的进一步复杂化。

安倍晋三主张深化日美同盟关系，力争行使集体自卫权和扩充自卫队的人员、装备和预算。美国也认为安倍政府的方针有助于加强美军与自卫队在综合运用和基地共同使用上的合作，对此表示欢迎。美国海军最高实际军事负责人、美国海军作战部部长格里纳特于 2014 年 5 月 19 日在华盛顿的智库演讲中称，如果日本的集体自卫权得到解禁，将有助于加强美国海军和自卫队的联合运用。他指出“日本是东北亚安全最重要的关键”，“美国航母战斗群和海上自卫队正在推进一体化联合作战”，强调了加强日美同盟的重要性。格里纳特还称，如果首相安倍晋三力争的解禁集体自卫权成为现实，“将来也应该考虑像与北约盟国一样，美日实施一体化作战”，希望把日美合作提升到与英国等北约成员国相同的水平。[①] 5 月 27 日，格里纳特在访问日本与安倍会谈时表示，希望强化美国海军与日本海上自卫队的紧密合作。安倍回应称，奥巴马总统在 4 月访问日本时，强调《日美安全条约》适用于钓鱼岛，具有十分重要的意义，并指出，强化海上自卫队与美国海军的合作，“有助于亚太地区的和平与稳定”。

针对 2014 年年内修订的新版《日美防卫合作指针》中加入自卫队支援美军一事，日美政府基本决定在朝鲜半岛突发事件等周边事态发生之际，扩大后方支援地域范围，不再局限于无发生战争可能性的地方。新版指针中还计划加强在西南群岛方面的警戒监视行动，同时推进日美基地和设施的共同使用。此举旨在将安倍政府所追求的扩充自卫队任务范围在日美同盟中具体化。新版指针将扩大现行的《周边事态法》中仅限于对无发生战争可能性的“后方地区”进行后方支援的地域范围和活动内容。即使有发生战争的可能性，在实际战场以外进行燃料补给和医疗援助将成为可能。美方要求，若要将行使集体自卫权反映在《日美防卫合作指针》中，其前提是必须在内阁上通过有关修改宪法解释的决定。2014 年 7 月 1 日，安倍内阁正式决

---

① 共同社华盛顿 2014 年 5 月 19 日电。

定行使集体自卫权，表明了日本要积极发挥符合本国实力的作用。美国国防部部长哈格尔对于日本政府通过决议行使集体自卫权一事表示欢迎。他表示，美日两国将通过对防卫指针的修改，最终完善两国同盟关系的“现代化”。日本的新政策使得自卫队可以在更广泛的范围内合作开展军事行动，将给日美同盟带来全新的效果。另外，美方也表示，奥巴马总统欢迎安倍内阁通过宪法解释决定行使集体自卫权的行动，这一新政策是促进日美同盟关系更加成熟的一环。

2014 年 10 月 1 日，安倍在参院全体会议上接受各党代表质询时强调，7 月做出的解禁集体自卫权的内阁决议使“强化日美合作成为可能，威慑力也将有飞跃性的提高”。8 日，日美政府在东京召开由两国外交与防务部门局长级官员出席的防卫合作小委员会会议，出台了旨在修订《日美防卫合作指针》的中期报告。该报告中写明，将在新版指针中“适当反映”安倍政府于 7 月解禁集体自卫权后两国的合作模式，同时重视海洋安全，提出推进全球范围的相互合作。其中指出，包括尚未发展成武力攻击阶段的“灰色地带事态”在内，日美两国要共同“无缝”应对各种情况。该报告显示，两国将在国际安全领域做出更广泛的贡献，明确提出将消除自卫队对美合作的地理限制，在活动范围和任务的拓展上实现飞跃。有关行使集体自卫权问题，报告提出将在新版指针中详细写入“与日本关系密切的国家遭到武力攻击，日本允许行使武力的情况下”的合作方式，列举了保护装备等 12 项研究对象，把自卫队为美军舰艇护航纳入探讨范围。其合作领域主要分为三块，分别是无缝确保日本的和平与安全、为地区及全球和平与安全展开合作、日美携手应对新的战略领域。对现行指针中的“和平时期”、“日本遭遇突发事态”及“周边事态”三类进行修改。关于全球性合作，报告中列举了包括反恐对策在内的后方支援、海洋安全、警戒监视与侦察等，意在进一步扩大向伊拉克、印度洋等派自卫队援助美方的实际措施。①

在日本的外交决策理念看来，鉴于日本自身羽翼未丰，只有行使集体自

① http：//china. kyodonews. jp/news/2014/10/84174. html.

卫权，加强日美同盟的对等关系，才能提升日本的防卫实力。安倍计划在2015年5月访问美国，通过强化日美同盟关系以牵制中国，进一步扩大日美在安保和防卫领域的合作范围。安倍力求通过《日美防卫合作指针》的再次修订取消日本自卫队与美军合作的地理限制，以行使集体自卫权的名义让自卫队的行动扩大至全球范围。这对于整个世界来说，无疑是全球安全环境的极大变数。

二 “印太”两洋地区成为日本外交战略的侧重点

随着“印太概念”逐渐变成国际政治现实，亚太地区国际格局发生了微妙变化，引发域内有些国家对外关系的积极调整。2014年，安倍出访澳大利亚，邀请印度总理莫迪访日，加强与两国双边海洋安全合作乃至将定期举行海上联合军演，就明示“印太概念”的“具体行为化”。在日本看来，印太是“两洋交汇”之处，正是日本“自由与繁荣之弧”的关键点，将印度洋和太平洋整合于同一个地区战略框架下，正好与日本的海上通道叠加，也是日本海洋国际战略的侧重点。

日本力求构筑“印太”区域海洋合作伙伴联盟，企图将日本的国际影响力从西太平洋扩展至更加广大的“印太”海域。为此日本的外交决策者从自身的利益出发宣扬：“太平洋的和平、稳定与航行自由，与印度洋的和平、稳定与航行自由不可分割”，“作为亚洲历史最悠久的海洋民主国家，日本需要在捍卫以上两个地区共同利益方面发挥更大的作用”。2014年7月，安倍访问澳大利亚并在澳议会发表演讲，表明加强日澳海洋安全合作的针对性。安倍在演讲中表示“日本正努力更新安保法律基础，以便和各国共同开展更多的行动”，呼吁需加强日澳美三边关系，以便“将太平洋至印度洋的广阔海洋和空域彻底打造成开放和自由的地方”。[①] 安倍力求通过强调日澳两国间的“特别关系”来制衡中国的正当海洋维权活动。在与澳大

① http://china.kyodonews.jp/news/2014/07/78462.html.

利亚总理阿博特举行的两国首脑会谈及联合声明中，双方再次强调“法治”及“公海上的航行与飞行自由”的重要性，并确认将强化两国间以安全及经济领域为核心的全面双边关系。联合声明中明确写道，日澳将每年在两国交替举行首脑会谈，并计划启动外务与防卫部门的磋商，从而制定促成日本自卫队与澳军合作的相关协议。关于防卫装备合作问题，双方同意在研究水流对潜水艇等船舶阻力和推力的“流体力学领域”展开合作。双方还一致表示支持美国重视亚太地区的“再平衡”战略。①

日本十分重视与“印太”国家构建“海洋安全伙伴关系”，将扼守马六甲等关键海峡、南海和印度洋海域的国家作为“战略性外交”重点，并赋予意识形态和战略利益上的“正当性”。2013 年初，安倍访问东盟个别国家，发表了对东盟外交的五项原则，大有离间中国与东盟关系的险恶用心。对于本已复杂的“南海问题”，安倍强调：“日本和东盟各国一起努力倡导并扩大自由、民主和人权等的普世价值”，以价值观外交破坏东亚地区的和平与稳定。安倍首相还多次表示，欢迎美国的亚洲再平衡战略，日本力图在日美同盟机制框架下，加强与澳大利亚、印度、韩国、菲律宾和越南等国的安全合作，以多边形式配合美国“亚太再平衡战略”的实施，借此提升日本在亚太地区的地缘政治影响力。2014 年 5 月 30 日，安倍出席新加坡第 13 次“IISS 亚洲安全保障会议（香格里拉对话）”发表针对中国的演讲称：“日本全力支持东盟各国为确保海洋安全、天空安全、航行自由、飞行自由所做出的努力”，“为确保亚洲与世界和平，日本决心发挥较以往更为积极的作用”。② 此举旨在寻求国际盟友对中国划设防空识别区及在东海、南海海洋的正当维权活动进行牵制、遏制。安倍上述言论行混淆视听之能事，就“南海问题”大做文章，继续扩大势态，无视中日关系大局，就中国与东南亚个别国家存在“领土及海洋权益”问题，煽风点火，破坏东亚地区的和

① http://china.kyodonews.jp/news/2014/07/78514.html.

② 「第 13 回アジア安全保障会議（シャングリラ・ダイアローグ）安倍内閣総理大臣の基調講演」、平成 26 年 5 月 30 日、http://www.kantei.go.jp/jp/96_abe/statement/2014/0530kichokoen.html（上网时间：2014 年 11 月 14 日）。

平稳定局面。

安倍政府通过与东盟成员国的防卫安全合作，不断扩大南海事态。2014年9月24日，日本政府召集东盟的外交和防务负责人在东京举行了防卫装备出口研讨会。在为期三天的会议期间，日本防卫相关企业负责人介绍舰船和装甲车，向正在加强防卫力量的东盟国家进行推销。此次研讨会是依据"防卫装备转移三原则"召开的。对此，外务副大臣中山泰秀向东盟方面呼吁："日本先进的防卫装备已可以出口。希望大家将具体需求详细地告知我们。"他表示，"在日趋严峻的安全形势下，任何国家仅凭一国之力已无法维护和平"，希望推动防卫领域的合作，并呼吁在打击海盗和灾害救援方面强化合作关系。[①] 10月7日，日本防卫省与东盟成员国举行副防长级会议。会议议题包括日本与东盟在海洋安全领域加强合作及防卫装备与技术合作。安倍首相向会议发去致辞，表明在海洋安全领域加强合作的意愿，他强调"东盟在海洋多边防卫合作中持续发挥着核心作用，日本是其在亚洲海域的自然伙伴"。11月12日，安倍出席由亚太地区18国参加的东亚峰会时表示，为了支援东盟国家强化海岸警备，日本政府计划在今后3年间帮助东盟国家培训700名海上安保人才。他就南海问题渲染称，"单方面行为还在继续"，应该制定出规则来处理各种问题，维护南海地区的航行自由。

日本一直很重视与东南亚、南亚国家的关系，近来安倍加强与澳大利亚、印度、孟加拉国和斯里兰卡等印太海域国家间的关系，有着很强的针对性。日本许诺给予菲律宾、越南、缅甸、印度、斯里兰卡、马尔代夫等国经济援助，并向有关海洋安全合作国家提供海洋巡逻艇或水上飞机。安倍第二次出任首相以来，日本向缅甸提供的资金援助达1600亿日元。在安倍看来，缅甸地处对日输送原油的印度洋海上交通线上，同时在地缘政治学上也有着举足轻重的地位，日本政府希望增进与缅甸的双边合作关系。2014年4月15日，安倍与到访的印度洋岛国马尔代夫总统亚明会谈，就海上安全领域加强合作达成了一致。安倍表示，马尔代夫位于连接日本与中东产油国家的

---

① http://china.kyodonews.jp/news/2014/09/83308.html.

海上交通要道上，与之加强关系具有重要意义。毗邻印度洋的孟加拉国和斯里兰卡也被安倍认为是“亲日国家”，安倍希望在“法律支配”重要性上与两国达成一致，推进在海洋安全领域的合作，共同应对“海洋活动频繁的中国”。尤其是斯里兰卡位于日本的海上生命线的印度洋航行要道，从中东运往日本的石油、天然气均经过斯里兰卡的海域。安倍希望通过向斯里兰卡提供海上巡逻艇，以推进日本海上自卫队斯里兰卡海军的安全保障合作。为了强化日本与印度洋及太平洋两洋国家的海洋合作关系，安倍在 7 月访问澳大利亚时发表演讲称，“日本正努力更新安保法律基础，以便和各国共同开展更多的行动”，呼吁加强美日澳三边关系，以便“将太平洋至印度洋的广阔海洋和空域彻底打造成开放和自由的地方”。①

安倍政府在 2014 年 4 月宣布“防卫装备出口三原则”之后，为向印度出口 US2 型海上救援飞机提供了依据。过去日本从没有向海外出口过可作为军用的海上救援飞机。日本政府希望通过这款飞机的出口，能够强化日本海上自卫队与印度海军的合作，尤其在印度洋的反恐和安全保障领域，能够建立起牢固的海洋安全合作机制，以便对中国进出印度洋实行有效牵制。由于印度政府无力购买这一高价的海上救援飞机，安倍首相承诺日本政府将通过向印度提供低息 ODA 资金援助的方式予以解决。2015 年 1 月 17 日，日本外务大臣岸田文雄访问印度时，呼吁印度与日美加强合作，共同应对“中国崛起等地区的不稳定因素”。他称，“作为海洋国家的日本和印度，海上生命线的安全事关国家的生死存亡，希望日印两国尽快建立外交与军事的定期协商制度（2 +2），同时强化两国在联合国改革中的合作”。② 他表示，日本海上自卫队将继续参加美国和印度海军的联合训练。日印双方达成了尽早举行“2 +2”副部长级协商以加快安全领域合作的共识，还讨论了日本海上自卫队救援飞机“US2”出口印度一事。为了离间中印关系，岸田文雄甚至妄言，中国的藏南地区是“印度领土”。对此，中国外交部发言人洪磊 1

① 共同社 2014 年 7 月 8 日电。

② http：//www. ribenxinwen. com/html/c/201501/18 –22112. html.

月 19 日在记者会上表示已向日方提出了“严正交涉”。近来日本帮助菲律宾完善海上通信系统，进行海岸警备队人才培训，强化双边海洋安全合作，牵制中国的意图更加明显。2015 年 1 月 29 日，日本防卫相中谷元与到访的菲律宾国防部长加斯明就进一步加强在海上安全领域的合作达成一致，并签署了关于防卫合作与交流的备忘录。双方针对中国在东海和南海的正当维权活动加强合作，并同意根据禁止海上危险行为的《海上意外相遇规则》（CUES）在 2015 年内实施联合训练。双方还商定日本协助菲律宾军队培养人才、定期举行两国防长会谈以及副部长级磋商。①

可以说，日本已将掌控“印太”广大海域作为其海洋战略的侧重点，并以印太海洋航行自由和“法律支配”的秩序主导者和捍卫者自居。日本依托日美海权同盟，力图引导亚太地区海洋安全合作进程，希望构建以日本为主导的“海洋安全联盟”来牵制中国正当的海洋维权活动。在可预见的未来，日本仍会以自由、民主及人权等价值观作为“印太”海洋安全合作的根本基础，谋求通过构建“亚洲民主安全菱形”和“海洋安全伙伴联盟”，离间印太区域内国家间关系，制造印太海域不安定局势。

三　以钓鱼岛及东海问题挤压中国的海洋维权空间

钓鱼岛领土主权与东海海洋权益等问题是困扰中日关系的现实症结。日本将钓鱼岛及东海作为其海权图谋的切入点，不断制造“中国威胁论”。日本的外交决策者甚至将东海海洋权益之争“国际化”、并诉诸日美安保范畴。这样的海权理念已经成为日本执政的保守政党及政府制定海洋战略及政策的指导思想。

2013 年的日本《外交蓝皮书》针对中国拥有主权的钓鱼岛称，“原本不存在需解决的领土主权问题”，妄言中国公务船及飞机屡屡“入侵日本领海”和“侵犯日本领空”，等等。安倍内阁在 2013 年 12 月出台的新《防卫

① http：//china. kyodonews. jp/news/2015/01/91033. html.

计划大纲》《中期防卫力量整备计划》和确定未来10年安保政策基本理念的《国家安全保障战略》中，明确提出了日本全新的防卫理念及安全保障战略。新《防卫计划大纲》突出强化西南诸岛及“离岛”的军力部署及防卫措施。该三个安全文件均渲染中国的军事动向已经受到“地区及国际社会的高度关切”，为此需要对于这样的“安全变局”加以应对，日本将增强在南西诸岛的防卫力量，力图以此达到增加防卫预算投入、扩大军力部署之目的。2014年日本《外交蓝皮书》甚至抹黑中国划设“东海防空识别区”的正当性，无理指责中国在钓鱼岛及附近海域的正当维权活动，遏制中国的意图十分明显。

近年来，日美同盟向着构筑亚太及世界海权同盟关系的方向发展。安倍的“中国威胁论”及“价值观外交”言行，无非是想得到美国关于两国同盟针对中国的积极回应，希望得到美国总统亲口道出“钓鱼岛问题”适用于《日美安全条约》的安全承诺。安倍充分利用奥巴马总统2014年4月访日的时机，力主促成针对钓鱼岛的日美共同声明，以日美军事同盟规范、遏制中国海洋维权。日美两国刻意渲染“中国威胁论”，炒作“钓鱼岛问题”，竭力维护日美同盟军事关系的既得利益，破坏了东亚地区的和平与稳定，已经严重损害了中日关系和中美关系的良性发展。

日本在2014年《防卫白皮书》中扩大钓鱼岛、东海和南海问题事态，制衡中国的意图非常明确，显示了日本的对华海权攻势。2014年8月5日，时任日本防卫相小野寺五典向内阁会议提交的2014年《防卫白皮书》再次大肆渲染“中国威胁”，力图以此达到修改日本和平宪法解释，推动自卫队行使集体自卫权，全面提升日本海上力量及自卫队的综合机动防卫力，凸显日本对华遏制战略意图。日本2014年《防卫白皮书》拿“东海防空识别区”说事，渲染“中国威胁论”，力求遏制中国正当的海洋维权行动。白皮书妄称中国以“高压”姿态开展海洋活动，指责中国2013年11月在东海上空划设防空识别区是“单方面改变现状”，“可能会导致事态升级，引发不可预料的事态”，并提及了5~6月中国军机相继与自卫队飞机“异常接近”的事例。白皮书预测，随着“辽宁”号航母的服役，中国将加大舰载机研发的力度，称中国今后还可能推进建造国产航空母舰，扩大海洋活动范围。日本2014年《防卫白皮书》妄言中国“依靠海上和空中战力从质和量两个层面迅速扩大海洋活动”，为日本调整防卫政策、扩大军力部署和行使集体自卫权寻找借口及提供依据。基于以上中国的新动向和“日本周边的安保不稳定”状况，该白皮书明确指出，日本解禁集体自卫权的内阁决议“使日本的和平和安全更加确定，具有历史性重要意义”。[①] 2014年版《防卫白皮书》渲染中国军力“急速强化”，加剧“南海问题”复杂化，离间中国与周边国家间关系。该白皮书认为“中国在东海和南海的海空域活动的扩大化、频繁化，导致地区国家间海洋纠纷及对立加剧”，日方呼吁要从地区及国际社会的安全保障出发，对这种试图改变现状的“高压”态势加以应对。

2014年10月8日，《日美防卫合作指针》修订工作的中期报告出台。该报告确认了将反映集体自卫权，“将在中国活动活跃的太空和网络空间领域携手应对”，“将以日美同盟为核心构建多边合作机制以提高威慑力”，提出了把日本的对美支援扩大到全球范围。这是基于通过巩固日美同盟来抗衡中国在钓鱼岛及东海海域维权行动的战略判断。10月14日，日本陆上幕僚长岩田清文在华盛顿出席由美国陆军支持团体主办的研讨会上暗指，牵制不断加强海洋活动的中国，加强日美合作十分重要。他妄言“有的国家不允许他国船只在其称为核心利益的海域内自由航行”，且“保持着从海上向离岛投放陆上部队的高度战力”。岩田表示日方将“最大限度地提供合作”，配合美国陆军根据奥巴马政府的“重视亚洲”战略在太平洋地区加强部署快速反应部队的新构想。他强调日美同盟的强化将“直接关乎地区的和平与稳定”。[②] 11月5日，日本防卫相江渡聪德与美国太平洋舰队司令哈里斯举行了会谈，双方就钓鱼岛属于日美安全条约适用范围达成共识。

日本2014年《防卫白皮书》和《日美防卫合作指针》中期报告无视中

① 共同社2014年8月5日电。

② http：//china. kyodonews. jp/news/2014/10/84543. html.

国一直坚持走和平发展道路，肆意炒作“中国威胁论”，恶化了中日关系及周边安全环境，加剧了“以邻为壑”的裂痕，给地区的和平与发展带来不安定和非建设性因素。事实证明，造成东海紧张局势的是日方，决非中方。从日本政府对钓鱼岛非法“国有化”以来，日方在历史和钓鱼岛等问题上不断制造事端，恶化了中日关系，打破了地区安全平衡与稳定，导致东亚地区紧张局势持续升级。其目的是为了继续推进钓鱼岛“国有化”的政治进程，混淆国际视听，破坏中国依法维护领土主权及海洋权益的行动。

实际上，2014 年《防卫白皮书》和《日美防卫合作指针》中期报告渲染“中国威胁论”目的就是为修改武器出口三原则、行使集体自卫权寻找借口，并希望得到日本民众及国际社会的“理解和支持”。正如保守派政治家中曾根康弘为 2014 年版《防卫白皮书》撰文所言：“国家的防卫不能缺少国民的理解和积极支持。”他道出了要求日本民众及国际社会接受安倍修改宪法解释、行使集体自卫权、实现海外派兵等改变战后体制的做法。

四　结语

安倍从“价值观外交”到“俯瞰地球仪外交”的外交布局，与日本走向“正常国家化”，实现政治军事大国的战略目标直接关联，是日本 2014 年外交政策的重中之重。特别是，安倍的“价值观外交”理念已经成为目前日本对外关系及外交政策的重要形式，具体表现为以强化日美同盟为先导，扩大亚太地区海洋安全伙伴关系范围、遏制中国海洋正当维权活动。安倍通过价值观外交，构筑“自由繁荣之弧”，制造“海洋国家”与“大陆国家”的对立，妄言中国钓鱼岛及东海维权活动是以“武力”改变现状，渲染“中国威胁论”，形成对中国领土主权及海洋维权的严重挑战。

日本政府为了巩固钓鱼岛非法“国有化”的成果，不断调整西南诸岛军力部署，增强海上自卫队及海上保安厅的飞机及舰艇的数量和海巡力度，并开展全方位国际海洋安全合作，竭力与所有与中国存在领土主权与海洋权益争端的国家谋求“集体自卫权”，以此遏制中国正当海洋维权，力求营造有利于日本海洋战略的国际环境。正如安倍在 2014 年 7 月 18 日的“海洋日”强调的那样：“我国自古热爱海洋，并在海洋的守护之下发展至今。我们必须确保海上交通安全、守卫在领海及专属经济区等的海洋权益，为把建立在法治基础上的‘开放稳定的海洋’交给下一代而不懈努力。将人类的海洋作为贯彻法治的公共财产来维护，才是世界共同的利益。”[①] 为了标榜这样的海洋战略理念，安倍经过一番“俯瞰地球仪外交”攻势，“远交近攻”的外交效果已经在国际社会显现，在国际舆论方面，“中国威胁论”“周边威胁论”等负面舆论已经在安倍的“战略性外交”行为中形成，并且收到了预期战略效果。随后安倍“象征性”地缓和与中俄韩三国的关系，力求让日本国内及国际社会认可其外交策略及手段的“高超”。

尽管如此，从改善双边关系和维持地区和平稳定的大局出发，中国政府拿出了最大诚意与日方达成了四点原则共识。共识确认了双方将遵守中日“四个政治文件”各项原则和精神，继续推进中日战略互惠关系。从目前来看，两国关系不尽如人意。中日关系发展不会是一片坦途，既斗争又合作将是常态。未来发展中日关系，将是以斗争求共识求合作。

总之，日本提出从“岛国”走向“海洋国家”的战略构想，与日本走向“正常国家化”、实现政治军事大国的战略目标直接关联，是日本国家发展战略的重要组成部分。日本海洋战略的长远目标是依托日美海权同盟，与美国共同掌控西太平洋海权事务，为日本成为政治与军事大国奠定基础。为了落实上述海洋战略意图，日本不断扩大亚太地区海洋纠纷事态，制造亚太地区海洋安全危机事态。日本政府实施钓鱼岛“国有化”的非法行为，就是其落实海洋战略意图的具体体现。日本《海洋基本计划》强调完善岛屿的信息收集和警戒体制、充实海上保安厅和自卫队的船只装备、强化海上自卫队和海上保安厅的合作，等等，凸显日本海洋经济及海洋能源开发、保护“海洋权益”和“加强海洋安全保护”背后强化海上防卫力量的战略意图。

---

① 「『海の日』を迎えるに当たっての内閣総理大臣メッセージ」、平成 26 年 7 月 18 日，http：//www.kantei.go.jp/jp/96_abe/discource/20140718uminohi.html。

日本2014年《防卫白皮书》无视中国坚持走和平发展道路，恶意“妖魔化”中国正当合法的海洋维权活动，必将导致东亚安全局势进一步复杂化和尖锐化。可以说，上述日本海洋战略意图不仅对中国的能源安全、台海局势、钓鱼岛领土主权及东海、南海的海洋维权均产生巨大的负面影响，而且严重破坏了亚太地区海洋安全环境。这无疑给东亚地区的和平稳定带来不和谐因素，引起亚洲邻国和国际社会的普遍担忧。

B.9

2014年中日关系动向综述

——围绕关系解冻前后的解读

吴怀中 *

摘　要：中日领导人2014年11月实现在亚太经合组织（APEC）领导人非正式会议上的会见，是全年双边关系的标志性事件。会见是在中日达成四点原则共识的基础上得以进行的。共识与会见是内外条件作用、双方互动博弈的结果，在形式上缓和了近年来严重的中日政治僵局以及安全防务危机，但其后续的实效和走势仍有待审慎观察。同时，日本国内安全防卫政策调整、日美同盟军事合作升级、战略性外交持续推进等，不断给中日关系造成干扰，双方的互信不足和战略博弈呈现长期化及常态化趋势。2015年，中日关系既有利好因素，也有易燃隐患，双方能否在落实危机管控、妥善处理历史问题、培养战略互信、改善国民感情过程中实现良性互动，进一步稳定并改善关系，尚不容乐观。

关键词：中日关系　政治缓和　四点原则共识　危机管控　战略博弈

经过数年的缓慢下行，中日关系以适度缓和的状态结束了2014年。2014年的中日关系，跌宕起伏，峰回路转，恰似“疑无路”中依稀发现

* 吴怀中，法学博士，中国社会科学院日本研究所研究员、政治研究室主任，研究方向为日本对外战略、中日关系、日本安全防卫政策。

"又一村"。一年当中，围绕历史问题和领土争端的矛盾同时严重激化并引发中日关系高度紧张，这在冷战后的双边关系史上应该还是第一次。① 双方通过外交渠道就克服双边关系政治障碍进行了数月的多轮磋商后，于11月上旬就处理和改善中日关系达成四点原则共识，并在此基础上实现了领导人会见。但达成共识与实现会见只是中日关系改善的第一步，并不意味着双方关系必然会以此为契机发生巨大转变。实际上，在政治关系实现部分解冻与缓和的同时，日本也没有停止推动军事防华、外交制华的步伐，双方就此而生的对峙与博弈一直是"现在进行时"②。2015年是二战结束70周年的敏感历史年份，日方能否落实四点原则共识，双方能否相向而行、抓住机遇进一步改善关系，将面临重大考验。从长远来看，中日关系可能需要在"新常态"中经过曲折演进、长期过渡，才能实现持续、稳定、健康的发展，到达较为理想的良性状态。

一　"前紧后缓"中的关系解冻

2014年，低落的中日关系直到接近深秋才出现一些松动。由于2012年9月日本政府非法"购岛"以及2013年12月安倍雪上加霜的"参拜"行径，中日关系全面持续恶化，两国一直未能进行领导人会谈。所以，11月的"习安会见"带有两个首次的意义，即安倍2012年底二次上台以来的首次中日领导人会见，2012年9月双方关系因岛争而恶化以来的首次领导人会晤。

安倍第二次上台后，为了转移视听、推卸责任，一直对外宣称"日中对话大门敞开论"，却迟迟难下决心以实际举措纠正损害中国关系的政治言

① 例如，冷战后，在安倍二次上台之前，中日关系在小泉内阁和民主党执政时期（菅内阁和野田内阁）曾有过两段紧张时期。前者主要由于历史认识问题，后者主要由于领土争端问题。其时，小泉对涉及领土争端的问题被认为采取了较为"稳健"的处理办法，而民主党领导层在历史问题上则总体持有较为正确的认识和态度。

② 这种较量与博弈当然是一种复杂的形态，某些时候双方也需要妥协与合作，譬如双方在国际安全及全球治理方面的合作，在危机上升时开展管控和联络机制建设的协调等。

行。非但如此，2013 年 12 月 26 日由于安倍的参拜招致中国强烈抗议，历史与领土这两大问题点的同时恶化与持续发酵，导致中日关系从 2014 年初开始就陷入严重对立状态并降到了邦交正常化以来的历史最低谷。[①] 因而，2014 年初期（1～3 月前后），两国高层的互访、对话、会谈几乎完全停滞。双方围绕安倍参拜问题进行了激烈的交锋，中方从各种层级、在各种国际国内场合对日本进行了严厉的批评和告诫。[②] 对此，日本采取了以高官直接表态回应、加紧修复日美同盟、展开国际舆论战的方式进行反击和对抗。

从 2014 年春季（4～5 月）开始，由于内外各种因素的作用，[③] 安倍在对华关系上开始采取一些试探性的摸底动作。从日方开始有所动作，到双方经过互动、博弈和磋商，再到 11 月中日领导人实现会见，中日关系解冻与缓和的过程大致经历了"起、承、转"的三个阶段（尤其从日方主动的角度看）：第一阶段（4 月至 7 月上旬）是试探及摸底阶段，第二阶段（7 月中旬至 9 月）是热身及初步确定方向阶段，第三阶段（10 月至 11 月）是"会见方案"摸索及达成阶段。

（一）第一阶段（4月至7月上旬）：日方主动试探及摸底阶段

总的来说，日方在此阶段是"探而少诚"，即并没有做好缓和与改善对华关系的准备，但迫于各种压力需要做出一些姿态，需要探探情况、摸底试水。并且，这个阶段，日方明显还在使用"两面手法"——一手软与一手硬以及一手拉与一手抗的策略。对此，中方阐明了一贯主张、保持了鲜明立场，[④] 对安倍的动向给予了足够的警惕，同时也对日本各界改善中日关系的努力大

---

① 2013 年下半年后，中日官方之间曾恢复一定程度的交流。

② 例如，1 月达沃斯论坛，王毅表示奉劝安倍不要一条黑道跑到底。2 月中国高官傅莹在慕尼黑安全会议上批评日本的历史教育很失败，对此，岸田外相进行隔空交锋，反驳中国。3 月，习近平在访问德国时表示，日本战时暴行仍历历在目、记忆犹新。

③ 详见以下原因分析部分。

④ 这一态度曾被外交部发言人形象地描述为"非诚勿扰"，即日本要为消除妨碍两国关系的障碍切实拿出诚意和行动，具体则是日方要努力做到"双承"：安倍承诺不参拜靖国神社，日本承认存在领土争端问题。

方得体地表示了欢迎。①

从4月前后开始，中日双方之间有较高层级的（准）民间人士、前政要、日本国会议员代表团来往并获得对方政府领导人接见。② 其中，有些被认为是在官方高层走动不便的情况下，日方主动通过一定渠道向中方传信息、摸情况。例如，4月18日，安倍、菅义伟和岸田文雄与受日本外务省邀请到访的胡德平交换意见，意在向国内外凸显安倍政府与中方对话的积极姿态，以及改善关系的意愿。5月4日，自民党副总裁高村正彦率“日中友好议员联盟”代表团访华，与中国全国人民代表大会常务委员会委员长张德江举行了会谈，高村强调安倍认为日中应该在APEC上实现首脑会谈。这是自2013年12月日本首相安倍晋三参拜靖国神社以来，日本国会议员首次与作为中共最高领导层的政治局常委举行会谈。5月9日，自民党“亚非问题研究会”（会长是自民党税制调查会会长野田毅）一行访问中国，受到全国政协主席俞正声的接见。日本媒体曾对中方的这些姿态大多做出积极的评价：“实际上这就是中国有意改善中日关系的表现，值得称赞。”③

在这一系列的接触中，中日双方进行的都是原则性表态。安倍本人及高村发出的基本都是“无条件对话论”和“回到战略互惠关系原点论”，表示在历史和领土两大问题上不做原则让步。其时，对于中方的合理严正要求，日方态度强硬僵化，并没有让步的意思。④

采取如此姿态是因为，至少在6月至7月上旬之前日方仍持有“胜利

① 例如，中国外交部发言人秦刚4月30日在记者会上就日本自民党副总裁高村访华一事表示，中方对改善和发展中日关系的立场是一贯和明确的，欢迎包括朝野政党在内的日本各界人士为中日关系改善发挥积极作用。

② 例如，4月底，日本东京都知事舛添要一访华并得到汪洋副总理接见。舛添之前，日本国际贸易促进会会长、前众议院议长河野洋平率代表团访华。而5月以后，经团联会长米仓弘昌访华，受到国家副主席李源潮的接见。但他们的活动和安倍政府没有直接关系。

③ 『毎日新聞』2014年5月8日。

④ 5月，笔者曾参加与日中友好议员联盟代表团的座谈，见证了高村的这一强硬姿态。高村在启程访华前曾前往首相官邸向安倍汇报访华计划，安倍可能希望通过跟中国领导层打过交道的高村来疏通双方关系，显然，高村之行更多的是替安倍充当“说客”。

主义情绪（triumphalism）”，轻信可以与中国较量一番。他们乐观地认为，中国在经济上对日有需求（至少双方互有需求，只能相互靠拢），因而可以迫使中国让步并不得不同意按日本的要求来改善关系。[①] 4月汪洋副总理会见到访的河野洋平谈及经贸往来及合作，5月李源潮副主席接见访华的米仓弘昌，表示“中日在钓鱼岛问题上对立，但生意必须要做下去”，都被日方认为这是“中国因经济因素软化姿态的标志”。而4月奥巴马访日时，作为美国总统首次表明“《日美安全条约》第五条适用于钓鱼岛”，更使安倍“信心”得到提振。5月，中越发生海上争端，美国插手南海并联合越南、菲律宾、日本指责中国，也使得日方认为中国外交正面临多方压力，可能更需要在中日博弈中做出让步。基于此判断，5月28日，安倍在众议院预算委员会上就中日军机接近、南海争端等问题指责中国。5月30日，作为日本首相首次出席“亚洲安全会议”的安倍在讲演中，再次就这些问题批评了中国。

因而，此阶段安倍虽在试行“接触”战术，同时却又采取“内线挖墙”和“外线筑网”的办法，以外交牵制加大对华施压力度。例如，首先向关乎中日博弈走势的韩俄朝等周边国家展开外交攻势，意图通过“挖墙脚”、以“内线突破”的方式改变日本在东北亚外交上的不利态势。其次，通过着力修复和加强日美同盟、在围绕南海的领土主权争端中支持菲越、加强与澳印欧的安全联系等举措，构筑地区及国际围堵网络，来进一步加大对华牵制和压力。但是，正如后面所述，安倍的这些谋略和努力都不同程度地遭到了落空而非落实的结局。

（二）第二阶段（7月中旬至9月）：确定方向及热身阶段

这一阶段具有代表性的动向是，习近平两次涉日历史讲话、福田康夫访华、中日外长的两次会晤，这些动向也基本反映出这个阶段中日互动的进展

① 这种盲目乐观的胜利主义情绪，在2003年前后因小泉参拜而起的历史问题摩擦中也出现过。小泉表示期待中国能理解他参拜的立场，并在此基础上发展双边关系。现实证明，中国政府始终不会拿大是大非的原则问题做交易。

态势。①

此前，日本从其投机和盲信心理出发，欲以软硬结合的方法压诱中国让步，绕开原则问题推动关系“缓和”。面对日本的这一姿态，习近平主席在7月7日抗战爆发77周年纪念活动中发表措辞严厉的对日历史讲话，指出“历史就是历史，事实就是事实，任何人都不可能改变历史和事实”，严厉警告“少数人”“否认甚至美化侵略历史”的行径。习主席的讲话，至少是从一个方面敦促日方要丢掉幻想和迷思，拿出诚意，以实际行动为中日关系转圜及改善创造条件。②

抱有盲目自信的日方受到了强烈的震动，并产生困惑和挫败情绪。应该说从此期开始，日方开始痛定思痛地下决心要摸清中方的真实意图和底线，思考打开僵局的“出路”。7月27日，日本前首相福田康夫访华与习近平主席进行会谈。在中国人看来，福田是中国的“老朋友”，同时也是中方重要的对日政界人脉。随福田访华的还有安倍的亲信、国家安全保障局局长谷内正太郎，③ 这显示出安倍希望在首相官邸的主导下打破中日关系僵局的强烈愿望。安倍身边的人表示：“单由外务省进行调整很难在APEC上实现首脑会谈。因此由首相官邸直接出面调整，努力实现首脑会谈。”④ 此次谈话内容并没有公开，但据福田本人以及日本媒体的披露，对因岛争和历史认识问题而持续紧张的中日关系“双方同样都拥有危机感”：习近平对中日关系趋冷和紧张表示担忧，并抽象地强调了打破僵局的必要性；福田则转达了安倍

① 除此之外，中日之间各种官方层级的交往也在开展。例如，在双边层级，据报道，为寻求11月亚太经合组织（APEC）北京峰会期间举行中日首脑会谈的可能性，7月中旬日本外务省亚洲大洋洲局的官员秘密访问北京，9月中旬与谷内正太郎关系密切的垂秀夫总务课长密访北京，与中国外交部亚洲司的高官进行了磋商。但因授权有限，这些磋商仍限于自说自话的水平。而议员方面则有8月超党派年轻议员代表团、9月自民党两位副干事长（其中一位担任过外务副大臣）等的访华。在多边层级，则有8月APEC第四届海洋政策部长会议、9月中日韩副外长磋商以及中日韩财长会议等场合的中日部级官员的对话磋商。

② 《习近平出席“七七事变”纪念活动并发表重要讲话》，新华社2014年7月7日电。

③ 外界普遍认为，作为安倍的亲信，谷内一定程度上可以代表安倍的政策意志。

④ 访华前，福田在首相官邸与安倍会晤。福田透露自2013年以来多次与安倍进行过相互联系。安倍7月下旬在首相官邸与即将访华的福田秘密进行了会谈。安倍希望福田通过与习近平的会谈，呼吁在北京召开的亚太经济合作组织会议上实现中日首脑会谈。

希望进行首脑对话的想法。[①]

进入到8～9月后，尽管状况依然严峻，双方之间却也开始出现摸索修复关系的动向。虽然中方在接触和磋商中仅仅是阐述了一贯主张，但双方已开始正式接触和互动，中日关系的风向已经稍稍发生了改变。这表现为以下三个方面。

第一，基于福田康夫与中国国家主席习近平举行的秘密会谈，为力争11月实现中日领导人会谈，日方开始加紧进行外交事务级别的调整工作[②]，中日官方高层在多边场合开始恢复非正式会晤。8月10日，王毅外长应邀在缅甸的东盟相关外长会议上与岸田外相进行了一小时的非正式会谈，这也是安倍第二次执政以来中日首次举行中断了两年多的外长会谈。据日本媒体透露，在外长会谈中，中国的主张几乎没有改变，并未降低对日方提出的条件，坚持以日本"双承"作为首脑会谈的前提条件。[③] 一个月后的9月26日，中日外长在联大会议期间再次举行了50分钟的非正式会晤。

第二，日方开始释放更为明显的善意信号。安倍自8月前后起使用"日中需要相互付出默默努力"这一说法，开始降低攻击中国（或改为采取间接批评或牵制）的"国际舆论战"调门，释放一定善意。[④] 日本媒体分析这种转变的原因在于"安倍的战术是为了在11月的APEC期间实现首脑会谈，在不做出实质性让步的范围内，对华发出改善关系的积极信号"[⑤]。8月4日，安倍就中国云南地震向习近平和李克强发出慰问信，"衷心表示慰问和哀悼，愿意最大限度地提供必要援助"[⑥]，中国方面对此表示感谢。9月3

① 秋田浩之：《中日是否迎来解冻的季节?》，《日本经济新闻》（日经中文网）2014年9月3日。

② 〔日〕《日本经济新闻》（日经中文网）2014年6月6日。

③ 秋田浩之：《中日是否迎来解冻的季节?》，《日本经济新闻》（日经中文网）2014年9月3日。

④ 佐藤贤：《安倍为什么开始说"日中友好"》，《日本经济新闻》（日经中文网）2014年10月17日。

⑤ 习近平：《在纪念中国人民抗日战争暨世界反法西斯战争胜利69周年座谈会讲话》，《人民日报》2014年9月3日。

⑥ 『每日新聞』2014年8月5日。

日，安倍任用两名“知华派”资深议员谷垣祯一和二阶俊博担任党内要职，被认为是在向中国释放某种信号。同时，9 月，安倍在联大发言上也未像 2013 年那样攻击中国，在临时国会发表施政演讲时非但没有使用牵制中国的表述，还罕见地提到了“日中友好”，即“中国和平发展对我国来说是重大机遇——为了构建稳定的友好关系，希望尽快实现首脑会谈”。这是安倍第一次在国会演说中提到日中“友好”①，包括安倍第一次担任日本首相的时候在内，安倍此前在对华关系上一直极力避免使用这种措词。

第三，经济与安全两个领域，开始根据需要恢复务实交流。在经济领域，恢复经贸往来“正常化”成为共识而受到推动。9 月 24 日，汪洋副总理在接见日中经济协会代表团时表示，期待恢复 2010 年以来中断了的中日高级别经济对话。9 月 23 ~ 24 日，中日在青岛重启高级海洋事务磋商，决定恢复防卫部门的海上联络机制的磋商。

在此形势下，9 月 3 日习近平主席在发表纪念抗日战争胜利 69 周年讲话之际，虽严厉批评“日本一些政治组织和政治人物”否认历史、顽固参拜的行为，强调绝对不容许战后日本的历史修正主义行径，但同时也提出区别对待“日本军国主义”和“日本人民”的战争责任，表示愿意在中日四个政治文件的基础上推动中日关系长期稳定健康发展，让中日两国人民世世代代友好下去。习主席的讲话，应该说刚柔并济，起到了促压日方朝改善两国关系的方向前行的作用。

（三）第三阶段（10月至11月）：“会见事宜”的摸索及敲定

虽然中日外事部门一直在工作层级上推动相关事态朝前发展，10 月的数场重要外交活动还是代表性地象征了双方关系的实际进展势头和程

① 佐藤贤：《安倍为什么开始说“日中友好”》，《日本经济新闻》（日经中文网）2014 年 10 月 17 日。在 2014 年 1 月的例行国会施政方针演说中，安倍提及中国公务船进入钓鱼岛周边海域的问题，批评这是“绝不接受以武力改变现状的尝试”。对于厌恶“友好”表述的理由，安倍过去曾向身边人士做过如此说明：“日中友好成了口号，日本人受到不能反对日中友好这一强迫观念的驱使。而决定什么违反日中友好的则是中国。”安倍一贯主张：“友好只是手段，并非目的。”

度。10月7日，中国人民对外友协会长李小琳率团访日，逗留期间与安倍及菅义伟举行了会见或会谈。[①] 10月15日，中国驻日大使程永华在东京发表演讲时对安倍的变化做出了评价，称注意到了日本的积极态度，同时就中日首脑会谈的可能性表示：APEC是重要机会，虽然中日实现首脑会谈仍不容乐观，但目前正在营造好的氛围，不断拉近距离。[②] 10月16日，在意大利举行的亚欧会议（ASEM）期间，安倍实现了与李克强总理的握手与寒暄。10月22日，麻生太郎副首相在北京出席APEC财长会议时与张高丽副总理进行了非正式接触，呼吁在APEC期间举行中日首脑会谈。10月29日，习近平主席再度会见福田康夫。10月30日，王毅外长在回答日本记者是否会在APEC会议期间举行中日首脑会谈的问题时，直言“来者都是客，我们会对所有的客人都尽必要的地主之谊”。至此，外界开始普遍认为，“习安会”不再是一个悬念，而是以何种形式举行的问题。

就在同时，10月16日，《每日新闻》报道，据多名政府相关人士透露，安倍在会谈时将提出三点意见以求打破僵局。[③] 此报道不管真假如何，至少说明双方的互动已到了开始“提案”并“审稿”的阶段。其后就是11月6日的谷内正太郎访华，媒体报道一致认为他是为APEC中日首脑会谈做最后努力。2014年11月7日，中国国务委员杨洁篪同谷内举行会谈，双方就处理和改善中日关系达成四点原则共识，为随后而来的领导人会见铺平了道路。[④] 11月8日，岸田外相与王毅外长时隔两年多举行了外长会谈，就重启

① 10月7日晚，李小琳与安倍共同观赏舞剧，自民党干事长谷垣祯一及总务会长二阶俊博，以及外务省亚大局局长伊原纯一均在场陪同。

② 不过，程永华同时表示希望日本将表明的态度实际反映到政策之中。佐藤贤：《安倍为什么开始说“日中友好”》，《日本经济新闻》（日经中文网）2014年10月17日。

③ 三点要求为：钓鱼岛是日本固有领土，已知晓中国有自己的主张，力争花时间通过对话解决问题。

④ 据新华社2014年11月7日报道，杨洁篪强调，双方应切实按照上述共识精神维护中日关系政治基础，把握两国关系正确发展方向，及时妥善处理敏感问题，以实际行动构建中日政治互信，推动两国关系逐步走上良性发展轨道。谷内表示，上述四点原则共识非常重要，日方愿意同中方相向而行。

各领域对话、强化合作达成了共识。就此，中日关系终于朝着解冻和改善方向迈出了第一步。

二 “解冻”的总体背景及动因

外交的结果是双边乃至多边互动的产物，中日关系在2014年后半期发生的解冻与缓和进程也不例外。

中方采取的是顺势而行与有所作为相结合、原则性与灵活性相协调的做法。纵观一系列过程，可以发现，中方自始至终都没有拿原则问题做交易，对改善双边关系的应有原则坚持了一贯的表态①，坚持了有理有节的策略。中国政府对日方背离两国共识、损害中国利益的举动，对安倍的反复摇摆与投机取巧适时做出了适度的回应，同时就改善关系的条件等一再向日方发出明确的信号。日本多次提出希望与中国领导人会面，尤其希望在北京APEC领导人非正式会议期间实现“习安会面”。对此，中方的态度坚定而且鲜明，即中方重视中日关系，但两国领导人会面不是没有条件的，日方应以实际行动为中日实现高层往来创造良好的氛围和条件；② 在涉及日方能否正视和妥善处理历史认识以及钓鱼岛争端等重大敏感问题方面，中国的态度是一贯的、明确的，没有妥协余地，也即在事关中国国家利益的重大原则问题上，中方不可能让步。因而，最终，“在11月双方达成的原则共识中可以看到，中方的立场得到了充分的体现”③。

中方的这种定力和底气，首先来自2014年是中国外交“丰收的一年”。在国际战略格局深化调整的这一年，中国外交在构建全球伙伴关系网络、深

① 中国外交部发言人洪磊11月6日在记者会上就中日首脑会见能否实现表示：“我们敦促日方拿出诚意，为切实消除两国关系中存在的政治障碍做出努力，为双边关系的改善创造条件。”这表明再次要求日本让步的态度。

② 这些信号包括日本在参拜靖国神社和钓鱼岛问题上做出让步；中方提出两个前提条件：一是日本承认钓鱼岛存在主权问题并予以搁置，二是日本以某种形式承诺首相不参拜靖国神社。

③ 国平：《中日达成共识是大势所趋》，中新网，2014年11月7日。

化发展大国关系尤其是中美新型大国关系，以及在引领新时期区域合作进程、通过构筑命运及利益共同体塑造周边环境方面，取得了巨大的成就。这使中方在对日关系调整进程中掌握了博弈的主动权、拓宽了战略回旋余地，并给安倍造成了很大的压力。尤其是在至关重要的东北亚地区，相比于中俄、中韩关系的密切合作形势①，日本却因始终打不开局面而陷入尴尬的困窘境地。

同时，中国外交根据需要也保持足够的灵活性和柔韧性。中国既在维护核心利益上坚持原则立场，又在对外关系上保有伸缩余地。中国秉持“和平发展、合作共赢”的战略理念，对外关系为“统筹国内国际两个大局，统筹发展安全两件大事，为和平发展营造更加有利的国际环境，维护和延长我国发展的重要战略机遇期，为实现‘两个一百年’奋斗目标、实现中华民族伟大复兴的中国梦提供有力保障”的目标而展开。② 体现在对周边及邻国上，那就是：奉行与邻为善、以邻为伴的理念，坚持“睦邻、安邻、富邻”的外交方针，以“亲、诚、惠、容”思路构筑稳定良好的周边关系；在更加坚定地维护自身重大核心利益的同时，又对与中国有领土领海权益争端的国家采取克制，争取做到维权维稳并重，护益而不伤邻。

体现在对日关系上，譬如，对安倍的参拜——摆脱“战后体制”、谋求“民族精神”正常化的历史修正主义冲动这一大是大非的原则问题，中国政府始终坚持鲜明立场，对某些日本右翼势力进行了严正批驳，同时又本着讲清道理、争取多数的原则，对军国主义分子和日本民众区别对待，并尽量宣示中国坚持和平发展道路的信念和决心。这一立场，一直不同程度地体现在习近平主席发表的三次涉日历史讲话中。③ 又如，中方在“坚决维护领土主

① 包括中俄全面战略协作伙伴关系的深化、经贸大单的签订，也包括中韩进一步发展以及双边自贸谈判的顺利进展，还包括中韩、中俄在对日历史问题上的某种协调和合作。中俄接近不但令奥巴马倍加警惕，也让安倍坐立不安。这也意味着，从美全球战略出发，奥巴马4日访日虽在中日岛争上做出挺日承诺，但奥巴马在宏观思考上也很难对中国过度强硬，将中国逼到俄罗斯一边，日本很难在钓鱼岛问题上再指望美国进一步的挺日动作。

② 《中央外事工作会议在京举行》，《人民日报》2014 年 11 月 30 日。

③ 《习近平在南京大屠杀死难者国家公祭仪式上的讲话》，《人民日报》2014 年 12 月 13 日。

权和海洋权益，维护国家统一”的同时，也在设法“妥善处理好领土岛屿争端问题”，构筑稳定的对日关系。还如，经贸往来和危机管控都是有利于中日两国利益的事情，也是有利于地区合作及稳定的大事，中国政府始终着眼于两国关系大局以及稳定周边的方针，所以在可能的条件下也在努力推动其顺利开展。中国政府始终重视中日关系，但一厢情愿不能打开局面、解决问题，前提是日本领导人必须转变立场，消除恶化两国关系的症结。反之，如果安倍做出了相应的表现，两国关系有相互接近和解冻的余地，中国政府当然会顺势而为并积极有所作为。11 月中日双方达成的四点原则共识，即意味着日本方面放弃了一直坚持的所谓“会谈不预设前提”的立场。

反观日本，其在战术上有主动接近行为，这种主动的推手却来自战略被动。大约从 4 ~5 月间起，安倍开始战术调整，由从前光说不动、隔空放言“对话大门敞开论”，到向中方释放一些善意信号并采取一些试探性摸底和接触行动，这种态势可以说一直持续到 11 月实现“会见”为止。促使安倍调整战术并向中方主动靠拢的原因是其战略被动，这大约在于以下几点。

第一，保经济与稳政权的考虑。安倍政府面临的最大任务和燃眉之急莫过于振兴日本经济，即让“安倍经济学”获得成功。“安倍经济学”的成败，既关乎日本经济及国力走势，也直接关系到安倍的执政基础和前景。然而，“安倍经济学”“三支箭”效果欠佳，尤其是自 4 月安倍内阁提高消费税以来，日本经济增长率一路走低，前景黯淡。“安倍经济学”迫切需要寻求经济增长动力，无法错失“中国机遇”，必须从中国市场及扩大中日合作来汲取红利，然而中日关系紧张恶化了这种机遇。正如《日本经济新闻》所分析的：“如果不与处在世界增长中心的中国发展经济关系，安倍的增长战略的基础就将崩溃。日本应转向更加重视经济的战略，为此就要修复日中关系。”① 这实际上是一种“倒逼机制”，即安倍要想稳政权就要保经济，要想保经济就要对华至少保持正常的经贸往来关系。“安倍政治学”的对华战略与“安倍经济学”的增长战略之间存在明显矛盾，安倍迟早面临调整航

① 《如何看日美对华关系的落差》，《日本经济新闻》（日经中文网）2014 年 4 月 30 日。

向的压力。

第二，外交失分的压力。4～5月以后，安倍转而对华“示好”的战术调整，与其东北亚“内线外交”不顺即与周边国家关系的普遍恶化有关。事实上，如果可能，安倍是想“暂时撇开中国”，先在周边的对俄对韩关系上有所进展①，挖中国墙脚并牵制中国，待形成对华外交的地缘战略优势后，再与中国就领导人见面问题进行博弈和摊牌。然而，人算不如天算，安倍在对俄对韩关系上面对的是出人意料的蹇塞，始终难以取得突破性的进展。而作为改善日本在东北亚不利处境奇策的对朝交涉活动，也一波三折、难以进展。到后来，2014年相当长时期的一个奇妙现象是，安倍在试图“四管齐下”、全面出击——对中韩俄朝四国同时开展接触工作，争取一点突破，带动其他。② 然而，这些谋划都没有取得明显的成效，反之日本却始终陷于在东北亚外交孤立的尴尬境地。安倍按其“地球仪外交”路线访遍全球五大洲，但关系最重要的近邻各国却一直是“死角”，这使“到处宣传外交层面成果的首相官邸感到了强烈的危机感”，所以安倍需要在4月或5月之后在对华关系上做出一些象征性意义更大的、更活跃的调整姿态。

第三，外交“得分”的驱动。安倍内阁在7月宣布解禁集体自卫权后支持率急速下降，在9月重新组阁以后丑闻不断，经济政策表现欠佳，再加上对东北亚次区域外交始终不畅，因而亟须一场“外交胜利（突破）”来提振支持率。与此相关，可以看到，安倍谋划缓和日中关系及领导人会谈，越到后期，就越带有“以外补内”的意味，特别是用外交成绩为可能到来的众议院大选争取民意和舆论支持，为2015年3月的统一地方选举拉动选票。

---

① 安倍对改善与俄韩的关系极为重视——例如安倍上台后曾五次会晤普京，下决心要在日俄关系上有所作为和突破，其中很大的原因就在于“中国因素”。因为随着乌克兰危机爆发以及欧美对俄制裁，日俄关系前景不妙。事实是，俄对日参与制裁恼火，双方后来出于需要都有意缓和关系，但大趋势不变，双方也不可能有大的动作。

② 因为东北亚尤其地缘政治及历史渊源的特殊性，关系上有联动性（彼此互为因果或有机联系），只要突破一对关系，就可以极大地影响其他关系。突破口一开，对带动其他关系就具有“连锁效应”，可以乘势追击前进。

同时，也是为在战后70周年之际实现再次“冲常”的国家战略目标减少阻力、争取支持。

第四，美国的促压作用。美国历来有在中日之间扮演平衡者的战略考量，也有松绑并利用日本来制衡中国的谋略，希望日本在美国的“亚太再平衡”战略中发挥更大作用。然而，自2013年12月安倍参拜以来，至少在2014年上半年，日本在领土及历史问题上（同时）过于激化了同中韩的矛盾，不但难以成为美国亚太战略的“积极贡献者”，反倒成了搅乱者和包袱。美国官方通过多种渠道表达对日不满①，要求日本在历史问题上克制自己，以协商方式解决领土争端。美国一直施放促日改善与邻关系的信号和压力。典型事例是，4月奥巴马访日，虽然在岛争上“力挺”安倍，但更没有忘记敦促安倍采取措施缓解与中韩的争执与不和。所以，对中日领导人11月的会见，美国政府也是马上表示欢迎。

三 “会见”与“共识”的内容及意义

11月10日，习近平主席应约会见来华出席亚太经合组织（APEC）领导人非正式会议的安倍首相。这是中日领导人近三年来首次实现会晤，也是安倍第二次担任首相后首次与中国首脑的会见。正如前文所述，为实现此次会见，中日政府11月7日就中日关系达成了四点原则共识。

这四点共识是：（1）双方确认将遵守中日四个政治文件的各项原则和精神，继续发展中日战略互惠关系；（2）双方本着“正视历史、面向未来”的精神，就克服影响两国关系的政治障碍达成一些共识；（3）双方认识到围绕钓鱼岛等东海海域近年来出现的紧张局势存在不同主张，同意通过对话磋商防止局势恶化，建立危机管控机制，避免发生不测事态；（4）双方同意利用各种多双边渠道逐步重启政治、外交和安全对话，努力

---

① 国务卿约翰·克里在2月访问亚洲时绕过东京而访问了首尔和北京。4月，日美“2+2”会议期间，美国国务卿和国防部长特意造访千鸟渊公共墓地，对安倍的历史问题倾向发出不满信号。

构建政治互信。①

双方领导人的会谈话题也多与此有关。习近平指出，希望日方切实按照四点共识精神妥善处理好有关问题。历史问题事关中国人民感情，关系到本地区和平、稳定、发展大局，日本只有信守中日双边政治文件和“村山谈话”等历届政府做出的承诺，才能同亚洲邻国发展面向未来的友好关系。习近平还表示，构建稳定健康的中日关系，必须顺应时代进步潮流。希望日本继续走和平发展道路，采取审慎的军事安全政策，多做有利于增进同邻国互信的事，为维护地区和平稳定发挥建设性作用。安倍表示，中国的和平发展对日本、对世界是重要机遇。日方愿意落实双方达成的四点原则共识，妥善处理有关问题，推进日中战略互惠关系改善和发展。日本决心继续走和平发展道路，将继续坚持以往日本政府在历史问题上的认识。②

四点原则共识的达成，表明双方朝着改善关系方向迈出了第一步，为中日关系走出低谷、早日回到正常轨道提供了转机和可能。共识的一大看点或者说是要害之处，是第三点的内容，可以说日方从此前坚持不存在主权问题的立场向中方做出了让步，双方强调“存在不同主张”这样一个基本事实也就等于第一次以书面形式，明确了中日在钓鱼岛及东海存在主权争端。四点原则共识的第二点同样也很重要，这实际上是日方如何对待历史认识的问题。如果中日关系要继续发展，政治障碍要克服，那么日方就必须在参拜靖国神社问题上有一个正确的做法。共识中的第四个要点则是有关将来，要“利用各种多双边渠道逐步重启政治、外交和安全对话”。很明显，四点共识分别从基础、历史、现实、未来四个方面规范了中日关系，并且有一个逻辑递进的关系，即首先要承认基础，然后妥善处理“历史”，接着解决“现在”，最后迈向未来。③

共识是在中方一贯主张的中日四个政治文件基础上达成的，证实了中方

① 新华社北京2014年11月7日电。

② 新华社北京2014年11月10日电。

③ 该段内容参考了《专家：四点原则共识为中日关系走出低谷创造必要条件》一文，人民网，2014年11月7日。

在原则性和灵活性相结合的基础上对中日关系主动权的掌控，也表明中国政府高度重视中日关系、希望双方关系能够回到正常发展状态。在此氛围下，中日为落实共识展开了系列后续行动，双方高层接触、经贸往来、节能环保合作以及民间、政党交流逐步得到恢复或发展。例如，11 月 16 ~ 20 日，中方中联部干部访问日本，与自民党和公明党进行交流，自 2009 年以来中断的“日中执政党交流协议会”有望逐步正式恢复；12 月 2 日，中日时隔三年重启 2008 年开始的“中日湄公河政策对话”；12 月 3 ~ 5 日，新中日友好 21 世纪委员会时隔三年多在北京和西安举行正式会议，李克强总理会见日方委员；12 月 12 日，东盟峰会欢迎晚宴上，中日两国总理短暂站立交谈，确认了四点共识以及继续发展战略互惠关系；12 月 28 日，中日副部长级的节能环保综合论坛中断两年后在北京召开。12 月，中日政府还就对中国渔船在小笠原近海捕捞红珊瑚加强管理一事达成一致。

但是，也要看到，四点原则共识和首脑会谈不太可能立竿见影地把中日关系拉回正常轨道，改善中日关系任重道远，难以一蹴而就。双边关系的恢复与发展、各种复杂问题的解决，是一个逐步的长期的过程。四点共识达成后，中日关系有积极发展的趋向，也免不了有杂音和干扰的出现。其中，突出的干扰就在于日本领导人的出尔反尔、言而无信。例如，双方领导人会见后不久，岸田外相及安倍内阁就试图对四点原则共识做出片面解释，菅官房长官甚至就南京大屠杀的数字“欠妥”向中方提出抗议。对此，中方外交部门进行了严厉的抗议和批驳，对日方有关言论表示严重关切和不满，表明中日双方日前发表的四点原则共识的含义和精神是清楚的。① 而习近平在纪念南京大屠杀死难者国家公祭仪式上的讲话中，在进一步以“区分论”争取日本人民、呼吁改善中日关系的同时，也以适当措辞表示了对安倍政府动向的关注和警惕。②

四点共识的内容是“原则性的”却不是随意性的。共识是用双方都能

---

① 新华社北京 2014 年 11 月 11 日电。

② 《习近平在南京大屠杀死难者国家公祭仪式上的讲话》，《人民日报》2014 年 12 月 13 日。

接受的语言为两国关系的发展做了重新启动和再次确认，共识里用到的一些措辞都是比较间接的，不是特别明确地就一些最敏感的问题进行直接表述。这在外交中往往是一种常有的行为。如果安倍千方百计回避甚至曲解四点原则共识的精神，意图淡化四点原则共识对日方的约束力，只是将共识和会见作为一种权宜之计和阶段性的功利策略，那么在未来的岁月中因“共识”而引起两国新的外交对立也不是完全没有可能，即“暂时搁置的‘悬案’作为休眠火山依然存在再次喷火的可能性”①。中日双方达成的四点共识绝不是权宜之计，更不是为了双方领导人的一次会面而做的某种“铺垫”。日本方面切实从大局出发，按照四点原则共识精神维护中日关系政治基础，摒弃不负责的言论与做法并及时妥善处理敏感问题，中日关系就会不断改善，否则还会麻烦不断。②

四　“解冻”之外的战略博弈常态

2014 年，中日双边政治关系实现了部分解冻与缓和，但日本并没有停止推动军事防华、外交制华的步伐，双方就此而生的对峙与博弈一直是“现在进行时”。军事（安全）与外交，一直是构成国际政治意义上“战略范畴”的经典元素。日本国内安全防卫政策调整、日美同盟军事合作升级、战略性外交持续推进等，不断给中日关系造成干扰，双方的互信不足和战略博弈呈现长期化及常态化趋势。

（一）军事安全的边斗争与边管控

继 2013 年射出安保政策“三支箭”，2014 年安倍政府又以三大举措展开了甚为关键的第二次防卫政策跃进，即转变禁止售武的“武器出口三原则”、解禁“集体自卫权”行使、推动修订《日美防卫合作指针》。第二次

① 『日本経済新聞』2014 年 11 月 19 日。

② 《见过了，然后呢》，《人民日报海外版》2014 年 11 月 11 日。

跃进的每个举措都对中国周边安全环境有所影响，对中日安全关系产生了波及效应。非但如此，安倍还在加速落实新《防卫计划大纲》和新《中期防卫力量整备计划》，在不断继续加大强军措施、升级军力的同时，还直接推进针对中国的军力部署调整，尤其是在其西南群岛强化陆海空全方位的军事部署，来强化针对中国的监控和威慑态势。

中日在非传统安全领域，在国际及多边安全合作平台及框架内，不乏协调与合作。① 但在双边传统安全领域，双方近年对抗性的矛盾愈显强烈，尤其是在钓鱼岛海域中日海空力量非常集中，中国海空军实施了常态化巡逻，与此同时日本海空自卫队的舰机对中方进行近距离警戒监视，双方常处于紧张的对峙状态，擦枪走火的可能性大为增加。例如，2014 年 6 月，中国国防部曾公开日方战斗机近距离跟踪中国飞机，最近距离约 30 米，严重影响中方飞行安全。② 类似事件在 2014 年曾多次发生。日本共同体评出“2014 年中日关系十大新闻”时，就将“中国战机异常接近自卫队飞机，东海持续紧张”列入其中。此外，日方还以单边或日美双边形式举行针对中国的威慑性军事演习。例如，5 月陆上自卫队“西普联”与海上自卫队首次举行联合演习，演习的内容包括从舰艇上派遣陆军士兵实施登陆作战，地点即在冲绳县一座小岛。11 月，日美在靠近冲绳的奄美大岛举行代号为“利剑”的联合军演，约 3 万名自卫队员和 1 万名美军士兵参加实施了夺岛训练。日本自卫队在国内进行大规模夺岛军演还是第一次，被认为是围绕领土争端对华展示强硬姿态。不仅如此，2014 年 4 月，日本正式开工建设 2013 年敲定的陆上自卫队与那国岛（日本最西端岛屿）驻屯地，小野寺防卫大臣亲临现场参加开工仪式。但反过头来，日本却根据不实之词指责中国的军事设施建设动向。譬如，12 月 22 日，共同社炒作中国在“钓鱼岛附近”的东海南

① 例如，2014 年，在西太平洋海军论坛上，在东盟防长扩大（ADMM +）会议决定的安全合作项目上，在“环太”联合军演中，在亚丁湾打击海盗的行动中，中日之间就存有沟通、接触或协调。

② 日本防卫省 5 月表示自卫队飞机在东海上空与中国军机异常接近，这是双方首次发生“异常接近”。日方就此提出抗议，中方则主张日本说法不符合事实，向日本提出了抗议。

鹿列岛建设军事基地后，当天菅义伟官房长官就对报道呼应，表示“对中国军方的动向高度关注”。可以说，日方的这些动作和表态，人为制造并加剧了中日之间的军事紧张气氛。

针对日方的防务部署及调整动向，中方也相应地开展了一些必要的军事应对措施。[①] 两国的这种持续对抗，不排除出现擦枪走火、局势失控的可能性，双方也都开始认为需要加强危机管控，做到“擦枪而不走火”。2 月安倍在众议院大会上回答质询时表示“为了防止日中之间发生武装冲突，必须加紧与中国建立海空联络机制”[②]，其后在公开场合他又做过多次类似的表示。4 月，中国海军司令员吴胜利和日本海上自卫队幕僚长河野克俊在西太平洋海军论坛年会上分别被问到钓鱼岛问题。两人都坦承，中日海军在东海有擦枪走火的可能性，双方应建立避免冲突机制。吴胜利在表示“当前中日在东海形势紧迫，日本要对此负责”后，也认为“这是需要我们研究的问题”。[③]

实际上，中日双方在建立海上联络机制一事上不存在分歧，在 2008 ~ 2012 年期间，双方在技术层面基本已经达成共识，有了“原则性的、还没有签字的协议”[④]。这期间，正如上述，在钓鱼岛周边的海空域曾多次上演中日舰机一触即发的事态，双方都认识到了联络机制的必要性。然而，因为高层政治对话没有进展，海上联络机制的磋商也无从开展。2014 年 9 月，双方再次启动海洋事务高级别磋商，双方就东海有关问题及海上合作交换了意见，原则同意重启防务部门海上联络机制磋商。11 月，中日四点原则共识同意通过对话磋商防止局势恶化，建立危机管控机制，避免发生不测事

---

① 例如，外媒认为，中国的应对措施也十分明显：成立国家安全委员会、整合海岸防卫力量设立海警局、设立了区域联合作战指挥中心、测试新型舰队、首个航母战斗群形成战斗力、战略核潜艇和陆基战略导弹成功发射、在近海形成强大的反介入及区域拒止能力，并频繁开展复合军事演习等。

② 日本新闻网 2014 年 2 月 12 日报道。

③ 参考消息网 2014 年 4 月 24 日报道。

④ 中日两国政府在安倍第一次执政的 2007 年 4 月决定设置海上联络机制。当年 12 月双方就下列事项达成基本共识：（1）双方当局定期召开会议；（2）设置当局官员间的热线电话；（3）确保双方舰船、航空器能够在现场直接联络。

态，两国首脑在11月会见中确认将构建“海上联络机制”推进工作层面的磋商。鉴于政治条件逐步成熟，2015年1月12日，中日防卫部门再次启动自2012年6月以来中断了的“海上联络机制”磋商。为防止发生不测事态，双方将争取在2015年内启动上述机制，而该机制将有助于避免双方舰机发生偶发性的军事冲突。1月22日，中日海洋事务高级别磋商第三轮磋商全体会议及工作组会议在日本举行，双方对此前12日举行的中日防务部门海上联络机制磋商取得的进展予以积极评价，同意争取早日启动防务部门海空联络机制，并就此进行磋商。

（二）战略竞争及国际博弈成为常态

由于历史和现实的原因，面对中国的崛起，日本的反应极为不适，心态复杂，常施以矛盾的两面手法加以应对，即在对华利用与协调的同时，也采取安全防范加外交牵制的措施。安倍的对华牵制或制衡，除了直接的双边行为外，就是在其战略外交中推动围华制华的“国际及地区统一战线”策略。安倍的这种对华两面性政策，导致中日关系出现常态化的战略竞争及国际博弈格局。2014年1月达沃斯论坛中日围绕历史问题交锋，12月安倍第三次组阁后、岸田外相就中印领土问题发表谬论遭到批驳，这两个贯穿全年的头尾动向再好不过地诠释了中日的这种博弈与竞争状态。日本对华采取的较量及牵制手法大致有如下几种。

1. 直接针对中国的双边牵制言行

2014年5月，安倍及其内阁官房长官、外相等多次就中日军机接近、中越南海争端等问题，发表强烈批评中国的言论。安倍政府还曾在2月与10月两次高规格召开亚太地区外交使节会议，广泛讨论地区政策课题，尤其是应对与中国有关的问题。而12月安倍第三次组阁后，其防卫大臣已多次宣扬所谓的“中国威胁论”，宣传要加强相应的应对措施。

2. 紧拉美国、背靠同盟来威慑中国

2014年伊始，安倍即着力修复因2013年底参拜而受损的日美关系。修复及加强日美关系，目的之一是希望在牵制中国方面以美国做后盾。2014

年4月，安倍终于“如愿以偿”地从奥巴马口中成功引出了美国对钓鱼岛负有防卫义务的表态。日本还积极推动修订《日美防卫合作指针》，[①] 开展针对中国的日美防卫无缝合作，借美军强化在领土争端问题上的军事威慑力，增加在西太平洋对抗中国的能力和资本。《读卖新闻》就此曾在头版加以报道，指出“日美将在年底完成修订的指针内容，将着重防守尖阁诸岛（中国称钓鱼岛），这一项新合作机制就是为了牵制中国，并以中国会展开‘夺岛’行动为前提，制定相关的对应措施”[②]。

3. 拉拢重点国家，加强对华制衡

需要注意的是，“军事外交”“价值观外交”“海洋外交”“领土外交”在日本外交中所占的比重越来越大，色彩越来越浓。例如，2014年安倍7月访澳、8月访印，皆寻求强化安保合作关系，尤其是海上安全合作，而强化与澳印的关系被认为将能对中国形成有力的牵制。[③] 日本还积极介入南海的领土主权争端，不但高调声援与中国存在对立的菲越，还支持两国提高防务能力。[④] 日本还通过多边安全合作及联合军演形式进一步增加对中国的牵制和围堵，比较明显的动向是日本着力推动的日美印、日美澳和日美菲的防务合作及军事演习。例如，2014年7月，日美印在日本四国南部至冲绳东部海域举行了“马拉巴尔”海上联合演习；7月开始，日美澳开始在南海展开演习；11月，日美菲在南海首次举行三边军演。这些都被外界认为主要用来牵制中国在东海和南海的活动。

4. 通过国际舆论战及公共外交牵制中国

例如，安倍2014年5月上旬访问欧洲期间，在北约总部进行演讲时，

---

① 对此，中国外交部发言人10月9日在例行记者会上表示，中方密切关注修订《日美防卫合作指针》相关动向；日美同盟是特定历史条件下形成的双边安排，不应超出双边范畴，不得损害包括中国在内的第三方利益。参见《日美防卫合作指针放眼全球》，http://news.xinhuanet.com/world/2014-10/09/c_127074311.htm。

② 『読売新聞』2014年3月30日。

③ 『朝日新聞』2014年7月14日。

④ 例如，2014年日本两次举办日本—东盟防务部门副部长级会议，就装备出口与技术合作进行了公关活动。

大谈中国海上威胁，公开指责中国增加军费和海洋活动是国际社会的不稳定因素。5 月底，安倍在亚洲安全会议讲演时，以不遵守国际法和规则、以实力改变现状等为由严厉攻击中国。7 月，岸田外相出席日本—中亚五国外长对话（吉尔吉斯），发表《联合声明》，要求中国在海洋放弃武力威胁行为。11 月，二十国集团峰会在澳大利亚举行，在这一次相隔七年举行的日美澳三国首脑会谈上，日本意图联手美澳构建亚太安全“铁三角框架”，其中牵制中国的用意相当明显。

五　结语

综上所述，在经过数年的紧张关系以及数月的谈判交涉后，中日政治关系在 2014 年开始解冻并在深秋实现了初步缓和。抛开事情和问题的性质不论，单从客观叙述的角度而言，双方在可能的范围内达成妥协和共识，是关系得以转缓的直接原因。

由此开始，中日关系发展面临短期和中长期两个艰巨的任务。短期而言，2015 年中日关系有三种前景：（1）较好的前景：双方对历史及领土等敏感问题处理得较好，促进了政治和解，危机管控落实到位，经贸往来活跃，国际及地区事务合作开展顺畅，政治高层来往和对话持续进行并增进战略互信。此即政经不分离而互相促进、同步取得进展的良好前景。（2）一般（好坏各异）的前景：敏感问题处理得不是很好但也不是太坏，没有造成很大的对立和摩擦，务实交流和经贸来往受到的影响不大，危机管控也基本落实。此为政经分离的中日关系发展景象。（3）较坏的前景：敏感问题处理得很不好，对立严重、摩擦不断，务实交流受影响，特别是危机管控的落实再次滞后而未能实现，东海前沿的军事紧张对峙和对抗局面没能消除，仍有擦枪走火的险情。此即政、经、军相互“促恶”的情景，也就是共识和会见只是制造了两次争端之间（即下次争端爆发之前）短暂的间歇期，并没有造就两国就此改善关系的契机和跳板。

所以，2015 年，中日关系的发展目标应该采取防坏、保中、争好。当务之急是双方要继续相向而行，切实遵循四点原则共识并将之落到实处。客观而言，双方在保持战略博弈及竞争态势的条件下，都试图对双边关系进行“有利于己的调控”，避免矛盾朝着不利于自己的方向激化，双方并不是没有“关系维稳”的需要。但是，在特殊的历史敏感年里，很大程度上“球”是在日本一边。安倍如果在历史认识问题上，不能充分释放善意、与周边邻国达成和解，中日双方如果不能实现良好互动，则2015年将仍是充满风波或曲折的一年。安倍欲在战后70周年之际进行“摆脱战后体制”的最后宣示和总决算的主观冲动，与日本外交乃至中日关系需要的客观前景之间是有很大分裂和张力的。如何处理这一局面，安倍及日本政府将面临严峻的考验。

长期而言，中日关系何去何从归根到底取决于双方如何选择自己的发展道路和对外战略。[①] 中国早已给出了答案，中共十八大报告再次庄严宣示中国将坚定不移地走“和平发展、合作共赢”的发展道路，奉行“亲、诚、惠、容”以及以邻为伴、与邻为善的方针精神，为实现民族复兴的“中国梦”构筑稳定良好的外部环境特别是周边环境，同时中国也愿意通过自身的发展为地区和世界的和平、稳定与繁荣做出更大贡献。然而，日本何去何从，即“摆脱战后体制”是否以否定战后和平发展路线为前提，“正常国家化”和军事崛起以何种方式继续推进，引领这种“摆脱”和“发展”的政治思潮是否以历史修正主义为依托、以右倾的民族保守主义为主流，都尚存不确定因素。当前中日关系的突出短板是“政治互信缺失，战略互疑突出”，而其“根源在于相互认知和定位，归根到底是需要解决彼此到底是合作伙伴还是对手、威胁这一思想深处的根本问题”[②]，因而，如果现在的“安倍路线”在相当程度上代表了日本将来的变化趋势和特质，那么日本国家发展以及中日关系的前景将面临诸多的变数和曲折。

---

① 这一看法来自2014年4月23日中国社会科学院日本研究所李薇所长在某一对日战略研讨会上的发言。

② 《唐家璇在第五届中日友好21世纪委员会全体会议的发言》，http：//www.chinanews.com/gn/2014/12－03/6841200.shtml，2014年12月3日。

B.10

2014年日本对东南亚外交新动向

常思纯*

摘　要：2014年，日本政府进一步坐实首相安倍晋三提出的对东南亚政策，采取整体推进与重点突破相结合的策略。一方面全面加强与东盟各国在经济、防务和文化领域的合作；另一方面，政治上以越南为突破，构筑广泛战略伙伴关系，经济上以缅甸为重点，重视缅甸战略地位。日本打着“围堵中国”的旗号，在深化与东南亚各国政治、经济关系的同时，全力拉拢东南亚各国，意图合力制衡中国。

关键词：首脑外交　战略外交　经济外交　军事外交　文化外交

自2012年底安倍晋三再度出任首相以来，日本全力加强对东南亚各国的外交攻势，致力于在经济和军事两方面扩大对东南亚的影响力，意图在该地区获得实际经济利益的同时，拉拢东南亚各国“合纵”制华。安倍晋三打着与东南亚各国共享共同价值和战略利益的旗号，不仅在上任后一年内遍访东盟十国，而且还邀请东盟十国领导人访日，在东京召开了日本—东盟特别首脑会议，全面加强日本与东南亚各国的合作关系。

2014年以来，日本政府在坐实首相安倍晋三提出的对东南亚政策的基础上，采取整体推进与重点突破相结合的策略，以围堵中国为目标，政治上

* 常思纯，法学博士，中国社会科学院日本研究所助理研究员，研究方向为经济外交、日本外交。

以越南为突破，经济上以缅甸为重点，进一步加强对东南亚各国的“战略性外交”。

一　首脑外交：以拉拢越南为首选，联手制衡中国

相比2013年日本与东南亚各国之间开展的一系列频繁的首脑互访和高层对话，2014年日本与东南亚各国的互动热度相对降温。安倍晋三一改2013年全面撒网的首脑外交策略，转为选择重点、集中突破，并将越南选为重点拉拢对象。

安倍晋三一直将与中国存在南海主权之争的越南视为其开展战略外交的重要对象。2013年安倍晋三的第一个出访国就选择了越南，而2014年越南国家主席张晋创则成为首个对日进行国事访问的外国元首，并受到了高规格的接待。2014年3月16～19日，张晋创率领越南高级代表团赴日进行国事访问，这是他任越南国家主席以来首次访问日本，也是越南国家主席时隔七年再次造访日本。与此同时，越南代表团还派出包括政府副总理兼外长及6名部长、7名副部长在内的政界人士和50～60名经济界人士陪同张晋创访日。而日方则以国宾规格招待张晋创，天皇夫妇不仅为其举行欢迎仪式和国宴，还亲赴酒店为张晋创送行。此外，除了安倍晋三与张晋创举行正式首脑会谈之外，日方还为张晋创安排了近50场与日本政界和商界人士会面的活动，如出席日越经济论坛、接受《日本经济新闻》采访、在日本国会发表演说、与关西地区经济界领导人座谈以及在日越两国企业论坛上发表讲话等。总体来说，张晋创此次访日成果丰富，很大程度上推进了日越两国在政治、经济和安全保障等领域的合作关系，将双边关系提升到了新的高度。

此后，安倍晋三还多次与越南高层举行会谈，接见访日越方高级代表团，体现了对越南的高度重视。如2014年5月22日，安倍晋三接见了赴日参加“亚洲的未来”研讨会的越南副总理武德担；10月9日和10日，安倍分别接见了访日的越南胡志明市市委书记黎清海和副总理阮春福；10月16日，安倍又在赴意大利米兰出席第10届亚欧首脑会议期间，与越南

总理阮晋勇举行了双边会谈；11 月 10 日，安倍在北京与出席亚太经济合作组织（APEC）峰会的越南国家主席张晋创举行了年内的第二次会谈。

不仅如此，2014 年以来，日本内阁大臣们也多次与越方高层会面。如 3 月 18 日外务大臣岸田文雄与陪同国家主席访日的越南副总理兼外交部长范平明举行会谈；7 月 31 日 ~8 月 2 日，岸田文雄访问越南，与越南外交部长范平明举行会谈，并礼节性拜会越南国家主席张晋创；10 月 12 日，岸田文雄又与访日的越南副总理阮春福举行会谈。此外，时任日本防卫大臣的小野寺五典于 6 月 1 日在新加坡与越南国防部长冯光青举行会谈。10 月 24 日，日本外务省外务审议官杉山晋辅率团赴越南参加第五次日越战略对话，并受到越南副总理兼外交部长范平明的接见。

总的来说，2014 年日本以越南为首脑外交的重点对象，积极开展各种层次的高层会谈和交流，意图全力拉拢越南，从经济到安保领域全面加强与越南的合作，共建围堵中国的包围网。

（一）构建广泛战略伙伴关系，提升合作层次

越南国家主席张晋创访日期间，与日本首相安倍晋三举行了首脑会谈，双方共同发表联合声明，一致同意将原有的战略伙伴关系提升为“面向亚洲和平与繁荣的广泛战略伙伴关系”。这意味着日越在 2009 年建立的战略伙伴关系基础上，又进一步将双边关系升级为构建深层次广领域的战略伙伴关系。日越双方不仅决定继续保持两国高层领导的互访与接触，进一步推动双方政党及议会之间的交流，还将共同致力于全面发展两国在政治、安保、贸易、投资、农业、能源、环保、医疗、教育乃至人文交流等领域的合作。安倍晋三在日越首脑会谈后举行的联合记者会上强调：“日本决心推动与越南的全面且深远的合作。”① 而张晋创在会见日本天皇时表示：“越南和日本正增进各方面交流，现在是两国历史上关系最好的时期。”② 不仅如此，张晋

① 「インフラ整備へ円借款 1200 億円　日・ベトナム首脳会談」、『日本経済新聞』2014 年 3 月 19 日。

② 「皇居でベトナム国家主席の歓迎行事　両陛下と会見」、『朝日新聞』2014 年 3 月 17 日。

创在评价此次访日成果时还声称："越日关系达到了前所未有的广泛程度。"[1] 此后，在安倍晋三与越南高层的会晤中，还多次重申越南在日本对外政策中的重要性，并与越方共同确认，两国提升为广泛战略伙伴关系对今后双边关系发展具有至关重要的意义。

（二）全面深化经济领域合作，旨在实现双赢

日越两国在经济合作上互有需求。从越南方面来看，日本是越南的最大投资来源国，也是越南第四大贸易伙伴，日本已成为越南头等重要的经济伙伴。与此同时，日本也非常看重越南的经济增长潜力，希望通过积极的经济外交开拓越南市场。因此，深化经济合作对日越双方都具有重要意义。仅张晋创访日期间就与日方确认将在多个领域加强经济合作。如日本决定向越南提供总额约1200亿日元的政府开发援助（ODA）贷款，全部用于修建越南的高速公路、国际机场和火力发电站等基础设施。日本还承诺支持越南的工业化、现代化目标，在日越合作框架内，与越南在六个优先产业行动计划方面开展密切合作，协助越南发展专业化工业区。此外，日越还决定在改善投资环境、扩大贸易往来以及农业、能源、环境气候、防灾减灾、科技、医疗卫生、文化教育等领域开展密切合作。尤其是农业合作成为日越经济合作的新突破口，双方决定建立推进农林水产领域全面合作的对话机制，日本将向越南提供农业生产机械化援助，并与越方政府互派技术员，共同发展高科技农业。总的来说，日本希望通过加大对越南经济援助的力度，一方面改善当地的投资环境，为日本企业在越南的投资扫除障碍；另一方面，直接为日本企业争取基建订单，使得日本高铁、核电等基建技术能够出口到越南，并最终带动日本企业进军越南市场。

（三）大力加强海洋安保合作，意在牵制中国

由于日本和越南都与中国存在海上领土主权争端，因此在对华关系上具

① 「両陛下、ベトナム国家主席にお別れのあいさつ」、『朝日新聞』2014年3月20日。

有一致的利害关系，双方在借助对方来牵制中国海上活动方面更是一拍即合。2014 年，安倍晋三利用与越南高层多次会晤的机会，迎合对方需求，力促越方在海洋安保问题上与日本共同表态。在张晋创访日期间，安倍晋三不仅向越南提供巨额经济援助，还以帮助越南提高海上执法能力为借口，计划向越南提供巡逻船，并决定就此事尽快派出调查团前往越南。与之呼应，张晋创则在日本国会演讲时表示，应通过和平方式解决海上争端，有关各方应保持克制，不采取使局势复杂化的行动。在此后日越发表的联合声明中，双方同意继续加强防务合作，促进日本防卫力量与越南人民军的合作。针对海洋自由与安全，双方一致认为应基于 1982 年《联合国海洋法公约》等国际法确保公海航行自由及其上空飞行自由，并同意尽早缔结《南海行为准则》。日越双方还一致同意在包括海洋安全在内的政治、安全保障等领域加强合作。

2014 年 6 月，由于越南在使用日本提供的 ODA 资金过程中，发生多起官员贪污受贿案件，因此日本政府宣布停止向越南提供新的 ODA 资金援助。但仅一个多月后，日本政府就宣布正式重启对越 ODA。不仅如此，8 月 1 日，日本外务大臣岸田文雄访越期间与越方签署协议，为加强越南的海上执法能力，日本将向其提供总额约 5 亿日元的无偿资金援助，主要用于购买 6 艘二手船以改造成海洋巡逻船。同时，日本还向越南提供总额约 3. 52 亿日元的人才培养经费，而这笔资金主要是为越南的海岸警卫队培养人才。①

日本对越 ODA 与军事挂钩的发展态势及双方安保合作的日益加强，都体现出日本极力拉拢越南，希望在海洋安保问题上借助越南，合力施压中国的战略意图。

二　经济外交：以抢占市场为核心，力阻中国崛起

日本一向将东南亚视为其重要的出口市场和投资对象，极力扩大自身在

① http：//www. mofa. go. jp/mofaj/s_ sa/sea1/vn/page3_ 000871. html.

东南亚地区的经济影响。而与此同时，中国也不断推动与东南亚各国的务实合作，深化双边关系。近年来，日本日益将中国视为其在东南亚的主要竞争对手，将 ODA 作为对东南亚各国开展战略外交的重要手段，加速拉拢该地区国家，在争夺东南亚市场的同时，全力阻止中国崛起。

（一）重视缅甸战略地位

日本历来看重缅甸的战略地位。一方面，缅甸地理位置极为重要，不仅位于中国和印度之间，而且面临印度洋，处于从中东向日本运输原油的海上通道上。近年来，中国在缅甸的几个投资项目都受到了一些阻力，如 2011 年 9 月，由中国投资的密松水电站因种种原因被缅甸政府叫停，项目搁置至今；2012 年以来，中缅合资的莱比塘铜矿项目也因外部势力恶意挑拨而几经波折；2014 年 7 月，缅甸铁道运输部又宣布搁浅中缅铁路工程计划（该计划又称中缅昆明—皎漂铁路工程，是中缅共同实施的瑞丽—皎漂通道计划的一部分）。日本媒体则大肆报道中资在缅甸遭受的挫折，将这些事件都解读为“缅甸正在加速脱离中国”①。日本政府也更加积极地拉拢缅甸，意图遏制中国在缅甸的影响力。另一方面，缅甸市场也蕴藏着巨大商机，受到日本经济界的重视。作为东盟成员国之一，缅甸将与其他东南亚国家共建东盟共同体。再加上近年来缅甸大力推动经济开放，日资企业借机大举进军缅甸市场。日本各界更将缅甸视为“亚洲最后的投资热土”。据日本海外建设协会 2014 年初的问卷调查显示，日本企业将东南亚视为今后最希望投资的地区，而最看重的国别市场则属缅甸。② 因此，日本政府通过加大对缅甸的经济援助和投资力度，全力支持日本企业进军缅甸。2014 年时逢日缅建交 60 周年，同时，缅甸又出任东盟轮值主席国，日本进一步切实推进以经济援助为主的对缅经济外交，落实全方位对缅援助，在谋求强化与缅甸政治、经济关系的同时，意图与中国竞争在缅甸的战略利益。

① 「ミャンマー、中国離れ　鉄道・ダムを凍結」、『朝日新聞』2014 年 8 月 20 日。

② 「ミャンマーが最有望市場」、『日本経済新聞』2014 年 2 月 22 日。

2014年11月12日，日本首相安倍晋三在缅甸出席东盟系列峰会期间，与缅甸总统吴登盛举行会谈。安倍晋三宣布日本将再向缅甸提供总额260亿日元的贷款，主要用于仰光、迪拉瓦等地区的基础设施建设。安倍晋三还表示要争取尽早与缅甸缔结关税条约，以扩大对缅投资。日缅双方还确认将与泰国一起就位于缅甸南部的土瓦经济特区加强合作磋商。在首脑会谈前，安倍晋三与吴登盛还出席了有关日本援助的迪拉瓦经济特区基础设施建设的备忘录交换仪式。迪拉瓦经济特区是缅甸第一个经济特区，日本政府看重商机，大力援建该特区，意图扶持本国企业抢占先机。

2014年，日本外务大臣岸田文雄先后两次访问缅甸，通过对缅提供大量经济援助，加速对缅甸的政治、经济渗透。岸田文雄在3月24日访问缅甸期间宣布，日本将向缅甸新提供247亿日元贷款，用于缅甸的电力设施建设。此外，岸田文雄还与缅方签约，向缅甸提供总额约78亿日元的无偿资金援助，主要用于缅国内铁路和医院等基础设施建设、少数民族地区粮食援助等。[①] 岸田文雄在与缅甸总统吴登盛、外交部长吴温纳貌举行会谈时，暗指中国海洋战略，向缅方表达了希望与东盟各国加强联合的意向。在会谈后，岸田文雄对媒体表示："（日本）将通过与东盟各国合作并遵守国际法，实现地区和平与稳定"，表达了对缅甸在东盟相关会议中发挥作用的期待。岸田还声称缅方也表达了在海洋问题上与日本配合的想法。[②] 此外，岸田文雄还与缅甸反对派领导人昂山素季举行会谈，表示日本将积极支持缅甸的民主化进程。2014年8月9日，岸田文雄赴缅甸参加东盟外长会议期间，再次与缅甸外交部长吴温纳貌举行会谈。岸田文雄宣布日本将向缅甸提供总额105亿日元的贷款，用于修建包括迪拉瓦经济特区在内的连接仰光、内比都和曼德勒这三大缅甸城市的基础通信网络。[③] 此外，岸

① 「岸田外務大臣のミャンマー訪問（概要と評価）」、http：//www. mofa. go. jp/mofaj/s_ sa/sea1/mm/page3 _ 000709. html。

② 「ミャンマー詣で、対中連携を念頭　岸田外相、大統領らと会談」、『朝日新聞』2014年3月25日。

③ 「日・ミャンマー外相会談」、http：//www. mofa. go. jp/mofaj/s _ sa/sea1/mm/page3 _ 000883. html。

田文雄还打着“积极和平主义”的旗号，表示要为缅甸国民和解提供援助。在缅期间，岸田文雄接受了《缅甸新光报》的书面采访，他表示，将在政治、安全保障、经济合作、文化交流等广泛领域推动日缅关系跃上新台阶。他还表示，缅甸首次担任东盟轮值主席国，日本将继续全力支持缅甸，开展合作。①

此外，日本还多次与缅甸签署援助协议，加强对缅甸的经济外交。2014年1月6日，时任日本驻缅甸大使的沼田干男和促进缅甸国民和解的日本政府代表笹川阳平共同在缅甸向记者宣布，将在今后五年筹集100亿日元支援缅甸少数民族，助其提高生活质量。② 2月20日，沼田干夫又代表日本与缅甸签约，向缅甸提供总额17.16亿日元的无偿资金援助，用于缅甸仰光市综合医院购买医疗器械等设备和缅甸若开邦购买修路设备。2014年4月24日和6月5日，日本又分别向缅甸提供总额59.68亿日元和77.23亿日元的无偿资金援助，用于缅甸基础设施建设和人才培育。7月23日和9月5日，新任日本驻缅大使樋口建史与缅方签订两项援助协议，分别向缅甸提供25.82亿日元无偿资金援助，用于缅甸工科大学扩充计划，以及提供631.55亿日元贷款用于缅甸铁路设施建设、自来水管道铺设、迪拉瓦地区基础设施开发和巴戈地区西部灌溉开发计划。10月21日，日本再向缅甸提供1.46亿日元无偿资金援助，用于治疗疟疾的医疗器材购买计划。③

此外，2014年8月7日，日缅投资协定正式生效。这是缅甸首个真正意义上的投资自由化协定，双方规定了促进投资自由化和保护投资等诸多事宜。该协定的生效，无疑将有助于日本企业对缅甸的投资，促进两国经济关系的进一步发展。

总的来说，2014年，日本将缅甸作为其开展经济外交的重点对象国，

---

① 「ニュー・ライト・オブ・ミャンマー紙（ミャンマー）による岸田外務大臣書面インタビュー」(2014年8月9日付)，http：//www.mofa.go.jp/mofaj/p_pd/ip/page4_000648.html。

② 「日本政府、ミャンマー少数民族地域に100億円支援へ」、『朝日新聞』2014年1月6日。

③ http：//www.mm.emb-japan.go.jp/profile/japanese/what-news/2014/list.html.

正如《日本经济新闻》的评论，安倍晋三第二任期以来，对缅资金援助已累计超过1600亿日元，其意图在于通过经济援助加强与缅甸的政治、经济关系，帮助日本企业与中国及欧洲等国家和地区的企业竞争缅甸市场；同时，在战略上牵制与缅甸具有密切关系的中国，拉拢缅甸共同防范中国。①

（二）抗衡中国经济影响

2013 年 10 月，中国国家主席习近平在访问东南亚时，提出“携手建设中国—东盟命运共同体”的倡议，中国与东南亚国家关系得到进一步深化。日本对此极为警惕，采取各种手段，全力抗衡中国在东南亚地区的经济影响。

1. 加速推销高铁，与中国展开竞争

东南亚各国作为新兴发展中国家，在基础设施建设方面的需求较为旺盛，尤其是近年来随着经济增长和人口增多，东南亚各国对城市间铁路运输的需求快速增长。面向 2015 年东盟共同体的构建，东南亚各国开始积极筹建通过陆路连接为一体的高速铁路网络。连接马来西亚和新加坡的铁路计划预计于 2015 年开始招标，而印度、泰国所构想的铁路建设线路长达 1 万公里。与此同时，除了积极推动泛亚铁路网的建设之外，2014 年初，中国领导人又高调提出横跨亚欧大陆的高速铁路网络蓝图，同时规划贯穿白令海峡并横跨太平洋的亚美高速铁路线。而日本对即将填满东南亚这块大“棋盘”的中国攻势产生了极大的危机感，担心一旦中国掌控东南亚主要铁路网，将使日本在未来的区域经济博弈中处于不利地位。因此，围绕东南亚高铁建设计划，日本从上到下全力推销本国新干线，极力抗衡中国高铁出口。日本国际协力机构（JICA）的专家甚至认为即使零元中标，也要拿下东盟高铁订单。②

近年来，日本采取首脑直接推销和企业抱团竞标的方式，努力争取参与

① 「ミャンマーに247億円の円借款　外相表明」、『日本経済新聞』2014 年 3 月 24 日。

② 《日本专家：0 元也要拿下东盟高铁订单》，日经中文网：http：//cn. nikkei. com/politicsaeconomy/economic－policy/11033－20140917. html。

建设连接亚洲区域内外的铁路网，力争在未来区域经济合作中获得更多的话语权和拥有更大的影响力。2013 年日本首相安倍晋三就充当了“首脑推销员”，在出访东南亚各国时积极推销本国新干线技术。与此同时，日本各铁路公司和其他民间企业还联合组成“国际高速铁道协会”，力图举全国之力，与中国及欧洲竞争高铁订单。2014 年以来，这一政企结合共同推销的策略得到进一步推广。例如，2014 年 11 月 13 日，日本首相安倍晋三在缅甸与马来西亚总理纳吉布举行会谈时，再次表达了期待马来西亚与新加坡之间修建的高速铁路能够采用日本新干线的愿望。同日，安倍晋三在与泰国总理巴育举行会谈时，也直接表达了对泰国国内高速铁路建设的关心。此前，2014 年 8 月中旬，日本国土交通大臣太田昭宏访问马来西亚，在吉隆坡与马来西亚交通部长和陆路公共交通委员会主席等人举行会谈，呼吁马方采用日本新干线技术。而东日本旅客铁道（JR 东日本）和日立制作所等企业的领导都随太田昭宏访马，协助太田昭宏游说马方。为争取高铁订单，JR 东日本不仅在新加坡设立了收集情报的事务所，该公司副社长小县方树还在 9 月于马来西亚召开的铁道展销会上讲演宣传：“希望一定能够中标。”①

2. 消极看待亚投行，对中国加以防范

2013 年 10 月，中国国家主席习近平和国务院总理李克强先后出访东南亚，并提出了筹建亚洲基础设施投资银行（AIIB）的倡议，表示愿意向包括东盟各国在内的本地区发展中国家的基础设施建设提供资金支持，并得到广泛支持。但是，日本认为中国提出设立亚投行的构想是为了对抗日美主导的亚洲开发银行（ADB），更担心中国通过金融援助加大对亚洲国家的影响。因此，日本通过搁置中国对亚开行的增资和拒绝参与中国筹建亚投行的计划，联合美国积极防范中国在金融领域对东南亚各国影响力的扩大。

2014 年 4 月美国总统奥巴马访日期间，日美共同发表的联合声明中表示“日美两国支持亚开行为该地区的基础设施及连接性需要而采取的举

① 「アジア高速鉄道 1 万キロ計画始動　日中、売り込みに熱」、『朝日新聞』2014 年 9 月 16 日。

措”，显示出了意图牵制中国筹建亚投行的动向。2014 年 5 月 5 日，一向由日美主导的亚开行事实上搁置了有助于中国扩大表决权的增资举措。日本媒体对此评论认为，围绕面向亚洲新兴市场国家的开发性金融方面，中日出现了相互角力的状况。而中国提出在亚开行之外另设亚投行的构想，明确表现出了希望扩大影响力的态势。[①]《朝日新闻》还刊文称亚投行是中国玩的政治游戏，认为中国没有直接向日本征询是否有意参与亚投行，意在排挤日本，加强自身在经济领域的影响力。该报还声称中国“不仅试图对现有国际机构扩大影响力，还开始另立山头”，此举“有可能引起地缘政治学的震动”。[②] 这些评论实际上是对中国筹建亚投行意图的歪曲解释，体现出了日本各界对中国在东南亚扩大金融影响力的担忧。

此后，据日本媒体报道，2014 年 6 月，日本财务省财务官古泽满宏与中国的亚投行筹备组组长金立群在东京就设立亚投行的相关事宜举行了会谈。中方要求日本对该银行出资，但日方以新银行与现有的亚开行分工不清为由拒绝出资，并且表示如果按照现行计划执行，将不会考虑加入。《东京新闻》评论称，虽然日本在正式场合并未明确表态是否会参与组建新银行，但担心中国通过金融援助来对亚洲国家施加影响力。日本打算私底下与美国携手合作，共同劝说东南亚和澳大利亚等国也不要向新银行出资。[③] 此后，7 月 24 日，日本财务省新任副大臣山崎达也和国际局局长浅川雅嗣与中国财政部国际司司长邹加怡再次在东京举行会谈，日本表示担心中国主导的亚投行与日美作为最大出资国的亚开行产生业务重叠，并要求中方对投资决策等运营方针做出明确说明，采取了与美国步调一致共同反对亚投行的姿态。[④] 8 月 9 日，日本外务大臣岸田文雄在缅甸参加中日韩与东盟外长会议期间，公开表

---

① 「アジア開銀総会閉幕　主導権巡り日中が綱引き」、『朝日新聞』2014 年 5 月 6 日。

② 「アジア投資銀行　中国が始める『政治ゲーム』」、『朝日新聞』2014 年 5 月 4 日。

③ 「中国の新銀行出資要請、応じず　政府、各国への影響力強化警戒」、『東京新聞』2014 年 7 月 6 日。

④ 「中国主導インフラ銀に懸念　日中財務省会合で日本側」、『日本経済新聞』2014 年 7 月 25 日。

示中国在现有的亚开行之外，“筹建亚投行的计划缺乏附加价值”①，对设立亚投行持反对态度。

2014 年 10 月 24 日，包括东南亚各国在内的 21 个首批意向创始成员国的财政部长和授权代表在北京签署备忘录，共同决定成立亚投行。日本则没有参与签署该备忘录，财务大臣麻生太郎还在记者会上质疑“中国以外的国家是否有发言能力”②，表示出了对中国扩大影响力的警惕。

2014 年 11 月 12 日，日本首相安倍晋三在缅甸出席日本与东盟首脑会议时表示，日本将进一步加强对东盟在基础设施建设领域的援助，实现亚太地区经济健康发展。日本《朝日新闻》评论认为，此举是为了抗衡中国提倡建立的亚投行，在对东南亚各国的基础设施援助中，与中国形成竞争之势。③ 此后，日经中文网还报道，日本政府计划与澳大利亚共同出资筹建一项在亚太地区进行基础设施建设投资的新基金，规模 1.5 亿美元，2015 年启动运行。该基金将募集民间投资，为了保持运营的透明性，资金将由亚开行托管。

三　军事外交：以围堵中国为导向，推进安全合作

2014 年 3 月 6 日，时任自民党干事长的石破茂在与首相安倍晋三会谈后，透露为遏制“军事实力持续增长”的中国，未来有必要建立“亚洲版北约”。石破茂在与议员召开会议时发言称：“中国的国防预算不断增长，而美国的力量逐渐减弱，必须在亚太地区保持与中国的平衡。”同时，他提出设想建立一个以美国为中心，并与东南亚各国合作的安全保障体系以共同应对中国。④ 事实上，2014 年以来，安倍政府打着“中国威胁论”的旗号，

---

① 「中国主導のインフラ投資銀の問題点指摘　岸田外相」、『朝日新聞』2014 年 8 月 10 日。

② 「アジアインフラ投資銀：設立合意　韓、豪参加見送り　中国主導に警戒感」、『毎日新聞』2014 年 10 月 25 日。

③ 「日本、インフラ積極支援　安倍首相表明、中国に対抗　ASEAN 会議開幕」、『朝日新聞』2014 年 11 月 13 日。

④ 「目指せ『アジア版 NATO』　首相、石破氏に調整指示　実現へ3つの関門」、『産経新聞』2014 年 3 月 7 日。

继续拉拢东南亚各国联合围堵中国，并进一步加强与东南亚国家在防务领域的对话与合作，谋求在地区与多边安全保障合作中发挥更多作用。

（一）渲染“中国威胁论”

2014年4月出台的2014年版《日本外交蓝皮书》声称“中国不透明的军力增强和单方面改变现状的尝试”是导致东亚地区安全保障环境日益严峻的重要因素之一。此后，8月出台的2014年版《日本防卫白皮书》更是大篇幅渲染“中国威胁论”，指责中国的调子进一步升高，将中国视为亚太地区的不稳定因素。

与此同时，日本领导人也利用各种与东南亚国家领导人会谈的机会，大肆鼓吹“中国威胁论”，插手南海问题，力图联合东南亚各国，针对中国构筑包围圈，牵制中国海洋发展。例如，2014年5月30日，在新加坡召开的第13届亚洲安全会议上，日本首相安倍晋三发表主题演讲，不指名地批评中国在南海“使用实力单方面改变现状”，要求中国遵循国际法的基本准则。他还在讲演中强调“日本将不遗余力支援东盟各国维护海空安全、确保航行自由、飞行自由的努力”，并直接点名菲律宾和越南，声称将对两国通过对话解决南海争端的努力给予“支持”。日本媒体评论称这是安倍晋三要联合东南亚国家，加速构建“对华包围网”。① 此后，2014年6月1日，时任日本防卫大臣的小野寺五典在新加坡与越南国防部长举行会谈，双方声称一致反对中国“以武力改变现状，应该通过对话解决纠纷”。小野寺表示对于中国和越南渔船在南海碰撞事件感到非常担忧，日方支持越南冷静应对的做法。②

（二）强化防务合作

2014年以来，日本进一步加强与东盟各国的防务合作，意图提升东盟

① 「安倍首相、急ぐ対中包囲網　アジア安保会議」、『朝日新聞』2014年5月31日。

② 「中国との衝突『対話で解決を』日・ベトナム防衛相会談」、『朝日新聞』2014年6月2日。

整体的海岸警卫能力。2014 年 2 月 18 日，日本防卫省在冲绳与东盟成员国举行了第五次防务副部长级会议，双方一致同意在应对灾害和海上安全保障方面推进装备与技术合作。日本还宣布将在人道援助和灾难救援等方面，通过培养人才和共同演习等手段提高东盟整体能力。2 月 19 日，日本政府邀请东盟成员国的相关防务官员前往位于冲绳县那霸基地的航空自卫队基地，介绍可以用于救灾和反恐的防务装备。日本一方面强调自身贡献，意图通过加强与东盟国家关系来牵制海洋活动日趋积极的中国；另一方面，着眼于放宽“武器出口三原则”，希望在装备出口等方面与东盟加强合作。此后，2014 年 10 月 7 日，日本防卫省又在横滨与东盟成员国举行了第六次防务副部长级会议，日方代表在会议中代读了首相安倍晋三的致辞：“日本将通过 ODA、自卫队能力建设援助和装备合作等方式，对东盟各国保护海洋的能力提供无缝援助。”[①] 据《产经新闻》报道，日本政府还有意将此前仅针对东盟成员国中柬埔寨、越南和印度尼西亚三国的军队能力建设援助进一步扩大到菲律宾、马来西亚等国，以期对中国形成牵制。[②] 这些都显示了日本希望通过加强与东盟各国的海上防卫合作，达到拉拢相关国家并共同制衡中国的意图。

2014 年 8 月 9 日，日本外务大臣岸田文雄在缅甸参加日本与东盟外长会议时表示，日本非常重视与东盟各国的海洋合作，希望通过提供巡逻船只及通信警备装置、培养海上治安当局的人才和海洋法领域的合作，为东盟各国提高海上治安能力做出贡献。他还表示，今后还要考虑与东盟各国加强防务装备合作。2014 年 11 月 12 日，在缅甸召开的日本—东盟首脑峰会上，日本首相安倍晋三再次表示将加强日本与东盟各国的防务合作，在共同训练、人才培养、航行安全等方面继续加强合作的同时，日本将在今后三年内为东盟各国培养 700 名海上保安方面的人才。2014 年 11 月 19 日，时任日本

---

① 「中国念頭に海洋防衛協力を協議　日 ASEAN 次官級会合始まる」、『産経新聞』2014 年 10 月 7 日。

② 「ASEAN 軍への能力支援、対象国拡大へ　フィリピンなどを検討」、『産経新聞』2014 年 10 月 7 日。

防卫大臣的江渡聪德赴缅甸参加了首届日本和东盟非正式防长会议，双方就防卫合作对地区稳定有重要意义达成了共识，还确认将在海洋安全和灾害救助等领域加强合作。会上，江渡聪德表示将重点向东盟在海洋安全和灾害救助装备及人才培养等方面提供支援。《读卖新闻》报道声称："此次会议是在日本首相安倍晋三的强力推动下实现的。考虑到中国持续在东海和南海的挑衅，首相希望加深与东盟的安保合作。"①

不仅如此，日本还继续重视与东南亚各国加强在非传统安全领域的合作。2014 年 3 月 8 日，一架由吉隆坡飞往北京的载有 239 人的马航 MH370 客机在途中与管制中心失去联系。3 月 10 日，马来西亚请求日本协助搜救。3 月 11 日，日本政府决定按照《国际紧急救援队派遣法》向相关海域派遣自卫队的 2 架 C－130 大型运输机及 2 架具有反潜侦察能力的 P－3C 侦察机参与失联马航客机的搜救。这也是日本自卫队首次派遣军用飞机参与海外客机搜救工作。截至 4 月 28 日第一阶段搜救活动结束，日本自卫队共派出 6 架飞机、130 名自卫队员参与搜救活动。② 2014 年 12 月 31 日，日本政府又决定派遣海上自卫队 2 艘护卫舰和 3 架直升机前往印度尼西亚加里曼丹岛附近海域，参加亚航失事客机的搜救工作。

东盟各国中，与中国存在南海主权争端的菲律宾和越南是日本大力开展军事外交、意图加强防务合作的重点对象。日本首相安倍晋三在 2014 年与越南高层的多次会晤中，都表示日本将向越南提高海上执法力量的努力提供协助。此外，2014 年 4 月 16 日，第七次日菲外交防务磋商在马尼拉举行，双方就各自的安全保障政策及地区局势，开展安保、防务领域合作等进行了磋商。5 月 7～9 日，时任日本外务副大臣的三矢宪生访问菲律宾，并视察了菲律宾海岸警备队。三矢宪生在与菲律宾外长德尔罗萨里奥举行会谈时表示，日本将尽早提供此前双方约定的 10 艘巡逻船，并继续支持菲律宾海岸警备队的能力建设。5 月底，日本首相安倍晋三在第 13 届亚洲安全会议上

① 「対中国、連携で一致…日 ASEAN 防衛相会合」、『読売新聞』2014 年 11 月 20 日。

② 「マレーシア航空機消息不明事案に対する国際緊急援助活動」、http：//www. mod. go. jp/j/approach/kokusai_ heiwa/malaysia/index. html。

演讲时指出，日本不仅已决定向菲律宾海岸警备队提供10艘新的巡逻船，还在就向越南提供巡逻船进行必要的调查。6月6日，日本海上自卫队运输舰“国东”抵达越南中部的岘港，作为美国海军主办的“太平洋伙伴关系2014”人道主义支援演习的一环，与东南亚五国进行医疗、文化等交流。6月26日，菲律宾总统阿基诺访日并与日本首相安倍晋三举行会谈，双方一致同意在海洋安全领域进一步加强合作，其中就包括日本承诺向菲律宾提供10艘巡逻船，以强化菲保卫领海的能力。8月1日，日本外务大臣岸田文雄与越南外长范平明举行会谈，表示日本将向越南提供6艘可以转用为巡逻船的二手船。11月12日，日本首相安倍晋三与菲律宾总统再次举行会谈，双方一致同意进一步加强两国在安全保障和防务领域的合作。

四　文化外交：以增进了解为目标，促进人员交流

日本一向重视提高对东南亚各国的软实力方面的影响，2013年日本首相安倍晋三发表的对东南亚外交五原则中，也特别提出要与东盟进一步增进年轻一代的交流，促进相互理解。因此，2014年以来，日本继续加大文化外交力度，努力促进与东南亚各国的青少年交流，并采取各种措施吸引东南亚各国人员访日，在促进旅游的同时，力图让东南亚各国人民更多接触日本，增进对日本的了解和好感。

（一）促进与东南亚各国青少年的交流

2013年1月，日本首相安倍晋三访问印度尼西亚时，宣布将继2007年实施“日本与亚太各国青少年交流事业”（JENESYS）后，再次启动达3万人规模的JENESYS 2.0活动，以推动日本经济复兴，增进亚太各国青少年对日本的关心，促进访日外国人员的增减，并输出日本的价值观。

2014年以来，JENESYS 2.0得到了切实推进，共有约80多个来自东南亚各国的青少年代表团受邀访日，在科技、历史、文化、传统艺术、体育、市民社会活动、建筑等各个领域，与日本青少年展开交流。如2014年2月

24 日~3 月 4 日，新加坡、缅甸和老挝的共计 70 名大学生访问日本东京和千叶等地，以科学技术（服饰设计）为主题，访问日本服饰设计的相关企业、工厂，参观了日本的各地名胜古迹，与日本青少年进行了各种交流活动。此外，日本还邀请学习日语的柬埔寨高中生、大学生以及越南、马来西亚大学生访日；以青少年科学技术交流为主题，分多批邀请了东南亚各国的高中生和大学生访日，参观日本历史建筑和拥有先进技术的企业；以历史、传统和文化青少年交流为主题，邀请了柬埔寨、泰国、新加坡、缅甸等国的青少年访日，参观日本历史、文化等相关设施，访问各地企业，并与日本学生进行交流和举行各种文化体验活动；以社会共同体青少年交流为主题，邀请缅甸、越南、泰国、马来西亚等国的学生访日，就防灾救灾、青年志愿者、市民活动等在日展开参观与交流。不仅如此，2014 年 4 月 8 日，日本首相安倍晋三还接见了受邀访日的日本与东盟足球交流团（U－14）的成员，该团体包括东盟十国和东帝汶的共计 22 名成员。日本外务省指出，日本意在通过这种交流活动，向东南亚青少年宣传日本的强大与魅力，并让每一个青少年都深刻理解日本的品牌及日本式“价值”，并成为日本魅力的积极宣传者。①

（二）放宽签证发放条件

2013 年以来，日本政府开始着手放宽东南亚各国国民赴日旅游签证的发放条件，对泰国、马来西亚实施免签政策，并向越南、菲律宾发放多次往返签证。2014 年以来，日本政府继续对东南亚其他国家的国民赴日放宽签证发放条件，加大对东南亚各国游客的吸引力度。

2014 年 1 月 15 日，日本宣布，为吸引缅甸游客，从即日起向缅甸国民发放多次往返日本的旅游签证，凡符合条件的申请人可申办三年有效、多次往返、每次最多停留 15 天的观光旅游签证。此后，6 月 17 日，日本外务省又宣布，为推进观光立国战略的实施，促进人员交流，日本将对印度尼西

① 日本外务省网站：http：//www. mofa. go. jp/mofaj/press/release/press4_ 000638. html。

亚、菲律宾和越南等国的国民赴日签证放宽限制，并尽快对这三国实现免签政策。新政策规定从2014年9月30日起，不仅放宽对这三个国家国民申请赴日签证的诸多限制，还将签证的有效期延长至五年。此外，从11月20日开始，日本还对这个三国家通过指定旅行社赴日旅游的国民简化单次观光签证的申请手续。

总的来说，2014年，日本继续在安全保障领域加强与东南亚各国的对话与合作，采取经济外交、军事外交和文化外交多管齐下的方式，在加速深化与东南亚各国政治与经济关系的同时，意图全力拉拢东南亚各国，共同制衡中国在该地区不断扩大的影响力。

B.11

2014年日本“战略性外交”动态监测及分析

卢 昊*

摘 要： 日本的“战略性外交”或“俯瞰地球仪外交”被认为概括了当前日本外交政策的总体运筹和动向。2014 年安倍的“战略性外交”在政策思路和具体实施上有所发展，保持了延续性与实施力度，在议题方面有诸多新动向。客观上，安倍通过“战略性外交”增强对外政策主动性、战略性，取得了一定的成效，但其政策也暴露出缺乏平衡性与可持续性等问题。

关键词： 安倍 战略性外交 俯瞰地球仪外交 首脑外交 积极和平主义

2012 年底再任首相以来，安倍提出并致力于践行其“战略性外交”或所谓“俯瞰地球仪外交”，加强对外政策构建与实施的主动性、战略性。“战略性外交”不仅成为当前日本外交政策的统合性框架与“最显眼招牌”，而且被纳入到以“正常国家化”与“全方位复兴”为核心的日本国家战略整体运筹当中。2014 年，安倍内阁的“战略性外交”在过去一年的基础上有所发展，其政策思路、具体议题、实施特征、发展趋势及所存在的问题日益清晰化。

* 卢昊，法学博士，中国社会科学院日本研究所助理研究员，研究方向为日本外交与安全保障政策、日本海洋战略等。

一 2014年安倍“战略性外交”的总体情况

（一）基本内涵与政策思路

自2013年1月国会演讲首次正式提出“战略性外交”概念以来，安倍及其主要幕僚曾多次公开阐述“战略性外交”的基本内涵。① 安倍的“战略性外交”在顶层设计上，强调外交政策的全球视野（即“俯瞰地球仪那样眺望整个世界”），力图运用“价值观外交”（即“立足于自由、民主主义基本价值观”），并主动地、务实地捍卫与扩大日本的国家利益（即“保卫国家利益的主张式外交”）。在实施路径上，则体现为以首脑和高层外交为手段，在全球范围“像下围棋投子布局一样进行外交”（谷内正太郎语）。②从理念的层面上看，安倍试图将国际体系与格局、国家利益、普遍价值观这三项要素统合并付诸政策，同时，最大限度增强政策及对外宣传的话语建构。从这一角度看，安倍的“战略性外交”有在国际关系理论三大范式即现实主义、自由制度主义与建构主义间“折中取优”的意味。

2014年，安倍的一系列发言反映了他对于“战略性外交”的重视与推进意图。2014年1月，安倍表示：在相互依存日益深化的世界中，以内向性的思维守卫日本的和平“已经不可能”，日本需要为世界和平与安定发挥

① 2013年1月底，安倍在国会演讲中称：“外交的基本在于：不仅要关注与周边国家的双边关系，还须如俯瞰地球仪那样眺望整个世界，立足于自由、民主主义、基本人权与法治等基本价值，开展战略性外交。”2月底，他又在国会施政方针演讲中称：“战略性外交、重视普遍价值观的外交以及保卫国家利益的主张式外交是我的外交政策的基本。”参见安倍晋三「第百八十三回国会における安倍内閣総理大臣所信表明演説」、http://www.kantei.go.jp/jp/96_abe/statement2/20130128syosin.html。安倍晋三「第百八十三回国会における安倍内閣総理大臣施政方針演説」、http://www.kantei.go.jp/jp/96_abe/statement2/20130228siseuhousin.html。关于安倍“战略性外交”理念正式出台的具体过程及其内涵，可参见吴怀中《安倍“战略性外交”及其对华影响评析》，《日本学刊》2014年第1期。

② 「地球を俯瞰する安倍外交—谷内正太郎内閣官房参与インタビュー」、http://www.nippon.com/ja/currents/d00089/。

积极作用，即高举“积极和平主义”这一“21 世纪日本的招牌”。同时，还要坚定守护日本国民生命财产，以及日本的领土、领海与领空，为此需要重整日本的外交与安全保障政策。[①] 同月，安倍在国会发表的演讲中专门论述了“积极和平主义”以及“俯瞰地球仪外交”视角下的首脑外交，点明了全年“战略性外交”的重点。[②] 2014 年 9 月，安倍在施政方针演讲中，再次在“俯瞰地球仪外交”的部分强调“积极和平主义”的存在意义。他同时表示，日本应与以美国为首的“共享自由、民主主义、法治等基本价值观的国家携手，继续为地区、世界和平做出贡献”。日本将更积极地展开“俯瞰地球仪外交”，“充分地向国家社会传达日本的立场”。[③] 2015 年 1 月的新年感想中，安倍在总结过去一年及执政两年以来的政策时，将外交与安全保障政策的重整与树立列为日本“战后以来大改革”的组成部分之一。[④] 一些日、美外交学者指出，安倍正在统合身边战略与外交智囊们的主流观点。他们对于现行的“战略性外交”及其前景抱有谨慎的自信，将“战略性外交”看作自己的重要政策遗产，致力于将其体系化和更好地“包装”。[⑤]

总的来看，在 2014 年，安倍及其幕僚智囊在政策设计上沿袭了过去一年的基本思路，同时期望在以下三点取得发展：（1）强化“积极和平主义”在外交政策及对外宣传中的存在及其地位；（2）千方百计地提升首脑外交的效果；（3）进一步增强日本的对外宣传能力，推动公共外交。一些分析甚至认为，通过“战略性外交”的具体实践，具有某种长期性政策思想或

---

① 安倍晋三「安倍内閣総理大臣平成 26 年年頭所感」、http：//www. kantei. go. jp/jp/96_ abe/statement/2014/0101nentou. html。

② 安倍晋三「第百八十六回国会における安倍内閣総理大臣施政方針演説」、http：//www. kantei. go. jp/jp/96_ abe/statement2/20140124siseihousin. html。

③ 安倍晋三「第百八十七回国会における安倍内閣総理大臣施政方針演説」、http：//www. kantei. go. jp/jp/96_ abe/statement2/20140929shoshin. html。

④ 安倍晋三「安倍内閣総理大臣平成 27 年年頭所感」、http：//www. kantei. go. jp/jp/96_ abe/statement/2015/0101nentou. html。

⑤ 参见 Michael Green，Zack Cooper，Strategic Japan，Washington D. C.：CSIS，Nov. 2014，p. 4；北岡伸一「『積極的平和主義』の実践に不可欠な司令塔」、『外交』Vol. 23、2014 年1 月。

战略思维的"安倍主义"已经形成。[①] 但是，一般情况下，作为"灵活的现实主义者"，安倍在推动"战略性外交"时更多还是兼顾国内与国外形势，在构想与实效间寻求平衡，将其作为一种实用的战术手段，而非绝对固定的战略构图。

（二）具体实施

安倍"战略性外交"在具体实施方面，集中表现为"踏遍五大洲"的首脑外交。在2013年，安倍海外出访15次，访问25个国家，包括出访会见和接见到访外国元首，共举行了110多次首脑会谈。在出访国家数量方面，安倍已经超越民主党时期的3位首相。在2014年，安倍维持了较高的海外出访频率，积极邀请外国元首访日。截至2014年底已总计访问50个国家（见表11－1），举行首脑会谈超过200次（见表11－2），从而在迄今为止的两年执政期内，访问国家数量超越了小泉执政五年半的总和。[②] 同时，作为安倍在外交、安全保障政策方面的主要阁僚，外相岸田文雄、防相小野寺五典及其后继者江渡聪史，以及新任日本国家安全保障局局长谷内正太郎等人也频繁出访，在推进"战略性外交"方面扮演了辅佐角色。[③]

---

① Bhubhindar Singh, "Alliance, International Law and ASEAN," RSIS Commentaries, No. 127, (Nov. 2014), http://www.rsis.edu.sg/wp-content/uploads/2014/07/CO14127.pdf. 安倍外交智囊谷内正太郎则称，安倍的"战略性外交"在思想上与其外祖父岸信介所推行的"战略性外交"一脉相承。参见「地球を俯瞰する安倍外交：谷内正太郎内閣官房参与インタビュー」、http://www.nippon.com/ja/currents/d00089/。

② 民主党时代三位首相鸠山由纪夫、菅直人与野田佳彦在任时访问国家数分别为11国、8国和16国。小泉纯一郎五年半任期内共访问了48个国家。

③ 2014年内，岸田外相出访西班牙、法国、美国、缅甸、孟加拉国、丹麦、柬埔寨、越南、德国等9国，并在国内接见（或陪同接见）爱沙尼亚、伊朗、瑞典、法国、越南、荷兰、土耳其、立陶宛、巴拿马、美国、德国、加拿大、澳大利亚、瑞士、墨西哥、孟加拉国、塔吉克斯坦、卡塔尔、印度、尼泊尔、格鲁吉亚、新加坡、冰岛、菲律宾、匈牙利和加勒比共同体成员国（14国）等近40国国家元首或外长。小野寺五典防相出访印度、法国、澳大利亚、马来西亚、意大利、南苏丹、吉布提、新加坡和美国等9国，在国内接见立陶宛、美国、蒙古、澳大利亚、法国等国防长。其后任江渡聪史防相在国内接见澳大利亚、芬兰和西班牙等国防长。国家安全保障局局长谷内正太郎则访问了美国、韩国、印度和中国等国。

表 11-1　2014 年安倍海外出访一览

时间	行程	主要议题	主要成果(会见、文件等)
1月9日~15日	访问中东、非洲四国(阿曼、科特迪瓦、莫桑比克、埃塞俄比亚)	伙伴关系与地区政策(非洲)、“积极和平主义”与“安倍经济学”宣传、经济与能源合作、人文交流	会见中东非洲13国领导人(包括西非经济共同体成员国中11国),在非盟总部发表对非政策演讲,发表《日莫友好伙伴关系共同声明》与《日埃首脑会谈联合声明》,签署《日埃航空协定改定议定书》等14份外交文件
1月21日~23日	出席瑞士达沃斯论坛	宣传“安倍经济学”和“积极和平主义”	在论坛上发表基调演讲,与澳总理阿博特、瑞士总统布克哈特举行会谈
1月25日~27日	访问印度	伙伴关系、政治与战略协作、政府开发援助(ODA)	会见印度总理辛格,签署《强化日印全球性战略伙伴关系的联合声明》;受邀出席印度共和国日庆典
2月7日~9日	出席俄罗斯索契冬奥会开幕式	政治关系、缔结和平条约、防务合作、经贸关系(包括远东西伯利亚开发)	会见普京
3月23日~26日	出席荷兰海牙举行的第3届核安全峰会和七国集团峰会	核安全政策与安保政策宣传、日欧关系、经贸合作	签署有关核问题的《日美共同声明》;举行日美韩首脑峰会;与德、加、法、英、意、荷、哈萨克斯坦等国领导人进行会谈
4月29日~5月8日	访问欧洲六国(德、英、葡、西、法、比),并出席经合组织部长理事会和第二届日欧首脑会议	宣传“安倍经济学”、日欧经济伙伴协定(EPA)、防务合作(武器装备技术与联合军演)、日欧关系、日本与北约关系	作为经合组织部长理事会轮值主席发表基调演说,主持“东南亚地区项目”(由日本主导)成立仪式
5月30日~31日	出席在新加坡举行的第11届亚洲安全会议(香格里拉会议)	“积极和平主义”和日本安全保障政策、海洋问题、地区政策(对美、中、东盟)	在会上发表演讲,与新加坡总理李显龙会谈
6月3日~7日	访问比利时、意大利,出席七国集团峰会	国际形势与重大问题(环境、乌克兰、亚太安全)	与德、法、意等国领导人进行会谈

续表

时间	行程	主要议题	主要成果(会见、文件等)
7月6日～12日	访问大洋洲三国(新西兰、澳大利亚、巴布亚新几内亚)	伙伴关系、政治与战略协作、防务合作(武器装备与防卫部门合作)、经贸与能源合作、地区形势	日澳宣布建立"面向21世纪的特殊战略伙伴关系",签署《日澳经济伙伴协定》《日澳防卫装备物品及服务转移协定》等
7月25日～8月2日	访问拉美五国(墨西哥、特立尼达和多巴哥、哥伦比亚、智利、巴西)	伙伴关系与地区政策(南美与加勒比),EPA与TPP谈判,经贸与能源合作、入常	发表日本对拉美政策"三个指导理念",日巴宣布建立"全球性战略伙伴关系",主办日本—加勒比首脑会谈;签署《日巴全球战略合作伙伴联合声明》《日墨两国间关于金融信用制度的协定》《对加勒比8国环境与气候变化的无偿资金援助》等文件
9月6日～8日	访问孟加拉国、斯里兰卡	伙伴关系、经贸合作、ODA、海洋问题与防务合作、入常	
9月22日～26日	赴美国出席第69届联合国大会	介绍"安倍经济学"与防卫政策、联合国改革与入常、重大问题(埃博拉、环境气候变化)、地区组织合作(太平洋、非洲)	发表一般性辩论演讲;与联合国秘书长潘基文,以及澳大利亚、法国、埃及、蒙古、伊拉克、卡塔尔、伊朗、巴拿马等8国领导人会谈;其间主办日本—太平洋岛屿国首脑会谈与第二届日本—非洲地区经济共同体议长国首脑会谈
10月15日～18日	赴意大利出席亚欧首脑峰会	介绍"安倍经济学"与"日本再生战略"、"积极和平主义"、地区形势与重大问题(埃博拉、"伊斯兰国")	会上发表演讲,与北欧—巴伦支8国首脑首次会晤,与欧盟及意、俄、乌、泰等30多国领导进行会谈
11月9日～17日	赴中国、缅甸与澳大利亚,分别出席APEC峰会、东盟相关领导人会议(东盟与日本"10+1"领导人会议、东亚峰会、东盟与中日韩"10+3"领导人会议)和二十国集团峰会	亚太安全、地区贸易体制、全球性问题(世界经济、能源、非传统安全、环境气候变化)	与中国领导人短时间会见,并与美、欧(盟)、俄、加、澳、印(度)、印(尼)、泰、新、缅、菲、马(来西亚)等14国领导人进行会谈;签署《日本—东盟合作反对恐怖主义与国际犯罪的共同宣言》等文件

资料来源:笔者根据日本外务省相关资料整理。

表 11-2　2014 年安倍国内会见外国元首一览

时间	外国元首名	主要议题	主要成果(倡议、文件等)
1月7日	土耳其总理埃尔多安	“积极和平主义”、经贸投资关系、ODA、人文教育交流	
2月5日	瑞士联邦委员会主席兼外长布克哈特	友好交流	
2月14日	马绍尔群岛总统罗亚尔	友好交流、太平洋岛国合作、ODA	
3月7日	爱沙尼亚总统埃尔维斯	“积极和平主义”、防务合作(网络安全)、乌克兰问题、日欧 EPA	
3月12日	索马里总统哈桑·穆罕默德	友好合作、ODA、非传统安全	
3月17日	越南国家主席张晋创	介绍“积极和平主义”、南海问题、防务合作(海洋、非传统安全)、ODA、人文交流	签署《日越首脑联合声明》、五个日本对越 ODA 项目协议及多个合作备忘录
4月7日	澳大利亚总理阿博特	伙伴关系、防务合作(防务装备、防卫部门交流与联合军演)、EPA、人文教育交流	就提升日澳“战略合作伙伴关系”发表新闻公报
4月14日	科索沃共和国总理萨奇	介绍“积极和平主义”、科索沃入欧	
4月15日	马尔代夫总统阿卜杜拉·亚明·加尧姆	海洋问题、环境气候变化与防灾、ODA、人文交流	
4月25日	美国总统奥巴马	日美同盟与防务合作(防卫指针修订、冲绳美军)、TPP、能源与气候变化、乌克兰局势、亚太安全	签署《日美联合声明》及附加议定书，美国重申对日防务义务(首次明确表示钓鱼岛问题适用于日美安全条约第五条)
5月12日	以色列总理内塔尼亚胡	政治对话、防务合作(国家安全保障局与防务部门对话、网络安全)、经贸与投资协定、中东与亚太形势	签署《日以首脑联合声明》
5月21日	马来西亚总理纳吉布	海洋问题、防务合作(海上保安部门共建)、经贸投资、TPP、人文交流	

续表

时间	外国元首名	主要议题	主要成果(倡议、文件等)
5月26日	孟加拉国总理哈西娜	伙伴关系、政治对话机制、经贸合作、ODA、人文交流	宣布建立"全面合作伙伴关系",建立外交部门副部长级会谈机制,日方提出"孟加拉湾产业成长地带构想",签署《日孟首脑会谈共同声明》等文件
6月23日	巴拉圭总统卡尔特斯	友好交流、经贸合作、ODA、人文交流	签署《日巴首脑会谈共同声明》及日本对巴两项无偿资金援助协议书等
6月24日	菲律宾总统阿基诺三世	南海问题、防务合作(援助巡逻船)、经贸合作与人才移民、人文交流	
6月30日	不丹首相托杰	农业援助、ODA、人文交流	
7月1日	马其顿总理格鲁埃夫斯基	友好交流、日欧关系	
7月22日	蒙古总统额勒贝尔道尔吉	经贸合作、EPA、能源合作	日方提出"促进蒙古出口与产业多样化的新倡议",签署《日蒙经济合作协定谈判基本达成及促进日蒙间贸易投资的共同声明》
9月1日	印度总理莫迪	伙伴关系、战略协作、防务合作(对话机制、武器装备、联合军演)、经贸合作、ODA、能源合作(稀土、核能协定)、联合国改革与入常	宣布建立"特别的全球战略合作伙伴关系";签署《日印特别全球战略合作伙伴东京宣言》以及能源、经贸、ODA方面相关协议或备忘录
10月24日	格鲁吉亚总统马尔格韦拉什维利	友好交流、介绍"积极和平主义"、经贸合作	签署《日本与格鲁吉亚关于"和平与民主主义的联手"的联合声明》
11月4日	密克罗尼西亚联邦总统莫里	友好交流	

资料来源：根据日本外务省相关资料整理。

总结2014年安倍首脑外交的具体实施，一些特点值得关注。

第一，从海外出访次数、访问国家数与首脑会谈数（包括海外与国内会见）看，安倍2014年"战略性外交"的实施力度基本和2013年相当。其中出访次数（14次）和新访问国家数量（25个）与2013年大致相同，但考虑2014年实际访问国家中包括一些2013年已访问的国家（美国、英国、俄罗斯、新加坡、缅甸等），2014年安倍实际访问国家数量较2013年更多，从一个侧面证明了其“战略性外交”的活跃度。

第二，在出访地区与外交重点方面，2014年“战略性外交”保持了对2013年的延续性。2013年“战略性外交”以东南亚作为起点，主要涵盖亚太与美、欧部分国家，而2014年的首脑外交则覆盖了其他未访问的大洲及地区。截至2014年7月末到8月初安倍访问拉美，安倍“战略性外交”在出访地区上完成了第一个“全球巡回”，标志是任内访问了所有大洲，但也存在“遗珠”即一些国家尚未访问。2014年下半年开始，安倍“战略性外交”进入第二个“全球巡回”。在此过程中，安倍不仅计划在访问国家方面“填补空白”，也期望在具体议题方面与相关国家推进合作，在稳固“前期成果”的基础上进行深化、落实乃至创新。

第三，安倍任内到访国家“名单”为近年历任首相最长，但其中长期缺少中、韩两大重要邻国。直到2014年11月APEC期间安倍才得以以成员国首脑一员的身份访问中国，迄今尚未实现对韩访问。实际上，安倍高度重视东北亚地缘外交，包括多次会见普京，在慰安妇问题上对韩放出“和解信号”等，重启对朝高层接触，试图解决绑架问题等，但由于各种原因，安倍政权的近邻外交始终陷于僵局，如后文所述，这也阻碍了“战略性外交”的顺利实施。

二　2014年安倍“战略性外交”的主要议题

通过首脑会谈与高层互访，安倍及其阁僚在海外及国内广泛开展外交活动，争取实际利益，为安倍的“战略性外交”这一政策框架填充具体内容。在2014年，安倍“战略性外交”着力推动的主要议题包括以下几方面。

（一）加快构建“伙伴关系”，积极阐述对他国及地区外交政策

安倍的“战略性外交”将加强日本与别国关系，把发展稳定的政治合

作乃至“战略合作”作为首要的任务。在日本看来，相比传统同盟关系，新形式的“友好伙伴”更具有灵活性，“且这一关系网络不能限于周边”。2014年安倍“战略性外交”中，在全球培养与加强各类“伙伴关系”，将部分“传统友好国家”提升为“战略合作伙伴”的议程成为重点。例如：2014年1月下旬，安倍访问印度，与辛格总理签署《强化日印全球性战略伙伴关系的联合声明》。同年9月，新任印度总理莫迪访日，日印再次通过宣言，在“全球性战略合作伙伴关系”前面加上了“特别”二字，提升其高度。2014年7月，以安倍访澳为契机，日澳宣布建立“面向21世纪的特殊战略伙伴关系”。[①] 8月初，安倍访问巴西时，正式宣布与巴建立“全球性战略合作伙伴关系”。[②] 日本与以上新兴大国及地区性“中等强国”之间的伙伴关系得到强化，政治对话机制得以完善，包括国家安全保障部门的定期对话、外交部门的政策对话、特别领域的专家会晤等得到建立。此外，日本和一些小国的“伙伴关系”或得到初创，或继续巩固。如2014年正式缔结的日本与孟加拉国的“全面合作伙伴关系”、与莫桑比克的“广泛互惠的‘友情’伙伴关系”，以及稍早前建立的日本与蒙古的“战略合作伙伴关系”、与斯里兰卡的“海洋国家间新型战略合作伙伴关系”、与越南的“广泛性战略合作伙伴关系”，等等。

除构建“伙伴关系”外，2014年，安倍内阁尤其重视外交政策的对外宣示。安倍频繁在国际场合发表演讲，其中不少含有日本外交政策、策略的系统性表述（详见表11－3）。其中，安倍1月访问中东非洲四国时，在非盟总部发表演讲，阐述日本对非洲政策的基本思路；5月初安倍访问欧洲期间，多次发表演讲，涉及日本对英国以及对欧盟及北约政策；5月底的亚洲安全会议上，安倍又提出日本外交的“新三原则”，即国际法、日美同盟及

① 外務省「安倍総理のオーストラリア訪問」、http：//www. mofa. go. jp/mofaj/a_ o/ocn/au/page3_ 000843. html。

② 外務省「安倍総理のブラジル訪問（概要と評価）」、http：//www. mofa. go. jp/mofaj/la_ c/sa/br/page3_ 000872. html；外務省「安倍総理のブラジル訪問に係る日伯戦略的グローバルパートナーシップ構築に関する共同声明」、http：//www. mofa. go. jp/mofaj/la_ c/sa/br/page3_ 000875. html。

与东盟的合作，还抛出“海洋法治三原则”；7月底8月初访问拉美五国时，安倍又提出日本对拉美政策的“三个指导理念”。有分析认为，继2013年访问东南亚三国时提出“日本外交新的五原则”后，安倍及其幕僚的对外政策发言力度不减反增，显示出一定的策略性。[①] 2014年成为安倍在海外的“政策演讲年”。

表11－3 2014年安倍海外主要政策演讲

时间及场合	演讲题目	演讲主要内容
1月12日，访问莫桑比克期间（出席双边商务论坛）	日本—莫桑比克投资论坛上的主旨演讲	宣传日本在莫桑比克投资与经济援助的成效；号召非洲国家响应日本在TICADV会议上提出的“ABE倡议”与最新公布的“天然气与煤炭发展倡议”，“选择日本作为经济伙伴”
1月14日，访问埃塞俄比亚的非盟总部	让“每一个人”强大的日本对非洲外交政策	介绍日本文化与企业伦理；提出日本对非洲外交的基本方向，即“重视每一个人”，特别是青少年与女性在经济社会发展方面的角色；宣传日本对非援助成果与设想，呼吁日非加强合作
1月22日，在瑞士出席达沃斯世界经济论坛	来自新日本的新视野	阐释“安倍经济学”具体内容，以及日本应对少子老龄化，推动结构改革的政策前景；说明“积极和平主义”内涵，主张在亚洲“确立普遍价值”，“实现法治”，抑制军备扩张，实现军事透明和建立危机管理体制等
5月1日，访问英国期间（出席伦敦市欢迎晚餐会）	重新定义日英关系	宣传“安倍经济学”具体内容，表明扩大对外开放决心，对日本经济前景予以乐观展望；期待日欧的EPA签署；阐述“积极和平主义”内涵，表达促进日欧关系特别是日英防务合作的意愿
5月6日，在法国出席经合组织部长理事会	在OECD部长理事会上的主旨演讲	介绍“安倍经济学”具体举措；表明“加速与世界经济伙伴间的EPA谈判”，“与拥有相同基本价值观的国家一起创建一个确保在公正规则下竞争的贸易圈”；期待日欧EPA的签署
5月6日，在比利时布鲁塞尔北约总部	日本与北约：必然的伙伴	宣称“日本已经做好准备做出国际贡献”；声称“亚洲的安全保障环境正在不断严峻化”；称日本有必要改变防卫政策并且“加强与共同价值观的北约的合作”，号召日本与北约“以海洋与女性问题为重点”进行防务合作

① 金子将史「転換期を迎える日本のパブリック・ディプロマシー」、『国際問題』Vol. 635（2014年10月）、42～43頁。

续表

时间及场合	演讲题目	演讲主要内容
5月30日，在新加坡出席亚洲安全会议（香格里拉会议）	日本，为的是法治；亚洲，为的是法治	称日本外交所依赖的“新三原则”是国际法、日美同盟及与东盟的合作。提出“海洋法治三原则”（国家主张必须依据法律，不得以主张为由诉诸武力或以武力相威胁，纠纷的解决必须确保和平），倡导建立危机管理机制与海上行为准则；强化东亚峰会机制与军事透明预算化，声称将全力支持东盟“确保海洋安全、天空安全、航行与飞行自由”
7月8日，在访问澳大利亚期间（出席国会两院总会）	在澳大利亚国会议事堂的演讲	回顾日澳关系发展历史，阐述当前建立新的日澳“特殊关系”的意义，强调日澳之间应加强经贸与安全保障合作
8月2日，访问巴西期间（出席日本对拉美商务研讨会）	在拉美商务研讨会上的政策演讲	提出日本对拉美外交“三个指导理念”（共同发展、共同主导与共同启发）；回顾日本与巴西和拉美国家友好史，以及日本对拉美援助成果
9月7日，访问孟加拉国期间（出席双边商务论坛）	日本—孟加拉国商务论坛上的基调演讲	介绍近年来日孟两国间经贸关系发展情况，阐述“安倍经济学”及其具体举措，提出双方未来经贸合作的要点（基础设施、能源、企业投资等）
9月22日，赴美国出席联合国大会期间（访问哥伦比亚大学）	在哥伦比亚大学访问时的演讲	从个人与家族经历出发，强调自己“最看重日美关系”，鼓励日美大学与研究机构推动对对方的研究，提出大力推进日美间青少年交流
9月23日，赴美国出席联合国大会期间（访问美国外交关系委员会）	在外交关系委员会的恳谈会及午餐会上的演讲	阐述日本在参加TPP问题上的态度，表明推进国内农业、能源与体制方面改革的决心和具体措施
9月24日，赴美出席联合国大会期间，召开第2次日本—非洲地区经济共同体议长国首脑会议	日本—非洲地区经济共同体议长国首脑会议上的演讲	表示将继续支持非洲应对埃博拉病毒；回忆与宣传日本对非洲援助成就；承诺继续扩大援助，号召日非加强合作
9月25日，赴美出席联合国大会	第69届联合国大会上的一般性辩论演说	承诺将继续支持非洲应对埃博拉病毒，支持中东国家应对“伊斯兰国”以及向乌克兰提供援助；宣传“积极和平主义”，表明推动联合国改革与“争常”意愿；称日本将继续通过援助扩大国际贡献，实现人类安全保障，“将增加女性力量作为杠杆支点”
10月16日，在意大利米兰出席亚欧峰会期间（出席亚欧工商论坛）	在亚欧工商论坛闭幕式上的讲话	宣传“安倍经济学”成就和农业、能源、投资环境方面改革的进展，号召日欧早日缔结EPA和实现全球自由贸易

资料来源：根据日本首相官邸、外务省资料与相关新闻报道整理。

（二）宣传“积极和平主义”，加速发展对外防务合作

安倍“战略性外交”当前的一大任务是对外宣传推广“积极和平主义”理念，将其作为日本“新安保政策”的代名词，从而为解禁集体自卫权、修订防卫政策法律、推进武器装备海外转移、扩大军事预算等“寻求国际社会的理解与支持”。2014 年，安倍及其幕僚的绝大多数外交活动均包含对“积极和平主义”的解释与宣传。具体话语场合不同，但日方反复重申的逻辑要点包括：(1) 日本战后坚持和平主义，为地区和平繁荣做出了贡献；(2) 后冷战时期周边安全环境的所谓“剧变”要求日本对防卫政策做出重大调整；(3)“积极和平主义”要求同时增强自主防卫能力与安全领域的“国际贡献”能力，从消极的、狭义的“一国和平主义”跨越到积极的、广义的“世界和平主义”；(4) 日本有能力和意愿参与国际维和、非传统安全、国际公域治理等，并在过程中主张“民主、人道主义与法治等基本价值观的实现”。①

在对外防务合作方面，2014 年，日本继续以海洋安全为核心议题，以东盟与印、澳两国为重点突破口。与东盟国家防务合作方面，日本将东盟定位为外交与防务政策输出的“最重要战场”“天然的海洋安保同盟”。② 安倍在亚安会议上表示：日本将全力支持东盟提高海洋安保能力，“结合政府开发援助、自卫队提供的能力培养、防卫装备合作等渠道”“不间断地提供援助”。继决定向菲律宾、印尼提供巡逻艇后，2014 年 3 月，越南国家主席张晋创访日时，安倍承诺将尽快向越方提供巡逻船，协助越方进行相关海洋调查。5 月，马来西亚总理纳吉布访日，安倍表示将“在海洋安全保障方面全力支持马方”，向马海上法令执行厅提供装备援助，协助其培养专门人才，并考虑在两国防务部门间建立海洋问题的新磋商协调机制。③ 6 月，菲

① 日本国際フォーラム『積極的平和主義と日本の針路』、http：//www. jfir. or. jp/j/activities/pr/pdf/37. pdf。

② 川島真「外交懸案長期の視野で」、『日本経済新聞』2015 年 1 月 8 日。

③ 外務省「日・マレーシア首脳会談」、http：//www. mofa. go. jp/mofaj/s_ sa/sea2/my/page4_ 000479. html。

律宾总统阿基诺三世访日，安倍支持菲律宾将南海岛屿争议问题诉诸国际海洋法法庭，并承诺尽快向菲移交巡逻船。同时，日本加大了向东盟国家推销武器装备，特别是海洋安保相关武器装备的力度。[①]

日印、日澳防务合作方面：2014 年日印两国通过首脑互访，一致决定加大日印在海洋安全问题上的合作，推进日印海军联合军演和海洋安保部门定期交流，加速日本向印度出口 U－2 水上飞机等武器装备出口项目等。[②] 另外，日本还加强了与南亚印度洋岛国的防务合作。安倍 9 月访问斯里兰卡时，宣布向斯沿岸警卫队提供装备与人才培养方面的援助，就向斯方提供巡逻船一事开始进行研究。[③] 4 月，澳总理阿博特访日，日澳双方同意尽快启动谈判，“在武器装备的转移与联合研发，以及日澳防务部门的合作方面，签署一揽子框架协议”。[④] 7 月安倍访澳时，双方正式签署了《日澳防务装备物品与技术转移协定》，并决定就两国防务部门合作，以及实现联合军演加快谈判。武器装备方面，澳方希望进口日本 AIP 潜艇技术，作为回应，安倍允诺与澳方在船舶流体力学、动力装备等方面展开共同研究。[⑤] 此外，安倍访问新西兰时，也表示将启动日新两国间防务部门关于相互提供物品与服务的协定谈判。[⑥]

与传统盟友与军事强国的防务合作方面：2014 年 4 月奥巴马访日期间，日美就推进防卫指针修订与冲绳美军基地搬迁达成原则一致，美国对日本解

---

① 如：2014 年 2 月中旬日本在冲绳主办日本—东盟防务部门副部长级会议期间，举办武器装备展示供来访的东盟防务部门高官参观；9 月，日本防卫省又在东京举办面向东盟的防务装备展览会，邀请东盟方面参加，三菱重工、川崎重工等企业参展。

② 外務省「日・インド首脳会談」、http://www.mofa.go.jp/mofaj/s_sa/sw/in/page3_000896.html。

③ 外務省「日・スリランカ首脳会談」、http://www.mofa.go.jp/mofaj/s_sa/sw/lk/page3_000905.html。

④ 外務省「アボット・オーストラリア連邦首相の来日」、http://www.mofa.go.jp/mofaj/a_o/ocn/au/page3_000730.html。

⑤ 外務省「安倍総理のオーストラリア訪問」、http://www.mofa.go.jp/mofaj/a_o/ocn/au/page3_000843.html。

⑥ 外務省「日・ニュージーランド首脳会談」、http://www.mofa.go.jp/mofaj/a_o/ocn/nz/page3_000844.html。

禁集体自卫权，在军事上主动承担更多同盟义务与“国际责任”表示支持，并鼓励日本与亚太周边国家发展军事合作关系。① 索契冬奥会访俄期间，安倍会见普京，建议加强于2013年启动的日俄外长与防长级“2+2”会议机制，继续海上反恐与打击海盗的联合军演。② 安倍访欧期间，日本与英、法、德等国就加强防务合作达成诸多成果。包括：确认于2015年举行首次日英外长与防长级“2+2”会谈；启动《日英防务装备物品与技术转移协定》谈判；推动日、英两军联合军演；启动日法军事装备技术合作的相关谈判等。日方还承诺将推动P-1侦察机对英出口，与英方联合进行空对空导弹研发，与法方联合推进无人潜水器等武器研发，共享网络安全方面的军事技术等。③ 通过访问北约，安倍推动了日本与北约的军事合作。2014年9月下旬，日本海上自卫队首次与北约成员国军舰在亚丁湾进行反恐与打击海盗的联合军演，这标志着双方的防务合作进入实质性阶段。

（三）宣传“安倍经济学”，强化对外经济合作机制，扩大经贸往来

安倍“战略性外交”包含经济外交。2014年，安倍及其幕僚在国际场合频繁对外介绍、说明和宣传“安倍经济学”“三支箭”的基本措施、前景，表明日本继续推进结构改革、改善投资环境方面的决心，从而增强外界对日本经济复苏前景的信心，吸引海外投资回流日本。2014年1月访问中东非洲四国、5月出席经合组织部长理事会、7月出访大洋洲三国与拉美五国，以及出席联合国大会、亚欧会议、APEC及东盟系列峰会时，“安倍经济学”都成为安倍对外宣讲的关键词，贯穿全年。6月底日本政府出台修订版《日本再生战略》后，安倍在出席亚欧会议以及接待外宾来访时也对其进行详细介绍宣传。④

---

① 「日米首脳会談：日米同盟の強化を確認」、『読売新聞』2014年9月25日。

② 外務省「日露首脳会談」、http://www.mofa.go.jp/mofaj/erp/rss/page23_000798.html。

③ 外務省「日英首脳会談」、http://www.mofa.go.jp/mofaj/erp/we/gb/page18_000286.html。外務省「日仏首脳会談」、http://www.mofa.go.jp/mofaj/erp/we/fr/page24_000267.html。

④ 外務省「安倍総理大臣の第10回アジア欧州会合（ASEM）首脳会合出席」、http://www.mofa.go.jp/mofaj/erp/ep/page18_000376.html。

在构建对外经贸体制方面，“战略性外交”也非常活跃。有分析指出，日本处于经济伙伴协定（EPA）、自由贸易协定（FTA）、跨太平洋伙伴关系协定（TPP）、区域全面经济伙伴关系（RCEP）交织的经贸体制与规则当中，“复杂性前所未有，也是世界上各国所少有的，日本需要在体制中努力掌握主导权”。[①] 在EPA方面，2014年4月，日澳首脑在东京宣布日澳EPA谈判基本完成，7月安倍访日时正式签署。[②] 另外，日本与蒙古基本完成EPA相关谈判，在蒙古总统访日时以协议方式确认。安倍访问拉美时与哥伦比亚、智利等国确认将加速EPA谈判，促进日本—拉美经贸关系。安倍在访欧和接待欧盟成员国领导人来访时，多次表示希望加速与欧盟的EPA谈判，在日本的推动下，目前有望在2015年中签署日欧EPA。另外，日本还积极与土耳其、孟加拉国等国启动EPA和投资谈判。在多边贸易体制方面，关于日本参加TPP，奥巴马总统访日时日美通过谈判“部分地弥合了分歧”，但在农产品等问题上仍处于僵持状态。相比之下，日本与其他TPP谈判成员的交涉则较为顺利。安倍在访问澳大利亚、新西兰、马来西亚、新加坡、墨西哥等国时，均表示将尽快完成TPP谈判，得到积极回应。RCEP方面，在会见东盟国家首脑与参加东盟系列峰会时，安倍也试图在这一问题上发挥积极影响。在东盟—日本“10+1”和东盟—中日韩“10+3”峰会上，日本均支持东盟在2015年底前结束RCEP谈判的设想。

2014年，安倍在外访和国内会见外宾时基本都会言及扩大双边经贸，促进日企投资。大型经济代表团随同安倍出访已成定例，且代表团规模不断扩大。如2014年1月安倍访问中东非洲四国时，陪同出访的企业、民间经济团体等达到28个。访问大洋洲三国时，陪同出访的企业高管与经济团体代表约30人，而访问拉美五国时这一数字达到70多人，创历史纪录。日本尤其重视借首脑外交契机打开拥有众多人口的新兴市场，重点为东盟各国、

---

① 中川淳司「メガFTAの時代 その背景と日本の通商政策の課題」、『国際問題』第632卷（2014年6月）、2頁。

② 外務省「経済上の連携に関する日本国とオーストラリアとの間の協定の署名」、http://www.mofa.go.jp/mofaj/press/release/press4_001040.html。

南亚的印度、斯里兰卡和孟加拉国以及非洲（特别是西非地区）和拉美等。安倍访问非洲时指出日企要大力投资基础设施建设与初级制造业，"让日本企业与当地环境充分结合"。[①] 印度总理莫迪访日时，安倍称将促进"安倍经济学"与"莫迪经济学"相互结合，使得2019年时日本对印投资额与在印投资日企数量较现在翻一番，五年内日本对印投、融资额达到3.5万亿日元。[②] 安倍在访问拉美时，表示愿意在海洋资源与航运、基础设施、医疗保健、城市化与环境保护等领域展开合作，推动日本汽车、造船、海运、医药企业进入拉美市场。

2014年安倍首脑外交行程中，两项工作受到重视：一是继续推动交通与能源基础设施或大型项目的对外出口，"推销日本"；二是通过主导或参与相关国家的大规模地区、产业发展规划，扩大对外投资。关于前者，安倍在访问英国、印度、墨西哥、巴西、马来西亚和新加坡时均扮演"首席推销员"，全力推动日企参与当地高速铁路或城际铁路项目，扩大新干线设备与技术整体出口。关于后者的代表事例包括：安倍访问莫桑比克时宣布支持该国北部纳卡拉回廊地区的经济开发，愿意提供一揽子援助700亿日元；通过日印首脑互访，日本进一步确保了在印度的"德里—孟买工业走廊"所占的投资份额；孟加拉国总理哈西娜访日时，安倍提出"孟加拉湾产业地带构想"，承诺在未来4~5年提供6000亿日元援助用于建设这一产业地带，孟方承诺为日企建设专门经济特区。[③] 蒙古总统访日时，日方提出"促进蒙古出口与产业多样化的新倡议"，表示将推动日企参与这一产业发展规划。

（四）加强与相关国家能源合作

安倍的"战略性外交"以确保国家能源安全为目标之一，而确保和扩

① 外務省「安倍総理大臣のアフリカ訪問（概要と成果）」、http://www.mofa.go.jp/mofaj/af/af1/page18_000172.html。

② 外務省「日・インド首脳会談」、http://www.mofa.go.jp/mofaj/s_sa/sw/in/page3_000896.html。

③ 外務省「日・バングラデシュ首脳会談」、http://www.mofa.go.jp/mofaj/s_sa/sw/bd/page4_000485.html。

大海外能源供应源又是首要重点。安倍2014年1月访问阿曼时，提出希望阿曼等海湾合作委员会成员国继续“保证对日本的石油和天然气的稳定供应”。[①] 在访问莫桑比克时，安倍借提出支持该国开发纳卡拉回廊地区，要求参与开发当地储量丰富的煤矿与有色金属矿。安倍访问大洋洲时，重点与澳大利亚探讨加强金属矿产资源方面的合作，安倍在澳总理陪同下参观西澳大利亚皮尔巴拉的铁矿，促使日企参与澳矿山投标，还与巴布亚新几内亚达成从该国进口天然气的意向。安倍访问拉美时，与相关国家就能源合作“高密度磋商”，包括从墨西哥进口天然气，从哥伦比亚进口煤炭与石油，与巴西合作开发南太平洋深海油田，扩大日企在智利铜矿、锂矿的开采权等。[②] 在亚欧近邻，安倍努力联络能源出口国。包括访俄时积极商讨扩大对俄天然气购买，与俄联合开发西伯利亚与远东近海油田等。印度总理莫迪访日时，日印签署稀土出口协议，由印方在2015年向日本供应超过2000吨稀土。日本还与蒙古、越南达成了稀土等有色金属的供应协议，与马来西亚就投资开发印度洋海上石油项目进行积极协商。

在确保能源供应的同时，安倍内阁也将推动能源技术出口作为一项经济和政治战略予以推动。日本期望“技术换资源”的方式，在取得所需资源的同时，为本国能源企业出口技术设备创造便利。2014年，安倍在会见中东国家领导人时多次表示，将在维持油气购买水平的基础上，考虑帮助中东国家发展能源产业。而在核电设备技术出口方面，顶着社会舆论压力，安倍全力推动“核电出口”。2014年4月，日本国会通过了向土耳其和阿联酋核能出口的协议，标志着国会对“核电出口”的认可与放行。11月，日本又宣布加入《核损害补充赔偿国际公约》。在2014年的日印首脑互访中，双方表示将加速日印核能协议的谈判，为印度进口日本核电机组铺平道路。同时，安倍在访问越南、墨西哥、土耳其等国时，也和以上国家领导人达成了继续推进核电合作的共识。

---

① 外務省「安倍総理大臣のオマーン訪問」、http：//www. mofa. go. jp/mofaj/me_ a/me2/om/page24_ 000186. html。

② 外務省「安倍総理のメキシコ訪問 概要と評価」、http：//www. mofa. go. jp/mofaj/la_ c/m_ ca_ c/mx/page4_ 000591. html。

（五）对外实施人道主义与经济开发援助

对外援助是日本外交的战略工具。2014 年是安倍通过“战略性外交”渠道对外做出大量援助承诺，借此提高日本国际地位，加强与他国政治经济关系的一年。例如，安倍访问中东非洲四国时，在科特迪瓦与埃塞俄比亚宣布，对西非经济体提供 8340 万美元用于经济复兴与改善贫困、对南苏丹和中部非洲国家援助 2.3 亿美元用于“防止人道主义灾难”。在访问大洋洲期间，安倍承诺向太平洋岛国提供关于气候变化与防灾、港口建设与海运，以及生活物资供应方面的一系列援助。安倍访问拉美期间，日方与加勒比八国签署了《日本—加勒比应对环境与气候变化的伙伴关系协定》，日本承诺继续扩大对加勒比国家的援助。[①] 在应对国际重大问题（如乌克兰危机、叙利亚危机、埃博拉疫情等）时，安倍在国际场合也做出“快速反应”。乌克兰危机爆发后，安倍在参加海牙核安全会议时承诺向乌克兰紧急提供 1500 亿日元援助，支持乌度过债务危机与“推动民主化进程”，此后又追随西方大国向乌追加援助。在叙利亚危机问题上，日本除承诺援助 10 亿美元用于消除化学武器外，在 2014 年初，还向土耳其及其他周边中东国家追加了人道主义援助。

在 ODA 常规项目方面，2014 年是日本 ODA 的“改革年”，日本继续推动官方援助的结构调整，在此过程中，安倍“战略性外交”被赋予通过援助推动战略利益实现的作用。[②] 一方面，日本加大对新兴国家大规模地区开发项目的援助，如上文所述的印度“德里—孟买工业走廊”“孟加拉湾产业地带构想”等，推动日企海外投资，改善当地投资环境。另一方面，日元贷款项目继续向印度、越南、孟加拉国、蒙古、菲律宾等传统日本 ODA “受助大户”兼“重要伙伴国”倾斜。在“战略性外交”的活跃下，2014

---

① 外務省「カリブ8か国に対する環境・気候変動対策無償資金協力」、http://www.mofa.go.jp/mofaj/press/release/press4_001123.html。

② プルネンドラ・ジェイン（Purnedra Jain）「日本の対外援助政策と国益」、『国際問題』No. 637（2014 年 12 月）、17 頁。

年，日本签署了大量 ODA 项目协议（参见表 11－4），其中大多数均为安倍对外亲口承诺并重点推动，单是安倍访印时就一次性对印新承诺 2000 亿日元的 ODA 项目，莫迪访日时安倍又追加承诺多个对印 ODA 项目，拉拢印度的战略考虑不言自明。

表 11－4　2014 年日本对外 ODA 日元贷款大型项目一览（以日本国际协力机构正式签署协议为准）

国家	签署协议日期	项目内容	贷款总额(亿日元)
印　度	1 月 28 日	印度工科大学海德拉巴分校建设(一、二期)	230.35
	1 月 30 日	比哈尔邦国道维修(二期)	214
	3 月 31 日	印度德里高速公路建设项目、哈里亚纳邦电力设备维修项目、阿格拉市自来水道建设项目(共 3 项)	1830.79
	4 月 11 日	北阿坎德邦森林资源管理项目	113.9
	9 月 1 日	新型可再生能源开发援助项目(二期)、中小企业节能援助项目(三期)	600
孟加拉国	6 月 16 日	超临界压煤炭火力发电站项目、小农户生产扶持项目、天然气有效利用项目、核心城市行政能力强化项目、沼泽地区应对洪水和消除贫困项目(共 5 项)	1209.86
越　南	2 月 28 日	大任水力发电站增设	75.15
	3 月 6 日	越南经济发展与竞争力强化项目、应对气候变化援助项目(共 2 项)	250
	3 月 18 日	南北高速公路建设项目、海防国际港建设项目(共 3 项)	864.25
乌兹别克斯坦	11 月 10 日	图拉库尔干火电站项目	718.39
印度尼西亚	2 月 24 日	印尼爪哇南线铁路复线化项目、雅加达地区铁路圈建设项目、雅加达特别州地下水道维修项目、贫困地区基础设施等(共 7 项)	623.34
菲律宾	3 月 19 日	灾害重建备用借款	500
土耳其	1 月 17 日	霍尔木斯海峡地铁(二期)项目	429.79
伊拉克	2 月 16 日	南部港口地区重建项目	391.18
斯里兰卡	3 月 28 日	柯拉尼河新桥建设项目	350
突尼斯	7 月 17 日	迈杰尔达河流域洪水治理项目、雷兹港发电站项目	484.73
秘　鲁	3 月 31 日	灾害重建备用借款	100
	11 月 7 日	水电站建设项目，河流沿岸洪水治理项目	137.17

续表

国家	签署协议日期	项目内容	贷款总额(亿日元)
莫桑比克	1月13日	复合式火力发电站建设	172.69
乌克兰	7月17日	经济改革开发借款	100
斯里兰卡	9月23日	电视信号数字化项目	94.24
尼日利亚	5月26日	霍乱扑灭项目	82.85
蒙　古	3月12日	工科大学高等教育支援项目	75.35
巴基斯坦	6月4日	电力行业改革项目	50

资料来源：根据日本国际协力机构（JICA）资料与相关新闻报道整理。

（六）促进民间往来与人文交流

安倍“战略性外交”重视“跨越国境的人与人的交流”，并试图将其转化为日本的国际影响力与战略竞争力。2014 年，安倍“亲自出马”推动民间往来与人文交流项目。例如：2014 年 4 月奥巴马访日时，日美签署的《日美联合声明》附属议定书中，特别提到“对于日美同盟的将来不可或缺的投资”，即人员往来和研究人员、留学生派遣。日方计划在近年将日美间文化、教育交流人数再翻一番。澳总理阿博特访日时，安倍支持澳政府的向亚洲国家派遣留学生为内容的“新科伦坡计划”，允诺增加日本大学招收澳留学生名额，研究启动以日澳议员交流与日语教育推广为内容的“日澳东经 135 度构想”。马来西亚总理纳吉布访日时，安倍表示支持马方“东方政策 2.0”中向日本增派留学生，加强人文、科技交流的内容；访问巴西时，安倍承诺通过“科学无国境”计划，扩大日本大学与研究机构对巴西留学生的录取，今后三年内邀请超过 900 名巴研究人员来日进修。安倍在日土首脑会谈中积极表示，愿意加速与土方合作，建设日本—土耳其科技大学作为两国人文教育交流的“模范工程”。

安倍通过首脑外交，在外交、教育部门的策划协助下，对外推广了一些系统化的、大型的民间交流项目，进行软实力输出，联络对象国国民感情。除继续推进知名度极高的“酷日本”项目外，安倍指示恢复了在民主党执政期停办的“21世纪东亚青少年大交流计划”（JENESYS），启动了预计参与者规模超过3亿人的新的JENESYS 2.0项目，在2014年的外访当中，安倍不遗余力地推广这一项目。另外，2013年12月，安倍在APEC首脑峰会上提出“文化的WA项目”（WA在日语中有和、环、轮的意思），该项目旨在通过推进文化艺术的双向交流，以及推广日语教学，在亚太地区促进日本的民间外交，扩大影响力。2014年4月，日本国际交流基金正式启动这一项目，项目资金总额300亿日元，以东南亚国家作为项目首要的也是最重要的推广地区。①

三 2014年安倍“战略性外交”的实施特点

在2014年，安倍的“战略性外交”以构建伙伴关系，强化政治与战略协调，拓展对外防务、经贸与能源合作，实施对外援助，促进民间往来与人文交流为主要议题。以上议题的推进、落实与翻新，使得当前安倍“战略性外交”的特点更为鲜明，且较过去有了新的发展。

在过去一年，安倍“战略性外交”的实施特点主要如下。

（一）“强化的价值观外交”，作为外交工具的价值观因素进一步凸显

意识形态的“普遍共享的价值观”是安倍“战略性外交”的重要构成与推进动力。在2014年，安倍“价值观外交”或者说“战略性外交”中的价值观因素进一步加强，主要体现在：（1）在宣传“积极和平主义”“安倍经济学”等理念或政策时采用更富有价值观色彩的话语，以树立本国正面乃至崇高的国际形象；（2）更积极地宣扬国与国之间的“价值观纽带”，以实现或捍卫普遍价值为名，与所谓“先进民主国家”及“民主市场转型国家”同步强化合作；（3）在军事与安全保障领域更频繁诉诸“法

① 金子将史「転換期を迎える日本のパブリック・ディプロマシー」、44頁。

治”“秩序”等概念（如所谓“海洋法治三原则”），并强化其价值属性，做出道德判断，向“战略对手”施压；（4）在参与国际重大问题或全球公共治理时，更坚决地与西方宣扬的“价值观标准”保持一致，彰显本国道德姿态、利益中立立场或“公益提供者”的身份；（5）在推进民间外交时，运用与人权相关的价值观理念拉拢别国国民，进行“亲善往来”。“战略性外交”中价值观因素的增强，在安倍本人首脑外交与对外政策宣讲中得到了充分体现。应该说，这既是日本外交决策者的相应西方式意识形态外交并为己所用的主动选择，也是国际形势特定背景（叙利亚问题、乌克兰危机、“伊斯兰国”崛起、全球性问题凸显等）有利于价值观话语发挥影响力的客观情况所致。

如前文所述，安倍的“战略性外交”力图运用“价值观外交”，并主动地、务实地捍卫与扩大国家利益。“战略性外交”体系中价值与利益因素是共存的。一国外交战略的根本目标是国家利益，日本所宣扬的“作为政策终极目标的价值观”实质上仅是实现现实利益的工具。现在日本在推进对外合作时，已在毫不掩饰地谈“一切为了战略利益”。有日本战略学者指出，安倍在必要的场合会毫不犹豫“拿下‘价值观外交’的招牌”，转向“实用性外交”。但他也同时指出，为了政策效果，日本不仅不能放弃“价值观外交”，还要对其进行“重建”，将对现实利益的追求更好地纳入价值观话语与理念当中。① 在一些日本战略学者看来，“价值观外交”具有可解释、可操作的弹性，体现了日本在政治体制与文化身份上的“优越性”，是区分日本与“某些民主体制外国家”政策立场的关键，可以被用来“攻敌所短”。② 在利用“价值观外交”施压战略对手心态的支配下，安倍的主要外交智囊们继续推崇这一手段，“战略性外交”中价值观因素有被日益工具化的趋势。③

---

① 神保謙「価値観外交を再建する」、『上毛新聞』2015年1月3日。

② 「安倍外交の方向」、『産経新聞』2014年3月23日。

③ 参见吴怀中《安倍“战略性外交”及其对华影响评析》，《日本学刊》2014年第1期，第59页。

（二）“外围拉动内线”，在“外围地区”乃至“边疆地区”加大投入

2014年，日本与近邻特别是与中、韩两国的关系处于僵局，作为日本外交传统重点的“核心地区”或“内线”，东北亚依然是日本外交的难题。而与之形成鲜明反差的是，日本在距离本土较远的，传统观念中日本外交的“外围地区”或者“边疆地区”频频出手。相比2013年，安倍首脑外交的路程更远，对非洲、大洋洲、拉美等日本外交影响力“相对薄弱”的区域进行了较长时间的“巡访”，营造出富有成效的声势，展示“全球布局”的意识。对此，有日本学者指出，相较过去重点经营周边，现在主张“全球视野”的日本在拓展“外交边疆”方面，投入了前所未有的资源，“彰显出行动力的增强”。在所谓日本外交的“边疆地区”，不少国家其实都与日本有着传统友谊且无重要矛盾，日本加强在这些区域的活动，阻力较小，容易取得“外交业绩”。①

在近邻外交受阻的情况下，日本选择“迂回路线”，将目标转向日本外交的“外围地区”乃至“边疆地区”。这是一种“以外围拉动内线”的策略性应对。名义上是实践外交上的“全球视野”“填补影响力空白”，实质是竭力扩大势力范围，壮大“盟友阵营”，为解决核心议题聚敛谈判筹码与博弈资本。正如有美国学者指出：“日本认为：孤立的处境只会让难题更难解决，导致更孤立的处境。因此谋求解决问题的关键，在于赢得国际上的广泛支持，作为自己立场的后盾。”② 安倍依然会伺机谋求打破东北亚外交僵局，但一旦难以取得进展，他仍将诉诸类似“远交近攻”的方式，以求摆脱外交困境，重新掌握主动权。

① 美根慶樹「検証・安倍政権：活発だった首脳外交、中韓関係が課題」、『The Page』2014年12月号。

② James Schoff, “Shinzo Abe's ‘Unprecedented National Agenda’,” *Deutsche Welle*, September 11, 2014.

（三）“外交战略的军事政策化”，军事因素在对外政策中的比重扩大

当前，安倍“战略性外交”中的对外防务合作议题比重日益提升，“外交战略军事政策化”趋势加强，“安倍国防学”与“安倍外交学”的相互融合进一步加深。这主要体现在：（1）借助外交场合宣传“积极和平主义”与日本安全保障政策新变化，最大限度“谋求国际社会的理解与支持”；（2）通过首脑或高层外交，强化地区军事同盟网络，在修复稳定日美同盟的基础上，重点发展东盟、印、澳的防务合作，完善机制以构建多组“日美+1”的地区军事同盟；（3）通过全球范围和在国际组织内的外交活动，更深度介入国际维和、非传统安全与国际公域治理，显示日本的合作意愿与能力；（4）在海洋安全、网络安全等敏感领域，力争在国际场合掌握合作领导权与话语权，通过外交运筹联络相关国家，构筑针对“战略对手”的“非正式同盟”。

从短期角度看，安倍内阁致力于在武器装备技术转移、防务部门对话、各军种（特别是海军）联合军演这三个具体方面，与相关国家取得合作上的“突破”。而从中长期角度看，日本则期望借这种“突破”，与重点合作国家签署一揽子全面性的防务合作框架协议，乃至打造军事合作伙伴的“模范样本”，使日本在日美同盟之外增加新的军事、战略盟友选择。其中，印度与澳大利亚被日方看作“重要的，有巨大潜力的合作者”。

2014年，安倍内阁加速对外防务合作。这与日本国内政治的驱动密不可分。在执政集团逐步推动“国防正常化”的背景下，新的“防卫装备转移三原则”和解禁集体自卫权为日本发展对外防务合作提供了“新生资源”和新动力。在日本外交决策者看来，发展对外防务合作对外可以增强日本的军事实力与行动能力，将其转化为外交博弈筹码；对内还可以促进“国防正常化”的进度，为日本的强军政策提供理论支持与现实的既成案例。可以预见：安倍的“战略性外交”将因军事要素比重的持续提升而更加“战略性”，即与“高政治”议题和军事安全更密切结合。外交手段更加倾向于为防卫政策服务，而防卫政策的“变革”及“输出”又让外交政策的“战略色彩”与保守性更加浓重。

（四）“以点带面”，着力发展与区域组织及国家集团的关系

为提升“俯瞰地球仪外交”的覆盖面积与实施效率，安倍除积极拉拢双边伙伴外，还注重发展与区域组织及国际集团的关系。2014 年，安倍运用首脑外交，通过双边、多边国际场合与区域组织、国家集团开展对话，强化整体合作关系，其力度超过 2013 年。例如：安倍借访问中东非洲四国，与海湾国家合作委员会重要成员国、西非经济共同体与非盟强化了合作关系；借访欧出席经合组织部长理事会，与欧盟、北约加强了经济与防务合作；借访问大洋洲，加强了与太平洋岛国组织的联系；借访问拉美，发起了首次日本与加勒比共同体首脑峰会，并加强了与美洲国家组织之间的联系；在出席联大期间，主办与太平洋岛屿国首脑会谈，以及与非洲地区经济共同体的首脑会谈；借出席亚欧首脑峰会，不仅与欧盟领导人对话，还首次与北欧—巴伦支八国领导人举行会谈。至于与日本地理或政治关系向来较为密切的东盟、南亚国家组织等，年内也与日本保持了密切往来。

所谓“以点带面”，反映了日本当前推动“战略性外交”的另一主要思路，即充分利用多边外交场合，以及与区域组织部分成员国之间的关系，作为“关系杠杆”“一点带动全局”，加强与地区组织及国家集团的合作。为此，一方面，日本更加重视与区域大国及“地缘支轴国家”的关系，期待借重它们的力量，带动与区域内其他国家关系的发展。这些国家包括印度、巴西、澳大利亚、新加坡、印尼、沙特、土耳其等；另一方面，日本在与区域组织对话时，“以同一的态度对待组织各成员国”，关切其共同关注的问题，以“实务合作者”或“公益提供者”身份介入地区事务，乃至引领地区议程。有日本舆论称，这种“以点带面”的努力能否成功，实际上反映了日本“是否有能力作为大国”。“如果具备成为真正国际社会领袖的潜能，就应当有能力、有自信与另一个庞大的集团对话，带动它行动。”① 在日本

① 美根慶樹「検証・安倍政権：活発だった首脳外交、中韓関係が課題」。

渴望提升国际威望，而外交、人、财、智力资源又受到限制的情况下，这一“最大化外交成果”的方式将会被继续广泛采用。

（五）“声势外交”，高度重视“形象工程”与媒体宣传

如前所述，2014 年安倍的“战略性外交”将加强对外宣传能力作为重要目标。而长期以来，安倍的“战略性外交”就以重视塑造“形象工程”，大造舆论声势为特色，某种意义上可被称为“声势外交”。目的是对内对外营造“战略性外交”频繁取得成果，日本“在国际上普遍受到欢迎”“立场得到广泛支持”的印象。其主要表现包括：（1）在特定议题的国际宣传方面，动员官方与民间力量联合应对，进行“总体舆论战”，特别是在历史问题方面，日方持的态度是“面对相关国家的批判声浪不能轻易让步”，“反对恶意诽谤”，“明确传达日本的信息与立场”;①（2）在首脑及高层外交中，对日方行程进行“精心组织安排”，频繁制造外交活动上的“第一”“里程碑事件”等，彰显与美化日本与相关国家的“特殊关系”以及领导人之间的“亲密感情”（如安倍与奥巴马、莫迪、阿博特等人的所谓“私人交情”或“密友关系”）；（3）发动国内主流媒体，对日本外交活动进行“暴风骤雨般的”正面报道，这些报道大多“报喜不报忧”，欠缺客观性与批判性，甚至有意掩盖“战略性外交”实效不足之处。有观点指出，这种“关注传播学效果胜过实际成效”的“声势外交”，实际上可视为安倍国内政治宣传在对外政策上的延续，“安倍首相善于利用媒体，制造关注与形象，为政治目标服务”。②

（六）“防华”与“制华”，针对中国的一面继续增强

安倍的“战略性外交”并不以针对中国为全部内容，但毫无疑问其中包含了“大量的中国因素”，且明显受其牵引，这一点安倍及其外交智囊们

① 川島真「外交懸案長期の視野で」、『日本経済新聞』2015 年 1 月 8 日。
② 「迷走中の安倍外交：政策効果を検討する」、『朝日新聞』2014 年 9 月 3 日。

有时也不讳言，谷内正太郎就曾表示“俯瞰地球仪外交”“是以中国的崛起为主要问题意识的”。随着“战略性外交”的推进，以及中日关系持续处于僵局，日本外交政策中防范与遏制中国的一面持续增强。主要表现在：(1) 加强利用外交手段，联合中国周边国家，继续对中国进行“环绕”与“围堵”，组织针对中国的“非正式联盟”。正如日本智库提交安倍的政策建议书所言，日本认为“对中国无论对抗或者接触，都需要充分联络东南亚国家、澳大利亚与印度，赢得其呼应，使日本处于有利的地位”①。(2) 在继续加强日美同盟、“挟美制华”的基础上，扩大与亚太乃至“印太”国家的防务合作（特别是在海洋安全方面），试图“封锁”所谓太平洋“第一岛链”和南海—印度洋航路，增强对中国的战略威慑力，限制中国海权力量发展。(3) 在东海与钓鱼岛“坚定应对”的同时，利用外交渠道频繁地插手南海问题，联合并扶持南海声索国“搅局”以牵制中国。(4) 更主动地利用国际场合渲染“中国威胁论”，利用并激化别国对中国的怀疑与防范心理，试图削弱中国的软实力。(5) 更密切地“盯防”中国外交动向，利用经济外交、能源外交及援助手段，在重点区域或关键国家“挖墙脚”，排斥或抵消中国的影响力，与中国展开“全球范围的地缘竞争”。

总的来看，安倍“战略性外交”中涉华部分的基本策略是：持续性采取“合纵连横”的方式，借助外力，在实力、舆论与心理方面同步加大对中国的施压，促其“退缩”或内部“生变”。日本战略学者表示，在中国“更积极扩大核心利益范围”“建设军事力量”的情况下，“对反对中国挑战的国家应当尽快与其大幅加强彼此的合作”，“增加中国因独断专行所需付出的成本”。② 这些论断不仅印证了日方“合纵连横”的策略，也足以反映日本面对中国崛起日益强烈的焦虑感与竞争对抗心理，将中国作为战略上“首要假想敌”的心态愈发突出。在以上的基本策略与特定心态驱动下，2014 年，安倍“战略性外交”中的“防华”“制华”有了新的发展。例如，

---

① 日本国際フォーラム『積極的平和主義と日本の針路』。

② 飯田将史『海洋へ膨張する中国』、角川マガジンズ、2014 年 9 月 2 日、4 頁。

在中国领导人对朝鲜半岛、欧洲、澳大利亚以及拉美进行外交访问后，安倍均高度关注并迅速“跟进”，大张旗鼓地利用首脑外交，与中国在这些区域展开直接的影响力竞争。在访问北约总部和出席亚安会议时，安倍均在演讲中明确指责中国，在其他外访活动的发言中暗批中国“不遵守法律”“单方面以强力挑战与破坏地区秩序”的次数也在增加。① 因而，有美国学者指出，种种迹象表明，“安倍外交”当中防范、遏制中国的举措不会是一种短期应对，而是反映了一种长期的战略心态，会持续下去。②

四　结语：安倍“战略性外交”的得失与前景

两年以来，安倍的“战略性外交”逐步前进，轮廓、层次到具体内容渐次清晰。从短期角度看，它是安倍内阁确保较长期执政地位背景下，得以稳定产出的对外政策举措；而从中长期角度看，它是冷战结束后日本日益明

① 2014年5月初，安倍在北约总部的演讲中称：“从冷战即将结束至今，中国军费基本一直以每年10%以上的速度递增，26年已扩大至40倍。最近10年，与日本防卫预算 -1.2%的负增长形成鲜明对比的是，中国军费扩大至4倍。而且……其军费的扩大，内容明细并未公开，存在不透明的问题……（因为中国）东海、南海，频繁发生试图依靠‘势力’单方改变现状的情况。东海，尖阁诸岛（即我国的钓鱼岛）周边的日本领海不断受到侵入。而且，设定不当侵害公海上空飞行自由的防空识别区一事，让人记忆犹新。对于接近我国领空的军用机，自卫队机的紧急出动次数，目前已经达到了冷战最紧张时期的同等水平……南海，不断出现仅基于单方主张的行动，使地区国与国之间的紧张气氛骤增。”在5月底的香格里拉会议上，安倍的演讲称：“我们政府强烈支持菲律宾希望根据三原则为解决南海纠纷做出的努力。我们同样支持越南希望通过对话解决问题的姿态……企图不断使用既成事实、使现状变化固定化的行为，是违反三原则精神的，理应遭到强烈谴责……日本与中国，在2007年我担任首相时，与当时的温家宝总理之间达成了共识。我们约定为预防日中两国发生不测事态，建立海洋、天空的联络机制。然而，遗憾的是，这并未实际付诸实施……我们，不欢迎在海上战斗机、舰船遭遇危险的情况发生。”参见安倍晋三「北大西洋理事会における安倍内閣総理大臣演説：日本とNATO：必然のパートナー」、2014年5月6日、http：//www. kantei. go. jp/jp/96_ abe/statement/2014/0506nato_ enzetsu. html；安倍晋三「第13回アジア安全保障会議（シャングリラ・ダイアローグ）安倍内閣総理大臣の基調講演」、2014年5月30日、http：//www. kantei. go. jp/jp/96_ abe/statement/2014/0530kichokoen. html。

② Clint Richards, “Abe's Attempt to Corner China through Diplomacy,” Diplomat, May 2014, http：//thediplomat. com/2014/05/abes - attempt - to - corner - china - through - diplomacy.

确的“正常国家化”追求在新时期对外政策方面的体现。在内政外交联动的背景下，日本积极进取的“战略性外交”已逐渐成为以增强自主性与尊严，争取经济、政治乃至军事全方面复苏作为目标的国家战略的重要一环。2014年，安倍“战略性外交”正是在这样的逻辑下得到继续推进的。

关于“战略性外交”迄今为止的得失。从日本国内的视角，以自民党执政集团及安倍的利益诉求来衡量，其实施确实取得了一定的、阶段性的成果，至少可以概括为以下几方面：（1）持续性的外交活动提升了日本在国际社会的存在感，一定程度上改变了外界对日本政治外交“混乱、软弱、缺乏延续性”的印象；（2）“全球外交”部分地改善了过去日本外交视野狭窄、缺乏主动性等问题，推动了外交与战略决策机制的“结构改革”；（3）一定程度上增强了国际社会对日本的理解和认识，从整体上，有助于其他国家对“安倍新政”的接受和认可；（4）在具体议题，如经贸与能源合作、联合国改革与“争常”方面，日本已经因“战略性外交”而享受到一定的实惠。

但是，从地区形势的角度看，安倍的“战略性外交”所输出的大多是“负能量”，特别是“战略性外交”中外交与防卫政策趋于融合，促使日本更坚定地走向“强军之路”，这加剧了地区安全困境和军备竞赛，对地区稳定施加了负面影响。同时，日本当前的对外政策输出了国内的保守民族主义、修正主义历史观，以及对于邻国的对抗性思维，在地区内挑动、激化了观念上的矛盾冲突，这不仅在地区事务中树立了错误的范例，也最终会对日本的国家利益造成损害。

与此同时，安倍的“战略性外交”也随着实施而暴露出欠缺平衡性、可持续性的问题与弊病。具体可以概括为“四个背离”：（1）“俯瞰地球仪”名与实的背离。安倍的“战略性外交”因始终不能解决日本的东北亚外交困局，特别是与中、韩的关系僵局而被揶揄为“甜甜圈外交”。日本在其他地区的外交成果与近邻外交的困窘形成鲜明对照。（2）期待目标与实际效果的背离。过分“迂回”的“战略性外交”一直无法直面解决日本外交所面临的诸多难题与“悬案”，压制中国的目标也难以实现，而一些被寄予厚望的具体议题的进展很大程度上还是意向性的，需要付出较大努力才能落实。(3) 对外政策方向与国内民意的背离。正如一些日本学者所指出的，为了加强“战略性外交”以应对中国的挑战，“安倍内阁正加强军事姿态以及国内的一元化政治”，这与日本社会中要求优先发展经济、确保民主与和平主义的民意呼声是矛盾的，有可能因此加剧日本社会内部的意见分裂。① (4) 因资源不足而造成的意图与能力的背离。“战略性外交”的四面出击与日本有限的外交资源形成了矛盾。财政紧张导致外交出访经费“快速枯竭”，而“备受怀疑”的安倍个人健康状况能否持续经得起高强度的首脑外交，也可能成为问题。

关于以上问题的根本原因，一些日本学者分析称，“战略性外交”可持续性的不足，是由于安倍内阁在政策上追求短期效果，而欠缺长远考虑所致，“需要时间实现的目标不能急切地一蹴而就”，“战略性外交”距离真正的、可以信赖的长期战略还有距离。② 一些日本及日本以外的海外学者则指出，日本在历史问题上的“道义失分”损害了其他国家对日本的信赖，进而严重削弱了“战略性外交”的实施效果。甚至有学者表示，即使“战略性外交”一切都好，“安倍参拜靖国神社一举就能将其完全毁掉”。另外，现实证明，“战略性外交”过分针对或排斥中国的倾向，与现实中各国避免明确孤立中国，避免在中日之间“选边”产生了矛盾，这不仅无法确保日本在中日关系中占据主动，反而阻碍了日本与其他国家拓展合作。换言之，“战略性外交”可持续性的不足，很大程度上来自其对华政策可持续性的不足。

在政策前景方面，可以预见的是，安倍内阁将继续加大对“战略性外交”的投入，积极推动“俯瞰地球仪外交”发挥实效，已公布的2015财年日本国家预算中，外务省所管预算总额较2014年增长2.9%。预算方案明确表现出，安倍内阁将动员更多的外交资源推动“战略性外交”，政策的重

① 松村昌廣「中国の台頭と日米関係の展望」、ジャパン・タイムズ（Japan Times）、2014年7月24日。

② 藤原帰一「短期の成果求める政権」、『朝日新聞』2014年11月18日。

点包括：(1)“战略性地推进对外宣传”，特别是在二战 70 周年纪念的历史时刻，确保日本在历史问题上“避免陷入被围攻的境地”，“更好地传达日本的主张”；(2) 更积极参与全球性问题治理，特别是安全领域方面（反恐、军控、核不扩散、冲突地区维和）的议题；(3) 推动经济外交，促进日企海外投资并使其服务于经济复苏战略；(4)“战略性地运用对外援助”；(5) 继续改善优化外交决策与执行机制。[①] 除此之外，相比 2014 年“大规模地展开全球外交”，2015 年安倍的“战略性外交”在双边关系和地区层面可能将回归“传统重点”，包括将更多的精力投入到强化日美同盟，试图改善因历史问题严重恶化的日韩关系，缓和因乌克兰危机而陷入僵局的日俄关系。同时，在保持对中国战略竞争态势的前提下，试图对中日关系进行“有利于己的调控”，避免矛盾激化。总而言之，在执政集团特别是外交决策精英们的推动之下，安倍的“战略性外交”势必将在既定政策思路基础上，结合前一阶段“战略性外交”的得失分析，对具体实施方式进行调整，将更多的资源集中于优先目标，其动向与政策效果值得继续予以关注。

① 外務省「平成 27 年度予算：外務省所管予算」、http://www.mofa.go.jp/mofaj/files/000064869.pdf。

B.12

2014年日本能源外交动态及走向分析

庞中鹏*

摘　要：2014年，日本能源外交仍旧延续了日本传统能源外交的势头——牢固确保中东能源进口来源地。日本继续重视亚太地区能源外交，同时抓住时机积极开拓北美与中南美地区的能源外交。日本能源外交出现不少新的亮点——加勒比地区、巴布亚新几内亚、阿曼与莫桑比克等，这些地区和国家能纳入日本能源外交的视野，自然与这些地区和国家拥有丰富的能源资源以及占有得天独厚的地缘政治优势有密切关系。未来几年，日本必然会继续大力开展能源外交，非洲将会是日本极力拓展能源外交的又一个潜在热点地区。

关键词：能源外交　液化天然气　页岩气　海上交通安全　火力发电站

2014年，由于核电继续停滞不前，国内经济与社会所必需的石油与天然气等化石能源需要继续大量进口，日本继续大力开展了能源外交，以为日本经济与社会发展提供稳固的能源来源渠道，并进一步强化与巩固日本能源安全。这一年，日本重点开展了北美、南美、亚太以及中东与非洲等地区的能源外交。

* 庞中鹏，政治学博士后，中国社会科学院日本研究所助理研究员，研究方向为日本能源外交与能源安全。

一　日本对北美与中南美的能源外交

（一）日本对美国与加拿大的能源外交

2014 年 1 月下旬，日本经济产业大臣茂木敏充在阿联酋出席国际会议期间，与美国能源部长莫尼兹举行了会谈，茂木敏充向美方说明了日本制定新的《能源基本计划》的情况，双方就日美两国在天然气、煤炭、核电与清洁能源等各领域的合作交换了意见。茂木敏充还就美国在页岩气革命的推动下以低成本出口液化天然气的可能性以及尽早审批遗留项目等问题与莫尼兹进行了商讨。①

2014 年 4 月 24 日，美国总统奥巴马对日本进行了正式访问，访日期间，奥巴马与日本首相安倍晋三举行了会谈，之后双方发表了《日美共同声明——构建未来超越亚太地区的日本与美国》这一重要文件。该声明提到：日美两国认识到能源安全保障繁荣与稳定对两国而言是非常重要的；日本欢迎将来美国生产的液化天然气能够出口到日本；美国欢迎日本制定的包含和平安全利用核能及发展可再生能源的新的《能源基本计划》；日美两国共同促进两国企业深化在民用核能以及清洁能源开发领域的合作，并认为这是解决日益紧张的全球气候变化课题的重要一环；日美两国以联合国气候变化框架公约第 19 次缔约国会议为基础，将在 2015 年 12 月于巴黎举行的联合国气候变化框架公约第 21 次会议上，共同促进通过在气候变化框架公约之下全体国家都适用的拥有法律效力的议定书。②

2014 年 5 月上旬，日本经济产业大臣茂木敏充在意大利罗马出席七国集团能源部长会议期间，与美国能源部长莫尼兹又举行了会谈，双方确认在

① 経済産業省「茂木経済産業大臣がアラブ首長国連邦（UAE）を訪問しました」、http：//www. meti. go. jp/press/2013/01/20140123001/20140123001. html。

② 外務省「日米共同声明：アジア太平洋及びこれを越えた地域の未来を形作る日本と米国」、http：//www. mofa. go. jp/mofaj/na/na1/us/page3_ 000756. html。

美国出口液化天然气和核能等领域要加强双边能源合作关系。①

2014 年 9 月 8 日，日本经济产业省公布消息称，为帮助日本电力及燃气企业从美国阿拉斯加州进口液化天然气，将与该州的天然资源部就信息提供签署备忘录，日本经产省表示，将帮助日企进口英国石油公司等在阿拉斯加北部开发、预计 2023 年前后投产的天然气（该天然气项目的年产量为 1500 万 ~ 1800 万吨），在签署备忘录后，美国阿拉斯加州政府将向日方提供开发计划的具体内容和项目进展情况等信息，经产省将把获得的信息提供给日企，以便后者与生产方展开谈判。② 液化天然气从美国阿拉斯加运至日本约需一周时间，运输路程是从中东进口的一半左右；从阿拉斯加进口液化天然气将有利于日本能源供应稳定，还可削减运输成本。

2014 年 10 月 8 日，日本科斯莫石油公司正式宣布，将从美国进口作为页岩气开采副产品的轻质原油。这是日本企业首次从美国进口原油，日本通过进口美国产原油以实现进口来源多样化，将有助于日本能源的稳定供应。此次进口的轻质原油被称为凝析油，运载 30 万桶原油的油轮于 2014 年 10 月 9 日抵达日本三重县四日市炼油厂附近的港口，这批原油将与中东产的原油混合，用于提炼汽油、煤油及石油化工产品。③ 此次美国首次向日本出口原油，凸显出日本能源需求的升温，由于美国企业可以出口精炼燃料，如汽油和柴油，但不能出口原油，因此，相关美企将一些超轻质原油经过加工后，会被重新定义为燃料，从而可以合法地出口到海外。④

2014 年 11 月 6 日，日本石油天然气和金属矿物资源机构（JOGMEC）与美国能源技术研究所就开发新一代能源——甲烷水合物（可燃冰）签署

① 経済産業省「茂木経済産業大臣がイタリアに出張しました」、http：//www. meti. go. jp/press/2014/05/20140508001/20140508001. html。

② 《日本政府将帮助企业从阿拉斯加进口液化天然气》，http：//china. kyodonews. jp/news/2014/09/82277. html。

③ 参见张枕河《日本首次从美国进口原油》，《中国证券报》2014 年 10 月 9 日。

④ 美国原油出口禁令始于 1973 年 10 月爆发的第四次中东战争，美国当时决定尽快减少对进口原油的依赖，开始禁止出口绝大部分原油。但近年来美国“页岩气革命”使得美国油气产量爆发式增长，令美国放松原油出口禁令的呼声越来越高。

备忘录，双方将在美国阿拉斯加进行开采技术合作研究，力争在日本国内实现商业化开采。这是日美两国政府间第一份有关甲烷水合物调查及生产详细计划的备忘录，JOGMEC 理事长河野博文与美国能源部首席助理副部长史密斯在东京签署协议，日本经济产业大臣宫泽洋一与美驻日大使肯尼迪均出席了签字仪式。[①] 日美双方将于 2015 年开始在美国阿拉斯加州北部进行合作研究，在地质勘探基础上，寻找有利于商业化的开采方式，该研究计划持续五年，双方提出今后五年使日均产量达到 2 万立方米以上的目标，两国将在易开采的陆地上进行开采试验，从而确立低成本的开采技术，随后再到日本近海进行开发。[②]

2014 年 11 月 16 日，日本首相安倍晋三在出席于澳大利亚布里斯班举行的二十国集团（G20）峰会的间隙，与美国总统奥巴马举行了会谈。双方发表了《日美向绿色气候基金共同出资的声明》。在该声明中，日本提出向"绿色气候基金"[③] 出资 15 亿美元，美国则向"绿色气候基金"出资 30 亿美元。[④] 奥巴马总统对安倍提出的出资额度表示感谢。双方一致认识到，日美两国将对推进达成新的气候变化框架公约做出贡献。德国和法国已宣布向"绿色气候基金"出资 10 亿美元，日本希望通过出资超过该金额，以做出与其经济规模相衬的"国际贡献"，以此来加快全球变暖新的国际框架的谈判进程。

2014 年 3 月 25 日，日本首相安倍晋三利用出席在荷兰海牙举行的核安全峰会之机，与加拿大总理哈珀举行了会谈。安倍向哈珀表明，希望加拿大

---

① 日本経済産業省「JOGMECと米国 NETLがメタンハイドレートの日米共同研究に関する覚書に署名しました」、http：//www.meti.go.jp/press/2014/11/20141106005/20141106005.html。

② 《日美将合作开发"可燃冰"》，http：//cn.nikkei.com/industry/ienvironment/11716－20141105.html。

③ 绿色气候基金（Green Climate Fund，GCF），是 2011 年 11 月 28 日至 12 月 9 日在南非德班召开的《联合国气候变化框架公约》第 17 次缔约方会议的核心议题之一，其构想是发达国家需在 2020 年前每年拿出 1000 亿美元帮助发展中国家应对气候变化，秘书处设在韩国仁川。

④ 外務省「GCFへの拠出に関する日米共同発表」、http：//www.mofa.go.jp/mofaj/page3_001017.html。

早日实施向日本出口低廉与稳定的液化天然气。

2014 年 5 月上旬，日本经济产业大臣茂木敏充利用在意大利罗马出席七国集团能源部长会议之机，与加拿大自然资源部长雷克福德举行了会谈。双方共同认识到，日本能够确保稳定且低廉的液化天然气的供给并推动能源供给多元化，加拿大承担着重要的作用。双方还就日本尽快实现获得加拿大出产的液化天然气的出口许可而交换了意见。[①]

2014 年 7 月 13～19 日，日本外务大臣政务官石原宏高访问了加拿大。访问期间，石原宏高与加拿大政界人士举行了会谈，双方就扩大包括能源领域在内的各领域合作交换了意见。石原宏高随后访问了加拿大盛产石油天然气的阿尔伯塔省。在该省首府埃德蒙顿，石原宏高与阿尔伯塔省政要举行了会谈。石原宏高希望加拿大方面能尽早向日本出口低廉与稳定的液化天然气。在访问加拿大阿尔伯塔省期间，双方还就日本企业参与的液化天然气对日出口计划的进展情况等交换了意见。另外，石原宏高在阿尔伯塔省访问期间，与在卡尔加里（加拿大第四大城市，位于加拿大阿尔伯塔省南部，是加拿大能源中心以及北美第二大能源中心）的日系相关能源企业负责人等进行了座谈，并实地参观了有日本企业参与的油砂采掘现场，以及日本企业正在建造的天然气火力发电厂的建设工地等。[②]

2014 年 7 月 28 日，加拿大外交部长约翰·贝尔德访问日本，与日本外相岸田文雄举行了会谈。岸田文雄表示，希望能尽快实现从加拿大进口廉价的液化天然气，并希望继续推进与能源大国加拿大之间的能源合作。贝尔德表示，他也希望能早日实现加拿大出产的液化天然气向日本出口。[③]

2014 年 11 月 9 日，日本首相安倍晋三在中国北京出席亚太经合组织领导人非正式会议期间，与加拿大总理哈珀举行了会谈。在会谈中，安倍特意

---

① 経済産業省「茂木経済産業大臣がイタリアに出張しました」、http：//www. meti. go. jp/press/2014/05/20140508001/20140508001. html。

② 外務省「石原外務大臣政務官のカナダ訪問」、http：//www. mofa. go. jp/mofaj/na/na1/ca/page3_ 000858. html。

③ 外務省「岸田外務大臣とベアード・カナダ外相とのワーキングランチ」、http：//www. mofa. go. jp/mofaj/press/release/press4_ 001118. html。

向哈珀表示，为能早日实现进口加拿大的液化天然气，期待加拿大加速推进与出口液化天然气相关的基础设施的建设工作。①

2014 年 11 月 19 日，日本资源能源厅与加拿大自然资源部在东京举行了首次“日加能源政策磋商会议”。目前，位于加拿大西部、面临太平洋的不列颠哥伦比亚省因拥有丰富的油气资源而被国际舆论所关注。加拿大西部距离日本不远，可以扮演日本能源供给多元化的重要角色。要实现从加拿大进口液化天然气，须解决液化天然气征税、劳动力不足以及出口许可手续审批等诸多课题，而为了解决这些课题，有必要与加拿大自然资源部进行磋商。预计今后加拿大油气生产规模会继续扩大，如果加拿大出产的油气能够在亚洲市场销售，那么对日本确保原油稳定供给以及稳定石油市场是非常有意义的。为此，此次磋商主要围绕着关于加拿大今后扩大原油生产的前景以及与出口相关的基础设施整备情况等进行讨论。②

（二）日本对中南美地区的能源外交

2014 年 7 月 25 日 ~8 月 2 日，日本首相安倍晋三对中南美的墨西哥、特立尼达和多巴哥、哥伦比亚、智利与巴西共五个国家进行了正式访问。中南美地区资源能源丰富，安倍此次出访，开展能源外交是重要日程安排。

7 月 25 日，安倍访问了墨西哥，与墨西哥总统培尼亚举行了深入会谈。关于能源合作，安倍指出：墨西哥石油的增产和页岩气的开发对稳定世界能源市场非常重要，日方期待能够充分发挥日本拥有技术与资金的优势，日本企业愿意积极参与墨西哥石油天然气上游领域开发；日方愿意就墨西哥出产的液化天然气向日本出口而促进双方合作；日本欢迎墨西哥石油公司与日本企业携手合作；日本关注墨西哥核电开发计划，日本将在吸取福岛核事故经验教训的基础上向墨西哥提供安全性能提高的核能技术，日方愿与墨方继续

① 外務省「日加首脳会談」、http：//www. mofa. go. jp/mofaj/na/na1/ca/page4_ 000794. html。

② 経済産業省「カナダ天然資源省との間で、第 1 回政策協議を開催しました」、http：//www. meti. go. jp/press/2014/11/20141126003/20141126003. html。

就核能合作推进谈判。[1] 对此，培尼亚总统表示，对与日本就包括能源在内的经济领域的合作抱有相同的态度。

7月26日，日本驻墨西哥大使目贺田周一郎与墨西哥环境与自然资源部长胡安·何塞·格拉·阿布德共同签署了《日墨关于低碳成长的合作文件》。该文件的签署，主要是为了积极利用日本的低碳技术，以实施温室气体减排项目，今后通过这一技术，既能对墨西哥的环境与经济增长做出贡献，也能为全球防止气候变暖做贡献。该文件的主要内容为：为推进日墨间的低碳成长合作，决定创设双边"信贷机制"，同时为了运用该机制，决定设立双边联合委员会；双方认识到，该机制可用于削减温室气体排放量，以便使各自的国际温室气体减排效果定量化；为确保该机制的透明性和环境的完整性，决定不使用其他的减缓全球气候变化的制度。[2]

7月31日，安倍首相访问智利，与智利总统巴切莱特举行了会谈。安倍强调指出，日本企业非常关心对智利的投资。巴切莱特表示，智利拥有良好的投资环境，日企可以在矿业、能源与基础设施等所有领域进行投资。双方首脑认识到，为了削减温室气体排放，智利有必要引进利用日本高效的煤炭火力发电技术。双方首脑表明：日本与智利应该在智利矿业领域加强合作；为了两国的利益，双方首脑应共同促进在提高能效领域的合作。[3]

7月31日，在安倍访问智利期间，日本经济产业省与智利矿业部签署了《日本经济产业省与智利矿业部关于矿业领域的备忘录》。其主要内容包括：在关于矿业方面的国际会议上两国协作提出好的倡议；两国共享矿物资源及金属部门的信息；两国交流矿业部门的最佳经验；两国加强在地质与金属矿物资源技术方面的合作；两国合作改善面向矿山作业的投资环境；两国

① 外務省「安倍総理のメキシコ訪問　概要と評価」、http：//www. mofa. go. jp/mofaj/la_ c/m_ ca_ c/mx/page4_ 000591. html。

② 経済産業省「日・メキシコ低炭素成長に関する協力文書に署名しました」、http：//www. meti. go. jp/press/2014/07/20140726001/20140726001. html。

③ 外務省「安倍総理大臣のチリ訪問に関する共同声明」、http：//www. mofa. go. jp/mofaj/la_ c/sa/cl/page4_ 000616. html。

在共同关心的地区一起探矿。[1] 该备忘录的签署，将为智利的发展与改善日企投资的环境做出贡献。

8 月 1 日，安倍在访问巴西期间，与巴西总统罗塞夫举行了会谈，日巴两国首脑就深化与扩展两国在造船、石油与天然气开发等领域的合作交换了意见。安倍指出，要让日本造船与航运企业提议建设的物流枢纽系统在巴西发挥功效，促进拥有高技术经验的日企赴巴西投资。罗塞夫总统介绍了巴西在能源等领域具有广阔的商机，强烈期待日企在巴西拓宽投资领域。[2]

8 月 1 日，在安倍访问巴西期间，日本与巴西发表了《日巴关于为巴西海洋油气资源开发而促进造船产业合作的共同声明》。这一文件规划了未来几年日巴两国在巴西造船产业强化合作的蓝图。主要内容包括：为了支持巴西的海洋油气开发，以及为了建造、维护与管理有关海上油气开发的设施，两国认识到强化巴西造船产业基础的重要性；造船业需要高超的技术、专业知识与技能，而日本拥有在造船领域长期积累的先进技术与专门知识，对巴西造船业而言有很大的益处；日本造船企业将向巴西造船产业投资，并派遣专家与技术人员；日本一些知名的造船企业与巴西的造船产业进行合作，将对巴西造船产业生产效率与质量的提升起到重要的作用；日本期待着参与在巴西深海海底油气的开发与生产；随着巴西油气开发逐渐从陆地向深海的转移，巴西须确保深海油气开发与生产的能力的提升，鉴于此，巴西造船产业的技术和成品从安全性、性能、效率以及质量等方面来看，必须满足更高水平的要求；不仅在民间领域，而且在学术界与行政机构层面，日巴两国也要加强合作，这对巴西提高在深海油气开发领域的技术与质量来说非常重要。[3]

2014 年 12 月 18 日，日本三井物产公司宣布，将获得巴西东北部塞阿拉州

---

① 経済産業省「経済産業省とチリ共和国鉱業省の鉱業分野に関する覚書の概要」、http：//www. meti. go. jp/press/2014/08/20140801002/20140801002. html。

② 外務省「日・ブラジル首脳会談（概要）」、http：//www. mofa. go. jp/mofaj/la_ c/sa/br/page3_ 000873. html。

③ 外務省「海洋資源開発促進のための造船協力に関する日本国とブラジル連邦共和国との間の共同声明」、http：//www. mofa. go. jp/mofaj/la_ c/sa/page3_ 000856. html。

供应燃气的维加斯公司（Cegas）24.5%的股份。据估计，所需金额近100亿日元（约合人民币5.2亿元）。日本三井物产公司除积极致力于巴西燃气管线网等基建外，还将为巴发电站和天然气汽车提供燃料。日本三井物产公司早在2006年就开始参与巴西7个州的燃气供应业务，此次通过参股维加斯公司，在巴西国内的供气量将从19%升至22%。据悉，巴西塞阿拉州是产业聚集区，正在推进建设通往主要港湾的铁路，随着今后的经济发展，燃气需求有望增长。①

二 日本对亚太地区的能源外交

（一）日本对大洋洲的能源外交

2014年4月7日，澳大利亚总理阿博特对日本进行了正式访问。访日期间，阿博特与安倍晋三举行了首脑会谈，双方发表了《日澳首脑会谈共同声明》。该共同声明表明：日澳两国首脑强调，关于液化天然气和煤炭等能源资源，将基于市场原理且以具有竞争力的价格继续进行稳定与安全的贸易和投资。日澳两国首脑注意到，为削减温室气体排放量，积极致力于利用高效的煤炭火力发电技术是非常重要的。②

2014年7月7~10日，日本首相安倍晋三对澳大利亚进行了正式访问，与澳大利亚总理阿博特举行了首脑会谈，并发表了《安倍与阿博特共同声明——21世纪日澳特别战略伙伴关系》。该共同声明称：两国首脑确认，日本应继续向澳大利亚液化天然气和煤炭等能源领域投资，未来澳大利亚仍是日本能源资源的一个重要供给地；两国首脑考虑到，煤炭以其经济性及供给稳定而使许多国家选择煤炭作为火电的燃料这一实际情况，希望促使澳大利亚引进日本高效的煤电技术；两国首脑同时认识到，高效煤电技术对应对全

① 《三井物产参股巴西燃气公司进军潜力市场》，http://china.kyodonews.jp/news/2014/12/88654.html。

② 外務省「日豪首脳会談に関する共同プレス発表」、http://www.mofa.go.jp/mofaj/a_o/ocn/au/page3_000730.html。

球气候变化具有重要作用。[①]

2014 年 7 月 10 日，日本首相安倍晋三对巴布亚新几内亚进行了访问，这是日本首相时隔 29 年再次访问巴布亚新几内亚（1985 年中曾根康弘首相访问过该国）。巴布亚新几内亚是大洋洲蕴藏有丰富石油天然气的国家，安倍此访，重在能源外交。

就在安倍访问巴布亚新几内亚之前，即 2014 年 5 月 26 日，巴布亚新几内亚装有首批液化天然气的船只起程开往日本。6 月 3 日，装载着液化天然气的船只抵达日本，日本外务大臣政务官木原诚二出席了巴布亚新几内亚液化天然气船只抵达日本的庆典仪式，巴布亚新几内亚总理奥尼尔以及能源部长与金融部长等其他政府官员出席了庆典，主导巴布亚新几内亚油气项目的美国埃克森美孚公司、巴布亚新几内亚液化天然气的日本买家东京电力公司等相关人员出席了庆典。木原在致辞时称，来自巴布亚新几内亚的液化天然气，既对保障日本的能源安全具有非常重要的意义，又可以进一步加强日本与巴布亚新几内亚的经济关系，今后日本将进一步全力发展与巴布亚新几内亚的关系。[②]

7 月 10 日，安倍与巴布亚新几内亚总理奥尼尔举行了首脑会谈，并发表了《日本与巴布亚新几内亚共同声明——面向地区安定与繁荣的伙伴关系》这一文件。在会谈中，两国首脑再次强调了确保巴布亚新几内亚成为日本的稳定且具有竞争力的能源供应地的重要性。两国首脑对 2014 年 6 月成功开始实现由巴布亚新几内亚向日本出口液化天然气表示欢迎，认为此举不仅有利于巴布亚新几内亚的经济增长，而且有助于日本的能源供应多元化，以便更好地确保日本的能源安全。[③]

---

① 外務省「安倍総理のオーストラリア訪問」、http：//www. mofa. go. jp/mofaj/a_ o/ocn/au/page3_ 000843. html。

② 外務省「木原外務大臣政務官のパプアニューギニアからのLNGタンカー到着式典出席」、http：//www. mofa. go. jp/mofaj/a_ o/ocn/pg/page3_ 000800. html。

③ 外務省「日・パプアニューギニア首脳会談（概要）」、http：//www. mofa. go. jp/mofaj/a_ o/ocn/pg/page4_ 000559. html。

（二）日本对东南亚的能源外交

2014年4月8日，日本大型综合商社三井物产与马来西亚国有企业——马来西亚发展有限公司（1MDB）将在马共同建设、运营全球最大规模的煤炭火力发电站。三井物产与马来西亚发展有限公司通过竞标从马来西亚政府机构获得建设独立发电厂的优先交涉权，采用“超临界压型”（OSC）先进技术，建设两座输出功率为100万千瓦的火力发电机组，预计工程造价为3600亿日元。超临界压型发电与东南亚目前作为主流的煤炭火力发电旧方式相比，二氧化碳排放量可削减约20%。①

2014年4月22日，由日本资源能源厅与越南能源总局举办的第二次日本与越南煤炭政策对话在越南举行，此次对话主要就日越两国在煤矿勘探与开发以及电力利用等广范围领域的合作进行了深入讨论。对日本来说，越南是日本钢铁业所需的高品位优质无烟煤的重要供给国，同时，越南方面对引进日本先进的高效煤炭火力发电技术非常关注。正是在此背景下，日越两国欲就在煤炭领域开展更广泛层次的合作而展开政策对话。

此次日越煤炭政策对话的主要内容有：（1）日本请求越南继续以具有竞争力的价格稳定供应高品位的优质无烟煤，对此，越南对迄今为止日本长年在煤炭开发及相关环境保护领域所给予的合作表示感谢，越方表示今后将继续向日本稳定供给无烟煤；为了继续维持日越稳定的无烟煤贸易关系，双方就越南的无烟煤勘探和开发以及培养该领域的人才与引进选煤技术等双边互惠合作项目进行了深入讨论。（2）今后越南计划建设多座煤炭火力发电站，有意引进日本拥有的高效煤电技术，双方确认了合作的重要性；尤其是关于引进日本超临界压型煤炭火力发电技术的可能性，双方确认将继续进行讨论。（3）以上所提及的合作项目，双方确认将是旨在有利于两国的双赢

① 《日企凭高技术获得东南亚火力发电订单》，http：//cn. nikkei. com/politicsaeconomy/investtrade/8765 - 20140408. html。

的合作关系。①

此次日越煤炭政策对话的目的，乃是日本欲进一步强化与越南在煤炭领域的合作关系，在确保对日本稳定供给高品位优质无烟煤的同时，通过引进日本先进的煤炭火力发电技术，为越南实现高效且照顾到环境的电力供应做出贡献。

2014 年 4 月 26 ~29 日，日本经济产业大臣茂木敏充访问了柬埔寨和老挝。在访问柬埔寨期间，茂木敏充与柬埔寨首相洪森以及该国商业大臣和工业大臣等政要举行了会谈。在会谈中，双方就为方便日企进入柬埔寨投资而在柬埔寨整合电力供给以及通关手续等商务环境进行了商讨。双方就两国合作开发柬埔寨石油与矿业资源等范围广泛的经贸合作项目达成了一致。在访问老挝期间，茂木敏充与老挝总理通邢以及商工部长和能源部长等政要举行了会谈。老挝方面表明，欢迎日企进入老挝投资。双方就日企参与老挝水电站建设等范围广泛的合作达成了一致。②

2014 年 9 月 23 ~24 日，东亚系列能源部长会议在老挝首都万象举行，日本经济产业副大臣山际大志郎代表日方出席了会议。

东盟与中日韩（10 +3）能源部长会议的主要内容包括：与会各方共同认识到，在积极引进推广包括高效煤电在内的清洁煤技术的同时，有必要让发达国家和多边开发银行继续进行技术转让和公共金融援助；对于天然气需求的增加，确认了推进包括具有竞争力的价格和灵活处理发货地在内的柔性天然气市场的重要性；对日本实施的推进石油储备、核能以及培养节能领域人才表示欢迎，并就继续推进各项合作达成一致意见。③

东亚峰会能源部长会议（该会议由老挝能源部部长苏里冯 · 达拉冯和日本经产副大臣山际大志郎共同主持）的主要内容包括：日本主导了“节

---

① 経済産業省「第 2 回日ベトナム石炭政策対話を開催しました」、http：//www. meti. go. jp/press/2014/04/20140423001/20140423001. html。

② 経済産業省「茂木経済産業大臣がカンボジア・ラオスに出張しました」、http：//www. meti. go. jp/press/2014/04/20140430002/20140430002. html。

③ 経済産業省「山際大志郎経済産業副大臣がラオスに出張しました ASEAN +3エネルギー大臣会合」、http：//www. meti. go. jp/press/2014/09/20140926004/20140926004. html。

能分会场”，会议欢迎制定节能目标和行动计划以及基于高效的能源管理而推进的节能活动；相关国家共同认识到，核电作为基础电荷的重要性，同时认识到应继续推进包括高效煤电在内的清洁煤技术的应用与普及；对东盟—东亚经济研究中心（ERIA）的调研结果表示欢迎，并一致同意就石油储备开始新的调研。①

在会议举行的间隙，山际大志郎与老挝能源部长、缅甸能源部副部长以及印尼能源部副部长分别举行了会谈，主要就合作推进以高效煤电为代表的清洁煤技术的应用以及今后双边合作等进行了讨论。②

2014 年 12 月 16 日，日本三井物产公司宣布将在缅甸开展天然气火力发电业务，而这是日本企业首次进军缅甸发电市场。三井物产公司收购了缅甸电力有限公司（Myanmar Power Pte. Ltd.，简称 MPPL，是新加坡 Maxpower Group Pte. Ltd. 的下属公司）44% 的股份。缅甸电力有限公司设立的子公司，在缅甸仰光省打基达镇区建设运营了发电容量为 50 兆瓦的天然气发电厂，该天然气发电厂出产的电力销售给缅甸电力公司，双方合同期限为 30 年。这座天然气发电厂拥有 16 台最新的天然气发电机，并采用对环境影响很小的天然气作为燃料，在缅甸现有发电设备中拥有最高水平的发电效率。三井物产将以该项目为切入点，把缅甸作为公司涉外业务的重点对象国，将倾力发展发电业务。今后三井物产将与缅甸方面加强业务合作，而且将来还要以电力需求迅速增长的东南亚新兴国家为中心，积极参与分散性发电业务的开发。③

三　日本对中东非洲的能源外交

2014 年 1 月 9 日，日本首相安倍晋三对扼守海湾霍尔木兹海峡且占有

① 経済産業省「EAS（東アジアサミット）エネルギー大臣会合」、http：//www. meti. go. jp/press/2014/09/20140926004/20140926004. html。

② 経済産業省「エネルギー担当大臣等とのバイ会談」、http：//www. meti. go. jp/press/2014/09/20140926004/20140926004. html。

③ 三井物産株式会社「ミャンマー 50MWガス火力発電事業への出資参画」、http：//www. mitsui. com/jp/ja/release/2014/1203660_ 5704. html。

重要地缘政治地位的中东国家——阿曼进行了访问。阿曼拥有丰富的油气等能源资源，石油与天然气开采是阿曼的支柱产业。

安倍与阿曼苏丹卡布斯举行了首脑会谈，并发表了《日本与阿曼关于加强面向安定与繁荣的全面伙伴关系的共同声明》。该共同声明表明：双方都认识到海上交通路线安全对于国际社会的和平与繁荣而言是非常重要的；考虑到阿曼占有重要的地缘政治地位，双方共同认识到在应对海盗等海上安全保障领域加强合作的必要性；双方阐述了维护国际能源市场稳定的重要性，安倍对阿曼继续努力向日本供应石油与液化天然气表示感谢与欢迎；双方再次确认，阿曼在积极利用日本的先进技术的同时，两国进一步加强在能源领域的合作；阿曼欢迎日本企业积极参与投资开发石油与天然气项目；双方对日本石油天然气和金属矿物资源机构与阿曼石油天然气部签署的《关于阿曼油气开发技术和合作调查的备忘录》表示欢迎；双方对由日本国际石油交流中心（JCCP）长期实施的培训技术人员以及向石油精炼等石油产业领域派遣专家表示欢迎。①

2014年1月11～13日，日本首相安倍晋三访问了莫桑比克。该国位于非洲东南部，濒临印度洋，拥有丰富的能源资源。访问期间，安倍与莫桑比克总统格布扎举行了首脑会谈，并发表了《日莫两国关于友好伙伴关系的共同声明》。该声明表明：两国首脑对日本切实加大对莫桑比克天然气与煤炭等能源领域的开发和投资表示欢迎；格布扎总统欢迎日本企业到莫桑比克来投资，并表示莫桑比克将制定法律以便进一步完善投资环境，将为日企进入提供安全与稳定的投资环境；两国首脑一致认为，莫桑比克在开发天然气与煤炭等能源产业方面的成功，对莫桑比克经济与社会发展进程发挥着重要作用，同时对确保日本能源安全也起着非常重要的作用；格布扎总统对日本国际协力机构（JICA）、日本石油天然气和金属矿物资源机构以及日本海外产业人才培养协会（HIDA）等相关日本机构在莫桑比克能源领域培养人才

① 外務省「日本国とオマーン国との間の安定と繁栄に向けた包括的パートナーシップの強化に関する共同声明」、http://www.mofa.go.jp/mofaj/files/000023761.pdf。

与提供技术等方面取得的进步给予高度评价；格布扎总统希望拥有高效煤炭火力发电技术的日本能够向莫桑比克提供此方面的援助，安倍表示将会仔细研讨援助的可能性；两国首脑对签署《马普托天然气复合火电站整备项目》这一文件表示欢迎，该项目将对莫桑比克南部地区改善生活与促进经济发展做出贡献；为了推进开发莫桑比克的天然气和煤炭等丰富的资源，充实修建被称为“纳卡拉走廊”地区的港口和道路等基础设施，日方五年间决定启动政府开发援助（ODA）计划，投入大约700亿日元的资金；为莫桑比克培养与资源开发和环境保护相关产业的人才，计划五年间培养300名以上的专业人才。[①]

2014年1月19～22日，日本经济产业大臣茂木敏充对阿联酋进行了工作访问。其间，茂木敏充与阿联酋的阿布扎比酋长国王储穆罕默德等要人举行了会谈。另外，在访问阿联酋期间，茂木敏充出席了“世界未来能源峰会”[②] 与“环印度洋可再生能源部长会议”。

在与阿布扎比酋长国王储穆罕默德的会谈中，双方一致同意继续将上扎库姆油田的权益延长15年，以确保日本自主开发油田的权益。在确认包括石油上游开发在内的能源领域合作的重要性的同时，双方就加强可再生能源等更广泛的合作达成一致。在会谈中，茂木敏充转交了安倍晋三首相给阿联酋总统哈利法和穆罕默德王储的亲笔信。茂木敏充与阿联酋最高石油评议会委员金迪和阿布扎比国营石油公司总裁苏迪举行了会谈，双方确认了在能源领域两国继续加强合作关系，同时双方一致同意在教育与学术研究以及医疗

① 外務省「日本国とモザンビーク共和国との間の《友情》（AMIZADE）パートナーシップに関する共同声明」、http://www.mofa.go.jp/mofaj/afr/af2/mz/page24_000187.html。

② 世界未来能源峰会（World Future Energy Summit，WFES），致力于为世界寻求可持续发展的未来能源解决方案提供平台，推动在可再生能源和环保领域的技术创新和投资机会。2006年4月，作为石油大国的阿联酋决定发展可再生能源，并提出了“马斯达尔行动计划”，其关键内容包括建设低碳经济体系及技术的“马斯达尔研究院”和“马斯达尔能源公司”，打造一个全球性的可再生能源交流平台（即现在的“世界未来能源峰会”）。2008年1月，首届世界未来能源峰会在阿联酋阿布扎比成功举行。为了扩大峰会的规模和效应，此后每年在阿布扎比举办。目前，一年一度的世界未来能源峰会已经成为可再生能源领域规模和影响较大的国际性会议。

领域，与阿布扎比国营石油公司之间进一步推进合作。茂木敏充与阿布扎比执行关系厅长官兼核能公司总裁哈迪举行了会谈，再次确认加强两国在能源领域的合作关系，同时，加强在教育、投资与医疗等其他领域的合作关系，并就阿联酋的核能计划交换了意见。①

茂木敏充在“世界未来能源峰会”上发表了基调讲演，主要就日本制定新的能源政策进行了说明，阿布扎比对可再生能源与节能高度重视，而日本则在该领域拥有技术优势，希望与阿联酋合作推动可再生能源领域的合作。茂木敏充出席了“环印度洋可再生能源部长会议”，说明了日本的可再生能源政策，阐述了日本对国际可再生能源机构以及环印度洋诸国能源问题所做的贡献。②

2014 年 2 月 18 ~ 21 日，沙特阿拉伯王储兼副首相、国防大臣萨勒曼对日本进行了正式访问。访日期间，萨勒曼与日本首相安倍晋三举行了会谈，并发表了《关于沙特王储兼副首相、国防大臣萨勒曼访问日本的共同声明》。在该共同声明中，双方讨论了有关海上安全保障、海上交通路线安全以及应对海盗等问题，强调了国际石油市场稳定的重要性；日本对沙特成为向日本稳定供应石油的可信赖的供应国家，以及沙特采取平衡的石油政策表示衷心的感谢；沙特强调会履行向日本稳定供应石油的承诺；双方强调，在日沙紧密关系的基础上，通过日沙能源协议，进一步推进两国包含节能等专业知识在内的能源领域的各项合作；日沙两国继续合作推进共同石油储备建设；双方继续推进在替代能源与可再生能源等领域的合作；日方通过派遣专家和举办研讨会，在制定节能政策方面向沙特提供技术援助。③

2014 年 4 月 27 ~ 28 日，日本经济产业副大臣赤羽一嘉对阿联酋与卡塔

① 経済産業省「茂木経済産業大臣がアラブ首長国連邦（UAE）を訪問しました　アブダビ首長国要人との会談」、http：//www. meti. go. jp/press/2013/01/20140123001/20140123001. html。

② 経済産業省「茂木がアラブ首長国連邦（UAE）を訪問しました　国際会議への出席等」、http：//www. meti. go. jp/press/2013/01/20140123001/20140123001. html。

③ 外務省「サウジアラビア王国サルマン・ビン・アブドルアジーズ・アール・サウード皇太子殿下兼副首相兼国防相の訪日に際する共同声明」、http：//www. mofa. go. jp/mofaj/me_a/me2/sa/page5_ 000393. html。

尔进行了访问。在阿联酋期间，赤羽与阿布扎比国营石油公司总裁苏迪以及阿布扎比执行关系厅长官哈迪举行了会谈，确认了两国继续在能源等领域加强合作关系。赤羽向阿联酋方面说明了日本通过的新的《能源基本计划》的情况。赤羽在与阿布扎比国营石油公司总裁苏迪举行会谈之际，签署了日本国际协力银行与阿布扎比国营石油公司之间有关环境合作的备忘录。赤羽视察了由日本石油开发公司参与的下扎库姆海上油田。在访问卡塔尔期间，赤羽和卡塔尔能源工业大臣萨达举行了会谈，赤羽向卡塔尔方面说明了日本新的《能源基本计划》的情况，双方围绕着以液化天然气为代表的能源领域的合作交换了意见。赤羽希望卡塔尔方面继续以具有竞争力的价格向日本稳定供应液化天然气。在卡塔尔期间，赤羽和天然气输出国论坛①秘书长阿德利举行了会谈，赤羽向对方介绍了日本新的《能源基本计划》，并就液化天然气价格等能源政策交换了意见。赤羽视察了由日本企业参与的正在进行液化天然气和海水淡化业务的拉斯拉法建设工程。②

2014 年 5 月 3 ~5 日，日本经济产业大臣茂木敏充访问了沙特阿拉伯，并与沙特石油矿产资源副大臣阿卜杜拉·阿齐兹举行了会谈。双方就国际能源形势交换了意见，确认两国不仅在能源领域而且要更进一步在各种领域发展合作关系，还就沙特非常渴望的能在节能领域扩大合作交换了意见。③

2014 年 5 月 27 日，卡塔尔外交大臣阿提亚访问日本，日本首相安倍晋三接见了阿提亚。安倍指出，日本与卡塔尔要继续进一步加强更紧密的伙伴

① 天然气输出国论坛（GECF）是一个由世界领先的天然气生产国组成的政府间组织。天然气输出国论坛成员共同控制世界天然气储量的 70% 以上，管道贸易的 38% 和 85% 液化天然气（LNG）的生产。天然气输出国论坛三个储量最大的成员——俄罗斯、伊朗、卡塔尔合计控制着 57% 的世界天然气储量。天然气输出国论坛 2001 年成立于伊朗德黑兰，其工作通过秘书处（总部设在卡塔尔多哈）进行，其成员有：阿尔及利亚、玻利维亚、埃及、赤道几内亚、伊朗、利比亚、尼日利亚、阿曼、卡塔尔、俄罗斯、特立尼达和多巴哥及委内瑞拉。哈萨克斯坦、挪威和荷兰是观察员。其他国家如文莱、印度尼西亚、马来西亚、阿拉伯联合酋长国和也门都参加不同的会议。

② 経済産業省「赤羽一嘉経済産業副大臣が、アラブ首長国連邦（UAE）、カタールに出張しました」、http：//www. meti. go. jp/press/2014/05/20140509001/20140509001. html。

③ 経済産業省「茂木経済産業大臣がサウジアラビアに出張しました」、http：//www. meti. go. jp/press/2014/05/20140508001/20140508001. html。

关系，阿提亚对此表示赞同。双方还就在稳定能源供给、基础设施及促进投资等各领域加强合作关系达成了一致。随后，阿提亚与日本外相岸田文雄举行了会谈。岸田文雄指出，两国切实推进在政治与安全保障等方面的合作，同时，继续加强双方在能源稳定供给等各个领域的合作关系，阿提亚对此表示赞同。①

9 月 25 日，日本首相安倍晋三利用在纽约出席联大会议之机，与卡塔尔埃米尔塔米姆举行了首脑会谈。安倍对卡塔尔向日本稳定供应能源表示感谢，指出以具有竞争力的价格向日本稳定供给液化天然气是非常重要的。塔米姆表示，卡塔尔在继续推进与日本在投资等经济领域关系的同时，正在考虑大幅促进对日本的投资。另外，塔米姆又表示，卡塔尔将继续发展与日本长期的能源合作关系，继续深化与日本在安保和防务等领域的合作关系。②

2014 年 11 月 8 ~ 10 日，日本经济产业副大臣高木阳介访问了阿联酋，出席了在阿布扎比举行的国际石油博览会，并与阿联酋方面的政要举行了会谈。在出席阿布扎比国际石油博览会时，高木与阿布扎比执行评议会副议长哈扎里等人就日本经济、贸易投资与能源形势等交换了意见。高木与阿布扎比国营石油公司总裁苏迪举行了会谈，双方就石油稳定供给、日本与阿布扎比之间加强合作关系等交换了意见。高木与阿联酋能源部长马兹鲁伊举行了会谈，就强化日阿在能源与投资等领域的合作，并在国际石油市场动向、石油稳定供给、节能与可再生能源等领域进行合作交换了意见。在与欧佩克秘书长巴德里会谈时，高木就最近的国际石油市场形势以及欧佩克动向等交换了意见，双方确认了日本与欧佩克之间进行对话的重要性。③

---

① 外務省「アティーヤ・カタール国外務大臣による安倍総理大臣表敬」、『岸田外務大臣とアティーヤ・カタール国外務大臣の会談』、http：//www. mofa. go. jp/mofaj/area/quatar/visit/index. html。

② 外務省「日・カタール首脳会談」、http：//www. mofa. go. jp/mofaj/me_ a/me2/qa/page1_000074. html。

③ 経済産業省「高木経済産業副大臣がアラブ首長国連邦（UAE）を訪問しました」、http：//www. meti. go. jp/press/2014/11/20141113002/20141113002. html。

2014年11月9日，在阿联酋首都阿布扎比，日本经济产业副大臣高木阳介与阿布扎比最高石油评议会委员苏迪，共同签署了新的《日阿石油共同储备项目备忘录》。阿联酋的阿布扎比酋长国供给的原油占到日本原油进口的23%，与阿联酋加强关系，对日本提升危机应对能力有着重要的意义。此次更新的双边合作备忘录，是该项目五年合同期满后的正式延长，早在2014年2月，应阿方的要求，安倍首相就表明给予最高额度达630万桶的石油储备项目的融资。①

四　结语

综观2014年的日本能源外交，可以看出，日本继续延续了通过积极开展能源外交以确保日本能源安全这一传统外交思路：在全力确保传统能源进口来源地——中东地区的同时，日本又抓住由北美页岩气革命而引发的北美油气产业兴旺的时机，大力开展针对北美地区的美国与加拿大的能源外交。中南美地区则是2014年这一年日本开展能源外交的新的重点地区，尤其是巴西，这是日本中南美能源外交的重点对象国，因为近年来巴西已经成为世界能源市场的重要参与国，而且未来很有可能成为南美甚至世界能源生产大国，所以，安倍晋三首相特意专程访问了中南美地区，以拓展日本能源进口来源地，更好地使日本能源进口多元化战略落到实处。大洋洲地区与日本同处于亚太地区，2014年，日本与澳大利亚高层互访频繁，其中重要的着眼点在于确保澳大利亚能够继续稳定向日本出口能源资源。巴布亚新几内亚是2014年日本能源外交开展对象的一个新亮点，近几年巴布亚新几内亚能源产业发展很快，尤其是巴布亚新几内亚距离日本不远，而且中间的海洋运输不需要经过地缘政治敏感的国际性海峡通道，日本与巴布亚新几内亚能源合作关系的加强，将对日本确保能源安全、增加更多与更稳定的能源进口来源

① 経済産業省「アブダビ首長国との石油共同備蓄プロジェクトの継続を取り決めました—産油国との共同備蓄事業を強力に推進します—」、http：//www. meti. go. jp/press/2014/11/20141110001/20141110001. html。

地起到重要的作用。非洲地区，将会是日本积极开展能源外交的另外一个潜在重点。近年来，非洲的能源生产版图不断扩大，从以前的西非与北非地区逐渐向非洲东南地区扩展与转移。近两年，东南非洲的莫桑比克，已经成为被国际社会高度关注的新兴的非洲能源生产大国，而安倍也成为第一位访问莫桑比克的日本首相，足见日本对莫桑比克的重视。

展望未来几年，可以预见，日本仍旧会继续高度重视能源外交，在延续以往的中东地区与亚太地区能源外交的同时，日本会以美国“页岩气革命”为契机，确保构建针对北美地区能源外交的牢固框架，同时抓牢中南美地区能源市场的机会。今后几年，非洲地区将会成为日本又一个开展能源外交的热点地区，这自然是与非洲能源资源蕴藏丰富且正在大力开发有密切联系。今后，日本也会寻找在欧洲开展能源外交的机会。如果未来几年，日本与俄罗斯的政治关系能有质的飞跃，那么，日本将会深入开展针对俄罗斯以及中亚地区的能源外交。

B.13

日本对朝鲜半岛政策动态分析

——“三重战略目标”考验下的日本外交

张 勇*

摘　要：在长期执政预期之下，日本对朝鲜半岛政策从对朝“接近”、“忍耐”日韩关系降温以及积极介入半岛事务三个层面发生了较为引人注目的变化。在对朝政策上，安倍内阁在第一阶段的主要目标是通过频繁接触来解决“绑架问题”，中、远期目标是实现关系正常化。在对韩政策上，在两国关系的结构已发生重大转变的情况下，日本将继续“忍耐”关系降温所带来的后果，也在寻找新的战略思路。在对朝鲜半岛政策上，在日本外交与安全战略发生重大变化的背景下，安倍政府正在积极谋求战略性地介入半岛事务，力图维持“不统不战”但相对稳定的半岛局势，并借机发挥作用甚至影响地区政策议程。“三重战略目标”能否及发挥何种效用，仍有待进一步跟踪与观察。

关键词：日本　朝鲜　韩国　朝鲜半岛　对外政策

日本对朝鲜半岛政策，主要由对朝、对韩双边政策以及处理涉及整个

* 张勇，法学博士，中国社会科学院日本研究所助理研究员，研究方向为外交决策、日本对外战略、东北亚国际关系。

“朝鲜半岛问题”[①] 的政策构成。2014 年，安倍政府的朝鲜半岛政策发生了较为引人注目的新变化，分别表现为“接近”、“忍耐”以及“介入”为主要特点的“三重战略目标”。在这一分析框架之下，本报告旨在全面、详细梳理上述政策变化，探讨其中的主要矛盾与突出问题。在此基础上，尝试做出前瞻性评估。

一　对朝“战略接近”

进入 2014 年，日本与朝鲜这一对尚未建交的国家频繁接触，双边关系的发展甚至出乎许多人的意料。[②] 其中，比较有代表性的事件有：3 月 3 日以及 19 日，日朝红十字会会谈两度于沈阳举行；3 月 30 日，中断了一年零四个月的政府间局长级会谈于北京召开；4 月 5 日，双方举行“上海会谈”。几番会谈尽管是非正式磋商，但取得重大进展：朝方不再坚持“绑架问题已经解决”，承诺重新调查；日方不再坚持朝鲜先放人、后解除制裁的主张，而是只要朝方开始调查就解除部分制裁。5 月 26 日，两国在斯德哥尔摩举行局长级会晤，双方达成重要共识：双方表示将筑构信任，改善关系，实现邦交正常化；朝鲜承诺将成立“特别调查委员会”，对所有在朝日本人的情况进行调查。日本承诺将部分解除对朝制裁并向朝提供人道主义援助，协商解决在日朝鲜人的地位问题。7 月 1 日，日朝于北京发表《日朝政府间协议》。朝鲜宣布全面调查并详细说明“特别调查委员会”之组织、构成、负责人等情况。对于当前阶段朝方的工作，日本表示认可。依照该协议，日本政府先后召开绑架问题会议、国家安全会议及内阁会议，并于 7 月 3 日由六部门联合发文宣布部分解除限制人员往来、汇款、携带现金、朝鲜船只进入日本国境等制裁措施。日本外务省还特别指出，

① 所谓“朝鲜半岛问题”，是指产生于朝鲜半岛，并与周边大国和国际社会利益攸关的问题。参见朴键一《冷战后朝鲜半岛局势演变的基本特征》，《美国研究》2014 年第 1 期，第 31、32 页。

② 参见张琏瑰《日朝“和解”的动因与前景》，《世界知识》2014 年第 15 期。

安倍有“在任内全面解决”绑架问题的决心，会不断强烈敦促朝鲜付诸行动。8月10日，日本外相岸田文雄在缅甸与朝鲜外务相李洙墉举行会谈。岸田要求负责重新调查绑架受害者健在与否的特别调查委员会开展彻底调查。他还提到了朝鲜核开发及发射的短程弹道导弹，要求朝方保持克制。9月29日，日朝局长级会谈于沈阳再度召开。10月28日，日方派员赴朝详细听取并论证朝鲜“特别调查委员会”的报告，敦促朝鲜加快调查“绑架问题”的节奏。

此番安倍政府的对朝“异常”接近，并非泛泛而谈，而是集中围绕“绑架问题”进行。在对朝政策上，谋求“绑架问题”的突破是安倍政府对外政策的重要目标之一。在展开外交政策及对朝交涉时，这一目标又可细分为更为具体的三个目标：保证所有绑架受害者的安全并使其回国、查明有关绑架真相、引渡绑架罪犯。为确保上述目标的实现，安倍称日方将彻底贯彻“对话和施压”的方针。①

安倍加快对朝谈判步伐，有着基于之前历届政府既有成果基础上一举解决绑架问题的现实考虑。据统计，自前首相小泉纯一郎首次访朝以来到安倍第二次执政之前，日朝之间围绕绑架问题举行了多轮会谈：（1）第一次日朝首脑会谈。在2002年9月17日的第一次日朝首脑会谈中，时任朝鲜国防委员长金正日首次承认存在绑架问题并为此表示道歉。在此基础上，朝鲜保证将处罚相关人员并杜绝此类事件再次发生，同时还承诺对家属探访及回国给予方便。小泉对绑架问题表示了强烈抗议，要求继续调查、让生存者回国，以及杜绝此类事件再次发生。（2）派遣绑架问题调查小组。2002年9月28日至10月1日，由日本政府派遣的调查小组会见了生存者，并进行了收集有关生死不明者信息的工作。同年10月29～30日召开的第12次日朝邦交正常化谈判中，日本政府向朝鲜提出了多达150项的疑点，并同时要求朝方提供进一步的信息。（3）被绑架对象归国。2002

---

① 安倍晋三「第百八十六回国会における安倍内閣総理大臣施政方針演説」、2014年1月24日、http://www.kantei.go.jp/jp/96_abe/statement2/20140124siseihousin.html。

年10月15日，地村保志、富贵惠、莲池薰、佑木子、曾我瞳回国。日本政府于同年10月24日决定让上述人员继续留在日本，并强烈要求朝鲜确保家属的安全，以及尽快确定被绑架者家属回国的日程。（4）第二次日朝首脑会谈。2004年5月22日，小泉再次访问朝鲜，与金正日就绑架问题等进行了讨论。关于绑架问题，两国首脑达成了两项协议：朝鲜方面同意地村的家属和莲池的家属共五人返回日本；对于生死不明的绑架受害者，朝鲜方面将为查明事实真相而立即重新从头开始调查。基于上述协议，地村的家属和莲池的家属等五人与小泉一起回到了日本。此外，曾我瞳的家属三人于7月18日也回到日本。（5）日朝工作会谈。两国先后于2004年8月、9月以及11月接连举行了三次日朝工作会谈。特别是第三次会谈长达50多个小时，日方除了与朝方的"调查委员会"进行了质疑答辩之外，还直接听取了共计16名"证人"的证词，实地视察了与绑架有关的设施等，并收集了被朝方视为横田惠"遗骨"等的物证。（6）日朝一揽子会谈。在2006年2月举行的会谈中，双方就绑架问题进行了总计长达约11个小时的磋商，日本方面再次强烈要求朝鲜让生存者回国，进行旨在查明事实真相的重新调查并引渡绑架嫌疑犯。（7）日朝邦交正常化工作组会谈。由2007年2月的六方会谈决定设立的"日朝邦交正常化工作组"的第一次会谈于同年3月举行。日本方面再次要求朝鲜方面保证所有绑架受害者及其家属的安全并尽快让其回国、查明事实真相以及引渡绑架嫌疑犯，但朝鲜方面仅重申"绑架问题已经解决"这一立场。9月举行的第二次会谈也同样在绑架问题上未能取得具体的进展。（8）日朝工作会谈。在2008年6月的日朝工作会谈中，日本方面再次要求朝方让所有绑架受害者回国、查明事实真相以及引渡绑架嫌疑犯，并同时重申如果朝鲜方面对解决日朝之间包括绑架问题在内的各项遗留问题能够采取具体行动，日本也将准备部分解除对其制裁的措施，以此要求朝鲜方面采取具体行动。其结果，朝鲜方面改变了以往"绑架问题已经解决"的立场，承诺将为今后解决绑架问题采取具体行动而进行重新调查。在同年8月举行的会谈中，双方对有关朝鲜重新调查绑架问题的具体进展情况进行了深入讨论。结果，会谈达成协议，朝鲜方面将设立授权调查委员会，以所有绑架受害者为对象，开始进行全面调查以期发现生存者并让其回国，与此同时，日本方面也将解除对人员往来及包机航班的限制。但是，2008 年 9 月 4 日，朝鲜方面通知称，虽正处于履行日前双方所达成协议的立场，但由于日本突然发生政权交替，在未明确新政权将如何应对会谈的协议事项之前，决定暂缓调查。（9）日朝政府间会谈。2012 年 11 月，举行了日朝政府间会谈。这是时隔四年日本与朝鲜进行的磋商，双方决定今后将继续积极沟通。日朝两国原本定于 12 月 5 日及 6 日举行第二次会谈，但因同月 1 日朝鲜预告将发射导弹而不得不延期。

安倍政府急于以绑架问题为突破口，实施对朝接近政策，这主要是因为绑架问题已经成为制约双边关系向前发展的现实障碍之一。以外务省为代表的日本的官方见解是，绑架问题既是事关主权以及国民生命与安全的重大问题，又是国家有责任必须解决的重要且紧迫的课题。同时，在对朝交涉中，日本一直就该问题保持较为明显的高压态势，也有扭转历史问题上对朝鲜的被动局面的意图。为摆脱在对朝谈判中的不利地位，日本不断以该问题与朝方主张的清算殖民统治历史的诉求相抗衡。此外，为摆脱在东北亚的外交孤立，日本意在打“朝鲜牌”。由于安倍在历史和现实问题上所持的错误言行，日本对华、对韩关系长时间陷入僵局。与此相反，中国与韩国的关系在 2014 年得到切实加强。有鉴于此，安倍欲通过对朝鲜的积极外交来弥补日趋弱化的地区影响力。

除上述原因之外，还应看到，日本国民高度关注绑架问题。据内阁府最新公布的“2014 年外交舆论调查”显示，受访者对绑架问题的关注度位居榜首，高达 88.3%。[①] 究其原因，主要源于该问题被认为直接触及日本普通老百姓的感情。在日本国民眼里，该问题远比非日本一方之力能解决的核开发与导弹等问题更现实、更重要。这与日本政府特别是媒体对这方面的舆论

① 内閣府大臣官房政府広報室「外交に関する世論調査（平成 26 年度）」、2014 年 10 月、http：//survey. gov – online. go. jp/h26/h26 – gaiko/zh/z21. html。

引导也不无关系。

目前，日本国内的绑架受害者家属依托1997年成立的“朝鲜绑架受害者家属联络会”，常年来积极开展解救被绑架者的政治游说运动，据称已向安倍提交了超过1000万人署名的请愿信。① 该会重要组织者横田滋夫妇多次称如不尽快解决绑架问题，有生之年会见不到被绑架的女儿。2014年12月，日本广播协会（NHK）还专门报道了两夫妇每况愈下的身体状况以及强烈的诉求。

近年来，基于国内民意特别是该问题日益政治化，日本政府内专门设立了由首相直接负责的“绑架问题对策本部”。除首相外，该组织还由绑架问题担当大臣、内阁官房长官及外相担任副本部长，其余所有的国务大臣均是其成员。此外，政府、执政党及在野党还经常召开“绑架问题”联络会议。日本部分政治家也非常注意利用绑架问题捞取政治资本。在小泉执政时期，借助对该问题的高调介入，曾助力安倍成功地赢得超高人气。安倍曾说：“至今为止，我曾作为一介议员，作为小泉内阁的官房副长官、官房长官，以及作为总理大臣，与朝鲜打了多年的交道。朝鲜究竟会如何应对，我可以自负地说比任何人都清楚。”② “直到所有绑架受害者家属用自己的双臂拥抱亲人的那一天到来，我的使命才会结束。我们要贯穿‘对话与施压’、‘行动对行动’的原则，竭尽全力使本次调查获得让所有绑架受害者回国的具体成果。”③ 由此可见，安倍的对朝接近政策，有较强的政治上的“算计”。安倍本人及外交智囊们力图通过此举来打造对朝强有力的负责任政治家形象，提升人气与内阁支持率，进一步巩固其执政地位。

① 外務省「北朝鮮による日本人拉致問題」、http://www.mofa.go.jp/mofaj/files/000044848.pdf、3頁。

② 安倍晋三「内外情勢調査会講演」、2014年9月19日、http://www.kantei.go.jp/jp/96_abe/statement/2014/0919naigai.html。

③ 安倍晋三「第百八十七回国会における安倍内閣総理大臣所信表明演説」、2014年9月29日、http://www.kantei.go.jp/jp/96_abe/statement2/20140929shoshin.html。

二 “忍耐”日韩降温

与日朝两国频繁接近并一度取得进展相比，2014 年日韩关系却继续呈现较为不正常的状态，持续降温并矛盾频发。

第一，高层互访中断。因2012 年8 月韩国总统李明博登上独岛（日方称“竹岛”），两国关系迅速恶化。朴槿惠执政后，韩国在历史认识问题和慰安妇问题上对日强硬。特别是在安倍于2013 年12 月26 日参拜靖国神社之后，日韩关系急剧恶化。据统计，2014 年以来，双方也举行了数次会晤：（1）3 月25 日日美韩三方首脑会谈；（2）日韩局长协议（4 月16 日、5 月15 日、7 月23 日、9 月19 日、11 月27 日）；（3）8 月9 日日韩外相会谈；（4）9 月19～21 日日本前首相森喜朗访韩；（5）9 月26 日日韩外相会谈；（6）10 月1 日日韩副部长级战略对话；（7）10 月26～28 日韩国众议院议长郑义和访日。但如果与2012 年之前基本上每年均有首脑正式访问相比，日韩之间的首脑互访已经中断两年有余。尽管日美韩三国首脑于3 月25 日举行了会谈，但这是在奥巴马强烈呼吁下实现的。3 月12 日，安倍派外务省事务次官斋木昭隆专门赴韩，为实现与朴槿惠的会谈进行协调。在此基础上，安倍与朴槿惠围绕朝核问题和防止核扩散这一主题进行了会谈。两首脑的这次会谈，均为执政以来的第一次。但是正式首脑会谈，因“时机尚早”未能实现。同时，此次三国首脑会谈只谈到朝核与导弹问题，并未涉及日韩间的岛屿争端、历史认识以及慰安妇等棘手问题。因此，安倍政府与韩国间的隔阂依旧存在，韩国对日本的不信任感亦并未消除。

第二，争议问题频发。长期以来，日韩两国围绕领土争端、侵略历史以及慰安妇问题等矛盾逐步激化。在领土问题上，安倍政府坚持认为，无论从历史上还是国际法上竹岛均为日本领土。2013 年，日本政府在内阁官房专设“领土及主权对策企划调整室”，旨在对内启发民意，对外扩大外宣。仅就强化国内舆论而言，日本政府及媒体有意识地引导起到了一定的作用。对比20世纪90年代，当时日本老百姓对该岛的关注度并不高。[①]内阁官房2014年11月实施的“竹岛相关舆论调查”显示，日本民众对该岛的认知度较上年度得到提升，高达95.1%。同时，认为属于日本政府固有领土的调查者也达到77%。[②]在岛屿主权争端问题上，日韩两国尚未达成共识，亦未能形成有效管控危机的机制。李明博在总统任上登上争议岛屿，成为日韩关系变化的重要诱因之一。2014年1月，韩国庆尚道知事亦登岛宣示主权。6月，韩国军方在争议海域设立射击训练场，日本对此提出抗议。在慰安妇问题上，针对来自韩方的赔偿要求，日本政府认为两国间的财产与请求权问题，在1965年达成的请求权协议中已经最终、完全解决。此外，日韩两国还围绕敏感海域称呼问题、征用朝鲜半岛出身劳工问题、日本水产品出口韩国限制、媒体报道以及佛像盗窃事件等新老问题出现摩擦。

第三，民间舆论趋冷。2014年7月，日本“言论NPO”与韩国东亚研究院共同实施的“第二次日韩共同舆论调查”显示[③]，对韩国印象良好（含基本良好）的数据为20.5%，对日本印象良好（含基本良好）的数据为17.5%。与之相反，对韩国印象不好（含基本不好）的数据为54.4%，对日本印象不好（含基本不好）的数据为70.9%。值得注意的是，日本的对韩好感度，较2013年的首次调查有比较明显的下降。[④]

更为关键的是，日本对韩国的重要性在逐步下降。当前，日本各界普遍

---

① 木村汎「国境・領土と現代」、渡辺昭夫編『現代日本の国際政策』、有斐閣、1997、56頁。

② 内閣府政府広報室「竹島に関する世論調査」、2014年11月、http://survey.gov-online.go.jp/tokubetu/h26/h26-takeshima.pdf。

③ 特定非営利活動法人言論NPO、東アジア研究院「第2回日韓共同世論調査　日韓世論比較分析結果」、2014年7月、http://www.genron-npo.net/world/genre/cat212/post-287.html。

④ 2013年首次调查时，对韩国印象良好（含基本良好）的数据为31.1%，对韩国印象不好（含基本不好）的数据为37.3%。参见特定非営利活動法人言論NPO・東アジア研究院「第1回日韓共同世論調査　日韓世論比較分析結果」、2013年5月、http://www.genron-npo.net/world/genre/cat212/post-229.html。

关注该问题，并表示出了明显的担忧，认为这必然会增加两国间问题频发的概率。日本的忧虑，实非空穴来风。近年来，特别是在经济领域，日本对韩国的重要性发生了显著变化。一方面，随着全球经济一体化以及自身经济的发展，韩国对外贸易伙伴的数量与结构均出现了新的特点，使得韩国对美日两国的经济依存度大幅降低。特别是日本，自 20 世纪 70 年代后期以来对韩国经济的重要性一直呈持续下降趋势。另一方面，与日韩关系降温相比，朴槿惠执政时期中韩关系升温，这主要来自朴槿惠新的执政理念。与李明博相较，虽同为保守阵营，但朴槿惠自由色彩较浓厚。在选择政策方向时，更多的是出于韩国所处的现状及社会的要求，而并不过多受政治立场以及既有框架的束缚。在其施政演说中，依据变化了的国际国内环境，更多地强调政策的“进化”。[①] 特别是随着中国的崛起及积极的对韩政策，使得中韩在经济上的联系愈发紧密。2013 年，中韩两国新一届政府成立以后以朴槿惠总统首次访华为契机，双方同意通过“充实中韩战略合作伙伴关系”进一步提升并深化两国关系。据统计，2013 年中韩贸易额为 2742.5 亿美元，较上年增长 7%。对韩国来说，中国已成为最大的贸易伙伴、出口市场、进口来源国以及海外投资对象国。此外，中韩还启动了自由贸易协定政府间谈判，截至 2014 年 7 月已经进行了 12 轮谈判。[②]

综合以上分析，可见日本外交在面对朴槿惠政府时也存在种种“无力感”。关系恶化，很多与日本因素有关，需要日本做出调整；有的政策却是韩国出于自身利益主动选择的结果，日本虽感到焦虑，却苦无良策。上述纠结与选择亦体现在日本国内的政策讨论中，对于日韩关系中出现的新变化，主流的看法是应开展更为有效的对韩外交，特别是在经济合作领域。同时，又认为两国关系的结构已发生比较大的转变。在这种情况下，尽管关系十分重要，

① 李鐘元「『G2 時代』韓国・朴槿恵外交の挑戦」、『外交』2013 年 3 月号、96 頁。

② 参见中华人民共和国外交部《中国同韩国的关系》，2014 年 7 月，http://www.fmprc.gov.cn/mfa_chn/gjhdq_603914/gj_603916/yz_603918/1206_604234/sbgx_604238/。

但最好还是不要立即尝试修复。为此，即使两国关系暂时降温，日本也只能忍耐。[①] 这无疑代表了当前日本国内对日韩关系的一种新的认识潮流。

三 “战略性介入”朝鲜半岛

在日本外交与安全战略发生重大变化的背景下，安倍政府正在积极谋求战略性地介入朝鲜半岛事务。日本的战略性介入，主要基于半岛权力格局的最新变化以及自身战略需求两方面考虑。

首先，朝鲜半岛的格局正在发生结构性的变化。应当说，这也是目前日本国际问题学术界较为一致的看法。[②] 半岛格局的变化又具体表现在内外两个方面。从内部因素来说，朝韩新一代领导人相继上台。2012 年 4 月，朝鲜金正恩执政。同年 12 月举行总统大选后，韩国也在 2013 年 2 月迎来朴槿惠执政时代。目前，日本对韩国的对朝政策比较感兴趣。在朴槿惠公布的对朝政策构想中，明确地使用了“信任外交”以及“均衡政策”等关键词，主张构建南北信赖关系，实现两个“均衡”：（1）安保和交流合作的均衡；（2）南北对话与国际协调的均衡。日本国内有舆论认为，上述朝鲜半岛信任进程将促进朝鲜核问题的解决，而朝鲜核问题的进展又将进一步推动信任进程的发展，但其具体效果如何，日方应加大研究力度与积极应对。从外部看，实力相对下降的美国提出“再平衡”战略，而中国则因为经济崛起在半岛问题上发挥了愈发重要的影响力。在日本看来，影响朝鲜半岛格局的最大外部因素则是中美的实力及不同的诉求。既认识到良好的中美关系有利于朝鲜半岛的稳定，但也认为由于“中国的崛起”，中美之间将围绕朝鲜半岛事务产生摩擦。同时，无论是朝鲜还是韩国，或许都面临着在对华及对美关

---

① 如日本政策研究大学院大学（GRIPS）校长白石隆就曾持这一看法。

② 较有代表性的研究成果有：小此木政夫「朝鮮半島—分断体制の国際関係—」、『国際問題』2012 年 9 月号（No. 614）；小此木政夫「朝鮮半島—システム再編期の国際関係—」、渡辺昭夫・秋山昌広編著『日本をめぐる安全保障　これから10 年のパワー・シフト—その戦略環境を探る—』、亜紀書房、2014。

系上做出复杂抉择的情况。

其次，日本的战略定位也发生了重大变化。安倍再度执政之后，主动调整了日本战后长期坚持的“吉田主义”路线，外交战略与安全战略更富进取性，从给现状带来的冲击来讲是更具攻击性。相应的，安倍新战略背景下的日本对朝鲜半岛的战略需求也具有了新的特点。用日本外务省主管的学术杂志《外交》主编铃木美胜的说法，朝鲜半岛在某种程度上说正处于大的权力转移之中，这无疑给日本外交提出新的严峻课题，日本应展开更为积极的半岛外交。① 概言之，日本对半岛的战略性介入，主要体现为积极配合与利用美国的战略“再平衡”。2014 年 12 月，《大国政治的悲剧》的作者、进攻性现实主义代表人物、美国芝加哥大学教授约翰·米尔斯海默（John Mearsheimer）访问日本并发表演讲。他预测由于亚洲的地缘因素和权力分配都与冷战时的情况不同，因此将来中美角逐亚洲的局势会比冷战时的美、苏、欧洲竞争更容易擦枪走火。至于最终的战场，“最有可能会是在朝鲜半岛”。在指出美国重返亚洲的战略目的是全力遏制中国在东亚地区拓展势力范围的基础上，米尔斯海默主张日本应积极谋求成为“正常国家”。他指出，虚弱的伙伴对同盟有害无益。“只有一个逐步正常的日本，才能为实力相对下降的美国提供必要的协助。”在“再平衡”的新战略之下，美国突出强调责任转移原则。在半岛问题上，美国寄希望于日本能承担更大的责任。反观日本，意在最大限度利用美国的这一战略，达到“全面大国化”的国家战略目标。安倍的用意非常明显，即在于搭乘美国“重返之需”和日美同盟强化的便车，达到既积极谋求军事崛起，又“挟美抑华”，提升在日美同盟中的军事地位与作用，借以提高和发挥对半岛的影响力。

四 “三重战略目标”评估与展望

在对朝政策上，安倍内阁在第一阶段的主要目标是全面解决绑架问题。

---

① 相关内容参见鈴木美勝「パワーシフト後の朝鮮半島」、『外交』2013 年 3 月号。鈴木美勝「対北朝鮮、日本外交の要件」、『外交』2012 年 7 月号。

只要朝鲜继续配合日方调查，以及日本减少对朝制裁甚至提供经济援助，就存在改善关系的可能。实现绑架问题的局部突破，也有助于带动日朝关系的全面改善。但即便如此，日本对朝依然会坚持不解决绑架问题，就不实现与朝鲜邦交正常化的方针，这无疑增加了今后谈判特别是建交的难度。首先，在绑架问题上，日本政府所要求的全面解决，其三项要件，朝鲜很难同时满足，特别是引渡绑架犯人。其次，在建交问题上，应明确下述逻辑关系：对日本来说，全面解决绑架问题，是建交的必要条件，否则，邦交正常化无从提起；但解决该问题后，日朝还需直面核、导弹、历史、赔偿等棘手问题，不解决这些矛盾，邦交正常化料难实现。最后，为解决绑架和建交问题，安倍内阁对朝外交将持续“发力”。近期有一重要动向，即日方表示正在研究安倍访朝事宜。首相访朝或有“奇效”，但也是一招“险棋”。在全面解决绑架问题迹象明确之前，安倍恐难成行。日本的策略依然是“行动对行动”，视情况分阶段地解除对朝制裁。

总体上，对朝改善关系的未来进程仍将充满波折。

第一，尽管有所进展，但整体并未转圜。日本在对朝鲜三次核试验后实施的制裁，使双边关系长期受制于政治对抗，呈现“政冷经冷民冷”的全面恶化局面。例如，连续四年日本对朝进出口贸易额为零（2010～2013年度）。

第二，双方对于谈判的理解仍有较大差距。除绑架问题之外，日本并不握有解决朝核及导弹问题的主动权。与日本聚焦绑架相较，朝鲜更为关心赔偿、经济援助和解除制裁问题。此外，在朝鲜看来，在朝美矛盾解决之前，难以同日本建交。亦即是说，日朝关系能否正常化，取决于核问题的解决和朝美谈判进程。

第三，日本长期奉行“妖魔化朝鲜”的政策，促使反朝情感积聚。《国家安全战略》《防卫计划大纲》《外交蓝皮书》《防卫白皮书》等官方文件直指朝鲜是“重大威胁”。目前，反朝、排朝、对朝鲜不信任成为日本对朝舆论的主流。偏右政治势力借机大做文章，宣扬强硬主张。

第四，受政治领导人执政长短制约。对朝外交属于高度敏感性政治问题，重要决断须首相做出，一个长期执政的政权必不可少。

第五，日本对朝政策受制于日美同盟和日美韩协调框架，难以单独实现对朝关系全面解冻。美国尽管对日本的立场给予适当理解，但促朝弃核则更为重要。即使是不便反对绑架问题磋商，但美国也对安倍急于全面解决而解除对朝单边制裁的举措表示不满，希望日方“与朝方谈判事项具有透明性，并事前与美协商”。美国实则担心日本对朝鲜采取的新举动，有可能打乱其战略部署及日美韩的统一步调。

在对韩政策上，安倍政府的压力凸显，未来亦难有效减弱。为破解关系困局，日本的战略性忍耐也并不代表完全消极等待日韩关系在哪一天突然转圜。针对韩国对日外交的新特点，日本已明确意识到对韩不能贸然展开外交攻势，同时正如安倍在执政演说中所称的那样，要“立足大局”，一点一点地建立起合作关系。亦即是说，既承认现实，又立足长远，积极谋划。上述思考在日本国内政策界的谈论中体现得较为充分。当前，安倍政府似在谋划构建一种多边意义上的战略互惠关系的总体思路。这一新型的日韩关系模式涵盖了以下几个方面：（1）突出价值观因素。安倍在2014年的两次国会演说时，都称韩国是与其拥有相同基本价值观和利益的最为重要的邻国。在日韩关系中突出价值观因素，这既出于日本外交转型的内在要求，也体现出对中韩关系强化的戒备，意在借此来增强与韩国在所谓价值观念上的“认同”。（2）安全上借重美国的纽带作用。在东北亚，美国同时拥有日本与韩国两个战略盟友。考虑到朝鲜半岛形势和中国崛起等因素，基于自身战略利益，奥巴马因此极力斡旋改善日韩关系。3月7日，奥巴马在与安倍的电话会谈中建议举行日美韩首脑会谈。在美国的影响力方面，日本有一定的认识。尽管美国相对实力下降，但今后一段时期日本开展对韩外交，特别是在安全领域，需要借助美国的力量。下一阶段，日本将积极针对美国开展工作，力图使韩国军队更深地融入日美同盟之中，为其提供更高级别的安保框架。（3）强化日韩经济联系。据统计，2013年韩国对日出口额为347亿美元，较2012年减少10.6%；对日进口额为600亿美元，较2012年减少6.8%。同时，日本对韩直接投资于2012年达到顶峰，2013

年减少了40%。[1] 经济是强化关系的有效砝码之一，而日本在这方面的优势在相对递减。究其原因，是两国经济关系的结构变化所致，也受两国关系的大环境的影响。为有效应对，日本有两个选择项：一是引导历史认识问题和领土问题得到解决，二是在其他方面提升对韩国的重要性。但前者，至少在目前并不现实。因而，日本正在谋求强化日韩经济联系。比如，选择之一是促成自由贸易协定的签订，充分利用自身的经济影响力来促韩转变。

在对朝鲜半岛的政策上，日本基于自身安全观而选择主动介入，试图影响甚至主导特定的政治议程。在地缘政治上，战前就有形象的比喻——朝鲜半岛是“插向日本的一把尖刀”，对日本的重要性自不待言。在日本出台的《国家安全战略》、新《防卫计划大纲》以及安倍内阁有关解禁“集体自卫权”的决议等众多官方文件中，也无一例外首先渲染了对来自半岛的安全上的威胁以及不稳定因素，认为政府在该地区应有战略性的考虑与部署。

基于半岛格局特别是自身战略定位的变化，日本更希望看到韩、朝在维护半岛稳定的前提下相互牵制，而不愿出现强大的统一国家。在安全领域，日本对华“抗衡”的新地缘政治观初步形成，“自由与繁荣之弧”实则是对华“包围圈”。在这一条弧线中，朝鲜半岛是薄弱环节，同韩国与朝鲜稳定关系，有助于日本巩固战略“支点”。其战略性介入的具体目标是：（1）消除半岛冲突隐患，确保国家安全。日本解禁集体自卫权，亦暗含该地区一旦“有事”，将同美国一道并肩作战的考虑。（2）开展对朝、韩“双轨外交”，强化对双方影响。（3）实现日朝邦交正常化，标志着“战后处理”的最终完成。

五　结语

基于安倍政府对朝、韩及整个半岛新的思考与政策变化，日本同时面临

---

① 外務省北東アジア課「最近の日韓関係」、2014 年 9 月、http：//www. mofa. go. jp/mofaj/files/000033344. pdf。

“三重战略目标”，即对朝接近、对韩忍耐与积极介入朝鲜半岛。从理论上说，建设性的政策能够在一定程度上缓解紧张局势，即使是策略性的、阶段性考量，在一定程度上亦有助于军控与地区稳定。对其发挥的此类作用，应给予评价。但问题在于，日本对该热点地区的对外政策调整，是以“右倾化”政治理念为基础，是在包含“军事大国”在内的“全面大国”的强烈诉求下构想与实施的，因而势必带有较大的局限性，其对地区安全的冲击性也自不待言。同时，当前日本的政策亦无助于从根本上解决长期以来朝鲜半岛以及南北双方所面临的根本问题。

对朝接近政策能走多远，仍有待进一步观察。基于提升人气、稳固政权、对朝外交以及弥补战略“短板”之需，安倍将全面解决绑架问题作为首要课题。在对朝政策上，谋求绑架问题的突破是安倍的近期目标。其中，远期目标是日朝建交，这也是未来日本外交的重大课题之一；对韩战略忍耐，实则代表日本政策界的一种无奈。在新的战略环境之下，对实力与影响力均相对弱化的日本来说，再试图返回冷战时期的模式几无可能。即使安倍内阁提出新的多边意义上的对韩战略关系思路，但因其在历史问题等方面的表现依然会从根本上制约日韩关系的发展，特别是在朴槿惠政权已对“大势”变局做出抉择的情况之下，可供日本选择的战略挪移空间其实并不大。2015 年，日韩将迎来邦交正常化 50 周年。日方在历史问题、岛屿争端等棘手问题上的言行，将直接影响到两国关系的改善进程。即便是日本国内主流舆论，对此也不抱过高的期望。在对朝鲜半岛的介入上，日本有其深思熟虑的战略算计：维持“不统不战”但相对稳定的半岛局势，并借机发挥作用甚至影响地区政策议程。

B.14

政治寻求突破，经济文化着力发展

——2014年日台关系*

吴万虹**

摘　要：马英九当政以来，基于两岸关系的缓解，台湾当局不必为对抗大陆争取日本的支持，在对日关系中主动权有所上升。同时，两岸关系的缓解亦为日本和台湾发展事务性关系提供了足够的空间。日本和台湾当局借机大力发展经济、文化关系。日本还在政治上推进日本版“台湾关系法”，企图实现政治突破。

关键词：中日关系　日台关系　日本版“台湾关系法”

台湾地区现任领导人马英九未上台之前，曾以保钓运动的参与者著称，日本方面曾经对马英九执政后的对日政策存在诸多质疑，担心日台之间的关系是否会转恶。可以说，马英九的当选曾经为日台关系今后的发展引入新的变数。但是，马英九上台后，将台日关系定位为特殊伙伴关系，称“特殊”是因为双方虽无正式“外交”关系，但实质关系比正式外交更密切。从2008年到目前，日台之间虽然在马英九上台伊始发生过“6·10钓鱼岛撞船事件”，但是得到平稳解决。整体而言，日台之间的事务关系从青少年打工

* “日台关系”指“日本与台湾地区的关系”，为行文方便以下略称“日台关系”。

** 吴万虹，政治学博士，中国社会科学院日本研究所副研究员，研究方向为中日关系、日台关系。

度假协议、在札幌设置台湾办事处、羽田与松山机场直航、2011 年的开放天空协议和“台日投资协议”，到 2013 年的“台日渔业协议”，取得很大进展。日台下一步还可能继续推动投资、贸易等事项，继而签署自由贸易区协议。

陈水扁时期，动辄因李登辉访日，令台湾问题成为中日之间的议题之一。与此相比，马英九时期两岸关系紧张局势缓和，给了日台发展事务性关系提供了足够空间，台湾问题不再成为中日之间的突出问题。因而，日本可以借机大力发展与台湾的事务关系。日本知名民间智库东京财团 2013 年 8 月曾发表过一份题为《对安倍外交的 15 个建议》的报告。该报告由被视为安倍外交顾问的北冈伸一主笔，在涉及日台关系方面主张，趁两岸关系缓和之际，大力发展以经济、社会为主的关系。看来，该智库的主张正在逐步成为事实。

纵观 2014 年全年，日台之间关系在政治、经济、文化交流等方面，分别有以下几个主要特点。

一　马英九批评安倍右翼行径，表明台湾在对日关系中的主动权上升

2013 年 12 月 26 日，日本首相安倍晋三无视国际社会、亚洲邻国和日本民众的反对，悍然参拜了供奉有二战甲级战犯的靖国神社。此举引发中韩以及美国的不满。台湾涉外部门发言人高安也发表声明呼吁日方“切勿伤害邻国历史伤痛的行动”。2014 年 1 月 11 日，马英九罕见地批评日本称“难以理解，何止失望”。马英九谈话比台涉外部门强硬一些，也是他首度针对靖国神社议题正式发表看法。

台湾地区领导人罕见地亲自上阵批评日本，反映了马英九的民族大义，也表明台湾在对日关系中提升了主动权。

1947 年 1 月 11 日，中国与美国、英国正式废除不平等条约，签订平等新约。借此纪念之际，马英九在“脸书”上针对靖国神社与钓鱼岛问题发表 2500 字感言。对日本的种种破坏和平、肆意挑衅的行为进行了严厉

的批判。

马英九表示，《马关条约》早已被废除，台湾已经回归中国的版图 69 周年，但是隶属台湾岛的钓鱼岛问题仍是东亚的关键问题。日本 2012 年 9 月实施钓鱼岛“国有化”，引发东亚区域情势动荡不安；日本高层官员参拜靖国神社，更引起中国大陆和韩国的谴责，以及台湾当局的“强烈关切”与美国的“失望”，再一次为东亚区域安全种下了不安定的因子；身为中华民族的一分子，对日本政府这种不顾邻国历史伤痛的行动“难以理解，何止失望而已”。最后马英九表示，台湾当局将继续努力成为东亚“和平的缔造者”，不仅追求两岸关系和平稳定，更期望日本、中国大陆及韩国共同为区域永久的和平与繁荣尽一份心力。①

同月 19 日，马英九看望台湾仅存的 5 名慰安妇之一的小桃阿嬷时表示，第二次世界大战已结束 69 年，但战火在她们身上留下的伤痕没有消失，痛苦的记忆也还没消失。慰安妇的存在，时时提醒亚洲各国，当时日本军阀曾犯下如此令人发指的罪行。马英九再度批评安倍说，让人最难接受的是，参拜供奉二战甲级战犯的靖国神社，如在伤口撒盐，显然没任何一点反省邻国慰安妇遭迫害的悲惨历史，“我替阿嬷们感到极度不平，日本政府的行为实在是令人遗憾”。②

2014 年 7 月 7 日，时值“七七事变”77 周年，马英九表示历史的错误或可原谅，但历史真相不能遗忘，钓鱼岛是最早被日本侵略的领土，领土、主权一寸不能让。2015 年是抗战胜利 70 周年，马英九要求相关单位举办一系列活动，并成立慰安妇历史陈列所。③

从马英九的言行可以看出，台湾当局对日关系发生了微妙的变化。安倍上台前后，日本的挑衅行为不断升级，钓鱼岛“国有化”、参拜靖国神社等行径，严重践踏包括台湾民众在内的中华儿女的尊严，但台湾岛内一些亲日势力立场模糊，甚至为之辩护，丧失了民族气节。马英九立场鲜明地予以批判，维护了民族大义。特别是正值大陆对日本的种种丑恶行径进行批判之

① 中新社 2014 年 1 月 12 日电。

② 马英九：《安倍参拜靖国神社是对慰安妇伤口撒盐》，中国台湾网，2014 年 1 月 20 日。

③ 中新社 2014 年 7 月 7 日电。

时，马英九站在中华民族的立场上批评日本，客观上形成了两岸共同发声之势，打击了日本的嚣张气焰。

2014 年两岸关系的和平发展，客观上为台湾提升对日关系主动权提供了条件。过去，李登辉、陈水扁为了对抗大陆极力讨好日本，由此把自己置身于被动地位，不敢理直气壮地维护自身权益，害怕令日本不高兴。2008 年以来，两岸关系和平发展，台湾不必为了对抗大陆而争取日本的支持，逐渐扭转了在对日关系中的被动地位。基于两岸经济联系紧密，日本在 2011 年与台湾签订了投资协议。此外，由于担心两岸形成联手“保钓”之势，日本不得不对台湾做出让步，与 2013 年 4 月签订了“日台渔业协定”，正是因为如此，台湾当局针对日本的错误行径，才敢于义正词严地提出批评。两岸关系的紧密发展，大大提升了台湾对日关系的主动权。①

二　日本拟制定日本版“台湾关系法”，政治上寻求突破

进入 21 世纪以后，随着国际形势的瞬息万变，日本有一些亲台的右翼势力主张重新审视“1972 年体制”，仿效美国，制定日本的“台湾关系法”。还有日本学者指出，台湾海峡局势的变化或者说中国的崛起，有可能从根本上改变东亚的国际政治局面；伴随东亚国际政治环境的变化，日本需要重新思考“1972 年体制”②。

2014 年恰逢美国签署《与台湾关系法》35 周年。值此之际，美国政府高官、国会议员在多个场合高调举行纪念活动，重申美国对台湾安全的承诺。台湾当局和政界也跟在美国后面，亦步亦趋，意欲把牢这把“保护伞”，为其战略利益服务。在此背景下，日本政界中的亲台势力也不甘落后，提出制定日本版“台湾关系法”，企图突破“1972 年体制”。

---

① 胡本良：《马英九批判安倍右翼行径》，《台湾周刊》2014 年第 3 期。

② 川岛真：《日中、日台 1972 年体制的未来》，http：//www. nippon. com/cn/column/g00019/。

（一）日本版“台湾关系法”制定论再度抬头

1. 日本版“台湾关系法”制定呼声再起

2014 年 2 月 17 日，自民党所属亲台议员联盟“促进日本与台湾经济文化交流年轻议员会”（简称“日台年轻议联”）在与日本外务省举行的涉台会议中确认，将推动日本版“台湾关系法”的制定。日本外务省官员亦向日本和台湾地区两地媒体证实确有其事，但不便予以评论。

“日台年轻议联”由现任日本首相安倍晋三的胞弟、外务副大臣岸信夫于 2006 年创建，现有 70 名自民党籍国会议员。该会自成立以来，已经多次主导或参与日本政界涉台法案的制定及国会表决。最有代表性的案例是该会于 2009 年 7 月推动国会通过将在日台湾民众“外国人登陆证”国籍一栏由“中国”改为“台湾”的《出入国管理法修正案》。

2. 21世纪以来日本和台湾制定该法的呼声已久

实际上，关于日本版“台湾关系法”，日本酝酿已久，但皆未成气候。最有代表性的是 2005 年 10 月 12 日发布的日本版“台湾关系法”，是受时任台湾“驻日代表”许世楷委托，由日本平成国际大学法学教授浅野和生起草，交日本国会和自民党内进行审议，并企图由岸信夫推动国会通过，但因首届安倍内阁仓促下台及此后的政局动荡而被束之高阁。

由于中日关系再度紧张，日本右翼势力再度叫嚣制定日本版“台湾关系法”。如岸信夫在右翼月刊《正论》发表的《加紧重构日台关系》一文中就指出，1979 年美国和台湾当局断交之时就制定了“台湾关系法”，而日本和台湾当局之间并无此法律根据，可在参考浅野和生提议的前期版本的基础上，加紧制定必要的相关法律。①

在民进党执政时期，台湾当局上下曾大力推动该法制定，但均未成功。国民党执政之后，“驻日代表”冯寄台也曾请自民党议员协助，但因马英九

① 岸信夫「日台関係の再構築を急げ」、『正論』2013 年 11 月号。

当局及日本议员反应平淡而无果而终。不过，李登辉等“台独”势力却自始至终对此反应特别积极，并时不时向日本政界人士表示要加紧制定日本版“台湾关系法”，特别是李登辉希望能在安倍内阁期间达成这一夙愿。

（二）日本版“台湾关系法”的严重危害性与制定、通过的可能性

1. 对浅野版“台湾关系法”内容的评价

第一，条款内容的整体“暧昧”性很强，整体条款并不像一个法律，对台湾海峡两岸、中日关系的直接影响无法从条文中直接看出。

第二，具体而言，该法案最重要两个内容是“促进日台交流”与“合乎日本的政治、经济、安全保障的利益”。特别是后者表明日本要把台湾与自身安全捆绑在一起并有不计后果的“火药味气息”，使日本能够积极介入台湾问题，特别是力图让日本做介入台湾海峡战争的准备。

2. 日本版“台湾关系法”的严重危害性

第一，日本坚持的“一个中国”政策将名存实亡，《中日联合声明》与《中日和平友好条约》彻底丧失法理权威性。中日关系正常化的核心基础就是日方遵守“一中”原则，如果日方以法律形式明确两岸互不隶属关系和日台关系，将直接挑战中日关系的基本底线，并将中方逼入死角，中日关系将无回转余地。

第二，将使日本能够直接干涉台湾问题，使日美同盟的介入具有更强的法理性。美国的《与台湾关系》已经使其不断干涉台湾问题，日本如通过该法将依据《周边事态法》可以公开干涉台湾问题，并将纵容“台独”势力更加猖獗，两岸统一前景更加困难。

第三，浅野版“台湾关系法”虽然声称仅限于民间层面，但是在法理上将冲击中日关系底线。该草案表面文字似乎并不涉及政治、安全问题，却在法律意义上形成一个政治突破，之后重新修正亦更加容易，并随时可添加相关政治、安全条款。

3. 日本版“台湾关系法”现应处于起草、讨论阶段

日本版“台湾关系法”论调再度卷土重来，表明该法案已经处于讨论或初步制定过程阶段：

第一，岸信夫等人已数次积极推动、参与“台湾关系法”制定，且与浅野等右翼学者、“台独”势力往来密切。此次抛出该论调除了面向中国大陆做出拉拢台湾的姿态之外，更大的可能性是在试探外界特别是中国大陆的反应，并会根据外界形势变化在适当时机予以公布。

第二，岸信夫为安倍首相胞弟及外务副大臣，当选众议员之前长期担任参议院外交防卫委员会中的重要职务，熟知国会议案起草、讨论、表决的程序运作，而且有推动《出入国管理法修正案》等类似法案通过的经验。

4. 日本版“台湾关系法”近期提交国会表决的可能性很低

第一，该法案走议员立法的可能性相当高，但该立法程序的难度较大。由于该法内容政治敏感性过高，一般不会走行政立法形式，而是采取议员立法方式以摆脱政治责任。不过，议员立法耗时、程序烦琐——涉及各政党、省厅官僚、内阁等，且之前从来没有针对一个国家和地区制定的特别法案。

例如，2011 年 3 月日本国会全票通过的《海外美术品等公开促进法》，被台湾媒体誉为日本版“台湾关系法”的先声，但该法从开始起草、委员会讨论、国会最终表决通过就花费了 5 ~6 年时间。

第二，该法案内容与日本政府外交政策三原则之“联合国中心主义”及《中日联合声明》的立场相违背，应顾及中国大陆的反应，且国内左翼、中道政党如共产党、公明党等会予以反对，而且还要与官僚系统特别是外务省、经产省寻找政治共识，其跨越的政治门槛较高。

5. 从长期来看，该法提交国会表决甚至通过的可能性很高

第一，中日关系如长期持续对抗，该法案通过的可能性相当高。从长远来看，日本政界右倾遏华的总体政治态势不会改变，中日摆脱双边困境的可能性不高，加之“台独”势力和美国幕后推波助澜，使得该法案出台后获得全面支持的可能性大增。

第二，自 2005 年给台湾旅客免签法案通过以来，日本国会已经通过了多个涉台法案，且基本以全票通过。主要有：2007 年 9 月通过“日台驾照相互承认”法案、2008 年 4 月通过日台青少年“假期打工签证”法案、2009 年 7 月通过“出入国管理法修正案”、2011 年 3 月通过“海外美术品等公开促进法”。

第三，国会亲台势力持续壮大，是国会表决的基本政治条件。日本政界“台湾帮”重镇当属“日华议员恳谈会”（简称“日华恳”），上述通过的法案也都与该组织的运作、幕后支持密不可分。“日华恳”现有成员 284 人，已接近 20 世纪 90 年代中期势力最强时期。该组织亲台势力一代接一代，薪火相传，使得国会屡屡能够通过亲台议案。

基于以上分析，日本版“台湾关系法”尚处酝酿未完全成形之际，即使此番成功将该法案的动议阻挡在初级阶段，不排除日本今后继续进行相关立法的可能性，这必将成为中日间一场长期的政治博弈斗争。

三　日本和台湾之间经济合作深化

长期以来，日本一直视台湾为“特殊利益地区”，企图通过密切日台关系，达到既推动“台独”势力发展，又控制台湾经济命脉的目的。近几年来，日本加快与台湾当局洽签经济合作协议步伐，双方经贸关系进一步深化。2011 年双方签署“开放天空协议”“日台投资协议”，安倍上台后，双方又于 2013 年签署电子商务、专利、药事、铁路及海上救难领域的合作与交流等 5 项协议或备忘录。

2014 年 11 月 20 日，台湾亚东关系协会会长李嘉进与日本交流协会会长大桥光夫在台北签署《专利程序上微生物寄存相互合作了解备忘录》《观光事业发展加强合作备忘录》《核能管制信息交流备忘录》《有关入出境管理实务及情资交换暨合作了解备忘录》等强化日本和台湾之间经济关系的 4 个合作协议，不仅强化了双方在相关领域的合作，亦促使双方关系得到进一步的发展。日台之间继 2011 年签署投资协议后，陆续签署覆盖面日益广泛的重要经济协议，以堆积木方式，为双方未来持续洽签经贸协议奠定良好基础。目前，双方评估洽签“经贸伙伴协议”（EPA）和“避免双重课税协议”（DTA）[①]。

鉴于台湾外向型经济发展的需要，台湾当局对加入“跨太平洋伙伴协定”（TPP）、“区域全面经济伙伴关系协议”（RCEP）极为重视，近来频频动作采取各种措施，积极谋求争取加入 TPP、RCEP 等区域性经济组织。在谋求加入多边组织的过程中，台湾也在积极争取日本方面的支持。

在上述政策的支持下，日本和台湾之间的经济关系得到进一步发展。日本是台湾第二大贸易伙伴，其中日本为台湾第一大进口来源地和台湾第四大出口对象，2013 年日本和台湾地区的双边贸易额达 621 亿美元。此外，日本还是台湾外资的重要来源地。随着“海峡两岸经济合作框架协议”（ECFA，2010）和 2011 年“日台投资协议”的签署，日本对台投资件数和金额猛增，由 2009 年的 266 件、2.4 亿美元增至 2012 年的 619 件、4.1 亿美元。过去两年日本对台投资累计达 1237 件，总金额达 8.2 亿美元。日本和台湾地区的经济关系日渐密切，日本企业以台湾为跳板，与台湾企业联手，向大陆投资，获得 ECFA 给台湾的大幅优惠。[②]

四　文化交流升级，人员往来密切

（一）台北故宫展品在日展出，文化交流升级

2014 年台湾和日本文化交流中的重头戏是 6 月台北故宫博物院藏品赴日展览，值得注意的是，普通的文化交流却被赋予政治色彩。一是台北故宫藏品赴日展览经双方多年协商，包括为避免文物遭扣押日本国会两院特别通过《海外美术品公开促进法》。二是台北故宫特别邀请马英九夫人周美青担任东京首展的荣誉团长，让文化交流升高到文化“外交”层级。三是台北故宫在与日方签订借展合约中，明确要求“乙方（日本）必须标明借展品为‘国立故宫博物馆藏品’”[③]。

① 伍俐斌：《安倍重新上台后日本拉拢台湾的策略与做法》，《台湾周刊》2014 年第 48 期。

② 伍俐斌：《安倍重新上台后日本拉拢台湾的策略与做法》，《台湾周刊》2014 年第 48 期。

③ 章北海：《台北故宫藏品赴日展览引风波》，《台湾周刊》2014 年第 25 期。

在筹备展览过程中，台湾当局不满日本部分宣传海报未标“国立”二字，以“不惜撤展”要求日本限期处理。最终日方做出妥协让步，拆除相关海报，故宫藏品展如期举行。2014年6月24日至9月15日，台湾故宫“神品至宝展”在日本东京展览，此次展品共计186件，其中首度借展的“翠玉白菜”备受瞩目。7月31日，马英九夫人周美青以原声合唱团荣誉团团长身份访日，并出席8月5日在东京国立博物馆举办的台北故宫博物院第二批苏轼“寒食帖”等6件书画珍藏展。

台湾媒体称，日本媒体对台湾机构不使用“国立”二字，早已是惯例，并非故宫文物出展才有。若当局真如此在乎日媒，事前就应该积极沟通，而非临展出前才大动作强硬抗议，不但让故宫文物展染上高度政治色彩，也阻碍了正常的文化交流。①

可以说，通过此次展览，台湾方面部分实现了文化交流升级的预期政治目标。

（二）人员往来增加

自2011年日台缔结“开发天空协议”以后，客运航班数大幅增加，定期航班增至460个，航点增至日本18个城市。日本和台湾之间人员来往频繁，互访人数增加，2014年1～10月访台的日本旅客超过133万人次，较上年同期增长17%；2014年全年台湾访日旅客约282.98万人次，较上年同期增长28%，成为日本外籍旅客最大的来源地。2014年日本和台湾地区民众互访突破400万人次。2014年10月，双方同意将“青年度假打工协议”的名额扩至5000人，人员交流进一步密切。此外，日本交流协会还长期对从事日本及日台关系研究的台籍学者、研究生等给予资金资助。②

（三）日台之间的双轨交流日益发挥重要作用

日本著名智库日本海洋政策研究财团、东京财团先后与台湾远景基金合

---

① 章北海：《台北故宫藏品赴日展览引风波》，《台湾周刊》2014年第25期。

② 伍俐斌：《安倍重新上台后日本拉拢台湾的策略与做法》，《台湾周刊》2014年第48期。

作进行为期3年之久的共同研究，内容涉及东海问题、经济、安全保障等诸多领域。此外，受台湾涉外部门委托，由台湾中华经济研究院、美国战略国际问题研究所（CSIS）、日本世界和平研究所共同承办的“台美日安全保障对话论坛”[2014 ROC（Taiwan） – US – Japan Trilateral Dialogue] 于2014年7月1日在台北举行，台湾“立法委员”萧美琴、江启臣，美国联邦议会下院议员斯托克曼，日本众议院议员大冢拓、铃木馨佑及来自中国台湾、日本、美国、新加坡、新西兰、韩国、印度、澳大利亚等8个国家和地区的20多名专家出席，就地区经济一体化的安全保障及经济问题进行讨论。该论坛已经连续4年召开，台湾地区领导人吴敦义还接见了全部代表。不仅日台之间，日本、美国、台湾地区等多边之间的双轨交流也日益发挥重要作用。①

今后应对东京财团、远景基金等双轨活动予以足够的关注和研究。

五　近期展望

2014年11月29日结束的台湾“九合一”选举重新划分了台湾岛内的执政版图，民进党在国民党惨败的基础上扩大了“地盘”，不仅在“六都”中稳下南部“二都”，还从国民党手中拿到桃园和台中的执政权，党主席蔡英文的声望随之水涨船高，也为未来的台湾地区领导人选举埋下伏笔。日本中国问题专家急于了解蔡英文的两岸政策、如何处理两岸关系以及民进党与共产党未来如何互动。

日媒对台湾地方选举等政治动向颇为关注。《朝日新闻》“天声人语”称，台湾地方选举国民党的失败，是台湾民众对马英九实施的两岸关系政策说不。②随着2016年台湾大选的临近，台湾局势波动将会加剧，这将对中日关系造成如何影响，我们应密切关注。

---

① 参见日本东京财团网站：http：//www. tkfd. or. jp/。

② 『朝日新闻』2014年12月4日。

经济社会篇

Economic and Social Reports

B.15 中日经贸关系：现状、困境与出路

张季风*

摘 要：由于经济、政治等因素的叠加作用，2014年的中日经济关系仍处于后退和停滞状态。双边贸易同比基本持平，日本对华直接投资出现30年来的最大幅度下降，双方互购国债与货币直接交易受挫，中日韩自贸区谈判亦无实质性进展，“政经双冷”态势越发明显。随着中日政治关系的缓慢改善，2015年中日双边贸易、投资以及财金合作可望取得全面改善，中日韩自贸区谈判也可能出现实质性突破。未来中日双方在共同治理雾霾等环境领域的合作大有可为。

* 张季风，经济学博士，中国社会科学院日本研究所研究员、所长助理，研究方向为日本经济、中日经济关系、区域经济等。

关键词：中日经济关系　“政经双冷”困境　中日韩自贸区谈判　中日合作治理雾霾

2014年的中日经济关系仍然处于邦交正常化以来最为复杂困难的时期，双边经贸合作继续受到严峻挑战。虽经双方经济界不懈努力，相互交流与务实合作维持一定的发展，但受中日关系恶化影响，两国国民感情低下，中日经济关系的四大支柱——双边贸易、双边投资、财金合作和区域合作都处于下降或停滞状态。究其原因，自然有经济方面的因素，但双边政治关系恶化的影响也非常大。北京亚太经合组织（APEC）会议期间中日首脑实现会见，标志着中日关系可能进入拐点。2015年，随着双边政治关系的缓慢改善，中日经贸合作也有望出现恢复性增长。

一　中日经济关系的现状与困境

（一）双边贸易持续负增长

2014年在十分复杂与困难的环境下，中日双边贸易同比出现了若干回升，但势头十分微弱。综观中日邦交正常化40年来，双边贸易关系基本处于健康发展状态。2007年中国成为日本的第一大贸易伙伴，2009年中国超过美国成为日本的最大出口市场。然而，2012年在中国经济减速，特别是日本政府挑起的“购岛”闹剧等多重因素影响下，双边贸易出现了3.9%的负增长，而2013年又出现了5.1%的负增长，2014年出现了微弱反弹，仅为零增长。[①] 据中国海关统计，2014年，中日贸易总额3124.38亿美元，同比基本持平，增长率为-0.03%，其中对日出口1494.42亿美元，下降0.5%，自日进口1629.96亿美元，增长0.4%（参见图15-1）。中方逆差

① 海关总署：《海关统计》2012年第12期、2013年第12期。

135.54 亿美元，增加 13.0%。日本仍居欧盟、美国、东盟、中国香港之后，为中国第五大贸易伙伴，按国别为第二大贸易伙伴。

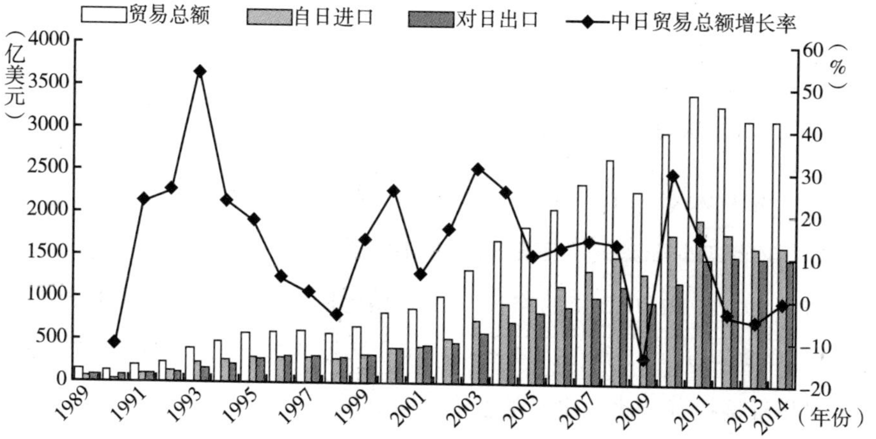

图 15-1 中日双边贸易长期变化

资料来源：根据《海关统计》1989~2014 年第 12 期数据绘制。

如图 15-1 所示，20 世纪 80 年代后期以来，中日双边贸易在 1990 年、1998 年和 2009 年出现过三次负增长，这三次负增长都是由外部经济环境恶化引起的，因中国经济减速与中日关系恶化叠加影响导致的连续三年负增长尚属首次。

从横向比较来看，2014 年中日贸易总额为 3124.38 亿美元，而同期中韩贸易总额为 2904.92 亿美元，两者已经相当接近，估计中韩贸易 2015 年甚至有可能超过中日贸易。不过，韩国的 GDP 仅为日本的 1/5，而且中日恢复邦交正常化已有 42 年，中韩建交仅为 22 年。中韩贸易与中日贸易若发生逆转，将成为中日贸易低迷的重要参照。

但是，需要注意的是，2013 年以来，日元一直处于贬值状态，这对中日贸易也产生了很大影响。特别是 2014 年 9 月美国推出量宽政策，10 月 31 日日本银行实施第二次量宽政策后，日元又出现新一轮急剧贬值，目前已贬至 1 美元兑换 120 日元左右。在日方的统计中，日元标价和美元标价的贸易额出现很大偏差。据日本财务省的统计，2014 年中日贸易额为 32.55 万亿日元，与上年同比增长7.5%，其中日本对华出口额为13.38万亿日元，同比增长6.0%，日本自华进口额为19.17万亿日元，同比增长8.6%。[①] 但由于日元贬值严重，美元标价的中日贸易额仅增长0.8%，不过，中国依然是日本的最大贸易伙伴和数一数二的出口市场。

（二）日本对华直接投资急剧下降

2014年日本对华直接投资实际到位资金为43.3亿美元，同比下降38.8%，连续两年负增长，下降幅度为1985年以来的最高值。不仅与2011年的增长49.7%和2012年的增长16.3%相比形成巨大反差，而且降幅也远远大于2013年（-4.3%）。2014年中国实际使用外资金额同比增长1.7%，日本对华直接投资与此相比差距也十分明显。

从投资的地区与国别来看，日本仅次于中国香港、新加坡、中国台湾，居第四位，在国别与地区中居第二位，与上年的位次相同。截至2014年底，日本对华直接投资累计实际到位金额986.44亿美元。绝对投资数额还不算小，但近年来横向比较，速度明显下降。据日方统计，2013年日本对华投资为91.04亿美元，而同期日本对东盟（新、马、泰、印尼、菲、越）投资高达233.98亿美元。2014年1～9月，日本对华投资仅为45.05亿美元，下降幅度很大，而对东盟投资则高达131.96亿美元。[②] 此消彼长，反差十分明显。

从长期数据来看，日本对华直接投资大约每隔10年形成一个周期，[③] 分别于20世纪80年代中期、20世纪90年代中期和2005年出现了三次峰值，正常的情况下，本应在2015年再次出现峰值，但由于受"岛争"的影响，在2013年就开始出现了后退局面，使原有投资周期断裂（参见图15-2）。

中国企业继续推行"走出去"战略，近年也加快了对日本的投资步伐，

---

① 財務省『報道発表　平成26年分（速報）』、2015年1月26日、http：//www.customs.go.jp/toukei/shinbun/trade-st/2014/201428c.xml#pg2。

② 日本贸易振兴机构统计，http：//www.jetro.go.jp/world/japan/stats/fdi/data/country1_14Q3_p.xls。

③ 张季风：《震后日本对外直接投资的新趋势》，《日本学刊》2011年第6期。

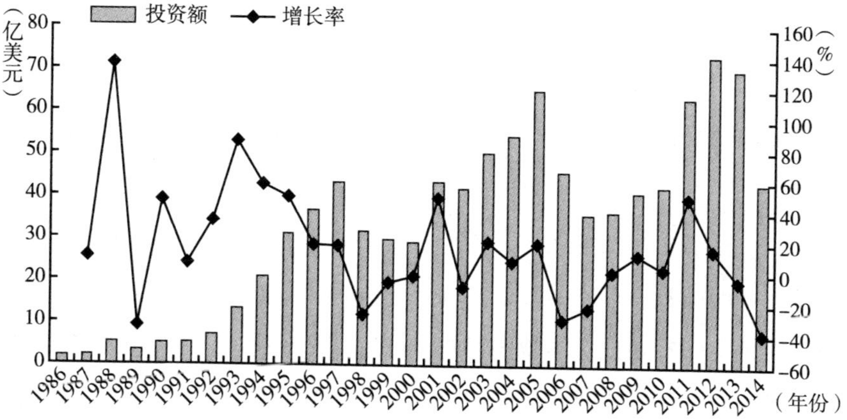

图15－2　日本对华直接投资变化

注：实际利用外资额，截至2008年的数据不包括经由避税地的对华投资，2009年以后的数据则包含经由避税地进行投资的金额。

资料来源：根据中国商务部网站数据绘制。

过去那种日本对华单向投资的局面虽有所改观，但是总体看进展缓慢，且不够稳定。2014年，中国对日非金融类直接投资2.3亿美元，同比增长79.8%。上升的原因主要是上一年投资下降了23%，降幅较大，因而出现了较大反弹，另外日本“引资倍增计划”也吸引更多的企业对日投资。截至2014年底，中国对日直接投资累计总额达15.7亿美元（不含金融类）。投资集中在电子制造、信息软件、太阳能发电、进出口贸易和金融服务等领域。虽然2014年中国对日投资增速加快，但不论当年投资金额还是累计金额都比较小，与日本对华直接投资的当年投资额、累计总额相比极不相称。

（三）中日财金合作进展缓慢

2012年6月中日两国决定进行人民币与日元的直接交易，12月双方互购国债，这意味着双方金融、财政领域的合作进入了一个新的阶段，同时也意味着中日经济关系上了一个新的台阶。日元是国际储备货币之一，人民币和日元直接交易，不仅有利于双边经贸活动，而且也有利于中日两国同东亚地区的金融合作，同时对摆脱“美元依赖”和使人民币国际化具有潜在影响。中日两国互购国债对于分散中日两国各自的外储风险、摆脱美元影响、深化双边经贸合作具有深远的历史意义。

2008年“雷曼冲击”以来，美元汇率走势的不确定性进一步加剧，而且欧元区经济更是动荡不安，全球外汇市场走势更加不确定，中日两国同样面临外部的汇率风险。特别是在欧债危机的影响下，世界经济减速、市场萎缩、中国出口势头明显减弱、日本主权债务负担日益加重，中日强化财政金融合作，对两国都有非常重要的意义。日元和人民币直接交易，可减少中间流程，能减少外贸企业交易成本和汇率风险，可以刺激中日贸易和投资活动的活跃度。而中国购买日本国债可减轻日本的财政压力，日本购买中国国债可以从中国经济高速增长和人民币升值中获得利益，是双赢的。

同时，中日推进人民币与日元直接交易以及互购国债合作，还将有助于国际货币体系格局的改革，也有助于提升中日两国在全球经济中的影响力和话语权。东亚是经济发展最为活跃的地区，但是，该地区虽然贸易和投资合作发展很快，在经济一体化方面却仍处于落后局面，其主要原因在于东亚地区的贸易结算货币还是以美元为主，如果这种状况不改变就难以摆脱美元的束缚。从这个意义上讲，人民币与日元直接交易具有重要的战略意义。如果东亚区域内货币都能实现直接交易，那么就为东亚经济共同体的建立提供了金融基础，东亚地区就有可能像欧盟那样向货币统一的方向迈进，并最终摆脱对美元的依赖。

然而，由于各种原因，中日之间的财金合作大幅度后退。上海资本市场人民币—日元直接交易额，2012年上半年为834.3亿元，同年下半年猛增至6758.9亿元，2013年上半年再增为7105.3亿元，同年下半年下降为5632.1亿元，2014年上半年进一步下降为2517.5亿元，同比降幅高达64.5%（参见图15－3）。从季度变化值来看，下降也比较明显，人民币—日元直接交易额2014年前三个季度分别为1303.8亿元、1213.7亿元和1110.4亿元，同比分别下降65.5%、63.5%和62.3%。[①] 2012年底中日之

① 中国人民银行数据。

间虽然确定了日本购买中国国债100亿美元的额度，但由于双边关系紧张等原因，未付诸实施。而中国购买日本国债，已实际进行，初始阶段数额也较大，到2012年中国购买日本国债已达18万亿日元。2013年降为14万亿日元，2014年继续下降。

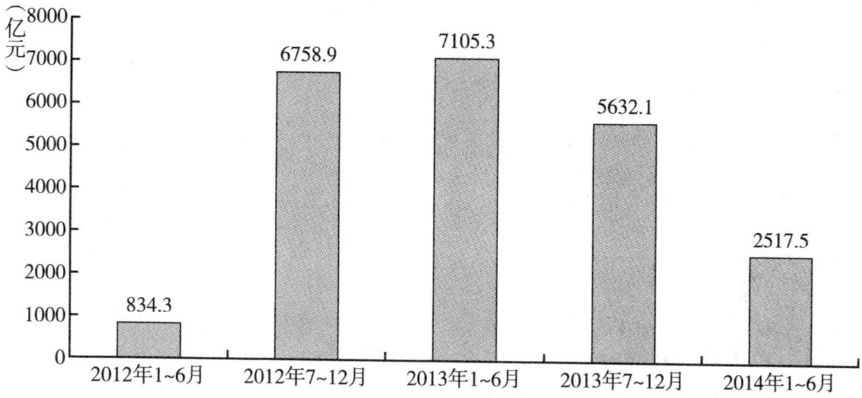

图15-3　上海市场：人民币—日元直接（现货）交易额的变化

资料来源：根据中国人民银行数据制作。

（四）中日韩自贸区谈判停滞不前

中日韩自贸区自2012年底启动谈判以来，已进行了多轮谈判，但尚未取得实质性进展，这与中日、日韩政治关系紧张不无关系。中日韩自贸区问题早在1998年东亚金融危机后就在三国学者中进行过讨论，但作为政府间的合作设想，在2002年召开的中日韩三国领导人峰会上被正式提出。设想中的三国自贸区是一个由人口超过15亿的巨大市场构成的自贸区。区内关税和其他贸易限制将被取消，商品等物资流动更加顺畅，区内厂商因此可降低生产成本，获得更大市场和经济效益，消费者则可买到价格更加低廉的商品。中日韩作为东亚地区三个大国，GDP总量已超过欧盟，但十分遗憾，2002年前后，三国之间的贸易量占三国对外贸易总量的比重不足20%。在世界主要地区，只有中日韩三国之间还没有实现经济一体化，时代要求中日韩三国应当克服各种困难，尽快实现自贸区设想。

中日韩自贸区设想确定后，中国国务院发展研究中心与日、韩政府相关知名智库进行合作研究，所得出结论是：如果实现中日韩自贸区设想，将逐步实现货物、人员和资本的自由来往，促进各国产业调整和经济发展。届时，中日韩三国的整体经济福利都会有所增加。此后，中日韩民间研究小组以及三国众多的研究机构，或者通过各自独立的模型测算，或者通过中日韩企业的问卷调查，几乎得出一致的结论。

不过，由于种种原因，中日韩自贸区谈判迟迟未能启动。直到2012年11月，在中日关系极为困难的背景下，中日韩三国经贸部长在柬埔寨金边东亚领导人会议期间举行会晤，才终于正式宣布启动中日韩自贸区谈判。到目前为止，共进行了六轮谈判。仅从2014年的情况来看，8月举行了第五轮谈判，因技术性问题，磋商陷入困境。11月25~28日在东京举行了第六轮谈判的司局级代表会谈。本轮谈判的焦点是能否设定显示消除关税商品种类比率的自由化率目标。由于日本拒绝中韩两国的提案等，三国磋商再次陷入困难局面。

三方谈判之所以没有进入实质性谈判，除了经济和技术上的原因外，中日之间、日韩之间的紧张关系使高层迟疑，这一政治原因无疑成为中日韩自贸区谈判的最大障碍。近年来，由于众所周知的原因，三方领导人聚首会晤的机会很少，而要推动这样重大的三方谈判，必须要有高层甚至顶层的推动才能见效。

（五）中日经贸合作陷入困境的原因

中日经济关系全面受挫的原因很复杂，但简而言之，就是经济原因与政治原因相叠加的结果。

首先看经济原因：（1）中国经济减速与世界经济减速。中国对日本的建筑机械、金属加工机械、汽车零部件以及高端零部件的进口需求明显下降①，就证明了这一点；另外，由于中美日之间存在三角形贸易结构，即

---

① 详见中华人民共和国海关总署《海关统计》2013年第12期与2014年第12期。

中国从日本进口高端零部件，在中国组装后再出口到美国、欧洲市场，而世界经济减速，欧美最终消费市场疲软，也自然会波及中日经贸合作。（2）中国投资环境越来越严峻。经济进入新常态后，中国并不是对所有的投资都欢迎，对投资项目的选择性增强。另外，对外资的优惠政策早已取消，人工费上涨，例如北京、上海等地最低工资比10年前提高了1.5倍以上，投资回报利润缩小。同时，还存在中国产能过剩、外资企业与当地中国企业竞争加剧等问题。（3）对中国经济预期的下降也影响到日本企业的投资取向，日本国际协力银行和日本贸易振兴会（JETRO）都做过问卷调查，所得到的结论也比较一致。

再看政治原因：（1）2012年9月，日本实行“钓鱼岛国有化”后中日关系骤然紧张，个别在华日资企业受到冲击，加之媒体不负责任的夸大宣传，使日本企业心有余悸，担心政治风险，对华投资采取观望态度，投资越发慎重。据日本国际协力银行的调查，日本制造业企业对“中国的政治、外交形势”表示担忧的达到91.8%。[①]（2）“中国崩溃论”的影响。这种论调在日本相当有市场，中日政治关系越紧张，国民之间的感情越恶化，这种意识就越强烈，再加上媒体的刻意煽动，更使许多企业对“中国崩溃论”深信不疑，直接影响日企对华新增投资的信心。

二　中日经济关系展望

在“政经双冷”的大背景下，中日经济关系近三年一直处于下降和停滞状态，而一般来说，由于市场规律的作用，漫长的低迷过后，总要出现一个较大幅度的反弹。特别是目前外部环境趋好，中日政治关系正在缓慢解冻、回暖，在这种利好因素驱动下，中日经济关系近期可能出现全面性改善。

① 国際協力銀行『わが国製造業企業の海外事業展開に関する調査報告—2014年度海外直接投資アンケート結果（第26回）—』、38頁。

（一）中日关系可能进入新的拐点：“政冷经温”

中日邦交正常化以来，双边关系经历了风风雨雨，但经济关系相对风调雨顺，即使是在政治关系比较紧张的情况下，双边经贸合作也能保持良好状态。笔者认为，中日关系曾出现几次大的转折：20世纪70年代至90年代中期，虽然也有小摩擦，但政治关系与经济关系基本是同步发展，处于“政经双热”状态；20世纪90年代后期至2010年，政治关系比较紧张，但经济关系仍保持旺盛的发展势头，处于“政冷经热”状态；以2010年中国GDP总量超过日本和“撞船事件”为拐点，转为“政冷经凉”；而以2012年9月“购岛事件”为拐点，政治关系与经济关系同步恶化，陷入了“政经双冷”的困境。以2014年11月北京APEC会议期间两国首脑会见为标志，中日关系可能进入新的拐点，即“政冷经温”局面，政治关系可能进入低水平相对稳定状态，经贸合作可能出现一定程度的反弹和改善。

在国际关系中，经济关系与政治关系向来是相互影响和相互依存的。特别是在经济全球化、网络化的浪潮中，政治关系对经济关系的影响越来越大，当政治关系陷入严重对立的局面，经济关系对政治关系的影响就显得十分苍白和无力。就中日关系而言，随着中国综合国力的上升和对日经济依存度的相对下降，就很容易从“政冷经热”过渡到“政冷经温”，当政治关系进一步恶化时，自然就陷入了“政经双冷”的困境。经济合作主要由市场这只“看不见的手”主导，但政治关系对中日经济关系的制约作用不容忽视。

北京APEC会议期间中日两国首脑实现了会见，为改善双边关系迈出了重要的一步。当然我们不能指望中日之间长期积累的矛盾和问题，通过一次首脑会见就能得到解决，但这毕竟是2012年岛争事件以来两国首脑的第一次会见，其导向意义非常大。以这次会见为拐点，中日关系将进入一个缓慢的改善阶段。随着双边政治关系的好转，经济关系也会逐渐得以恢复。

中国是日本最大的贸易伙伴、最大的出口市场之一，今后中国的市场容量会越来越大；日本是中国（按国别计算）第二大贸易伙伴，而且是中国的主要资金来源国。经过长期的经济合作，中日之间已形成了紧密的相互依存关系。日本的经济发展离不开中国，同样，中国的发展也离不开日本。前一个时期，外部经济、政治环境恶化，中日经济关系发展步伐放慢。而在外部环境好转的情况下，市场的内在能量就能得到释放，发展就能相对快一些。特别是日资企业观测到中日关系将走向改善，政治风险减退，投资欲望自然会增强。而随着双边投资的增加，双边贸易也会扩大。

（二）“中国崩溃论”不攻自破

“中国崩溃论”在中国国内影响不算大，但在日本影响颇深，特别是对日本对华投资决策的负面影响甚大，因此还有进一步分析的必要。

其实，“中国崩溃论”纯属无稽之谈，早在20多年前，就有很多日本右翼政治家公开扬言“不出五年中国就会崩溃”，但20多年过去了，中国不但没有崩溃，而且越来越强大。不可否认，中国经济与社会确实存在着各种各样的问题，例如，区域差距、贫富差距、腐败、环境污染、食品安全、产能过剩、结构失衡、房地产泡沫、社会保障、地方财政风险，等等。这些问题固然十分严峻，但政府都已经清醒地意识到了这些问题，并且正在下大力气整治。比如在惩治腐败、解决产能过剩、结构调整、调控房价等方面都已初见成效。

笔者认为，中国经济不但不会崩溃，而且还会持续相当长的中高速增长，年平均增长率7%左右的较高增长至少可持续10年甚至更长时间。简单来说，中国的劳动力、资金和技术三要素依然十分丰富，完全可以维持国民经济的长期中高速增长。

第一，较之于需求，中国劳动力处于供大于求的状态，这种状况还会长期持续。对劳动力市场的分析不仅要看供给方面，还要看需求方面，从供给方面看，中国劳动力人口总体呈增速减弱的趋势，沿海个别地区也确实出现过“农民工荒”问题，但从需求角度看，中国劳动力需求不足的情况还很突出。目前，每年700万的大学毕业生的就业问题都难以解决，进城农民工的不充分就业、隐蔽失业还很多，农村还存在大量剩余劳动力，这意味着未来相当长时间内，解决就业问题仍然是主要问题。

多种数据表明，中国的刘易斯拐点（即劳动力从无限供给转为有限供给的转换点）尚未到来，现在还不能断言人口红利已经结束。即使刘易斯拐点到来，也未必意味着高速增长的结束。从日本的经验看，其刘易斯拐点出现在1962年，但此后又持续了长达10年的高速增长，战后持续时间最长（57个月）、质量最高的“伊奘诺景气”就出现于这个时期。

第二，资本充足。目前中国拥有4万多亿美元的外汇储备，个人储蓄率高达52%，储蓄余额超过50万亿元人民币，如果加上其他金融资产则高达116万亿元。这一方面反映出中国社会保障水平还很低，还缺少合适的投资项目；另一方面也反映出可用于经济发展的资金是充足的。

第三，改革开放30多年来，中国已积累了较雄厚的技术基础。而且中国与发达国家在很多领域还存在很大技术差距，这意味着中国的后发优势还存在，继续开发自主技术与引进技术相结合、进行技术创新的潜力巨大。

第四，中国是世界最大的发展中国家，存在各种不平衡，发展空间很大。一方面中产阶层在迅速扩大，迸发出巨大的消费能量；另一方面按国际标准（1.25美元/天）计算，中国还有2亿多贫困人口，要解决这些人口的贫困问题，需要创造更多的就业机会，而这部分人的购买力一旦被启动，其市场潜力可想而知。

总之，中国不论从供给方面还是需求方面都具备长期中高速增长的条件，存在的问题可以在发展过程中逐步得到解决。目前，中国经济经过调整后，平稳换挡，进入中高速增长的新常态，稳中有进。中国在相当长的时间里，仍将是牵引世界经济的火车头。随着经济的稳定发展，中国的人工费上涨率也会趋于稳定，学术界和企业界已注意到：过快的工资增长并不利于经济发展，今后的工资上涨幅度可能会趋缓，特别其他新兴经济体人工费用的快速提高，会使中国的投资环境相对向好。更为重要的是，中国已从潜在市场变为现实市场，中产阶层迅速扩大，现在占总人口的30%，约有4亿，2020年将达到48%，总量将超过7亿。现在中国作为世界市场的魅力越来越突出，“中国崩溃论”不攻自破，理性的日本企业是不会放弃中国市场的。

（三）2015年中日经济关系可望全面改善

基于以上原因，笔者认为，中日经济关系2015年将好于2014年，双边贸易、双边投资、财金合作、区域合作等四大支柱可望得到全面改善。双边贸易将率先回升，而日本对华直接投资由于上一年降幅较大，正常情况下可能出现较大幅度的反弹。随着中国经济新常态下的积极调整和增长方式的转换，再加上日本“引资倍增计划”的吸引，中国对日直接投资也会持续增长。随着双边贸易量的提高，人民币与日元的直接交易将会有所增加。而在贸易、投资恢复的拉动下，中日双边的财政合作、互购国债以及金融领域的合作也会随之恢复。

中日韩自贸区谈判有望取得实质性进展，如能实现，这将成为2015年最大的亮点。亚洲地区是21世纪最有希望的地区，而中日韩三国是这一区域的核心国家。从经济总量来看，2013年，中国的国内生产总值（GDP）为9.04万亿美元，日本的GDP为5.99万亿美元，韩国为1.23万亿美元，三国合计达16.26万亿美元，占世界GDP总量的19.24%，已经超过美国的GDP总量（16.19万亿美元）和占比（19.16%）。中日韩作为世界第二、第三和第十四大经济体，在亚洲甚至全球的地位举足轻重，有能力也应该在亚洲地区合作中发挥重要作用。

由于奥巴马政府在中期选举中惨败，再加上美俄关系恶化、同极端组织“伊斯兰国”的矛盾更加突出等原因，可能使美国减轻对亚洲事务的干涉力度。在这种背景下，再加上中日关系缓慢回暖，中日韩自贸区谈判取得实质性进展的可能性较大。因为从经济角度看，中日韩自贸区的建成对三国都能带来巨大的经济利益。特别是现在中日韩三国在市场准入和开放程度上距离越来越近，共识远远大于分歧。三国国内商家厂家对自贸区呼声越来越高。而且APEC会议期间中韩两国宣布自贸区已结束实质性谈判，这也将促进三国自贸区的谈判进程。

2015年1月16日，中日韩自贸区第六轮谈判首席谈判代表会议在日本东京举行，三方就货物贸易降税模式、服务贸易和投资开放方式及协定范围与领域等议题进行磋商。新春伊始，三方就积极推进，这是一个好兆头。

三　突破困境的出路：全面深化中日经贸合作

如前所述，在中日关系缓慢回暖的大背景下，加之经济政治环境趋好，2015 年中日经济关系可望出现全面性改善。但这仅仅是展望，要真正突破“政经双冷”的困境，中日双方还需要做出积极的努力，还需要有更多的有效措施予以支撑。

（一）托起双边经贸合作，加速中日韩自贸区谈判进程

经贸合作是中日关系的基础和压舱石，但由于受经济、政治因素的叠加影响，2014 年中日经济关系全面陷入困境。笔者认为，走出困境的第一步首先应当是托起受挫的中日经贸合作，而加快中日韩自贸区谈判是最好的推进方式。中日贸易低迷、日本对华投资的大幅度下降，中日相争，双损多输，应引起双方有关部门的注意。今后双方企业界应共同努力，以两国首脑会见为契机，在微观层面创造条件，有意识地选择对方的产品进行采购，扩大贸易，增加相互投资，争取在 2015 年双边经贸合作能出现一个强劲的恢复；企业的需求与强烈的呼声也会倒逼政府部门在宏观层面做出努力，推动中日韩自贸区谈判的进程。建立自贸区对贸易和投资的促进作用，已被中国—东盟自贸区建立后自贸区内贸易得以迅速发展的事实所证明。

（二）结合中日双边宏观经济结构改革加强合作

目前，中日两国都面临着经济转型和经济改革。比如说，从日本的情况看，正在实施“地方创生战略”，要振兴地方经济，因此发展旅游业就十分重要。2020 年，日本要实现来访外国游客 2000 万人的目标，其实，如果打好中国牌，就能很容易地实现这一目标。据日本观光厅统计，2014 年赴日外国游客超过 1300 万人，外国游客在日消费超过 2 万亿日元，外国游客在

日平均消费16万日元左右，而中国游客每人平均在日消费高达23.6万日元，比其他国家高出47.5%。① 2014年赴日中国游客达到240.9万，同比增长85.5%，增长率不算低，但总量还未超过中国台湾（282.9万）和韩国（276.6万），今后还有很大潜力。中国境外旅游人数已经过亿，已成为出境游大国，今后境外旅游需求还会继续扩大。2013年，中国内地去香港的人数达4800万人次，赴台旅游292万人次，赴韩旅游433万人次，日本比中国香港、中国台湾、韩国面积大得多，经济规模也大得多，旅游资源也十分丰富，日元又大幅度贬值，如果双边关系趋好，赴日旅行的中国游客理应超过中国台湾和韩国。如果未来五年日本签证开放到位，每年来自中国的游客达到1000万，也是有可能的。值得注意的是，由于日元贬值、双边关系紧张，再加上中国环境污染等原因，日本来华旅游人数持续下降，2014年1～11月，仅为245.3万人，同比下降7.2%。② 扩大人员交往不仅能促进双边经济合作，更能促进相互了解，对稳定中日关系具有重要意义。

从中国的情况看，已进入经济增长换挡期，正在进行经济结构和产业结构调整，而日本在转变经济增长方式、产业结构调整、处理泡沫经济后遗症等方面，既有丰富的经验也有深刻的教训，中日两国在宏观经济政策调整方面的合作空间十分宽广。另外，在人民币国际化、财政、区域合作、食品安全、共同应对老龄化社会等方面，特别是在环境治理、公害治理、雾霾治理方面中日有很宽广的合作空间。中国欢迎日本积极参与亚洲基础设施投资银行（AIIB）、参与“一带一路”战略的合作。

（三）当务之急：中日共同治理雾霾

中日两国都是经济大国，中国市场规模极大，如前所述，双方经济合作在任何领域都有足够的空间。但笔者认为，双方在节能环保领域的合作更能

① 日本观光厅调查统计，http://headlines.yahoo.co.jp/hl?a=20141229-00000042-san-bus_all。

② 2014年12月24日国家旅游局公布，http://www.cnta.gov.cn/html/2014-12/2014-12-24-%7B@hur%7D-34-85204.html。

体现双方的共同利益、互补性和双赢性，而共同治理雾霾更是当务之急。

近年来，北京频繁遭受雾霾袭击，雾霾已成为中国的心头之患。环境问题是一个跨越国境的问题，比如说，发生在中国的雾霾就有可能影响到隔海相望的日本。从这个意义上讲，在治理雾霾方面，中日双方有共同的利益。李克强总理多次在不同场合提出，要出重拳强化污染防治，坚决向污染宣战、向雾霾宣战。但治理雾霾是一项艰巨的长期性任务，需要得到国际社会的支援，更需要得到环境大国日本的帮助。

目前，中日之间已经进行了一些小规模的环保与雾霾治理研究工作，并取得了一些成果，但还远远不够。[①] 因为治理雾霾是一个巨大的系统工程，涉及环境技术、环境产业、节能减排、环境意识教育、节能汽车、产业结构调整、区域经济、大范围气候环境改善以及民生、就业政策等诸多方面，需要建立政府间高级别的国际合作机制。2015 年是二战结束 70 周年，应当让这一年成为中日共同治理雾霾元年，并使治理雾霾成为类似宝钢那样的中日合作标志性项目。

日本在高速增长时期，也有过公害泛滥、环境污染的痛苦经历。当时日本的光化学烟雾的严重程度并不亚于现在中国的雾霾，大气污染、水质污染也十分严重，四大公害诉讼使日本的公害问题以及环境问题达到顶峰。而在 20 世纪 70 年代初特别是在第一次石油危机以后，日本通过环境立法、大力治理公害、调整产业结构、转变经济增长模式和开发节能技术等措施，利用 10 年左右的时间就基本解决了公害与环境问题，在 80 年代初得到了国际社会的认可，现在已经成为世界上环境最好的国家之一。日本在治理公害、保护环境方面积累了丰富的经验，很值得中国借鉴和学习。目前日本的节能环保技术居世界一流，特别是在治理雾霾生成主要因素的工业污染、机动车尾

---

① 例如，日本环境省主持的“为改善中国大气环境的城市间合作研究”（2014 年至今）；国际协力机构（JICA）主持的“控制空气中氮化物总量的研究”（2013 年至今）和“提高抑制臭氧和 PM2.5 的计划与决策能力研究”（2014 年至今）；正在筹划中的项目有笹川和平财团出资的“京津冀 PM2.5 观测与生成机制等研究”、JICA 出资的“构筑环境友好型社会研究”等。

气、燃煤、二次气溶胶等公害方面具有明显优势，中日双方在这一领域的合作具有很强的互补性。

中日双方共同治理雾霾不仅有互补性，也有很强的互惠性，是双赢的。“十二五”期间，中国调动了3.4万亿人民币（相当于50多万亿日元）资金投放到生态环保的领域，主要用于治理大气污染和水质污染。估计“十三五”期间还要进一步增加资金投入。雾霾重灾区的北京市投资力度也非常大，2013年雾霾治理专项投资就达150亿元人民币，2014年还将投入177亿元人民币。这是一个巨大的市场，对日本企业来说是一个难得的商机。

为了节省时间与成本，中日共同治理雾霾，不必另起炉灶，建立新机制，可利用双边现有合作机制，尽快实施。首先，应尽快恢复中日经济高层对话机制，并将双方共同治理雾霾列为重要议题，设立高层协调与指导机构。中日经济高层对话是中日之间最高级别的经济对话。第一次中日经济高层对话开始于2007年12月（北京），第二次在2009年6月（东京）举行，第三次在2010年8月（北京）举行，每次对话都取得重大的成果。原计划2012年在东京举行第四次对话，但由于中日关系紧张，没有举行。建议中日双方创造条件，尽早恢复对话，商讨共同治理雾霾等事宜，建立由中国国家发展和改革委员会、环保部、商务部、北京市以及日本环境省、经济产业省、东京都等共同参与的高层协调与指导机构。

在高层协调与指导机构的统一协调和指导下，可利用“中日节能环保综合论坛（市场平台）”、“中日友好环境保护中心（技术平台）”和“中日节能环保投资基金（资金平台）”这三个现有的平台，具体实施中日共同治理雾霾项目（参见图15-4）。

第一，充分利用“中日节能环保综合论坛”这一“市场平台”，调动企业参与治理雾霾的积极性。这一平台由中国国家发改委、商务部与日本经产省、日中经济协会共同搭建。该论坛从2006~2012年共举办了七届，累计8000多人次参加了论坛，两国企业在这一平台下累计签署合作项目达218项。众多中日企业十分积极，最难能可贵的是大量的中小企业踊跃参加。但

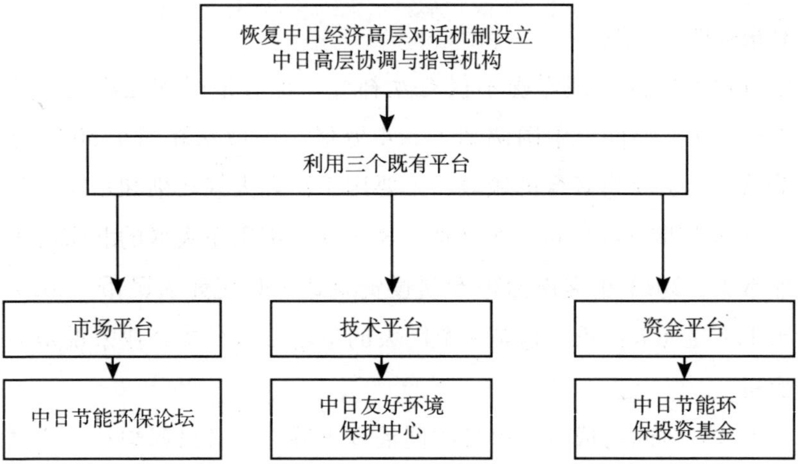

图 15－4　中日共同治理雾霾组织机构设想

资料来源：笔者绘制。

很遗憾，由于中日关系紧张，2013 年未能如期举办。不过，在中日有关方面的不懈努力下，2014 年 12 月 28 日，第八届中日节能环保论坛终于在北京举行，本次论坛中日双方签了 41 项合同。治理雾霾是一个系统工程，可以说论坛上签订每一个节能环保项目，都会有利于雾霾的治理，今后还应在论坛中鼓励和推进治理雾霾项目合同的签订。

第二，以“中日友好环境保护中心”这一“技术平台”为依托，强化中日合作治理雾霾的技术研究。该中心是 1996 年利用日本对华 ODA 资金建立起来的，成立 10 多年来，为我国的环境技术研究做出了重要贡献，现已成为我国环境问题的研究重镇。建议中日两国环保部对该中心加大支持力度，吸引两国的大学、科研机构利用该技术平台对治理雾霾进行联合攻关研究，形成治理雾霾技术研究中心，为治理雾霾提供技术支撑。

第三，扩充“中日节能环保投资基金”功能，利用好这一“资金平台”。光有市场和技术还不够，还需要有资金支撑，现存的“中日节能环保投资基金”恰好可以发挥这样的作用。2011 年 12 月 25 日，在时任中国国务院总理温家宝和时任日本首相野田佳彦的共同见证下，中国进出口银行与日本国际协力银行在北京人民大会堂签署了《中日节能环保投资基金发起谅解备忘录》。此后，在有关部委、浙江省及杭州市政府的支持下，中国进出口银行与杭州市产业发展投资有限公司、瑞穗银行、国际协力银行等基金投资方通力合作，于2013年11月中旬完成了全部基金设立程序。该基金首期规模10亿元人民币，将重点投资于中日两国节能环保领域的合作项目，现有50个项目正在运行。但规模有限，还应扩充其资金规模，成立治理雾霾专项投资基金，加大治理雾霾的资助力度。

“千里之行，始于足下”，利用现有的三个平台先做起来，以后可以视情况不断扩大规模和范围，可延伸到北京周边产业的环境治理，甚至可包括节能环保汽车方面的合作。经过中日双方的共同努力，一定能让“APEC蓝”永驻北京，青山绿水永驻中国。中日两国在治理雾霾领域的合作将使中日经济关系更上一层楼，也一定能促进双边关系的改善与可持续发展。

B.16
“安倍经济学”的效果评析及日本经济走势

徐 梅　姚海天*

摘 要: 在“安倍经济学”“前两支箭”——大胆的金融政策和灵活的财政政策的刺激下，日本经济在2013年度明显复苏，通货紧缩得到缓解。进入2014年度，日本将消费税从5%提高到8%之后，消费和经济陷入疲态。要想实现经济长期持续增长，关键在于“第三支箭”——结构改革。日本政府能否处理好人口老龄化、政府债务、改革阻力等难题，并适时适度调整宏观经济政策、切实增加国民收入、进一步改善国内投资环境、灵活应对外部市场的变化，将决定今后日本经济的走势。

关键词: 安倍经济学　量化宽松　消费税　结构改革　通货紧缩

2015年2月19日，日本政府公布第四季度经济数据，日本经济在连续两个季度出现负增长后转为正增长，但仍低于预期。安倍晋三自2012年底二度担任日本首相以来，推行所谓的“安倍经济学”，先是实施大胆的金融政策和灵活的财政政策，即“前两支箭”，旨在摆脱国内长期通货紧缩，促进经济增长。那么，“安倍经济学”至今产生了哪些效果、今后日本经济将呈何种走势，本文将着力探讨这些问题。

---

* 徐梅，经济学硕士，中国社会科学院日本研究所研究员、经济研究室主任，研究方向为日本经济、日本对外经济关系等；姚海天，经济学博士，中国社会科学院日本研究所助理研究员，研究方向为日本经济、日本科技等。

一 2014年日本经济形势及“安倍经济学”“第三支箭”

2013 年 4 月，黑田东彦担任日本央行行长后，推出大胆的量化宽松货币政策，将基础货币供应量从 2012 年末的 138 万亿日元扩大到 2014 年末的 270 万亿日元，[①] 并加大风险资产和长期国债的购买力度，以争取两年内实现 2% 的通胀目标。

同时，安倍政府还采取一些积极的财政措施，如修订和通过 2012 财年预算，追加 10.2 万亿日元的财政投资，增加约 5.5 万亿日元的补充预算等，[②] 旨在提升国民及投资者对日本经济的预期。

受益于前两支“箭”，日本经济形势在 2013 年度明显向好，通缩状况得到缓解。日本实际 GDP 增长 2.1%，消费物价指数上涨 0.8%，日经股指很快突破 1 万点，到年底时超过 15000 点，失业率降至 4% 以内，均优于上一年度。然而，进入 2014 年度，以提高消费税为转折点，日本经济明显下滑。

（一）2014年日本经济形势

从 2014 年 4 月 1 日开始，日本政府将消费税在 5% 的基础上提高了 3 个百分点，由此导致民间消费下滑，企业生产和信心受到影响，第二季度日本实际 GDP 换算为年率下降 6.7%，与第一季度超过 5% 的正增长形成对比。第三季度，日本实际 GDP 换算为年率下滑 2.3%，大大低于市场预期。日本经济连续两个季度陷入负增长，主要是由于增税后国内民间需求停滞、投资不振以及全球经济不景气等原因所致。

从 2015 年 2 月中旬公布的第四季度情况来看，日本内需贡献率为

---

① 日本银行：https：//www. boj. or. jp/announcements/education/oshiete/seisaku/b27. htm，最后访问日期：2014 年 12 月 15 日。

② 张淑英：《安倍经济学“第二支箭”：政策内涵与风险》，载《日本经济与中日经贸关系研究报告（2014）》，社会科学文献出版社，2014。

0.3%，主要依靠民间消费拉动，但依然疲弱；受日元贬值等因素影响，进出口贸易继续好转，出口增长2.7%，进口增长1.3%（参见表16－1）。在国际货币基金组织（IMF）2014年10月公布的《世界经济展望》报告中，曾将2014年日本经济增长预期从1.2%下调到0.9%，[①] 而根据IMF 2015年1月发布的《世界经济展望》报告，日本经济增长率为0.1%。[②]

表16－1　安倍执政以来的日本经济状况

	2012年度	2013年度	2014年			
			第一季度	第二季度	第三季度	第四季度
实际GDP	1	2.1	1.3	－1.7	－0.6	0.6
换算为年率			5.5	－6.7	－2.3	2.2
内需	－1.8	－2.6	－1.7	(－2.7)	(－0.6)	－0.3
民间需求	－1.4	－1.8	－1.8	(－2.9)	(－0.8)	－0.3
民间消费支出	1.8	2.5	2.2	－5.1	0.3	0.3
民间住宅	5.7	9.3	2.4	－10.3	－7	－1.2
民间企业设备	1.2	4	5.9	－5	－0.1	0.1
民间库存增加	0	(－0.5)	(－0.4)	－1.3	(－0.7)	－0.2
公共需求	－0.3	－0.8	(－0.2)	－0.1	－0.1	0
政府消费支出	1.5	1.6	－0.4	0.3	0.2	0.1
公共固定资本形成	1	10.3	－2.2	1	2.1	0.6
货物、服务净出口	(－0.8)	(－0.5)	(－0.3)	－1.1	－0.1	－0.2
出口	－1.3	4.7	6.5	－0.3	1.5	2.7
进口	3.6	6.7	6.8	－5.3	1	1.3
消费物价指数同比涨幅	－0.2	0.8	1.3	3.3	3.1	2.7

注：括号内是贡献率。

资料来源：日本内閣府「2014年10～12月期四半期別GDP速報」、2015年2月19日；日本経済新聞网：http：//www.nikkei.com，2015－03－04。

① 《国际货币基金组织下调全球经济增长预期》，新华网：http：//news.xinhuanet.com/2014－10/07/c_127069834.htm，最后访问日期：2014年11月10日。

② IMF网：http：//www.imf.org/external/pubs/ft/weo/2015/update/01/index.htm，最后访问日期：2015年3月4日。

总的来看，在“安倍经济学”“前两支箭”的作用下，2013年度日本经济显现复苏效果，但这种效果已经弱化，表明宏观经济政策无法解决日本经济持续增长问题。由于日本经济存在结构性问题，“安倍经济学”要想取得成功，实现经济长期稳定增长，关键在于“第三支箭”——结构改革。

（二）“安倍经济学”“第三支箭”

2014年6月底，日本政府发布修订后的《日本复兴战略》报告。该报告也被认为是安倍政府的结构改革方案，其内容主要包括以下方面。

1. 鼓励女性就业和改革雇佣方式

《日本复兴战略》报告出台于日本少子老龄化形势日趋严峻的背景之下，应对老龄化、缓解劳动力不足是其重要内容之一。针对日本女性参加工作比例相对不高的情况，安倍政府提出在2017年末前逐步增加幼儿园和保育员数量，将可接收幼儿规模从2014年末的20多万人增至40万人，并增加女性产假的补助金。对于家有小学生需要照顾的女性，采取延长校园开放时间、灵活利用学校设施等措施，以解决女性的后顾之忧，使其能兼顾工作和家庭。

除鼓励女性就业外，还试图调动女性的潜能。日本将修改有关企业对员工配偶的补助政策，以鼓励女性的劳动意愿。对于国家、地方政府以及员工在300人以上的民间机构，政府要求其设定具体数值目标、确定晋升管理职位的女性数量等，争取在2020年之前将任职管理层的女性比例从现在的不到8%提高到30%左右。另外，日本还将实行和普及多样化的正式员工雇用方式，扩大老年人就业，并在一些领域引入机器人等，以缓解国内劳动力不足及解决相关社会问题。

2. 对外放宽劳动力市场准入限制

在挖掘国内潜力的同时，日本试图引进外国人才，以弥补国内劳动力供给缺口。比如，日本将重新审定有关外国人技能实习制度，扩大准入领域及人数、延长在日滞留期。未来五年，日本计划在建筑业、造船业引进外国人才，将外国人技能实习期从三年延长至五年。在国家战略特区内，允许外国人进入制造业、健康护理以及家政服务等领域。

在《日本复兴战略》报告中，还提出留学生倍增计划（到2020年达到30万人）、重新认识已有“经济伙伴关系协定”（EPA）中的劳动力市场准入条件及留学生制度等，改善外国高级专业人才在日本的工作环境，日本在对外开放劳动力市场方面又向前迈出了一步。

3. 设立“国家战略特区”

安倍政府提出建立“国家战略特区”，减少政府限制，构筑世界一流、开放的商业投资环境，并设定到2020年实现引资余额（从2013年末的18.0万亿日元）增至35万亿日元的目标。这些措施有利于激发民间资本活力，扩大内需市场，搞活地方经济。由于特区制度有利于灵活发挥各地区的优势，促进相互之间的竞争，并可绕开一些法律限制和改革阻力，安倍政府试图以此作为结构改革的突破口，加快改革进程。

日本先在“东京圈”（东京都九区、神奈川县、千叶县成田市）、“关西圈”（大阪府、兵库县、京都府）、冲绳县、新潟市、兵库县养父市及福冈市创建“国家战略特区”。针对每个特区的不同优势和特点，实施不同的改革内容。譬如，“关西圈”着眼于成为医疗等成长性产业的创新基地，“东京圈”定位于吸引跨国企业的商业基地，新潟市、兵库县养父市、福冈市成为农业改革和就业改革的试点，冲绳县则希望成为吸引外国游客的旅游业基地。

4. 促进农产品市场开放和出口

在区域经济一体化大潮愈演愈烈的形势下，日本在积极参与的过程中遇到的一个难题是农产品市场自由化问题，尤其大米、牛肉、乳制品等高敏感领域，成为日本参与“跨太平洋伙伴关系协定”（TPP）谈判以及双边自贸协定谈判中的最大障碍。为推动TPP尽早达成协议，2014年以来，美国继续对日本施加压力。农产品市场自由化的相对滞后，已给日本发展对外经济关系、实施经济战略乃至国家总体战略带来负面影响。

在《日本复兴战略》报告中，提出鼓励企业投资于农业相关产业，提高农产品的科技含量和附加值，促进农产品市场自由化，扩大出口，力争将农业培育成为“主动进攻型”的成长性产业。日本将从2018年起致力于增强大米经营者的自主性，计划10年内使成本降低40%①，这意味着日本已执行数十年的大米生产政策将发生变化。日本还将拓宽流通渠道，促进牛肉、乳制品、水产品等的出口和市场化进程。另外，对农业委员会、农业生产法人以及农业协会进行"三位一体"的改革，修订选举办法、干部聘用条件，提高地区农业相关团体的自主性。

此外，日本决定从2015年度开始将企业法人税从35%左右逐渐降低到20%多，并提高养老金入市比率、强化公司治理、改革医疗福利及研发体制等。这些措施，反映出今后安倍政府结构改革的方向。为更好地推进和确保诸多政策的实施，安倍内阁还通过了诸如《产业竞争力强化法》《国家战略特区法》等相关法律。

以上改革措施涉及内容广泛，表明了日本政府的改革决心，并设定了一些数值性目标。但目前，很多措施尚难产生立竿见影的效果，也有一些措施尚没有具体的日程表和实现目标的路径，有的政策仍处于探讨阶段。日本国内一些学者认为，改革措施在短时间内难以显现效果，需要一定的时间。为切实推进结构改革，安倍政府专门设立机构，对各项措施的实施情况进行监督和检查，而对于那些难以贯彻落实的政策及进展不顺利的环节，拟及时分析原因，探讨改进办法。

二 "安倍经济学"面临的挑战和风险

日本宏观经济政策走向、结构改革面临的难题等，都会不同程度地影响"安倍经济学"的效果以及日本经济走势。

（一）宏观经济政策抉择艰难

在消费低迷、经济下滑的形势下，2014年10月31日，日本央行以5票赞成、4票反对通过决议，将基础货币供应量从每年约60万亿～70万亿日

① 「日本再興戦略」、2014年6月24日。

元进一步扩大到 80 万亿日元[1]，增加资产购买规模，央行在解决通缩问题上展开破釜沉舟之势。日本加大量宽力度的举动，加上美国 10 月底宣布结束量宽（QE），导致日元快速贬值，日元对美元汇率很快跌破 120∶1，日经平均股价涨至 17000 多点。但是，如果日元贬值势头持续，也会提高日本进口能源、原材料的成本，增加中小企业和家庭的负担，不利于扩大消费和投资，并且流动性扩大容易引发资产泡沫，对今后平稳退出量宽也是一个挑战。

另外，为配合社会保障和税制改革，弥补财政收支缺口，日本政府在 2013 年 10 月做出决定，在将消费税提高到 8% 之后，计划于 2015 年 10 月将其进一步提高到 10%。但是，由于 2014 年 4 月提高消费税后，日本国内消费持续停滞，经济陷入疲弱态势，国民要求延迟提高消费税的压力增大。在这种情况下，安倍在 11 月 18 日宣布提前解散众议院，并将进一步增税至 10% 的计划延期到 2017 年 4 月。这一决定顺应了民意，有利于安倍赢得众议院大选，但有损日本政府的形象和信用，引发市场对日本能否如期重建财政的质疑。可见，内外形势的复杂化，使日本在宏观经济政策上面临艰难抉择。

（二）结构改革面临风险和挑战

从日本经济现状来看，今后日本的结构改革及经济前景将面临一些风险和挑战。

1. 严峻的老龄化形势

日本在 20 世纪 70 年代即已进入老龄化国家行列，之后老龄人口在总人口中所占的比重不断上升。如表 16 -2 所示，1980 年日本 65 岁以上的人口所占比重就已达到 9.1%，2005 年升至 20.2%，到 2013 年则超过 25%，在发达国家中最高。这期间，75 岁以上的人口所占比重也在不断提高。伴随老龄化的严峻形势，人口出生率下滑，劳动力人口趋减。2014 年以来，因招工难、人员不足而倒闭的企业明显增加。

---

① 日本银行：http://www.boj.or.jp，最后访问日期：2014 年 11 月 10 日。

表 16-2　日本老龄人口的变化及趋势

单位：%

年　度	65 岁以上人口所占比重	75 岁以上人口所占比重
1970	7.1	2.1
1980	9.1	3.1
1990	12.1	4.8
2000	17.4	7.1
2005	20.2	9.1
2010	23.0	11.1
2013	25.1	12.3
2015	26.8	13.0
2020	29.1	15.1
2025	30.3	18.1
2030	31.6	19.5
2035	33.4	20.0
2040	36.1	20.7
2045	37.7	22.1
2050	38.8	24.6
2055	39.4	26.1
2060	39.9	26.9

资料来源：厚生労働省「厚生労働白書」、2014、48 頁。

据预测，到 2025 年，日本 65 岁以上的人口所占比重将超过 30%，到 2060 年接近 40%。少子老龄化带来的结果是，养老、医疗支出增加，居民收入增长疲弱，家庭储蓄减少，进而弱化消费及金融、科技创新能力，经济增长乏力，这已成为日本经济社会进一步发展的一大困扰。

2. 隐含的债务风险

在发达国家中，日本的财政形势最为严峻，其政府债务余额相当于 GDP 的 2 倍多。由于日本 90% 以上的国债是由国内机构和国民持有，并且国债利率长期处于较低水平，没有像希腊等债务国那样引发债务危机。

当前，日本对财政支出的需求较大，如社会保障、灾后重建、国防、奥运场馆建设等方面都要增加开支，而延迟提高消费税、降低企业法人税等措施，会减少财政收入，不利于政府实现“财政重建”目标。在家庭储蓄率下降、贸易收支顺差减少的趋势下，日本一旦发债不能在国内消化，便可能引发国债信用危机，债务风险增大。因此，防范债务危机、妥善处理好经济增长与财政重建的关系，是摆在安倍政府面前的重大课题。

3. 较大的改革阻力

放宽农产品和劳动力市场限制，是安倍结构改革的重要内容。在老龄化日益严峻、劳动力减少的形势下，日本国内此前即有对外开放劳动力市场的呼声。在2006年9月与菲律宾之间生效的自由贸易协定中，日本首次涉及劳动力市场开放问题，对来自菲律宾的短期商务访问、工作调动、护理等人员放宽入境和居留限制，随后在与泰国签署的自贸协定中，日本对符合一定条件的泰国厨师、从事泰国传统舞蹈和音乐等的人员放宽入境、居留限制。但实际上，最终能够达到要求进入日本市场的人员十分有限。保守的观念和传统，使日本很难像德国那样通过大量引进外国人来解决劳动力短缺问题。农产品市场开放问题，一直是日本参与区域经济一体化和双边自由贸易协定谈判中的最大障碍，尤其是大米、牛肉、乳制品等敏感领域，成为阻碍日本参与TPP谈判的一大障碍。

至于建立“国家战略特区”，并非安倍内阁首创。在小泉内阁时期，日本曾创设“结构改革特区”，并由内阁总理大臣亲自担任结构改革特区推进本部长，可见当时政府推进改革的决心之大。但结果是，因改革触及一些部门的既得利益以及特区只能获得各种宽松政策而缺少资金上的支持，最终没有取得预期效果。安倍政府此次推出的“国家战略特区”能否取得成功，还要看能否冲破利益集团的阻力、出台务实的相关配套措施。从这个意义上讲，安倍政府正步入改革的关键时期，也将最终考验“安倍经济学”的成效。

三 “安倍经济学”的长期效果及日本经济走势

“安倍经济学”已实施两年有余，总体来说，它意在全面挖掘日本经济的增长潜力，即将有可能对日本经济产生正能量的要素都纳入视野，并通过政策加以优化。从现实来看，日本是发行国债较多的国家，也是较早实行零利率和量化宽松货币政策的国家之一，但至今经济增长依然疲弱，并且宏观调控政策的空间受到挤压。关于备受期待的结构改革，其内容广泛且设有数值目标，显示出安倍政府的改革决心，而能否实现经济持续稳定增长的目标，将取决于国内一些因素及国际经济形势。

从国内看，内需在日本经济中约占六成。提高消费税后，民众在购物和消费时比原来要多支付3个百分点的消费税，助推了物价上涨。要想持续拉动消费，需要使民众收入的增幅赶上物价的涨幅。目前日本的工资水平出现改善迹象，但惠及的主要是大企业。还有，提高消费税在一定程度上导致民间投资不振，加上日本企业向海外转移生产，对国内设备投资及实体经济产生负面影响。另外，2015年日本将降低企业法人税，并继续推进2020年东京奥运会场馆建设，这会有利于促进投资。今后消费和投资增长的可持续性，有待继续观察。

从出口环境看，2015年世界经济总体的疲弱态势难有明显改变。日本经济受美国、欧盟、中国等新兴经济体的影响较大。目前，美国经济复苏势头稳定，2014年10月底结束QE，日元对美元汇率贬值，有利于日本扩大出口，但其效应随着日本海外产业转移而有所弱化。值得期待的是，美国国内需求恢复带动日本出口增长。另一方面，日元贬值对日本贸易的影响是一把“双刃剑”。日本对能源进口依赖较大，东日本大地震后因国内核电停运，其对能源的需求进一步增加。美元走强，不利于日本降低进口能源等大宗商品的成本，会在一定程度上减弱油价下跌所带来的益处。

欧洲失业率居高不下，需求低迷，存在通缩风险，受乌克兰、中东局势等地缘政治的影响，经济增长呈减速之势，欧洲央行于2015年1月推出“欧洲版”量宽政策，以刺激经济发展。根据IMF的统计，2014年欧元区经济仅增长0.8%，预计2015年将增长1.2%。①

---

① IMF网：http://www.imf.org/external/pubs/ft/weo/2015/update/01/index.htm，最后访问日期：2015年3月4日。

新兴经济体增速普遍放缓，其中，在日本对外贸易中占比约1/5的中国，仍是影响日本外需及日本经济走势的不可忽视的重要因素。日本对华贸易在2012年和2013年连续经历-3.3%和-6.5%的下滑之后，2014年日本对华出口下降2.1%，进口下降0.1%。[①] 尽管从数据上看并不理想，但对华贸易明显好于日本整体对外贸易状况，[②] 这意味着中国在日本对外贸易中的地位丝毫没有改变。切实改善中日关系，促进中日间的贸易和投资发展，将是促进日本经济增长的一个重要出路。

需要指出的是，地缘政治等非经济因素的影响增大、国际金融市场和大宗商品价格波动加大、极端气候现象及自然灾害等因素，给地区经济及世界经济发展带来不稳定性。日本制造业的国际竞争力相对下降，加之海外产业转移及经营本地化的推进，在一定程度上降低了日元贬值刺激出口的作用，这些因素导致日本通过出口来提振经济的不确定性和脆弱性增大。

综上可见，拉动日本经济增长的内需和外需动力都不足。据IMF 2015年1月发布的报告，2015年日本经济的增长预期为0.6%，比上一次下调了0.2个百分点。[③] 日本银行预测，2015年度日本经济增长预期为1.5%，消费物价指数上涨1.7%。[④] 从近期安倍政府出台的经济政策来看，日本会加大对中小微企业及弱势群体的扶助力度，以使日本经济增长惠及各个角落。

从中长期来看，“安倍经济学”要想顺利实现经济增长的目标，不仅需要适时适度地调整宏观经济政策的进退和力度，克服结构改革所面临的困难和挑战，切实推进结构改革，也需要真正增加民众的收入，扩大国内需求，继续改善国内商业环境，促进消费和投资稳定增长，并机动灵活地应对国内外形势的变化。

根据日本内阁府2014年7月末发布的测算结果，在国内、国外经济均

---

① 真家陽一「最近の日中経済関係と日系企業の動向」、2014年7月1日。

② 日本貿易振興機構、http://www.jetro.go.jp/world/japan/stats/trade，下载于2015年3月4日。

③ IMF网：http://www.imf.org/external/pubs/ft/weo/2015/update/01/index.htm，最后访问日期：2015年3月4日。

④ 湯元健治「日本経済の展望とアベノミクスの課題」、2014年12月18日、7頁。

增长十分缓慢的情况下，2013～2022 年度，预计日本实际 GDP 年平均增长率为 1.3%，消费物价指数年平均上涨率为 1.6%。如果世界经济复苏强劲、“安倍经济学”取得良好效果，预计日本实际 GDP 年均增长率为 2%，消费物价指数年均涨幅为 2.1%（参见表 16－3）。可见，即使“安倍经济学”取得成功，低速增长仍将是日本经济的常态，这意味着中日经济总量的差距会进一步拉大，两国经济实力对比的变化，将会引发中日关系在政治外交、社会等领域的深度调整。

表 16－3　日本经济中长期增长预测

单位：%

年度	2013	2014	2015	2016	2017	2018	2019	2020	2021	2022
实际 GDP 增长率	2.3 (2.3)	1.2 (1.2)	1.4 (1.4)	1.8 (1.1)	1.9 (1.1)	2.1 (1.2)	2.3 (1.2)	2.3 (1.3)	2.3 (1.3)	2.4 (1.3)
名义 GDP 增长率	1.9 (1.9)	3.3 (3.3)	2.8 (2.8)	3.6 (2.1)	3.4 (1.6)	3.5 (1.7)	3.6 (1.8)	3.6 (1.9)	3.7 (1.9)	3.7 (1.9)
名义 GDP（万亿日元）	481.5 (481.5)	497.5 (497.5)	511.6 (511.6)	530.2 (522.2)	548.1 (530.5)	567.0 (539.5)	587.6 (549.1)	609.0 (559.3)	631.3 (569.9)	654.9 (580.8)
潜在增长率	0.7 (0.7)	0.8 (0.8)	0.9 (0.9)	1.3 (1.1)	1.6 (1.1)	1.9 (1.1)	2.2 (1.1)	2.5 (1.2)	2.5 (1.3)	2.5 (1.3)
消费物价上涨率	0.9 (0.9)	3.2 (3.2)	2.5 (2.5)	2.7 (2.0)	2.0 (1.2)	2.0 (1.2)	2.0 (1.2)	2.0 (1.2)	2.0 (1.2)	2.0 (1.2)
国内企业物价上涨率	1.9 (1.9)	4.2 (4.2)	1.8 (1.8)	1.9 (1.2)	1.0 (0.2)	1.0 (0.3)	1.0 (0.3)	1.1 (0.4)	1.2 (0.5)	1.2 0.6)
完全失业率	3.9 (3.9)	3.5 (3.5)	3.5 (3.5)	3.4 (3.5)	3.3 (3.5)	3.3 (3.5)	3.2 (3.5)	3.2 (3.5)	3.3 (3.4)	3.3 (3.4)
名义长期利率	0.7 (0.7)	1.0 (1.0)	1.6 (1.6)	2.3 (2.0)	2.7 (2.2)	3.1 (2.4)	3.5 (2.6)	3.9 (2.7)	4.2 (2.9)	4.5 (3.0)

注：括号内为国内外经济比较缓慢增长的情况下日本经济的增长状况。

资料来源：日本経済財政諮問会議「中長期の経済財政に関する試算」、2014 年 7 月 25 日、4～5 頁。

不管“安倍经济学”成功与否，它都是一次令人瞩目的以国家经济为对象的大规模实验，对日本的未来将会产生重大影响，在世界经济发展史上也将会留下一笔。

B.17
日本人口发展目标与移民政策动向

王 伟*

摘 要： 2014年12月日本内阁讨论了“城乡、人、工作创生长期愿景”和“城乡、人、工作创生综合战略”，二战后首次提出了人口发展目标，即50年后保持1亿人左右的人口规模。日本提出人口发展目标的背景，是在少子老龄化条件下，人口已经连续八年下降，劳动年龄人口减少。为实现人口发展目标和保持劳动年龄人口规模的稳定，日本在2014年相继出台了一些政策措施，提出发展地方经济，改变人口过度向东京地区集中的情况，提高总和生育率。同时，除挖掘女性和老年人的潜力，鼓励他们参与社会生产活动外，还放宽了引进外国人才的限制。在仅靠提高生育率难以达到人口规模1亿人左右目标的情况下，引进移民可能成为日本的一个选择。

关键词： 人口发展目标 1亿人口 劳动年龄人口减少 外国人才 移民

一 日本确定人口长期发展目标：2060年1亿人

2014年12月27日，日本内阁举行临时会议，通过了“城乡、人、工作创生长期愿景”（以下简称“长期愿景”）和“城乡、人、工作创生综合

* 王伟，中国社会科学院日本研究所研究员，研究方向为日本社会阶层、家庭、社会保障等。

战略”（以下简称“综合战略”），确定了日本50年后的长期发展目标和2020年前的具体政策目标。[①] 其中，尤为值得关注的是日本在“长期愿景”中明确提出了50年后日本人口要维持在1亿人左右的发展目标，这也是日本二战后首次提出人口发展目标。从某种意义上说，人口问题是“长期愿景”的核心内容，其他目标及“综合战略”的具体措施都围绕这个核心展开。

“长期愿景”指出了日本人口面临的问题及对经济社会的影响，提出2060年保持人口在1亿人左右的人口发展目标，同时列举了为实现这个目标的具体措施：（1）发展地方经济，使城市人口向地方流动，改变人口过度集中在东京地区的现状；（2）加强减轻育儿费用、增加育儿休假、充实保育服务等对策措施，使年轻人能根据自己的意愿婚育，争取总和生育率从2013年的1.43%提高到2020年的1.6%左右，2030年上升到1.8%左右，2040年达到人口更替水平的2.07%。“长期愿景”还对今后的日本做出了展望：如果人口减少得到遏止，那么日本人口结构将得到改善，老龄化率在2050年达到峰值的35.3%之后将开始下降，2090年降至27%左右，劳动年龄人口将相对增加，为经济发展创造条件，在“人口稳定”和“生产率提高”的情况下，2050年日本GDP增长率将维持在1.5%~2.0%。[②]

“综合战略”是为实现“长期愿景”而制定的五年计划，确定了2020年前政策措施的基本方向和具体目标。“综合战略”指出，要克服人口减少与地方经济缩小的恶性循环，就要纠正人口向东京地区的过度集中问题，满足年轻一代人结婚生子的愿望，根据各地的特点解决地方问题。为此，确定了以下具体目标：（1）用五年的时间，到2020年前在地方为年轻人创造30万个就业机会，开创稳定的地方就业局面；（2）针对目前每年东京地区净

---

① 「まち・ひと・しごと創生長期ビジョン—国民の『認識の共有』と，『未来への選択』を目指して—」、「まち・ひと・しごと創生総合戦略」、http：//www.kantei.go.jp/jp/headline/chihou_ sousei/#c007。

② 平成26年12月27日閣議決定「まち・ひと・しごと創生長期ビジョン—国民の『認識の共有』と『未来への選択』を目指して—」、http：//www.kantei.go.jp/jp/singi/sousei/pdf/20141227siryou3.pdf。

增10万人的情况，促进人们向地方流动和企业在地方建厂，2020年前使东京地区流出人口增加4万人，流入人口减少6万人，达到东京地区人口流入和流出的平衡；(3) 稳定年轻一代的经济状况，进行工作方式的改革，对年轻人结婚、生育进行“无缝隙”援助，使他们的婚育愿望得以实现，到2020年能有80%的年轻人在自己希望结婚的时候结婚，能有95%的夫妻生育自己想生育孩子的数量；(4) 促进地方建设能发挥自身的特色，符合时代发展变化，各地要制定“地方版人口愿景”和“地方版综合战略”，确定本地区的具体目标。①

“长期愿景”中所提出的人口发展目标，是2014年日本有关政府文件中一再提及的目标，最后以内阁决议的“长期愿景”形式确定下来。2014年1月，日本内阁府经济财政咨询会议设立了由企业界知名人士、学者等有识之士组成的专业调查会“选择未来”委员会，讨论日本在未来半个世纪后持续发展的课题及应对策略。2014年5月，“选择未来”委员会发表中期报告，认为“解决人口减少问题是当务之急”，建议设立50年后人口1亿人的发展目标。② 2014年11月发表最终研究报告《面向未来的选择——超越人口剧减、超老龄社会，构筑源自日本的增长发展模式》，进一步提出，日本应该避免人口急剧减少和超老龄社会，人口规模在50年后保持在1亿人左右，未来人口结构要保持稳定。③ 在该委员会的建议下，2014年6月日本内阁会议决定的《经济财政运营与改革基本方针2014》提出，目标是克服少子化和人口减少问题，在50年后维持1亿人左右的人口规模。④ 2014年日本多次提及人口长期发展目标，并以内阁决议的形式在二

① 平成26年12月27日閣議決定「まち・ひと・しごと創生総合戦略」、http：//www. kantei. go. jp/jp/singi/sousei/pdf/20141227siryou5. pdf。

② 「50年後も人口1億人目標　政府有識者委」、『日本経済新聞』2014年5月13日。

③ 経済財政諮問会議専門調査会・「選択する未来」委員会「未来への選択―人口急減・超高齢社会を超えて、日本発成長・発展モデルを構築―」、2014年11月、http：//www5. cao. go. jp/keizai－shimon/kaigi/special/future/houkoku/01. pdf。

④ 平成26年6月24日閣議決定「経済財政運営と改革の基本方針2014～デフレから好循環拡大へ」、http：//www5. cao. go. jp/keizai－shimon/kaigi/cabinet/2014/2014_ basicpolicies_01. pdf。

战后首次确定人口发展目标的具体数字，说明日本少子老龄化已经到了非常严重的地步。

二　日本提出人口发展目标的背景

老龄化率持续增高和人口的持续减少是日本面临的最主要问题，截至2014年日本已经连续八年人口负增长。根据日本劳动厚生省公布的估算数据，截至2014年10月日本新出生人口100.1万人，比上年减少29000余人，出生率为8.0‰；死亡人数为126.9万人，比上年增加1000人，死亡率10.1‰；人口自然减少约26.8万人，自然增长率为-2.1‰，人口增长人数和人口增长率都连续八年为负数。① 另一方面，根据推算，截至2014年9月15日，日本65岁以上老年人口3296万人，比上年增加111万人，占总人口比重为25.9%，比上年增加0.9个百分点，人数和比重均创新高。其中，70岁以上人口为2383万人，占总人口的18.7%，比上年增加了66万人和0.5个百分点；75岁以上人口为1590万人，占总人口比重为12.5%，比上年增加31万人和0.2个百分点；80岁以上人口为964万人，占比为7.6%，比上年增加35万人和0.3个百分点。②

日本最感到焦虑的是今后人口总数持续减少。日本国立社会保障人口问题研究所在2010年根据国情调查的数据对日本人口发展趋势进行了预测，结果表明，日本将进入总人口长期减少的过程。③ 2010年日本人口为12806万人，中位预测的结果是，2030年减少到11662万人，2048年降到9913万人，跌破1亿人，2060年减少到8674万人；高位预测的结果，总人口到2054年降到1亿人以下，为9962万人，2060年减少到9460万人；低位预

① 厚生労働省「平成26年（2014）人口動態統計の年間推計」、http：//www. mhlw. go. jp/toukei/saikin/hw/jinkou/suikei14/dl/gaiyou. pdf。

② 総務省「統計からみた我が国の高齢者（65歳以上）—「敬老の日」にちなんで—」、http：//www. stat. go. jp/data/topics/topi841. htm。

③ 国立社会保障人口問題研究所「日本の将来推計人口（平成24年1月推計）」、http：//www. ipss. go. jp/syoushika/tohkei//newest04/con2h. html。

测的结果，2044 年降低到 1 亿人以下，为 9895 万人，2060 年减少到 7997 万人（参见图 17－1）。

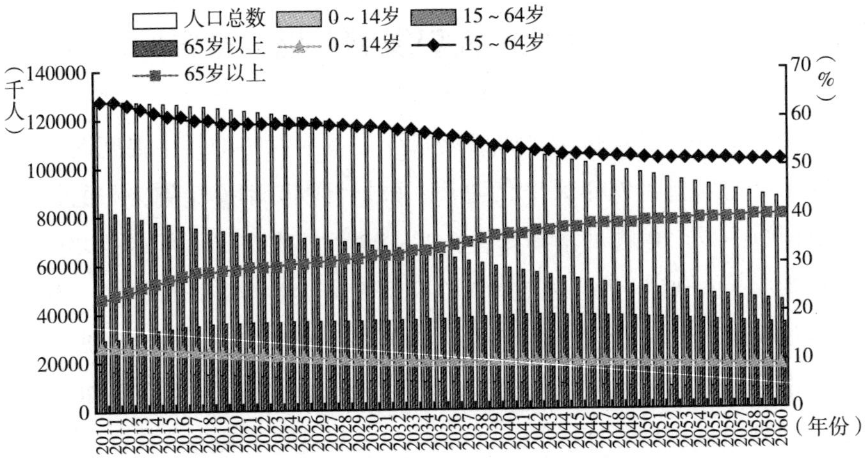

图 17－1　日本总人口及人口结构变化中位估测

资料来源：根据日本国立社会保障人口问题研究所人口预测数据制作。参见国立社会保障人口問題研究所「日本の将来推計人口（平成 24 年 1 月推計）」、http：//www. ipss. go. jp/syoushika/tohkei//newest04/h1_ 1. html。

特别是少儿人口的减少，20 世纪 80 年代初日本 0～14 岁少儿人口为 2700 万人，2010 年减少到 1684 万人，中位预测 2015 年减少至 1500 余万人，2046 年减少到 1000 万人以下，2060 年降至 791 万人。即使是高位预测，日本少儿人口也将持续减少，2060 年减少至 1087 万人。低位预测少儿人口减少速度更快，2030 年即降至 1000 万人以下，2060 年为 562 万人。从少儿人口占总人口比重看，根据中位预测，2010 年为 13. 1%，2025 年降至 11. 0%，2044 年跌破 10%，2060 年为 9. 1%。从劳动年龄人口情况看，二战后日本 15～64 岁劳动年龄人口持续增长，1995 年国情调查时为 8726 万人，此后进入减少进程，2010 年国势调查为 8173 万人。根据中位预测，日本劳动年龄人口将在 2027 年和 2051 年分别降至 7000 万人和 5000 万人以下，2060 年为 4418 万人。从劳动年龄人口占总人口的比重看，根据中位预测，2010 年为 63. 8%，2017 年将降至 60% 以下，2040 年将比 2010 年减少

10个百分点，为53.9%，2060年将降低到50.9%。65岁以上老年人口持续增多，2010年为2948万人，2020年将增加到3612万人，2042年将达到峰值的3878万人，2060年为3464万人。由于少儿人口和劳动年龄人口的持续减少，老年人口比重并不会在2042年后因老年人口的减少而下降，将从2010年的23.0%上升到2035年的33.4%，2060年将达39.9%（参见图17-1）。

日本的人口减少从地方开始，由于地方年轻人向东京等大城市的流动，地方人口减少更为严重。二战结束后，日本地方人口向大城市的流动经历了三次高峰：经济高速发展时期的1960~1970年、泡沫经济时期的20世纪80年代后半期、进入21世纪的2000年以后。向大城市流动的地方人口主要是年轻人，不仅造成了地方人口减少，还导致了地方生育率的下降，影响了地方人口的自然增加。今后日本地方人口减少的趋势将进一步加剧。

根据日本国立社会保障人口问题研究所的预测，2010~2040年，人口在5万人以下地方城市将减少28%的人口，过疏地区的市町村人口将减少40%。[①] 又根据日本民间机构“日本创成会议”的分析预测，如果目前人口向大城市流动的趋势不能改变，那么到2040年日本将有近一半的地方自治体有可能消失，其理由是届时这些自治体人口再生产的主力军“20~39岁的女性人口”将比2010年减少50%以上，即便这些自治体出生率上升也难遏止人口的减少。[②] 日本国土交通省在2014年发表的资料也表明，如果日本人口持续减少，目前有人居住的地区到2050年有60%将人口减半，有20%将无人居住。[③]

人口的减少直接影响地方的经济活力和经济发展。人口的急剧减少导致劳动力人口的减少和消费市场的缩小，不仅地方经济规模萎缩，还将导致日

① 国立社会保障人口問題研究所「日本の地域別将来推計人口（平成25年3月推計）」、http://www.ipss.go.jp/pp-shicyoson/j/shicyoson13/1kouhyo/gaiyo.pdf。

② 日本経済新聞「自治体、2040年に半数消滅の恐れ　人口減で存続厳しく」、2014年5月8日。

③ 国土交通省「国土のグランドデザイン2050~対流促進型国土の形成~」、http://www.mlit.go.jp/kokudoseisaku/kokudoseisaku_tk3_000043.html。

常生活服务的减少，这会使更多的年轻人离开，地方将陷入恶性循环。因此，日本在“长期愿景”和“综合战略”中提出要振兴地方经济，吸引年轻人留在地方，向地方流动。

日本人口减少的主要原因是生育率下降，生育率下降与年轻人的“晚婚化”、“非婚化”密切相关。日本男性的初婚年龄从1950年的25.9岁上升到2013年的30.9岁，女性的初婚年龄从1950年的23岁上升到2013年的29.3岁。[①]同时，日本的未婚率也在上升。根据日本总务省2010年的“国情调查”，日本男性未婚率25～29岁为71.8%，30～34岁为47.3%，35～39岁为35.6%，日本女性未婚率25～29岁为60.3%，30～34岁为34.5%，35～39岁为23.1%；终身未婚男性所占比重从1980年的2.60%上升到2010年的20.14%，女性从1980年的4.45%上升到2010年的10.61%。[②]另一方面，日本年轻人结婚的意愿并不低，截至2010年日本18～34岁未婚者中有85%以上的男性和近90%的女性表示“最终还是要结婚”。[③]但在现实当中工作的不稳定影响了日本年轻人的结婚行为。日本劳动政策研究研修机构的调查表明，企业正式员工的“有配偶比率”25～29岁约为32%，30～35岁为57%，而非正式员工的“有配偶比率”25～29岁约为13%，30～35岁约为24%，不到正式员工的一半，可见稳定的职业及与之相连的相应收入关系到年轻人的婚姻行为。[④]

在拥有孩子的人数方面理想与现实也有差距。日本国立社会保障人口问题研究所在2010年进行的“出生动向基本调查”表明，日本夫妻认为理想的孩子数量平均是2.42人，预定生育孩子数量平均为2.07人，但实际上每对夫妻所生育孩子数量为1.96人。作为不能拥有理想孩子数量的理由，最

---

① 厚生労働省『人口動態統計』、http://www.mhlw.go.jp/toukei/。

② 内閣府『平成25年版少子化社会対策白書』、http://www8.cao.go.jp/shoushi/shoushika/whitepaper/measures/w-2013/25webhonpen/html/b1_s1-1.html。

③ 国土交通省『国土交通白書2013』、http://www.mlit.go.jp/hakusyo/mlit/h24/hakusho/h25/html/n1221000.html。

④ 内閣府『平成25年版少子化社会対策白書』、http://www8.cao.go.jp/shoushi/shoushika/whitepaper/measures/w-2013/25webhonpen/html/b1_s1-1.html。

多的是“育儿和教育需要过多的钱”（60.4%），还有17.4%的人是“育儿方面的心理压力和身体负担大”。[①] 加大国家对家庭育儿的支持力度，建立健全的育儿社会服务体系，完善企业劳动制度，创造有利于女性生育和继续工作的环境，是日本在提高年轻人婚育水平和生育率方面需要解决的课题。

三 日本移民政策动向

日本提出人口长期发展目标自然是为了增加劳动年龄人口，保持人口结构的相对稳定，促进日本经济社会的持续发展。提高生育率是个漫长的过程，即便生育率能如期提高，新生儿要成长为劳动力也至少需要20年的时间，不能解决当前劳动年龄人口减少问题。为此，日本在制定提高生育率策略的同时，也计划采取其他对策措施。

近几年来，日本在解决劳动年龄人口问题上一直采取延长退休年龄、促进老年人就业再就业、鼓励女性参与社会工作等政策措施。除此之外，2014年日本在引进外国人才及接受移民方面的政策构想引人关注。

2014年2月，日本内阁府在《关于日本未来的目标》中提出构想，认为假如每年接受20万移民，用100年时间将接受2000万人，到2110年日本总人口可保持在1.14亿人，如果不接受移民，即便出生率回升，届时日本总人口仅有9000余万人。[②]

日本经济财政咨询会议与产业竞争力会议于4月举行联合会议，讨论了充分利用外国人才问题。会议讨论的资料包括《为确保可持续发展充分利用外国人才的途径》《为持续增长的全球化课题》《关于修改外国人技能实习制度》等，会议认为“要把充分利用外国人才作为日本发展

① 国立社会保障人口問題研究所『出生動向基本調査（2010年）』、www.ipss.go.jp/ps－doukou/j/doukou14/doukou14.asp。

② 内閣府「目指すべき日本の未来の姿について」、http：//www5.cao.go.jp/keizai－shimon/kaigi/special/future/0224/shiryou_ 01.pdf。

战略”。会议指出，日本要创造高级外国人才、有技能的外国人才可以发挥才能的环境，在语言、家庭、待遇等方面，从外国人的角度着想，保障外国人舒适的生活环境，保障外国人的人权，通过外国人在家务、护理等方面给予的帮助，更多的日本女性可以参加工作，发挥自身的潜能，日本应该参考其他国家的经验，探讨在日本国内十分缺乏人才的领域引进外国人。①

2014 年 6 月 24 日，日本内阁通过的《经济财政运营与改革基本方针 2014》及《日本振兴战略 2014》，都明确提出作为应对人口减少的对策之一，要“充分利用外国人才”。《经济财政运营与改革基本方针 2014》认为，要改善日本的环境，使其有利于优秀的研究人员等外国高级人才和留学生发挥才能，要改革技能实习制度，延长实习期限，从推动女性参与社会和中长期经济发展的角度，探讨充分利用外国人才的机制。②《日本振兴战略 2014》指出，重要的是要让那些具有多元价值观和经验、技术的外国人才更好地在日本发挥才能，当前首要的对策措施是在加强管理监督体制的同时，扩充技能实习制度，为使留学生和外国优秀人才更好地在日本工作和生活，要从中长期的角度进行综合探讨。《日本振兴战略 2014》还特别提出，为应对 2011 年东北地区地震灾后重建事业和 2020 年东京奥林匹克运动会场馆建设，争取从 2015 年初开始加快引进外国人才。③

实际上，进入 21 世纪后，日本就一直在探讨关于利用外国人才、引进外国人力资源的问题。为缓解劳动力不足给日本社会经济带来的影响，日本在着力挖掘日本国内的劳动潜力的同时，还将在引进外国劳务和移民方面采

① 内閣府「第 4 回経済財政諮問会議（第 2 回経済財政諮問会議・産業競争力会議合同会議）」、http://www5.cao.go.jp/keizai-shimon/kaigi/minutes/2014/0404/agenda.html。

② 平成 26 年 6 月 24 日閣議決定「経済財政運営と改革の基本方針 2014 ~デフレから好循環拡大へ」、http://www5.cao.go.jp/keizai-shimon/kaigi/cabinet/2014/2014_basicpolicies_01.pdf。

③ 平成 26 年 6 月 24 日閣議決定「『日本再興戦略』」改訂 2014—未来への挑戦—、http://www.kantei.go.jp/jp/singi/keizaisaisei/pdf/honbunJP.pdf。

取措施。日本厚生劳动省下设的外国人雇佣问题研究会的调研报告认为，日本若要在未来的国际竞争中取胜，解决人口老龄化和少子化带来的劳动力不足，必须直面引进外国劳务问题，而最需要重视的就是引进具有高学历和具有卓越技能的人才。①

2008年以来，日本在关于引进外国人才问题上的讨论尤为活跃。2008年5月9日在经济财政咨询会议上，首相福田康夫表示，接收30万名留学生是使日本成为真正的开放国家而必不可少的，引进高级人才与接收留学生相互关联，要完善接收体制，并要求在官房长官的主持下设置由官产学组成的咨询会议，进行探讨。② 7月29日，由日本文部科学省和厚生劳动省等六个部门共同发表了“留学生30万人计划”要点，计划到2020年接收30万留学生。③ 7月，日本自民党外国人劳动者问题课题组发表了关于创立“外国人劳动者短期就业制度”的建议，主张允许外国人来日本短期就业，以劳务的身份进入日本，停留时间为三年以下，对接收团体实行许可制，不设行业、职业限制，同时废除以技能合作为目的的研修和技能实习制度。④ 日本商工会议所发表了题为《关于接受外国人劳动者方式的希望》的建议，对自民党课题组提出的“外国人短期就业制度”给予了积极评价，并希望现行的外国人研修和技能实习制度在对象行业和接收人数上能更加宽松。⑤ 2008年9月，社团法人日本经济调查协议会发表了题为《接收外国人劳动者政策的课题与方向》的报告，主张把外国人劳动者分为“高级人才”和“特定技能人才”，构筑不同的接收体系，对于“高级人才”积极接收，认

① 外国人雇用問題研究会『外国人雇用問題研究会報告書』、2002年7月、http://www.mhlw.go.jp/topics/2002/07/tp0711-1.html。

② 経済財政諮問会議第10回会議、http://www.keizai-shimon.go.jp/minutes/2008/0509/report.html。

③ 日本文部科学省・厚生労働省等『留学生30万人計画』（骨子）、http://www.kantei.go.jp/jp/tyoukanpress/rireki/2008/07/29kossi.pdf。

④ 日本自民党外国人労働者問題プロジェクトチーム『外国人労働者短期就労の提案』（概要）、http://www.jil.go.jp/kokunai/mm/siryo/pdf/20080725.pdf。

⑤ 日本商工会議所『外国人労働者の受け入れのあり方に関する要望』、http://www.jcci.or.jp/nissyo/iken/080619fwrep.pdf。

可定居；对于“特定技能人才”要建立一种能使其边工作边提高能力的机制，经过1~5年的时间转换成“高级人才”。[①] 2008年10月，日本经团联发表了题为《应对人口减少的经济社会形式》的建议，提出为构筑可以应对人口减少的经济社会，积极引进外国高级人才和具有一定资格及技能的人才是迫切的课题，要认真探讨综合性的“日本型移民政策”。[②] 2009年1月31日，日本内阁府发表了《目前关于支援定居外国人的对策》，指出要维持和创造定居外国人的就业，充实职业培训，要增设专门的咨询援助中心，增加翻译和咨询员。2009年2月17日，日本经团联发表了《关于提高技术类留学生的质和量两方面的报告书》，提出要扩充奖学金，政府要通过当地的日本领使馆，企业要通过海外分公司在当地找到优秀的外国学生。

2011年4月，日本厚生劳动省发表了《活用高级外国人才实践手册》，提出在少子老龄化和经济全球化的形势下，为增强经济活力和潜在增长力，需要充分利用高级外国人才，介绍了企业雇用高级外国人才的具体事例，分析了利用高级外国人才的好处，并说明了所谓高级外国人才的范围。[③]

为加快引进外国高级人才，日本从2012年5月起对外国人才实施所谓积分制，针对在日本进行学术研究活动、专业技术活动、经营管理活动的高级人才，根据其学历、职业、年收入等设置不同的积分，积分达到一定分值（70分）后，这些人享受出入境优惠待遇。

2014年6月11日，日本国会通过了《出入境管理及难民认定法修正案》，放宽了外国人在日获得永久居住权的条件。根据日本现行法律，外国人要取得在日本的永久居住资格，原则上要在日本工作生活10年，从事技术研究、商品开发和企业经营的“高级人才”也需要在日本工作生活5年。这次修改《出入国管理及难民认定法》，把针对“高级人才”的5年缩短为3年。

---

① 社团法人日本経済調査協議会『外国人労働者受入れ政策の課題と方向~新しい受入れシステムを提案する~』、http://www.nikkeicho.or.jp/。

② 日本経済団体連合会『人口減少に対応した経済社会のあり方』、http://www.keidanren.or.jp/japanese/policy/2008/073.pdf。

③ 厚生労働省「高度外国人材活用のための実践マニュアル」、http://www.mhlw.go.jp/bunya/koyou/oshirase/dl/110224aa.pdf。

目前在日本已经有人数众多的留学生和外国人士，这为日本引进外国人才创造了条件。根据日本法务省公布的数据，截至 2012 年底，在日本中长期停留的外国人有 165 万多人，有永久居住权的外国人有 38 万多人，合计 203 万多人，比 2002 年增加了近 30 万人。①

关于利用外国人才，日本国内一直存在争论。有人认为，为防止日本人口激减一定要引进外国人才，进行“移民革命”。② 也有人认为，引进外国人会破坏日本文化的同一性，增加教育、社会保障等社会成本，甚至会造成犯罪增多、社会治安恶化，所以有人提出“移民亡国”。③ 正是由于这种争论的存在，日本政府难以明确提出引进移民。但随着少子老龄化的进展，缺少劳动力是日本长期性的课题。从短期看，目前在建筑、护理等领域人手奇缺，仅靠老年人和女性就业不能解决问题。从长期看，人口出生率的上升是长期而缓慢的过程，而且日本人口出生率能否如期上升也是未知数。因此，无论从短期解决劳动力不足问题还是从中长期实现人口发展目标来看，对外开放劳务市场、引进外国人才，甚至在一定程度上接收移民，或许成为日本必然的选择。

---

① 法務省「平成 24 年末現在における在留外国人数について（確定値）」、http：//www. moj. go. jp/nyuukokukanri/kouhou/nyuukokukanri04_ 00034. html。

② 坂本英徳『人口崩壊と移民革命』、日本加除出版、2012。

③ 三橋貴明『移民亡国論』、徳間書店、2014。

B.18 安倍政府的新闻管控与日本的舆论生态

金 赢*

摘 要： 第二届安倍内阁极为看重媒体和舆论的对策工作。本文围绕安倍政权日常性的新闻管控机制，结合2013年以来安倍参拜靖国神社、推出《特定秘密保护法》、解禁集体自卫权、检证“河野谈话”等重要政治议程和议题的展开过程，分析当前日本新闻管控和舆论生态的主要变化，力图对日本政治和社会中这些最新变化形成规律性认识。

关键词： 安倍政府 新闻管控 日本媒体 日本舆论生态

当今信息化时代，传统媒体高度发达，新兴媒体异军突起，社会舆论影响决策过程和决策结果的作用越来越大。在此背景下，世界各主要国家的政府或政党，无一例外都把建立和实施传播战略、有效掌控舆论作为政治运作的重要内容，摆在突出位置加以对待。其中一个显著特点，是在政策形成和实行的过程中，越来越倾向于将政策的实质和宣传的手段合为一体来把握，呈现出“政治舆论”和“舆论政治”合而为一的趋势。日本的情况就是如此。

作为21世纪日本民粹主义媒体政治的产物，安倍集团极为看重媒体和

* 金赢，法学博士，中国社会科学院日本研究所副研究员、社会研究室副主任，研究方向为政治社会学、媒体社会学。

舆论的对策工作。为了实现长期执政的战略目标，安倍政府深知必须要掌握媒体和舆论的议程设置，而不能让媒体确定议程；必须要主导议程的推进和演变，而不能让媒体干扰议程的发展。为此，自2012年底重新上台执政以来，安倍政府吸取了2006年第一次执政受挫的教训，一方面为实现其修改和平宪法，使日本重新崛起为政治军事大国的政治目标，在立法、制度和组织建设方面做足了工作；另一方面为减少政治阻力尤其是社会舆论的压力，千方百计驾驭媒体，采取了一系列新闻管控措施，由此形成了日本政治运作和社会舆论生态的新特点。本文主要围绕安倍政府日常性的新闻管控机制，结合2013年以来其参拜靖国神社、推出《特定秘密保护法》、解禁集体自卫权、检证“河野谈话”等重要政治议程和议题的展开过程，分析当前日本新闻管控和舆论生态的主要变化，力图对日本政治和社会中这些最新变化形成规律性认识。

一　新闻管控的两手政策

现代政府实施新闻管控，目的都是使新闻媒体及其传播的信息成为帮助政权的有利因素，在总体施政方向和具体目标上最大限度地得到舆论的支持，保证政治目标的顺利实现。安倍的政治目标，无论是第一次执政时期的“美丽的日本”，还是第二次执政时期的“崭新的日本”，重合度相当高。①较之第一次，安倍第二次执政最大的变化应该算是“安倍经济学”的推出，但“安倍经济学”本身也更多体现一种策略性、战术性，正如有分析指出的，安倍的执政战略，其基本特色可概括为：以“安倍经济学”为手段抬高内阁支持率，进而实现修宪和日本军事正常国家化的战略目标。② 也就是说，“安倍经济学”仅仅是其实现政治意图的手段而已。

安倍政府的新闻公关总管是世耕弘成，是安倍离不开的“贴身随扈”。

① 金赢：《安倍政权的传播政策管窥》，《日本学刊》2006年第6期。

② 张望：《“习安会”背后的中日战略僵局》，《联合早报》2014年11月12日。文章称，日本著名媒体人田原总一郎讲，安倍每天就盯两个数字：股市和内阁支持率。

第一次安倍执政时期，世耕弘成担任首相传播事务助理，到第二次安倍执政，他已被擢升为官房副长官，在重大的内政外交活动中，世耕总是不离安倍的左右。在一本题为《专业传播战略》的著作中，世耕弘成开宗明义地说："传播就是计划管理（project management）。计划必然有目标。专业传播人士应以计划管理者的责任和权限，在预算、人员、时间等有限的条件下，全力推动目标的实现。为了达到目标，必须确立一种与经营方针、战略相统一的传播战略。"① 世耕被安倍看中的，正是上述现代政治宣传传播理念，安倍用此形成的政治传播战略，改变了战后日本左中右鼎立的媒体格局，打破了媒体作为"第四权力"对政权的制衡，使媒体长期形成的舆论监督功能难以正常发挥。可以说，通过自觉的战略设计，全方位塑造国家主义、民族主义的主流舆论，既是安倍政府的主要施政手段，也已成为其"摆脱战后体制"方针的重要组成部分。

在具体做法上，安倍重新执政后，采取了一种全面包围、主动干预、挟右制中、借右打左的新闻管控策略，较之以往力度更大，手法更直接。但概括地看，仍不外乎是"软硬兼施"的两手政策。"硬"的方面，既有《特定秘密保护法》这种对"知情权和新闻自由进行极端限制"的法律手段，也有记者俱乐部、恳谈会这样可以灵活进行新闻管理的日常控制机制。对于异见媒体，虽然安倍也会以首相之尊亲自"棒喝"，公开点名批评，但更多的还是亲政府的右翼媒体充当"首相近卫队"，一拥而上、痛打同行。"软"的方面则主要是政府的广告预算、报业消费税减税政策等"软支票"，以及对媒体高层的任命和政府延揽各种政策咨询会成员的"位子诱惑"。下面首先具体看一下安倍新闻管控"软"的一面。

（一）政府广告经费

近年来，受互联网、手机等新兴媒体的冲击以及大众阅读习惯改变的影响，日本报纸的订阅量下滑明显，报社的经营愈发困难，各家报社都在千方

① 世耕弘成『プロフェッショナル広報戦略』、ゴマブックス、2006。

百计寻求渡过危机的生财之道。安倍政府深知纸质媒体的现实窘境和生存需求，于是就对症下药，把政府广告经费变成操控媒体的利器。尽管目前日本的财政状况捉襟见肘、异常严峻，但安倍在政府广告预算上十分大方，如2014年度日本政府的宣传预算为65亿日元，较2013年度的44亿日元明显增加。2014年4月，日本开始实行消费税增税，为营造增加消费税的舆论氛围，安倍内阁投放了约13亿日元的政府广告费。[①] 2014年10月下旬，为进一步给“消费税再增”造势，内阁府政府新闻室又拿出了2.6亿日元的广告经费。[②] 这些广告包括电视广告、杂志广告、报纸插页广告、广播广告、网络广告、车站海报、便利店广播广告等，覆盖了所有阶层的所到之处和日常生活。这些钱的去向，当然以是否亲安倍为首要条件，但有一个慷慨购买广告的政府，艰难度日的新闻界当然是积极欢迎的。2013年底，日本新闻协会广告委员会委员长向内阁府提交了一份申请，希望政府今后在政府广告中多使用报纸广告。下文将要详述的围攻《朝日新闻》事件，除去意识形态、政治阵营因素外，也有相当一部分现实利益、经营利益的考虑，因为广告费用是和发行量、收视率等直接挂钩的，通过配合政府并打压对手，降低其发行量，就可变相地使自己的发行量排位领先，在政府广告费的大蛋糕中切得大块。例如，《读卖新闻》号称是日本发行量最大的报纸，也是对政府“票子”和“位子”双管齐下策略配合得最好的典型，如在通过争议极大的《特定秘密保护法》过程中，安倍钦点读卖新闻社会长担任“保全信息咨询会议”会长，带头配合政府的立法动议，而该报在过去五年间获得高达21亿日元的政府广告费，在日本几大报系中拔得头筹（在此期间日本政府在全国五大报纸中投入的广告费总共才50亿日元）。面对政府伸出的“橄榄枝”，日本各大媒体争相逐利的恶性竞争不断加剧，结果立场进一步分化，最后被安倍政府紧紧把控，右翼势力及其声音也因此占得上风。

---

① 『赤旗』2014年3月27日。

② 『周刊ポスト』2014年11月12日。

在直接的政府广告经费之外，还有一项政策也是日本新闻界特别有求于政府的，这就是有关消费税的税率优惠。2014 年 11 月 14 日，日本报纸销售协会向官房长官菅义伟递交了一份 244 万人的签名书，要求政府在消费税增至 10% 时以“生活必需品”的名目，实施报纸减税政策。自 2012 年初以来，日本新闻协会等业界团体一直在为减税做政界的工作，2014 年 10 月召开的年度大会还通过了关于要求报纸适用于轻减税率的特别决议。这项税率优惠政策，牵涉日本大大小小报纸的生存状态，因此各报纸也眼巴巴地盼着政府做出向媒体倾斜的优惠性决策。对此，菅的表态是“非常理解”，但是，安倍政府是否将这种理解转化为具体行动，要看其对媒体是否听话的感受来定了。

（二）干预人事：安倍对 NHK 的“再平衡”

在日本，日本广播协会（NHK）是“媒体中的媒体”，有“谁掌握了 NHK，谁就掌握了国家舆论动向”的说法。NHK 名义上是特殊法人、公共媒体，宣称不偏不倚、客观公正，但是从其财源与经营人事的操作过程看，客观上存在着政治介入的诸多可能与途径。例如，NHK 每年的收视费达到 6400 亿日元。这笔巨大的经费要转到 NHK 手中，必须经过国会总务委员会以事业预算的名义予以批准。此外，总务省每年也会从本省的预算中拨付 50 亿日元作为国际广播的补助金。经营人事方面，日本《广播法》规定，为保证 NHK 独立于政党和政府，其决策机构为经营委员会。该委员会由 12 名委员构成，负责选拔与任命 NHK 会长、监督理事，决定每年的预算、事业计划、节目计划等。[①] 但经营委员会的委员人选要经过众、参两院的同意，由内阁总理大臣任命。对于安倍来说，NHK 这个媒体旗舰具有特殊的意义。利用制度安排的运作空间，安倍政府对 NHK 等媒体的管控不断升级。

安倍与 NHK 之间的关系，可以上溯到 2001 年。当年年初，NHK 教育

---

① 但长期以来，经营委员会更多的是一种象征性权威角色，不具体插手或干涉 NHK 的内部事务，对于 NHK 提出的计划基本都是原则无异议。这种惯例在安倍任内出现了改变。

电视台播出了《被拷问的战争性暴力》节目，该节目取材于女性国际战犯法庭，该法庭对从军慰安妇进行了模拟审判。当时的安倍晋三任森喜朗内阁官房副长官，他与中川昭一曾联手向 NHK 施加政治压力，要求删减节目内容，但过程并不顺利。正是因为这段经历，2006 年第一次执政时安倍就积极插手 NHK 人事。

由于特殊的背景，NHK 的高层人事向来与政治息息相关。在 NHK 内部，最终能够占据高位的基本都是政治记者出身，这些人几乎无一例外，都有政治家大佬做后台，但正因如此，也就免不了要随着主要以自民党内部派阀为代表的政治势力兴衰更替而浮沉。但这一局面在 2005 年发生了巨大的改变，随着 NHK 海老泽胜二会长因丑闻引咎辞职，经营改革的大幕旋即拉开，NHK 的会长开始由内部非政治口的人士或外部的经济界人士担任。[①] 2005～2008 年，也就是安倍第一次执政时期，担任 NHK 会长的是桥本元一，他出身于 NHK 的技术领域。其间，安倍把与自己私交颇好的富士胶卷公司社长古森重隆扶持为经营委员会委员长。古森与主管媒体的时任总务大臣菅义伟联手推行了降低收视费等经营改革。而且，古森还打破了以往经营委员会不插手具体事务的惯例，开始积极对 NHK 的事务发声。比如，古森曾否决了当时的一个五年事业计划，并且主张 NHK 在国际广播方面要“发扬国威”。2007 年 9 月安倍突然辞职后，古森依旧坚守，在他的主导下，2008 年 1 月 NHK 选出新会长福地茂雄。而由于失去了安倍这棵“大树”，2008 年 12 月，古森也放弃了连任，由于他是途中任职，所以实际负责时间不过一年半，安倍掌控 NHK 的许多意图并没有完全实现。因此，对于安倍来说，他第二次执政后，在新闻管控方面，首先就是要与菅义伟、古森等人完成对 NHK 的“再平衡”。

重新执政后，由于在 2013 年 7 月参院选举前自民党尚面临着“扭曲国会”的状况，所以安倍对 NHK 的“再平衡”采取了从下到上的战术，

① 桥本元一之后的两任会长分别是朝日啤酒的原社长福地茂雄（2008～2010）和 JR 东海的原副会长松本正之（2011～2013）。

即通过安插亲信担任经营委员会委员，夯实基础后，逐步对经营委员会会长及 NHK 会长的人事布局施加干预性影响。2013 年 6 月，日本烟草原社长本田胜彦进入 NHK 经营委员会，本田在东京大学读书时曾做过安倍晋三的家庭老师，也是安倍在财界的声援团体四季会的成员。2013 年 11 月，NHK 经营委员会又迎来了三位新成员，分别是畅销书作家百田尚树、埼玉大学名誉教授长谷川三千子及海阳中等教育学校校长中岛尚正。同时，JR 九州会长石原进获得连任。这样在 12 名经营委员会委员中，有 5 位都是安倍直接安排的。

在 NHK 会长方面，鉴于当时的会长松本正之“不再听话”，为了打掉松本连任的念头，安倍阵营开始通过其他媒体释放烟幕弹。2013 年 10 月，《产经新闻》批评松本主政的 NHK 在报道上存在偏向问题，即没有在竹岛（韩国称为独岛）、钓鱼岛（日本称尖阁诸岛）等领土问题上充分体现日本的立场。之后，日本右翼势力旗下的樱花频道屡次对 NHK 高层提出批判，呼吁对 NHK 的人事进行彻底调整。一些右翼人士还专门制作了反对 NHK 的视频，发布在“YOUTUBE”网页上，很快获得了日本国内极端民族主义者的拥护和呼应。2013 年 11 月 9 日，《读卖新闻》发出报道直截了当地声称，NHK 将变更会长。该报还透露，首相身边的人说，首相本人认为应该“刷新”NHK 的人事。此时，NHK 经营委员会中也出现了“松本应该换掉”的声音。在这样精心构筑的多层次舆论压力下，2013 年 12 月 5 日，松本正式宣布不再谋求连任。

与此同时，安倍支持的 NHK 新掌门也浮出水面。《文春周刊》曝出了籾井胜人将担任新会长的独家新闻。籾井是三井物产的原副会长。他之所以能脱颖而出，除去其资历浅、作为傀儡易于操控的因素之外，与麻生太郎也有很大的关系。

籾井出身于福冈，与麻生是同乡，而其父亲经营小煤矿，又与麻生家族有业务关系。因此，麻生就授意 NHK 经营委员会委员、JR 九州会长石原进推荐籾井。2013 年 12 月 20 日，经营委员会任命籾井胜人为新会长。2014 年 1 月 25 日，籾井正式出任 NHK 会长。上台后，籾井立即“投桃报李”，连续发表赤裸裸的右翼观点，不但在就任的记者见面会上就对慰安妇问题大放厥词，而且多次明确表示在国际报道上要同政府立场一致，“至少不能偏离日本政府的观点”。NHK 掌门人这种政治倾向性毫无掩饰的公然表态，在战后日本历史上绝无仅有。在 NHK 内部，籾井则采取高压政策，上任不久就要求 NHK 理事上交一份不写日期的辞呈，以便对管理层进行重新洗牌，换上与自己立场接近的人。日本有评论因此指出，NHK 实际上已经变成了“安倍的 NHK”①。

（三）对《朝日新闻》的打压和批斗

拿破仑说：“三份不友善的报纸比一千把刺刀更为可怕。”对于安倍来说，《朝日新闻》就是这样“不友善”的报纸。安倍与《朝日新闻》的“过节”可以追溯至20年前。20年间，两者之间的较量或明或暗但从未停止。其中最主要的争执焦点就在于历史认识问题，尤其是慰安妇问题。围绕上文提到的2001年安倍曾经试图删改 NHK 女性战犯法庭节目事件，2005年1月12日，《朝日新闻》曾在头版头条披露施加压力的政治家就是安倍晋三和中川昭一。当时安倍任自民党代理干事长，有望问鼎首相宝座，而这一消息的曝光极有可能断送其政治生涯。其后，安倍选择了反击。在《朝日新闻》曝光性报道发表两天之后，安倍开始在《富士晚报》上撰写连载专栏，题为《挑战的政治》，主要是批判《朝日新闻》。经过一番较量，NHK 出于种种考虑，首先低头，向《朝日新闻》提出抗议。日本的一些右派媒体也趁机掀起一股批判《朝日新闻》的浪潮，但终因《朝日新闻》握有足够的证据不肯“谢罪”双方打了个平手，此事不了了之。

在第二次上台执政后，安倍重新开始其面向《朝日新闻》“挑战的政治”。2014年2月5日，在参议院预算委员会上，安倍点名批评《朝日新闻》。他语带讽刺地说：“听说《朝日新闻》的办报宗旨就是打倒安倍政府，当然把这作为办报宗旨也没关系，我就是抱着这样的看法在读这份报纸

① http：//iwj. co. jp/wj/open/archives/188812.

的。”但实际上，安倍一直在寻找机会对付《朝日新闻》。在安倍稳固的执政基础和高压的舆论攻势下，朝日新闻社选择低头。

2014 年 9 月 11 日，《朝日新闻》举行了一次媒体见面会，其负责人在闪光灯不停地照射下，以深深鞠躬这种日本特色的“谢罪”方式，为该报此前有关福岛核事故的一个报道失误道歉，并宣布撤销报道。这已经是在短短两个月的时间里，《朝日新闻》第二次撤销报道。此前的 8 月 5 日，该报用整版的篇幅宣布，在以往该报有关慰安妇的报道中，一位已故受访者关于强征慰安妇的证言是虚假的，因此撤销报道。由于《朝日新闻》这两次误报牵涉的采访对象都姓“吉田”，有媒体评价称，《朝日新闻》引爆了两个“吉田炸弹”，但也有评论说，这是近年来弥漫在日本社会的言论恐怖主义带来的后果。

有必要在此简要回顾一下这两起报道的情况。先看有关慰安妇的报道。1983 年，一位名叫吉田清治的战争经历者出版了《我的战争犯罪》。在书中，吉田谈到自己曾亲自到朝鲜半岛强征当地女子当从军慰安妇的经历。自 1991 年开始，朝日新闻社连续采访了这位吉田，并进行了一系列有关“强征慰安妇”的报道。而与此同时，一部分日本史学家、记者开始核实《我的战争犯罪》一书中提到的强征的慰安妇人数、人名、地点等等，最后得出的结论是“吉田的回忆录矛盾百出，是杜撰出来的故事”。《产经新闻》这家日本最著名的保守主义报纸，坚持要求《朝日新闻》承认“误报”，并出面更正。最终，2014 年 8 月 5 日，《朝日新闻》宣布，已故的吉田关于强征慰安妇的证言是虚假的，决定“撤销报道”。

再看有关福岛核事故引起争议的报道。“3・11”福岛核事故后，日本政府曾就整个事故的处理过程，对相关重要人物进行了取证，其中包括福岛第一核电站事故发生时的站长吉田昌郎。但之后，这些调查记录作为政府的秘密文件，并没有对社会公开，甚至连日本原子能规制委员会的成员、国会议员等也无从查阅。《朝日新闻》通过独自的渠道获得了吉田调查记录的文本，并于 2014 年 5 月 20 日做出独家报道。当时该报道最引人注目的新闻点是，核事故发生后，“福岛第一核电站九成的员工违反吉田站长的命令，自作主张撤退到了 10 公里之外的第二核电站”。此后，《产经新闻》也通过它自己的渠道获得了这份调查记录，该报称调查报告中对于员工离开事故现场的行为，吉田站长指的是避难，而不是违反命令的撤退或是临阵逃脱。最终的结局，就是上述发生在2014年9月11日朝日新闻社负责人低头谢罪的那一幕。

围攻《朝日新闻》的人，认为该报对关于强征慰安妇的报道知错却不认错，关于核事故的报道是先入为主进行引用，以偏概全，存在明显的主观意图。从《朝日新闻》认错道歉、撤销两篇报道的情况看，这些批评不能说完全没有道理，但围绕这两起误报事件，日本舆论生态中出现的“墙倒众人推”效应，以及由此在国际社会掀起的波澜却更值得关注。

首先，从2014年初开始，《朝日新闻》误报问题已经在日本舆论界发展到讨伐记者、敲打报社的地步。2014年1月底，日本某周刊杂志刊登了一篇题为《“捏造”记者当上大学教授》的文章。文章中针对的教授正是当年报道韩国慰安妇证言的记者。该记者原定于自2014年4月起担任神户某大学的教授，但在周刊杂志报道后，校方收到大量抗议邮件，最终于3月解除了合同。该记者曾任兼职讲师的另一所位于北海道的大学也在5月和7月收到威胁信。威胁者称“若不解聘，作为天谴将伤害学生”。网上还有人曝光了记者女儿的照片，并声称一定要“逼他自杀”。而另一名前《朝日新闻》报道慰安妇问题的记者任教的位于大阪的一家大学也从8月起不断收到邮件和电话抗议，9月13日还收到了威胁信。该记者当天办理了离职。

在2014年8月5日《朝日新闻》登载了撤销慰安妇报道的声明后，《产经新闻》《读卖新闻》等保守主义报纸，加上《新潮周刊》《文春周刊》等日本销量最大的周刊杂志开始对该报群起攻之，口诛笔伐。自2014年8月下旬至10月上旬，《文春周刊》相关文章达87页，《新潮周刊》相关文章达57页，《邮政周刊》相关文章达45页。[①] 在这些煽情性的报道和批判

① 具体数目为：『周刊文春』8月28日、4頁；9月4日、10頁；9月11日、16頁；9月18日、10頁；9月25日、15頁；10月2日、17頁；10月9日、15頁。『周刊新潮』8月28日、5頁；9月4日、4頁；9月11日、10頁；9月18日、12頁；9月25日、14頁；10月2日、9頁；10月9日、3頁。『周刊ポスト』8月22日、4頁；8月29日、10頁；9月5日、4頁；9月12日、7頁；9月26日、8頁；10月3日、12頁。

文章中，《朝日新闻》被扣上了“卖国贼”的大帽子，更有一部分媒体提出，“国会应该传唤《朝日新闻》的社长”。

（四）“首相媒体近卫团”与政府的“饭局公关”

对于日本五大全国性报纸，安倍的态度明显是打左拉右，因此在对《朝日新闻》打击的同时，首相与《产经新闻》《读卖新闻》的关系却非同寻常。读卖集团会长渡边恒雄是安倍晋三父亲安倍晋太郎在《每日新闻》任政治记者时的朋友，靠着这层关系加上该报在日本名列第一的发行量，渡边自诩为“安倍政府的保护人”。当然，《读卖新闻》在修改宪法、解禁集体自卫权等方面的政治主张也与安倍政府亦步亦趋、保持一致。如前所述，2013 年底，日本国会强行通过《特定秘密保护法》，为了保证该法能在一年后顺利实施，日本政府在法案成立后立刻成立了所谓的“保全信息咨询会议”，担任会长的正是渡边恒雄。这鲜明地体现出安倍内阁是如何有选择性地利用媒体为自己摇旗呐喊、保驾护航的。

至于《产经新闻》，就更是以“紧贴”安倍为自豪和骄傲，积极为其搭台造势、冲锋陷阵。在安倍再次出任首相后，产经新闻社张罗组织了一个名为“长州正论恳谈会”的亲善组织，长州是安倍家乡的旧称。2014 年 7 月 19 日，安倍亲自出席该恳谈会成立一周年的纪念演讲会。在日常舆论运作中，产经新闻社的某位记者是“与安倍政府距离最近的记者”，不但总能得到独家新闻，还常常为首相代言放风，日本同行因此评价说，这位记者已不是职业意义上的记者，而是“以笔为剑”支持安倍政府的社会运动家和刀笔吏。2014 年 10 月 24 日，安倍晋三亲自参加了共同通讯社加盟报社总编会议。共同通讯社是日本最大的通讯社，其加盟报社主要为地方报纸，即地区和县级报纸。这些报纸的合计发行量为 3000 万份，但覆盖面非常广，按安倍致辞中所说，“超过一半的日本家庭”订阅。这种巨大的社会影响力，自然为安倍所重视，所以他才会连续三年参加这一总编会议。投桃报李，共同社也完全是安倍令行禁止的马前卒。而在此次加盟报社总编会议之前三个月安倍访问巴西时，共同社还曾经报过一条虚假消息，称安倍将与巴西总统发表联合声明，会写入南海争端问题和日巴联手“制衡中国”的内容，事后证明完全是子虚乌有。[①] 但从未看到该社对这一明显报道错误有任何道歉，这与《朝日新闻》因报道中的枝节问题而被围攻的际遇相比，境况真是天壤之别，这表明共同社这家日本最大的新闻通讯社已完全被安倍纳入“体系”内，而在这种新闻管控体系之中，顺我者昌、逆我者亡，共同社和《朝日新闻》从正反两个方面为此做足了注脚。

此外，安倍的新闻管控还有一个突出的特点，即每逢重大政治行动，安倍总要请媒体老总，包括与自己立场相左的媒体老总聚餐，通过与媒体高层的亲密交往，利用注重人情的日本文化传统，使各家媒体高层人士“吃了人家的嘴软”，不好意思再展开批评政府的舆论攻势，从而达到媒体“自行闭嘴”的效果。据日本学者调查统计，在重新上台后的 17 个月里，安倍已至少 36 次宴请知名媒体人士，平均一个月超过两次。受邀名单上的人物包括了多家通讯社、国家级报社和地方报社的社长与主编。为了营造氛围，这些宴请的地点选择也非常讲究，都不是在气氛严肃的首相官邸举办，而是在更轻松、更欢快甚至可以拍拍打打的私人餐厅进行。[②] 在这种“饭局公关”的安排上，此前的日本首相特别是安倍的两位前任只能自愧不如，菅直人在“3·11”之后的半年时间里，从未与媒体名人一起聚餐，野田佳彦在其 15 个月的当政期间，也仅举行过六次餐宴，平均每两个月还不到一次。而且，安倍与媒体高层聚会的时间安排也明显与其重要政治行动相呼应。2013 年 12 月 26 日参拜靖国神社的当晚，安倍宴请主要报社的政治部长。2014 年 4 月 1 日消费税增税的当天及第二天，安倍分别宴请了 15 位各报社派驻首相官邸的“跟班记者”及各报社的政治部部长。2014 年 5 月 15 日，安倍晋三宣布其内阁正在考虑重新解读宪法，以允许日本行使集体自卫权。当晚，他又和一些大媒体的政治编辑去吃寿司。[③] 对于安排这些饭局，安倍非但并不遮掩，反而积极地在首相官邸网站的“首相行踪”专栏

---

① 刘建明：《替安倍政府造谣　日本媒体自扇耳光》，人民网，2014 年 8 月 4 日。

② 〔日〕加藤典洋：《安倍与第四权力》，纽约时报中文网，2014 年 6 月 16 日。

③ 『赤旗』2014 年 5 月 30 日。

中加以展示。这种做法实际上是一种高明的心理战，因为对于各媒体高层来说，如果自己久不被邀，难免有出局和被“边缘化”的失落，因而一旦受到邀请，自然要通过调整报道和评论的调门等方式“好好表现”，以利于下次仍能受邀维持自己“局中人”的地位。这样一来，无形中也对那些“不听话”的媒体及其高层形成了压力，迫使更多的媒体就范来迎合、“配合”政府。

二　案例研究：从《特定秘密保护法》、集体自卫权内阁决议、检证“河野谈话”看日本舆论与政治的互动

以下选取的三个案例，对于分析安倍政府的新闻管控及当前日本社会舆论生态的特点，都具有相当的典型意义。

（一）《特定秘密保护法》的立法过程与问题

2013 年底，日本国会强行通过了《特定秘密保护法》。该法案的立法过程引起的争议和民意反弹，主要来自两个方面：（1）法律内容影响到日本的言论自由和公众知情权；（2）立法过程表明，安倍政府虽然貌似重视舆论工作，实际上却根本不把民意放在眼里，虽然民调表明大部分国民反对，《朝日新闻》民调显示，有 61% 的受访者认为《特定秘密保护法》通过的速度“不妥当”，公众听证会也是全面反对，但他照样强行通过，完全无视国民意见，被日本著名媒体人鸟越俊太郎称为“是典型的法西斯做法”[①]。

《特定秘密保护法》在安倍晋三的政治目标谱系中占有重要位置。安倍的政治目标就是要使日本摆脱战后和平宪法的束缚，使日本可以以军事力量为后盾，更积极地参与到国际事务中去，从而获得更多的话语权、更大的行

① 《朝日新闻》的民意调查显示，61% 的受访者认为法案通过的速度“不妥当”。参见『朝日新聞』2013 年 12 月 9 日。

动自由以及更可观的利益。安倍政府强调，目前日本要强化自身军事力量、打造可以参与战争的国家，还需要借美国之船出海、借集体自卫权行路，而如果日本不能有效地保守军事等相关秘密，美国将不会与日本合作，从而损害日本的根本利益。为此，必不可少的工作就是操控舆论，包括隐匿信息情报、隐瞒军事秘密、隐瞒对政府不利的信息。而推出《特定秘密保护法》，就是要为这种“保密体制”打造法律根基。

该法案将“特定秘密”定义成“一旦泄露会对日本国家安全构成危害的信息”，主要内容涉及防卫、外交、防止间谍活动等特定有害行为以及反恐四个方面。据法案规定，泄密的公务员最高可被判处十年有期徒刑，教唆他人泄密者以及从事防卫产业等的民间人士泄密最多也可被判处五年有期徒刑，这中间就可能包括以采访为目的的媒体记者，如果发表或仅仅是尝试获取被政府认为敏感的信息就有可能受到拘捕。所以，《朝日新闻》社论指出：“这个法案让政府垄断了信息，对人民的知情权和质询权以及对新闻自由都进行了极端的限制。”

综合分析后可以发现，日本社会针对《特定秘密保护法》的反对意见集中于三点：（1）认为该法存在划定的机密范围大而且界定模糊、处罚范围广等问题。例如，“秘密”的认定只需由政府各相关部门即可进行，而无须经第三方核实确认，这种赋予执政者过大的权力的随意认定“特别秘密”的法律，无疑将为政府扩大秘密认定和处罚范围的滥权打开了方便之门。（2）一旦上述问题存在，将导致借“特别秘密”之名强化信息监管，国民知情权可能会被任意侵犯。日本社会普遍担忧，该法可能让素来透明度不高的日本政府更加理直气壮地封锁信息，例如，东电公司在福岛核事故发生后发布信息迟缓且零星，在核污水泄漏问题屡屡升级恶化的情况下仍千方百计封锁消息，法案获得通过，东电公司可能在日本政府的庇护下，以“特定秘密”之名进一步为自己对灾情隐瞒不报的行为开脱逃责。（3）由于“秘密”的界定完全由政府相关部门进行，没有一个独立机制进行第三方的核实和制衡，因此容易引发政府滥用权力，不光利用该法对付泄密官员，新闻记者和专家、学者等研究人员也会成为惩罚对象，而且，法案中没有任何措施来保证审核程序的公平合理。因此，批评者把《特定秘密保护法》与二战前日本政府用以取缔一切反对军国主义言论的《治安维持法》相提并论，抨击这是一种基于国家恐怖、剥夺言论自由和公民知情权的“封口令”。

按照日本法案的颁布程序，该法在国会通过一年后即2014年底前正式施行。为顺利实施，日本政府在法案成立之初就成立了一个“情报保全咨询会议”，主要任务就是起草后续的法案实施细则，首次和第二次会议分别在2014年1月和7月召开，时隔半年的会议节奏表明，法案的实施细则很难得到充分透明的讨论，更为关键的是，未能针对法案中存在的根本性缺陷拿出具有实质意义的修改意见和完善措施。2014年7月14日，日本最高法院第二法庭驳回《每日新闻》原记者西山太吉等要求政府公开关于1972年归还冲绳的日美密约档案的上诉，维持东京高等法院的二审判决。西山败诉的案例，其依据就在于，虽然一审认为政府在决定不公开密约时理应已保存了相关档案，但二审则认为“档案可能已被秘密销毁，已不存在”，认为政府的决定是恰当的。[①] 这个判决似乎为《特定秘密保护法》的实施提供了一个先例，即政府当局对于不想让其存在的文书，即可以对之进行销毁，使其“不存在”，这将成为合法的“保密”手段，而销毁行为本身则不必受到监督和约束。毫无疑问，在这样的法律之下，日本的信息公开和新闻自由将越发流于空洞的口号。

（二）有关集体自卫权的相关报道情况

在2013年底国会通过《特定秘密保护法》后，安倍内阁立即开始想方设法加快推动行使集体自卫权的进程。由于日本舆论中对这一改变战后和平主义路线的政策存在很大争议，安倍政府采取了一种迂回策略，即绕开宪法、绕开国会，甚至绕开日本，以“国际要求”的外压推动事态进展。为达此目的，加强舆论造势、舆论攻势是安倍内阁的重要手段。而以NHK为

---

① “西山事件”是指1971年《每日新闻》政治部记者西山太吉，在采访中获得了美国与日本有关返还冲绳协定密约的日本政府机密文件，并将其透露给在野党议员，因此被判违反国家公务员法的罪名。事件又称为“冲绳密约事件”或“外务省机密泄露事件”。

首的中央媒体，在政府软硬兼施的新闻管控下，无形中成为安倍政府“大政翼赞会”的组成部分。

2014 年 5 月 6 日，安倍晋三访问布鲁塞尔北约与欧盟总部，与这两个机构签订了名为《伙伴合作计划》的军事交流合作意向，首次明确了日本将在集体指挥下参加合作军事演习的内容。按照计划，日本将在适当场合参加北约的军事演习。更重要的是，该计划写明自卫队可以接受北约的联合指挥。日欧合作的具体领域包括：合作培养非洲马里共和国、尼日尔、刚果民主共和国的军队、警察、司法系统人员，在索马里海域、亚丁湾进行日欧联合军事演习，日本自卫队参与欧盟在非洲的军事作战准备。在这一番成果达成后，安倍在北约 28 个成员国的最高决策机构——北大西洋理事会发表演讲。

安倍的此次访欧，本质上是一场预赛的助跑。预赛是指 2014 年 5 月 15 日发表的《安保法制恳谈会报告书》。借此次出访欧洲，安倍要向国内展示访问成果以及欧洲对日本行使集体自卫权的“期待”，从而把海外的压力转向国内，即通过把集体自卫权写入“国际协议”的既成事实，消解日本国内在这一议题上的争论。正因如此，安倍要向国内大张旗鼓地介绍其访问成果，营造访问特别受关注、非常成功、日本行使集体自卫权获得欧盟各国支持的氛围。但是，据知情人士透露，安倍的访问实际是“剃头挑子一头热”。安倍在北约总部发表演讲的当天，会场中 28 个成员国的座席根本就没有坐满，媒体也并不关心。北约的登记记者有近 500 名，欧盟的登记记者超过 900 人，但出席安倍首相活动的记者只寥寥几人，安倍与北约秘书长共同记者会记者稍多，也不过 15 人，而且会场的媒体记者，还绝大部分是安倍的随行记者以及日本在当地的驻站记者。所以，有评论说，“所谓欧洲各国关注（日本的）积极和平主义，不过是面向国内的安倍剧场的幻想”①。

2014 年 5 月 15 日，在接受了安保法制恳谈会的报告书后，安倍召开记

① 谷口長世「安倍欧州諸国安保歴訪」、『世界』2014 年 7 月号。

者见面会，NHK 进行了转播。会见中，安倍手持两个图板进行解释，称“你的父亲、母亲、爷爷、奶奶、孩子所搭乘的美国的救援舰受到了攻击，日本什么都不做，能行吗？在海外活动的非政府组织受到了武装集团的威胁，日本不去护卫能行吗?”记者会之后，安倍又向首相跟班政治记者就此进行解说，内容完全是重复。当晚 9 点，首相助理矶崎阳辅作为嘉宾在 NHK 晚 9 点的《新闻观察》节目中出场，所谓的“政策解说”依旧是重复。看来，谎言重复千遍即成真理仍是这一代日本政治家关于社会舆论的信条。

2014 年 7 月 1 日，在日本内阁通过关于行使集体自卫权的决议的当天，首相官邸前爆发了万人大游行，抗议安倍突破和平宪法的危险政策及操控舆论的政治手法。但在 NHK 晚 9 点的《新闻观察》节目中，有关这一抗议行动的画面仅有 20 秒，可谓一跳而过，之后就是政治部记者、主持人大越健介结合自身的经历，讲述行使集体自卫权的必要性和具体的决策过程。2014 年 7 月 3 日，在内阁决议之后的两天，内阁官房长官菅义伟在 NHK “close up 现代” 节目露面，不断重复“安全保障环境的变化”“时代的变化”等话语。2014 年 7 月 13 日，也就是在众参两院要集中审议集体自卫权的两天前，以安倍首相为首的执政党干部轮番在 NHK “special” 节目中露面，讲述在内阁决议之前“水面下的攻防”，通过增加过程中的戏剧性因素，转移人们的注意力。

从上可见，在有关集体自卫权的主流舆论中，从首相的记者会见到首相身边重臣的介绍、新闻媒体的报道和点评，实际上形成了一个单向的、同义反复的话语大循环。在这一系列繁复的话语中，所有的论述都在重复一个论断，即日本迫于安全保障环境的变化，必须要行使集体自卫权。让自己的重大决策没有不同声音的挑战，安倍管控新闻和社会舆论的目标，在集体自卫权这个问题上，由于 NHK 的“配合”，近乎完美地变成了现实。

（三）检证“河野谈话”与慰安妇问题的国际舆论战

在安倍晋三作为政治家崛起的过程中，有两个舆论议题是他的“政治专项”：一是朝鲜绑架人质问题，一是慰安妇问题。通过这两个议题，安倍诉诸的是煽动起一种以“受害者情绪”为表现形态的民族主义，即日本不论是在国民安全上还是在国家名誉上都受到了侵犯，他作为政治家要挺身而出进行“斗争”，为日本赢得尊严，挽回名誉。安倍在这方面非常执着，一以贯之。在第二次执政后不久，他就放出话来称，将在2015年即战后70周年时发表一个讲话。对于一个讲话要提前两三年预告造势，是因为安倍认为这个讲话将具有“划时代的意义”，就是要用自己的这个新讲话取代1995年的“村山谈话”。

虽然迫于国内外的舆论压力，安倍此前在表面上还是声称要继承“村山谈话”的，但其内心深处完全是另外一回事。20世纪80年代以来，日本政府关于历史问题先后做出了三个正视历史责任的官方“谈话”，分别是“宫泽谈话”“河野谈话”“村山谈话”。这些年来，日本右翼势力在教科书问题上狂飙猛进式的“反攻倒算”，使“宫泽谈话”对应的教科书问题上的立场已经基本不复存在。而安倍对“村山谈话”对应的日本战争罪责问题，还要等到2015年8月二战终结70年时再做集中爆发式的“清算”。所以，在2014年，安倍政府主要猛攻的是“河野谈话”。

2014年1月25日，NHK的新任会长籾井在记者见面会上突然表示，关于慰安妇，每个国家在战争中都会那么做，不应用“今天的道德标准”谴责过去发生的事情。2014年2月20日，日本前官房副长官石原信雄在众院预算委员会作证，也对“河野谈话”承认日军强征慰安妇的内容予以否认，称没有日军强征慰安妇的客观资料，“河野谈话”并未验证慰安妇证言，谈话也未承认日军强征慰安妇。对目前日韩在慰安妇问题上的外交纠纷，石原称当时日本政府的善意并未收到效果，为此感到非常遗憾。此举立即得到右翼舆论的拥护，《产经新闻》评论称，石原的发言经NHK全国转播得以让日本国民了解“河野谈话”的“实际情况”，效果将不同凡响。[①]

---

① 环球网，2014年2月21日。

2014年3月初，内阁官房长官菅义伟宣布，将成立一个专家委员会，调查1993年“河野谈话”的出台过程。安倍政府的方针是“检证但不修改”。2014年6月，日本政府公布了调查报告。对于这份报告，日本大部分媒体的报道强调两点：（1）“河野谈话”是日韩两国外交当局经过艰苦交涉之后，在最后时刻达成的政治产物。（2）韩国方面坚持要求日本承认有日本政府宪兵的强征行为，而日方以没有证据不能承认为由进行抵抗，最后“河野谈话”中也没有明确表明存在日军强征慰安妇的情况。但因后来的记者会上，河野在回答“有强征事实的存在吗”的问题时做出了肯定的回答，留下了后患。①

2014年7月15、16日，总部设在日内瓦的联合国自由人权条约组织举行听证会，会议前日本一些NGO结成了名为“日本NGO网络ICCPR 2014”的组织，先行飞赴日内瓦，在会议之前的一天召开了新闻吹风会，为日本人权状况取得的“进步”造势。7月15日正式会议开始，代表们就日本在秘密保护法、仇恨言论（hate speech）、外国在日“研修生”权益、福岛核灾等历史和现实方面存在的问题进行讨论，认为日本的人权存在“倒退”，在涉及慰安妇问题时尤其如此。当有委员质疑检证“河野谈话”的问题时，日本政府代表坚持主张慰安妇不是性奴隶，并获得了在场约十名日本NGO人士的鼓掌喝彩，会后，这些人竟蜂拥而上，把提问的联合国自由人权条约组织委员团团围住，导致会场混乱。②

为了进一步在国际舆论战中为日本翻盘，2014年8月5日，《朝日新闻》突然召开记者招待会宣布，已故的吉田清治关于强征慰安妇的证言是虚假的，决定“撤销报道”。《朝日新闻》此时的行为，显然是在非常大的内外压力下做出的，目的在于为政府提供一个靶子。果然，之后的安倍政府就以《朝日新闻》的低头认错为理由，发起了新一轮有关慰安妇问题的舆论造势，试图以国内国际联动的方式，谋求国际社会更正既往的对日本历史

---

① 秦郁彦「河野談話検証から見た慰安婦問題」、『中央公論』2014年9月号。

② 海渡雄一「日本の人権状況に示される国際懸念」、『世界』2014年9月号。

问题的认识。9 月 11 日，安倍在一个电台节目中再一次点名批评《朝日新闻》的慰安妇报道，称该报对慰安妇问题的错误报道给许多人造成了痛苦，在国际社会使日本的名誉受到了损害。9 月 14 日，安倍又在 NHK 电视节目指出："需要面向世界，撤销该报道。"他表示日本政府将在此事上采取措施，向国际社会解释真相。2014 年 10 月 15 日，日本政府以"已判定吉田证词不实"为理由，正式要求联合国人权委员会撤销《库马拉斯瓦米报告》中关于二战日军随军慰安妇报告的部分内容，同时也直接约见了报告主要起草者库马拉斯瓦米，要求其撤销相关部分。但库马拉斯瓦米对此指出，日本在战争中强征慰安妇的事实铁证如山，联合国报告无须修改。10 月 30 日，日本外务副大臣中山泰秀在例行记者会上对联合国拒绝修改该报告表示遗憾。

三　日本舆论生态的变化与未来走向

安倍重新上台后，其政府及所操控的媒体在国内外发动了一场舆论战，核心是将日本描述为外国宣传的牺牲品，要"在国际舞台更富有进攻性地主张对日本在二战中角色的看法"。2014 年可以看作这一舆论战的高峰年，其战术无外乎是官民一体、内外呼应，集中释放右翼多年郁积在心的"块垒"。当今日本右翼的主张尽管五花八门，但归根结底，都集中在鼓噪新的民族主义这个倾向上。纵向是否认和篡改历史，为过去的侵略战争翻案；横向是遏制中国，"再造"日本称雄亚洲的辉煌；外向是争夺各种价值观高地，维持"美丽日本"的国际形象；内向则是打压异己，让任何对日本内政外交说"不"的声音三缄其口。

但这种在纵横、内外所有维度上的全面出击，也招致了国际舆论以及日本国内有识之士、普通民众越来越多的反感和抵抗，这场舆论战并未取得预期的效果。在国际层面，联合国自由人权条约组织主席罗德里在上述日本代表"闹场"的会议的总结发言非常具有代表性："虽然好像存在着意见的对立，但我不能理解。是我的脑子不好吗？（'闹场'的日本人）既主张慰安妇不是强征的，又表示存在着违反本人意愿的情况，这令人难以理解。”[1] 可以说，此类行为在日内瓦外交圈内造成了恶劣的影响，日本的无理取闹在国际媒体上一时成为笑谈，客观上使其在联合国的形象打了折扣。

在日本国内，自2013年底至今，围绕《特定秘密保护法》、修改宪法解释行使集体自卫权以及慰安妇问题，已经出现了三次反对的声浪。2013年底，当安倍政府强行通过《特定秘密保护法》后，有61%的受访者认为其方式不妥。2014年7月日本内阁通过决议，修改宪法解释行使集体自卫权后，舆论调查显示，有51%的受访者表示反对，支持者仅为33%。[2] 而在新闻管制较松的地方报界，43家主要地方报纸有40家持反对意见。因集体自卫权议题，安倍内阁的支持率下降了近10个百分点。2014年11月10日的舆论调查表明，安倍内阁的支持率已经下降到44%，创安倍第二次执政以来的新低。

日本知识界、媒体界的有识之士也通过各种方式表达了对当前政治生态、舆论生态的忧心。2014年8月，NHK的1500名退休职员发起签名运动，要求现会长辞职。2014年10月15日，日本历史学研究会发表声明，批判政府领导人和部分媒体有关日本慰安妇问题的不当见解，指出“日本政府目前的行为是无视真相的和不负责任的。在国际范围传播这种姿态非常愚蠢，而且会进一步损伤昔日沦为日军性奴隶的受害者的尊严。希望安倍政府能够真挚地面对过去加害的事实，真诚地对待被害者”[3]。2014年底大选获胜后，有关安倍长期政府的议论似乎更具有了现实性，但志得意满的安倍晋三不应忘记日本一位哲学老人的忠告：“只能在本国说得通的日本主义是行不通的。”[4]

---

① 海渡雄一「日本の人権状況に示される国際懸念」、『世界』2014年9月号。

② 『朝日新聞』2013年12月9日。

③ 日本历史学研究会，http://rekiken.jp/appeals/appeal20141015.html。

④ 2014年10月20日日本共同社对哲学家梅原猛的采访。

B.19

2014年日本年轻人思想动态解析

张建立*

摘 要: 民间交流对促动中日关系的良性发展贡献巨大。其中，两国年轻人的交流，更是意义重大。与时俱进地掌握日本年轻人思想动态的变化，是做好中日年轻人交流工作的关键。2014年，日本年轻人思想动态格外引人注目。媒体刚刚报道日本年轻人变右了，紧接着又报道日本年轻人变左了，变得激进了。从心理文化学的视角来看，日本年轻人的思想动向，实质是处于战后国家发展转折期的日本人的安全需求无法得到满足的表现。

关键词: 日本 年轻人 思想动态 心理文化学 安全需求

中国与日本是一衣带水难以搬家的邻居。但是，2014 年 9 月 9 日发布的由中国日报社和日本言论 NPO 共同实施的第 10 次一年一度“中日关系舆论调查”结果却显示，日本人对中国“没有好感”的比例达到 93%，中国人对日本“没有好感”的比例为 86.8%，两国公众对两国关系现状认可度达近 10 年最低。为了改善中日关系目前这种“居相近、心相远”的局面，“中日关系舆论调查”结果显示，两国 60% 多的民众都认识到有必要加强民间层面交流。因此，我们既要考虑短期内有助于尽快转变局面，缓和紧张关

* 张建立，文学博士，中国社会科学院日本研究所研究员、文化研究室主任，研究方向为日本社会与文化、文化与国际关系。

系的事情，亦要着眼于长远，考虑能使5年、10年乃至30年后的中日关系得以改善的事情。坚持推进中日两国年轻人的交流即属于后者。为了更好地促进中日两国年轻人的交流，作为中国人，我们有必要准确把握日本年轻人的思想动态。年轻人是社会思潮的一个关键性载体。2014年，日本的社会思潮非常活跃。把握日本年轻人的思想动态，不仅益于有的放矢地推动中日年轻人交流工作，为中日年轻人交流工作的具体深入和有效开展指引方向，而且也有助于理解日本的政治生态。

一 日本年轻人思想动态的表现

2014年，反映日本年轻人思想动态的典型社会现象有如下四个。

（一）2014年2月东京都知事选举时年轻人对右翼候选人田母神俊雄的支持

2014年2月9日晚，日本东京都知事选举结束投票。前厚生劳动相舛添要一最终以2112979票当选。右翼政客田母神俊雄获得610865票排在第4位。田母神俊雄是日本原航空自卫队幕僚长，其在任航空自卫队幕僚长期间，发表了一篇名为《日本曾是侵略国家吗》的论文。由于他所撰写的这篇文章和日本政府以前的战后历史观点大相径庭，在国内外引发了轩然大波，因而被解除了航空自卫队幕僚长职务。日本《朝日新闻》2月9日进行的民意调查显示，田母神俊雄虽然在16位候选人的得票总排名中位居第四，但在获得年轻人支持程度方面的排名则仅次于当选的舛添要一，以24%的年轻人支持率而位居第二名。对此，日本社民党党首吉田忠智于2月10日在记者会上表示："有那么多二三十岁的年轻人都将选票投给田母神俊雄。而且，在网络上，他的人气也很高"，"这难道不是安倍晋三所推动的右倾化、民族主义抬头的象征吗？真的是很恐怖"。[①] 连日本的政党领袖都如此评价，中韩两国的舆论

① http：//www.asahi.com/articles/ASG2B6DGFG2BUTFK12G.html.

反应可想而知，不再赘述。总之，一时间很多人担心，日本的年轻人是不是大多都变得右倾化了。

（二）2014年8月媒体报道日本共产党入党者骤增且年轻人占了三成

由于以安倍晋三为首的右派政治家在历史认识问题上屡次出尔反尔、肆无忌惮，所以，无论日本国内还是国外，日本社会右倾化问题一直是人们关注的热点问题。然而，就在学界对日本的右倾化等问题展开批判的时候，2014 年 8 月《京都新闻》的一则报道又开始提醒人们思考日本的年轻人是不是变得左倾化了。据《京都新闻》8 月 13 日报道，日本共产党把 2014 年 5 月 15 日至 7 月末定为“跃进月”，在全国集中性地开展了发展党员的活动。结果，仅用了两个半月的时间就发展了 5100 人入党。而且，在新党员中，39 岁以下的年轻人就占了三成。日本共产党因此宣称，年轻党员的增加说明，不仅是反对集体自卫权的主张，而且反对核电、反对提高消费税等日本共产党的主张亦获得了各年龄层民众的广泛支持。于是，又有人开始担心起日本年轻人是否左倾化了的问题。

（三）2014年10月爆出的日本年轻人“投身”恐怖组织行为

紧接着，2014 年 10 月又发生了一件与年轻人有关的令人费解的事情。10 月 6 日，东京警视厅以涉嫌预谋、准备私自参加对外战争的罪名，逮捕了数名意图加入“伊斯兰国”的青年。其中，一名 26 岁男子从国立北海道大学休学，正要在 7 日搭机前往叙利亚。根据日本媒体报道，这些年轻人在接受警视厅公安部调查时承认“想参加‘伊斯兰国’”“想成为极端组织武装分子”等。警视厅公安部还在进一步搜查这些青年位于杉并区的公寓，希望查明他们是如何与“伊斯兰国”联系的。“伊斯兰国”是一个基地组织下属的极端组织，分布在中东的各个国家，其前身是 2006 年在伊拉克成立的“伊拉克伊斯兰国”。“伊斯兰国”的目标是消除在二战结束后，由温斯顿·丘吉尔所创建的现代中东的国家边界，并在这一地区创立一个由基地组织运作的酋长国。2014 年 6 月 29 日，极端组织的领袖阿布·贝克尔·巴格达迪自称为哈里发，把政权更名为“伊斯兰国”，并宣称自身对于整个伊斯兰世界拥有权威地位。伊斯兰教信仰在日本并不是很普遍，名校之一的北海道大学却有学生要加入“伊斯兰国”打圣战，消息一经公布，令日本各大媒体感到震惊，纷纷把此消息做头条报道，很多有识之士也纷纷撰写博客文章探讨日本的年轻人怎么了。

（四）2014年11月京都大学学生“中核派全学联”成员激进反核遭警方逮捕

就在 2014 年 10 月 6 日意欲参加极端组织“伊斯兰国”到国外宣泄暴力的北海道大学学生刚刚被逮捕不久，11 月又发生了京都大学学生“中核派全学联”成员激进反核遭警方逮捕的事情。日本警视厅称，11 月 3 日，在东京都银座的路上，一部分市民团体举行了“全国劳动者总决起集会游行”。京都大学有多名学生参加了这一次游行。其中，有 3 名学生冲撞维持秩序的东京警视厅机动队员，被当场以“妨碍公务罪”逮捕。警视厅在调查后认为，这 3 名学生属于社会激进派（中核派）“全日本学生自治会总联合会”的活动家。“中核派”的正式名称是“革命的共产主义者同盟全国委员会”，是日本的新左翼党派之一。1957 年诞生的“革命的共产主义者同盟”（革共同）是其前身组织，后来分裂为“中核派”和“革马派”，成为 20 世纪 60 年代日本学生运动的两大派别。其口号都是“反对帝国主义，反对斯大林主义”。“中核派”公开的据点是“前进社”，东北大学、法政大学、广岛大学和京都大学是“中核派”活动的据点大学。“中核派”的机关报是《前进》，并有网页宣传其思想主张。“中核派”曾引发多起暴力事件，警视厅及公安调查厅将其列为“极左暴力集团——过激派”。11 月 4 日，京都府警察本部的几名便衣警察在进入京都大学搜查时曾遭到京都大学学生的扣押。11 月 13 日东京警视厅公安部和京都府警察本部出动了大批警察，对京都大学学生宿舍和“全国学生联合会”的报社“前进社”等处进行了搜查。“革马派”的正式名称是“日本革命的共产主义者同盟革命的马克思主义派”。2014 年 10 月 30 日在众议院预算委员会上，连日来为内阁成员频出丑闻伤透脑筋、被在野党大加指责的日本首相安倍晋三开始反击，称民主党干事长枝野幸男从一个与进行杀人、强盗、盗窃和窃听的“革马派”活动家有染的团体接受了约 800 万日元政治献金，肯定存在问题。安倍与枝野斗法，使沉寂已久的“革马派”一时间又引起了媒体的关注。“中核派”不仅积极参与反核电游行等活动，而且还推出自己的政治代言人铃木达夫参加 2014 年 2 月的东京都知事竞选及 12 月的众议院选举，皆以失败告终。

二　日本年轻人思想动态的典型社会现象分析

以上介绍了日本年轻人思想动态的四个极具典型意义的社会现象。那么，究竟日本年轻人的思想倾向是变左了还是变右了？为何曾一度被讥笑为“草食男”的日本年轻人会想要投身恐怖主义行为？沉寂已久的新左翼党派的活跃又反映了日本年轻人怎样的思想现状？

（一）日本年轻人是否真的变得右倾了

不仅是 2014 年 9 月 9 日发布的由中国日报社和日本言论 NPO 共同实施的第 10 次一年一度“中日关系舆论调查”结果显示中日两国民众相看两厌，对两国关系现状认可度达近 10 年最低，而且 2014 年 12 月 20 日公布的日本内阁府 10 月 16 ~26 日进行的《关于外交的舆论调查报告书》亦显示，日本民众对中国抱有不亲近感的人已经高达 83.1%。这成为内阁府自 1978 年开展此项调查以来的最高比例，而且是自 2012 年以来连续 3 年超过 80%。其中，20 ~29 岁的日本人对华不亲近感达 71.3%，30 ~39 岁的日本人对华不亲近感达 83.9%，40 ~49 岁的日本人对华不亲近感达 79%，50 ~59 岁的日本人对华不亲近感达 86.5%，60 ~69 岁的日本人对华不亲近感达 84.7%，70 岁以上的日本人对华不亲近感达 85.2%。日本《读卖新闻》2014 年 11 月进行的“日美共同舆论调查”结果显示，日本受访者中有 83% 的人将中国列为对日本具有军事威胁的国家，其次是朝鲜 71%，俄罗斯

54%，韩国41%。关于目前的中日关系，日本人中有53%的人认为“坏”，有35%的人认为“非常坏”。关于是否信赖中国，日本人中有34%的人回答“不大信赖”，有57%的人回答“完全不信赖”。

鉴于中日关系的这种现状，依据上述这几组比较权威的民调数据来判断的话，2014年12月的众议院大选，按理极尽咒骂中国之能事的极右政客石原慎太郎创立的、高举比自民党还要右的口号的政党日本次世代党定能获得高票支持。次世代党也为此进行了精心策划，特意推出了在2月9日东京都知事选举中获得610865票、传闻深得年轻人推崇的右翼政客田母神俊雄作为众议院选举东京第12选举区候选人，企图打败公明党候选人太田昭宏，离间自民党与公明党。田母神俊雄在众议院竞选活动街头演讲时亦常常赤裸裸地对公明党进行攻击，连声高呼“摧毁公明党”。东京第12选举区包含北区与足立区一部分，竞选东京都知事时田母神俊雄曾经从这里获得了42166票，从其获得选票数的分布情况来看，北区与足立区也是他竞选东京都知事时得票较高的地区，地利加人气，田母神显然是志在必得。东京第12选举区此次众议院选举拥有选举权的人数为397641人，太田昭宏获得88499票当选，田母神仅获得39233票排在最末位。次世代党推出了几十名候选人，12月14日的开票结果可谓一败涂地，仅有2名当选，包括石原慎太郎本人在内，次世代党寄予厚望的右翼政客无一当选。此次众议院选举，东京都具有选举权的20~29岁的年轻人大约为1544886人，[①] 如果石原慎太郎、田母神俊雄真的如传闻那样受年轻人推崇，也应能够为次世代党赢得选票，至少可以保证石原不至于在比例区落选。而事实上，2月9日东京都知事选举时所谓的日本年轻人投票支持了田母神俊雄，也近乎媒体炒作，根本不能说明日本年轻人思想右倾化了。[②]

此外，NPO法人Rights组织的由8000名未成年者参加的模拟投票结果显示，如果赋予18岁的青年人以选举权的话，2014年12月的众议院模拟

① http：//www. toukei. metro. tokyo. jp/juukiy/2013/jy13q10701. htm.

② 古谷経衡「若者は本当に田母神氏を支持したのか?」、http：//bylines. news. yahoo. co. jp/furuyatsunehira/20140211 -00032569/。

选举结果也是自民党大胜。[①] 日本《读卖新闻》2014 年 11 月进行的日美共同舆论调查结果显示：今后在经济方面，日本受访者认为美国对日本的重要程度为 38%，中国对日本的重要程度为 49%；美国受访者认为日本对美国的重要程度为 22%，中国对美国的重要程度为 67%。或许正因为这一点，虽然日本民众在对待历史问题上与右派政治家的认同意识有日趋增强的倾向，但并未丧失理智地将日本国家的未来托付给极右政党。至少，石原、田母神等期待的日本年轻人的票并没有投向他们。

（二）日本年轻人是否真的变得左倾了

那么，是否因日本共产党的入党人数增加且所谓的年轻人占据了三成，就可以称日本年轻人左倾了呢？2014 年 12 月 14 日刚刚结束的众议院大选，选前仅有 8 个议席的日共，此次取得历史性突破，获得 21 个议席，获得了一个可以单独在众议院提出法案的政党席位。加之，很多日本艺术家、文化人如笑福亭鹤瓶、宫崎骏、濑户内寂听、室井佑月、高村薰、须贺健太、加藤登纪子等皆通过日共机关报《赤旗》表明反对战争，反对实施集体自卫权。[②] 这一切营造了一种日本社会略呈左倾的氛围。但事实未必如此。从日本主流媒体的民调数据来看，即使是《京都新闻》报道的日本共产党大力发展新党员的 2014 年 5 ~7 月，日共的支持率也未见有明显的上升。例如，《读卖新闻》2014 年每月例行的舆论调查数据显示，自民党的支持率基本在 40% 左右徘徊，无支持党派者基本接近 50%，日本共产党的支持率几乎恒定在 3%。《朝日新闻》2014 年每月例行的舆论调查数据显示，日本共产党的支持率几乎恒定在 2% 或者 3%。NHK 进行的 2014 年每月例行的舆论调查数据显示，日本共产党的支持率自 5 至 12 月分别为 2.4%、2.8%、3.4%、3.2%、3.3%、3.3%、3.5%、4.3%。此次众议院大选日共获得了

① 高橋亮平「18 歳選挙権を導入していたらもっと自民党が勝っていたという衝撃データ」、http://bylines.news.yahoo.co.jp/takahashiryohei/20141224-00041755/。

② 野尻民夫「鶴瓶も『赤旗』で護憲を主張！芸能人・文化人の間で共産党が人気な理由」、http://lite-ra.com/2014/12/post-698.html。

21个议席的重要原因，一般认为是将通过内阁会议决定解禁集体自卫权等右倾化的执政党的批判票全集中到了日本共产党的结果。但实际上自民党与公明党2012年在小选区和比例区获得的票数与2014年获得的票数几乎相同。是次世代党与解散的大众党的票流向了日本共产党。之所以会如此，是因为此次共产党拥立了很多候选人，在很多选区就是自民党与共产党单打独斗的局面，非此即彼导致大量的票流向了日本共产党。2014年8月13日《京都新闻》报道中说的新加入日本共产党的年轻人，也并非通常理解的20~29岁的年轻人，而说的是39岁以下的年轻人占了三成。因此，依据这些判断日本年轻人思想变得左倾了也难免有些牵强。

（三）日本年轻人是否真的变得激进了

无论是意图加入“伊斯兰国”成为极端组织武装分子的北海道大学大学生，还是参加了“中核派”的京都大学大学生的行为，给人的感觉是日本年轻人的思想变得激进了。事实是否如此呢？如果说日本年轻人变得越来越保守了，这倒是无争的事实。是否激进了，还有待深入探讨。例如，新就职的员工意识调查数据亦可证明，人人都想做一名正式职员，但现实是很残酷的。泡沫经济时很多人曾声讨年功序列制，而今大多数人又渴望回归年功序列制、终身雇佣。[1] 其实，北海道大学学生之所以会选择投身“伊斯兰国”，“就职活动不顺利”也是一个主要原因。该学生还说“我想死在叙利亚”“反正我在日本也迟早要自杀”。2014年12月20日，他在接受《读卖新闻》采访时说：就是想寻找一些刺激，所以很轻率地就做出了加入“伊斯兰国”的决定。以为可以因此置身于一个非日常的世界，或许可以获得一些充实感。从未去过海外，对伊斯兰教了解得也不多，也不是多关心。其实，哪都无所谓，不是叙利亚也可以。北海道大学学生这种心理与日本社会曾出现的那些滥杀无辜的年轻人的心理很相近，[2] 的确存在着很偏激的一

① 山田昌弘『なぜ若者は保守化するのか』、東洋経済新報社、2009。
② 片田珠美『無差別殺人の精神分析』、新潮社、2009。

面。但是，大多的日本年轻人的思想应该还是比较中庸的。

例如，崇尚暴力革命的“中核派”，在2014年2月9日竞选东京都知事时推出了政治代言人铃木达夫。据东京都选举管理委员会的统计，2月9日东京都知事选举时，当日拥有投票权的总人数为10685343人，总计投票人数为4930251人，投票率46.14%。田母神俊雄获得610865票，铃木达夫仅获得了12684票。从这个结果来看，极右政客的人气显然要旺于极左政客的人气。再具体看铃木当时在东京都内各地的得票情况，从众议院选举东京8区（杉并区）仅获得了772票。而在此次众议院选举中，铃木竟然一举获得了16981票，说明其支持者确实有了很大的增长。所以，“中核派”的网站上也宣称这是对极右超反动的安倍并行的石原伸晃的痛击。[①] 然而，铃木达夫获得的16981票，显然与当选的自民党石原伸晃获得的116193票相比还是有着很大的差距的。其实，2014年12月的众议院选举，可以说为我们提供了一个了解日本人特别是日本年轻人思想动态的真实状况的机会。通过2014年12月这次众议院选举，我们可以发现，包括年轻人在内，日本人既谈不上右倾化了，也没有像日共宣传的那样左倾化了。大部分的日本人还是倾向于中庸式地处理各种事物。对安倍政府虽然不予以积极地全面肯定，但也不会强烈地予以否定。不过，绝不赞同过激的想法和行为。也就是说，标榜右的底线不能超过安倍自民党，所以标榜比安倍自民党还要保守的极右政党次世代党此次众院选举遭到了惨败；标榜左的底线不能左过日本共产党，所以标榜比共产党还要左的“中核派”等极左翼团体支持的铃木达夫也被淘汰掉了。虽然日本共产党选票有所增加，但尚不足以撼动自民、公明执政党。无论是极右政党的次世代党，还是左派的日本共产党以及比日共还左的“中核派”等，都声称获得了日本年轻人的垂青，但其实不过都是企图利用年轻人来提振士气美化自己的形象而已。[②]

---

① 衆院選革共同声明「鈴木候補1万7千票の大勝利　『291議席』は安倍の崩壊の始まり」、http：//www.zenshin－s.org/zenshin－s/sokuhou/2014/12/post－2401.html。

② 古谷経衡「若者を『利用』する右翼と左翼」、http：//bylines.news.yahoo.co.jp/furuyatsunehira/20140817－00038325/。

三 日本年轻人思想动态的成因

日本年轻人思想的变化，既有外因即来自国际社会变化和日本国内社会变迁的影响，亦有内因即来自日本年轻人自身情况的影响。

第一，从国际方面来看，这一代日本年轻人生活在日本由盛转衰的时代。世界第二经济大国的地位在2010年被中国取代。日本的现代自豪感是建立在日本经济实力的世界领先地位上的，失去了经济领先的地位意味着失去了民族自豪感的基础。日本的国际影响力日益下降，正在从一个世界级大国，逐步沦落为一个东亚地区大国。日本国际地位的日益下降，对日本人尤其是年轻人的心理影响非常大。2014年6月，日本内阁府公布了2013年11~12月针对日本、韩国、美国、英国、德国、法国、瑞典七个国家的13~29岁的青年男女进行的《关于2014年度我国与外国的年轻人意识调查》报告。① 其中的第28问是“你对本国社会满足，还是不满足?”日本的年轻人回答满足的为2.8%，回答“还算满足”的为28.7%，二者加起来仅为31.5%；而德国是72.1%，瑞典是56.9%，英国是54.7%，美国是44.6%，韩国是35.1%，法国是31.3%。第29问是“你认为自己国家的未来光明吗?”日本的年轻人回答“光明”的为2.6%，回答“还算光明”的为26.1%，二者加起来仅为28.7%；而瑞典是67.8%，德国是66.3%，英国是59.6%，美国是57.0%，韩国是43.1%，法国是36.0%。对自身境况的变化反应敏感的日本人，久困思变，急于寻求自尊与自负的新来源以作为日本昔日辉煌的替代品，比较而言年轻人的思想动态会表现得更为突出。对日本前景的这种悲观情绪在推动很多日本年轻人向右转的同时，也会促使一部分年轻人向左转来探寻日本未来的出路。

第二，从日本国内方面来看，可以说日本恰恰处在战后国家发展的一个

① http://www8.cao.go.jp/youth/kenkyu/thinking/h25/pdf_index.html.

危机、变革、转折时期。自伊藤博文于1885年底任首相至2012年底安倍晋三第二次当选首相的127年里，日本共进行了96次选举。这期间日本领导人执政时间长短与日本的发展具有明显的相关性。日本经济高速发展集中在1948年吉田茂第二次当选首相至1987年中曾根康弘下台的39年里。自1989年至2012年的23年里更换了16位首相，其中除了小泉纯一郎执政五年外，其他15位首相的执政时间没有超过两年的，其中有六位的执政时间甚至不到一整年。冷战后的20年是日本经济停滞的20年，这期间日本经济发展较好的时期就是小泉纯一郎执政时期。[①] 因此，日本人求稳心切，急欲转变一年一相政治动荡不安的局面，期盼第二次当选首相的安倍晋三能够信守其承诺建设美丽富强的日本。然而，以涓滴效应理论为支撑的"安倍经济学"迟迟不见效。标榜开展俯瞰地球仪外交的安倍东奔西跑地忙了一大圈，结果却发现一衣带水的邻邦相看两厌的事态日益严重。日本国家发展的正确方向究竟是什么？没有哪一个政党、哪一个人能给出一个满意的答案。对未来茫然无措彷徨不安的心理，使得日本年轻人自然地产生了忽左忽右的思想波动。上述《关于2014年度我国与外国的年轻人意识调查》报告的第30问是"你认为自己国家存在怎样的社会问题?"日本的年轻人选取最多的社会问题是"就业难，失业也多"，为47.7%，选择"认真的人得不到回报"者为41.4%，选择"好的政治一直没得到实施"者占39.1%。2014年10月，日本内阁府公布了当年8月21~31日针对20岁以上的日本人进行的《关于人口、经济社会等日本的前途的舆论调查》。其中，第一问是"你认为50年后的日本的未来比现在光明还是暗淡？请从以下单选一项予以回答"。总体来看，回答"认为光明"的占33.2%，回答"认为暗淡"的占60.1%，回答不清楚的占6.7%。具体从性别来看，男性回答"认为暗淡"的为58%，女性回答"认为暗淡"的为61.8%；再从年龄段来看，20~29岁回答"认为暗淡"的占53.9%，30~39岁回答"认为暗淡"的占65.3%，40~49岁回答"认为暗淡"的占63%，50~59岁回答"认为暗

① 阎学通：《历史的惯性：未来十年的中国与世界》，中信出版社，2013，第103~104页。

淡”的占64.7%，60～69岁回答“认为暗淡”的占64%，70岁以上回答“认为暗淡”的占50.9%。生产力作为社会发展的最终决定力量，会在其发展到一定阶段时，带来生产关系的调整，使社会发生变革、转折、危机。社会的这种动荡不居集中反映在社会意识领域，特定社会心理与意识形态相结合的社会思潮也就活跃起来。①

第三，从个人层面来看，心理文化学认为，人的基本需求有三种，即安全、社交、地位。这三种需求又分为三个层次，即生物性、社会性和情感性。安全需求是最基础的需求，当前日本年轻人忽左忽右的思想波动或者是更为过激思想的产生主因，就是源于一种对日本社会、日本未来的不安全感。一些舆论调查数据，也很清楚地反映了这种彷徨不安的心理。

上述2014年10月日本内阁府公布的《关于人口、经济社会等日本的前途的舆论调查》的第3问是“你对自己的未来感到不安吗?”回答感到不安的占69.0%，回答没有感到不安的占30.2%，回答“不清楚”的占0.8%。具体从性别来看，男性回答“感到不安”的为66.7%，女性回答“感到不安”的为71.1%；再从年龄段来看，20～29岁回答“感到不安”的占72.1%，30～39岁回答“感到不安”的占74%，40～49岁回答“感到不安”的占77.1%，50～59岁回答“感到不安”的占79.9%，60～69岁回答“感到不安”的占66.5%，70岁以上回答“感到不安”的占55.1%。感到不安的最主要原因前三项分别为“自己、家人的健康状况的恶化”占50.3%，“大地震等大规模的自然灾害的发生”占47.9%，“社会保障、教育等公共服务水准的降低”占42.1%；排在第11位的是“地域社会的衰退与消失”，占23.2%。

《关于人口、经济社会等日本的前途的舆论调查》的第14问是“你对你自己居住的地域的未来感到不安吗?”回答感到不安的占46.8%，回答没有感到不安的占51.9%，回答“不清楚”的占1.3%。具体从性

① 王炳权：《当代中国政治思潮研究》，中国社会科学出版社，2014，第36页。

别来看，男性回答“感到不安”的为48.1%，女性回答“感到不安”的为45.6%；再从年龄段来看，20~29岁回答“感到不安”的占32.4%，30~39岁回答“感到不安”的占43.3%，40~49岁回答“感到不安”的占46.9%，50~59岁回答“感到不安”的占59%，60~69岁回答“感到不安”的占53.0%，70岁以上回答“感到不安”的占40.7%。回答感到不安的主要原因分别为“支撑地域发展的人手不足”占55.7%，“商店街等城镇中心地带的萧条”占48.0%，“医疗、护理设施的不足”占38.4%，“支撑地域产业的衰退”占34.2%，“就业机会与职业选择范围的减少”占32.4%，“地方公共团体的行政机能的下降”占30.3%，“地域的传统和文化的丧失”占15.5%，“享受体育、文化、娱乐等余暇机会的减少”占14.1%。

再结合前文介绍的《读卖新闻》2014年11月进行的“日美共同舆论调查”结果反映的日本对中国的担心，可推知日本年轻人内心有多么焦虑。这种焦虑的心理促使日本的年轻人更趋保守。所以，在推进民间交流，与日本年轻人交往时，要充分考虑到其内心的种种焦虑，有的放矢地进行沟通，妥当处理历史问题，理性面对现实问题，促进相互的理解，增进彼此的感情。

附　　录

Appendix

B.20

2014年日本大事记

常思纯　吴 限　李若愚　周晓娜*

1月

5~10日　防卫大臣小野寺五典访问印度和法国。

7日　日本国家安全保障局成立，谷内正太郎出任局长。

首相安倍晋三与访日的土耳其总理埃尔多安举行会谈。

7~10日　外务大臣岸田文雄访问西班牙和法国。

9日　日本与法国在巴黎举行两国间的首次外交与防务负责人磋商（“2+

* 常思纯，法学博士，中国社会科学院日本研究所助理研究员，研究方向为经济外交、日本外交；吴限，史学博士，中国社会科学院日本研究所博士后，研究方向为日本社会；李若愚，史学博士，中国社会科学院日本研究所博士后，研究方向为日本政治；周晓娜，经济学博士，中国社会科学院日本研究所博士后，研究方向为日本经济。

2”会议)。

12日 日本海洋政策与领土问题担当大臣山本一太启程访问马来西亚、越南和新加坡。

9~15日 首相安倍晋三访问中东国家阿曼和非洲的科特迪瓦、莫桑比克、埃塞俄比亚三国。

15日 日本政府批准东京电力公司新综合特别事业计划(核电站重建计划)申请。

日本共产党第26届党大会在静冈县热海市开幕。会议决定，原书记局局长市田忠义出任日共副委员长，书记局局长一职由山下芳生接任。

16日 东京地方法院开庭审理原奥姆真理教教团骨干成员平田信。

日本文学振兴会主办的第150届芥川奖、直木奖揭晓。芥川奖由小山田浩子以小说《穴》摘得，直木奖则由朝井真糅凭《恋歌》和姬野香子借《昭和之犬》收入囊中。

18日 东京电力公司宣称，福岛第一核电站3号机组厂区一楼发现高浓度核污水渗出。

19日 冲绳县名护市举行市长选举，反对将普天间基地迁入名护市边野古地区的稻岭进成功连任市长。

福岛县南相马市市长换届选举中，主张“去核电”的无党派现任市长樱井胜延赢得连任。

21~23日 首相安倍晋三出席在瑞士达沃斯举行的世界经济论坛年会，并在开幕式上发表主旨演讲，成为第一个在该场合发表主旨演讲的日本首相。

25日 日本广播协会(NHK)新任会长籾井胜人在就职记者会上公然宣称慰安妇问题在战争国家到处都有。

25~27日 首相安倍晋三访问印度，与印度总理举行会谈。安倍宣布向印度提供20亿美元贷款，用于帮助德里的地铁沿线工程建设，此外双方一致同意在两国国家安全保障局之间建立定期协商制度。

28日 日本厚生劳动省制定新方针，对志在取得护理师资格的人员，将适度延长义务规定的研修时间。

29日 外务大臣岸田文雄与访日的爱沙尼亚外交部长乌尔马斯·帕伊特举行会谈。

2月

1日 外务大臣岸田文雄出席第50届慕尼黑安全会议，并与俄罗斯、德国等多国外交部长举行会谈。

7~9日 外务大臣岸田文雄访问美国，分别与美国国务卿克里和国防部长哈格尔举行会谈。

8日 首相安倍晋三在俄罗斯索契与俄总统普京举行会谈。

日本国内多地出现创历史纪录的大规模暴雪天气，形成严重自然灾害。

9日 舛添要一当选东京都知事。

10日 日本财务省发布数据显示，截至2013月12月底，日本包括国债、借款和政府短期证券在内的国家债务余额高达1017万亿日元，约合人民币60万亿元，创下历史新高，日本国民人均负债额因此达到约800万日元。

日本财务省宣布2013年日本经常收支自1985年以来连续29年保持盈余，但盈余比上年减少了31.5%，仅达到3.3万亿日元。

14日 首相安倍晋三与来访的马绍尔群岛共和国总统洛亚克举行会谈。

日本中部电力公司就重启滨冈核电站一事向原子能规制委员会提起申请。

15日 日本演员黑木华凭借电影《小小的家》获得第64届柏林国际电影节银熊奖最佳女演员奖。

19日 首相安倍晋三会见了美国议会“日本研究小组”的访日成员，并表达了希望扩大日美议员交流的愿望。

20日 首相安倍晋三与访日的沙特阿拉伯王储萨勒曼·本·阿卜杜勒—阿齐兹举行会谈。双方同意进一步加强合作伙伴关系，并在向沙特出口日本核反应堆、促进民用核能合作方面达成一致。

23日 冬奥会在索契闭幕。日本队共获一金、四银、三铜八枚奖牌，数量仅次于1998年长野冬奥会的10枚奖牌，居史上第二。羽生结弦赢得日本有史以来的第一枚男子花样滑冰奥运金牌。

23~25日 跨太平洋伙伴关系协议（TPP）部长级会议在新加坡举行，日本和美国在关税等问题上仍未打开僵局。

25日 防卫大臣小野寺五典与访日的立陶宛国防部长奥莱卡斯举行会谈。

27日 外务大臣岸田文雄与访日的瑞典外交部长比尔特举行会谈。

28日 互联网上流通的虚拟货币"比特币"的最大交易网站"Mt. Gox"（东京涩谷区）停止所有服务后，在东京地方法院申请破产保护。

3月

3日 日本和加拿大举行第二次副部长级"2+2"会谈。

5日 外务大臣岸田文雄与到访的伊朗外交部长扎里夫举行会谈。

7日 首相安倍晋三与对日进行工作访问的爱沙尼亚总统伊尔韦斯举行会谈。

日本帝国数据库最新统计数据显示，东日本大地震发生后的三年间，日本共有1485家企业因这次大地震而破产，约是阪神大地震发生三年后震灾相关破产数量（394家）的3.8倍。

10~14日 被绑架到朝鲜的横田惠的父母在蒙古见到了他们的外孙女金惠敬及其丈夫和曾孙女。

11日 东京民众举行集会纪念东日本大地震三周年。据日本警察厅统计，截至3月10日，共有15884人死亡，2633人失踪。

12日 日本工会联合会统计显示，43个工会组织基本工资平均每月增加1950日元（约合人民币117元），创2001年以来新高。

13日 首相安倍晋三与对日进行工作访问的索马里总统马哈茂德举行会谈。

国家安全保障局局长谷内正太郎与俄罗斯外交部长拉夫罗夫举行会谈。

14 日 日本内阁会议通过《金融商品交易法》修正案。

16~19 日 越南国家主席张晋创对日本进行国事访问，受到高规格接待。首相安倍晋三与张晋创举行会谈后，决定将双边关系提升为“旨在实现亚洲和平与繁荣的广泛战略伙伴关系”。

18 日 外务大臣岸田文雄与访日的越南外交部长范平明举行会谈。

东京电力公司宣布，福岛第一核电站的污水处理设备可能出现异常，发现大量高浓度放射性物质。

21~25 日 外务大臣岸田文雄出访孟加拉国和缅甸。

23 日 桥下彻再次当选大阪市长，但该次选举 23.59% 的投票率为史上最低。

23~26 日 首相安倍晋三出席荷兰海牙举行的 2014 年核安全峰会，并发表演讲。25 日，日美韩三国首脑在海牙举行会谈。

26 日 日本防卫省成立网络战专门部队“网络防卫队”，负责保护防卫省和自卫队的网络安全。

来自蒙古的相扑力士鹤龙由大关晋升为第 71 代横纲。

27 日 日本警察厅公布数据显示，2013 年日本违反《禁止非法入侵计算机法》的计算机入侵事件共有 2951 起，是 2012 年的两倍多，已升至历史新高。

28 日 外务大臣岸田文雄在东京演讲时正式宣布，将对规定政府开发援助（ODA）理念及方式的《ODA 大纲》进行修改。这是日本政府约 11 年来首次修改。

29 日 世界花样滑冰锦标赛结束，日本选手羽生结弦和浅田真央分别赢得男女单人滑冠军。

31 日 海牙国际法院判决日本的“调查捕鲸”违反国际捕鲸公约规定，对日本主张的“以科学调查研究为目的的捕鲸活动”提出质疑并要求其立即停止在南极地区的捕鲸活动。

联合国“政府间气候变化专业委员会”（IPCC）大会首次在横滨召开，并发布环境报告。

4月

1日 日本内阁通过取代“武器出口三原则”的“防卫装备转移三原则”，大幅放宽向外输出日本武器装备和军事技术的条件。

日本国内消费税税率由5%上调至8%。

日本四大铁路公司联合成立“国际高速铁道协会”，携手向海外输出新干线技术和设备，推进日本高速铁路标准成为国际化标准。

2日 两艘日本海上自卫队驱逐舰“白根”号及“朝雪”号抵达菲律宾军港，进行为期四天的友好访问，并同菲律宾海军举行联合军事演习。

4日 日本2014年版《外交蓝皮书》获内阁通过。

5日 首相安倍晋三与到访的美国国防部长哈格尔举行会谈。

7日 渡边美喜因陷入政治资金丑闻，宣布辞去大家党党首。

首相安倍晋三与到访的澳大利亚总理阿博特举行会谈，双方就日澳经济合作协定谈判达成基本一致。

9日 日本参议院通过新《教科书无偿措施法》，规定了市町村教科书选用的具体手续和规则。

10~11日 副首相兼财务大臣麻生太郎和日本央行行长黑田东彦赴美国华盛顿出席二十国集团财长和央行行长会议。

11日 日本政府通过新的《能源基本计划》，将核电定位为“重要的基础电源”，明文规定将依次启动安全确认完毕的核电站，颠覆了民主党政府时期确定的“零核电”方针。

日本参议院通过新《少年法》，新法将加强对少年犯罪的惩罚力度。

外务大臣岸田文雄与到访的菲律宾外长德尔罗萨里奥举行会谈。

大阪市民团体以首相安倍晋三参拜靖国神社之举侵犯《宪法》为由向大阪地方法院提起诉讼。

11~12日 外务大臣岸田文雄出席在广岛举行的第八届“核裁军和核不扩散倡议”成员国外长会议。

14日 首相安倍晋三与到访的科索沃总理萨奇举行会谈。

日本经济团体联合会正式公布旨在增加女性工作机会的“活动计划”。

15日 首相安倍晋三与到访的马尔代夫总统亚明举行会谈。

福岛第一核电站水泵误启动，导致含高浓度铯的循环污水流入地下室。

为了支援日本音像业和日式餐馆等与传播日本文化相关的产业，日本海外需求开拓支援机构（酷日本推进机构）确立了在今后五年将投资1500亿日元（约合人民币91.28亿元）的计划。

16日 日本总务省公布的人口统计显示，截至2013年10月1日，65岁及以上老龄人口占日本总人口的比例首次超过1/4，日本老龄化程度进一步加剧。

17日 防卫大臣小野寺五典与到访的蒙古国国防部长巴特额尔登举行会谈。

21日 日本海上自卫队幕僚长河野克俊赴中国青岛出席“西太平洋海军论坛”，这是2009年后首位访华的日本海上自卫队最高指挥官。

日本财务省公布2013年度贸易统计数据显示，日本贸易逆差高达13.7488万亿日元（约合8342亿元人民币），创下1979年以来的历史新高。

23~25日 美国总统奥巴马对日进行国事访问，并与首相安倍晋三举行会谈。奥巴马作为美国总统首次表明，《美日安全条约》第五条适用于钓鱼岛。

5月

4月29日~5月8日 首相安倍晋三出访德国、英国、葡萄牙、西班牙、法国和比利时。除了与各国首脑举行会谈之外，他还在伦敦金融城、经济合作与发展组织理事会、北大西洋公约组织理事会等发表演说，阐述日本政府的经济、安保政策。

外务大臣岸田文雄访问丹麦，并出席第五届东京非洲发展国际会议第一次部长级会议和经济合作与发展组织部长理事会。

4～5日 副首相兼财务大臣麻生太郎访问乌兹别克斯坦。

4～6日 自民党副总裁高村正彦率“日中友好议员联盟”代表团访华。

6日 经济合作与发展组织发布数据显示，2014年日本GDP实际增长率为1.2%。

6～11日 防卫大臣小野寺五典出访意大利、南苏丹和吉布提。

9日 日本国会众议院通过《国民投票法》修正案，将修宪公投的投票年龄从20岁下调到18岁。

12日 首相安倍晋三与到访的以色列总理内塔尼亚胡举行会谈。

12～15日 日美等12个国家在越南胡志明市举办首席谈判官会议，重启TPP谈判。

14日 日本首位国际空间站站长若田光一返回地球。他在太空逗留了188天，为日本人中最长。

16日 日本厚生劳动省及文部科学省公布调查结果显示，2014年3月毕业的日本大学生中，95.4%成功获得就业岗位，大学生就业形势持续改善。

17日 中日韩投资协定正式生效。

17～18日 经济产业大臣茂木敏充赴中国青岛参加亚太经合组织贸易部长会议。

21日 首相安倍晋三与到访的马来西亚总理纳吉布举行会谈。

日本政府决定从2015年4月1日起推行“新儿童及育儿援助制度”。

22日 首相安倍晋三接见到访的越南副总理武德担。

东京电力公司宣布将在日本全国开展电力零售业务。

23日 日本参院通过《假日法》修正案，将每年的8月11日定为法定假日“山之日”，自2016年起实施。

26日 首相安倍晋三与到访的孟加拉国总理哈西娜举行会谈。

27日 首相安倍晋三和外务大臣岸田文雄分别与访日的卡塔尔外交部长阿提亚举行会谈。

首相安倍晋三接见到访的美国海军作战部长格林纳特。

日本福岛县发布统计数据称，受东日本大地震和福岛第一核电站事故影响，本县非直接死亡人数已超事故中直接死亡人数，达到1699 人。

29 日 日本与朝鲜达成对被绑架日本人展开再次调查的共识。

30 日 日本内阁人事局在东京正式成立，内阁官房副长官加藤胜信兼任首任局长。

30 ~ 31 日 首相安倍晋三访问新加坡，并出席第 13 次亚洲安全保障会议。

日美两国政府举行 TPP 事务级磋商。

30 日 ~ 6 月 1 日 防卫大臣小野寺五典访问新加坡，出席第 13 次亚洲安全保障会议，并分别与美国国防部长哈格尔、越南国防部长冯青山等举行会谈。

6月

2 日 “日军慰安妇问题亚洲团结会议”发表声明，要求日本政府在继承“河野谈话”的基础上，以更明确的方式就日军强征“慰安妇”问题正式谢罪和赔偿受害者。

3 ~ 7 日 首相安倍晋三访问比利时、意大利和梵蒂冈，并出席西方七国首脑会议。

4 日 日本厚生劳动省公布的统计数据显示，2013 年日本全国人口减少 238632 人，人口负增长创下新高。

5 日 “新中日友好 21 世纪委员会”在长崎举行非正式会议。

日本软银公司推出了自行研发的具备感情辨识功能的机器人“Pepper”，并正式宣布进军机器人市场。

11 日 日本与澳大利亚举行外交与防务负责人磋商（“2 + 2”会议）。

13 日 由日本社会各界人士发起的“反战千人委员会”在国会前举行反战集会，并向众参两院提交约 176 万人的签名请愿，以反对安倍政权解禁集体自卫权。

16日 日本三菱重工、川崎重工、NEC、日立制作所等13家公司首次参加了在巴黎举行的号称世界最大规模的陆军武器与装备展览“欧洲陆军展”。

17日 日本召开促进观光立国阁僚会议，决定了“观光行动计划”的修订版，提出到2020年使访日外国游客数量增至每年2000万人，将免税店增至1万家。

19日 日本防卫省决定了今后十年的“防卫生产和技术基础战略”。

20日 安倍政府向国会提交“河野谈话”出台过程调查报告。

21日 日本“富冈制丝厂及丝绸产业遗产群”被联合国教科文组织正式列入世界文化遗产名录。

23日 吉田忠治党首率领日本社民党代表团访华，恢复与中国共产党的政党交流。

24日 日本政府通过了新的“经济增长战略”和“经济财政运营与改革基本方针”，此举被认为是“安倍经济学”“第三支箭”的核心内容。

首相安倍晋三与访日的菲律宾总统阿基诺举行会谈。

25日 首相安倍晋三与到访的巴拉圭总统卡特斯举行会谈。

26日 外务大臣岸田文雄与到访的塔吉克斯坦外交部长阿斯洛夫举行会谈。

27日 首相安倍晋三和外务大臣岸田文雄分别会见了到访的墨西哥外交部长梅亚德。

29日~7月1日 外务大臣岸田文雄访问柬埔寨。

30日 首相安倍晋三与到访的不丹王国首相策林·托杰举行会谈。

7月

1日 日本内阁通过决议，正式决定修改宪法解释，解禁集体自卫权。

首相安倍晋三与到访的马其顿总理格鲁埃夫斯基举行会谈。

日本和朝鲜在北京举行局长级磋商。

2日 英国科学杂志《自然》宣布，撤回两篇由日本理化学研究所小保方晴子等研究人员撰写的STAP细胞论文。

3日 日本决定解除部分单独对朝经济制裁措施。

6~12日 首相安倍晋三访问新西兰、澳大利亚和巴布亚新几内亚。8日在会见澳大利亚总理阿博特时，两国领导人签署了经济伙伴关系协定、国防设备和技术转让协议，一致同意进一步加强两国在安全保障和经济领域的关系。安倍晋三还成为第一个在澳大利亚议会发表演讲的日本首相。

6~13日 防卫大臣小野寺五典访问美国，并与美国国防部长哈格尔举行会谈。

9日 东京电力公司电力技术人员开始在受损的福岛第一核电站附近实施“冻土屏障”作业。

13日 无党派新人、前民主党众议院议员三日月大造当选新一任滋贺县知事。

日本海上自卫队军官中畑康树在环太平洋联合军事演习中任六国联合搜救演习司令，这是日本人首次指挥环太平军事演习。

15~18日 外务大臣岸田文雄出访吉尔吉斯和乌克兰，出席了日本和中亚五国外交部长对话，并发表《联合声明》。

16日 首相安倍晋三在官邸邀请阿拉伯各国驻日大使举行戒斋月开斋晚宴。

17日 日本政府召开国家安全保障内阁会议，就日本与英国共同开发空空导弹以及向美国出售拦截导弹核心部件的相关事宜做出决议。

由日本文学振兴会主办的第151届芥川奖、直木奖在东京揭晓，柴崎友香凭借作品《春之庭》获得芥川奖，黑川博行则凭借作品《破门》获得直木奖。

20日 G4（日本、巴西、德国、印度）外务局长级磋商在东京召开，就制定安理会改革新方案加快意见协调。

21~22日 日美韩三国在韩国济州岛南部海域举行联合海上搜救演习。

22日 首相安倍晋三与访日的蒙古国总统额勒贝格道尔吉举行会谈。

首相安倍晋三主持召开政府经济财政咨询会议，将2014年度日本的实际国内生产总值（GDP）增长率预期值定为1.2%。

24～30日　日美印三国在日本附近太平洋海域举行代号为“马拉巴尔”的海上联合军演。

25日　访韩的东京都知事舛添要一在青瓦台与韩国总统朴槿惠举行会谈。

25日～8月2日　首相安倍晋三访问墨西哥、特立尼达和多巴哥、哥伦比亚、智利、巴西等中南美五国，与各国首脑举行了会谈。28日在特立尼达和多巴哥首都首次举行了日本和由14个国家加盟的加勒比共同体国家首脑会议。

27日　日本前首相福田康夫秘密抵达北京，并与中国国家主席习近平进行非正式会谈。

28日　外务大臣岸田文雄与访日的加拿大外交部长贝尔德举行会谈。

30日　日本总务省公布统计数据显示，截至2013年10月，空置住宅占全国住宅的比例达到13.5%，创历史新高。

31日　最新统计数据显示，2013年日本男性平均寿命为80.21岁，首次突破80岁，女性86.61岁，为最长寿的国家。

31日～8月2日　外务大臣岸田文雄访问越南。

8月

4～10日　日本经济产业大臣茂木敏充访问乌克兰、乌兹别克斯坦和哈萨克斯坦。

5日　日本发布2014年版《防卫白皮书》，称其安全环境恶化。

6日　日本广岛市举行原子弹爆炸69周年“和平纪念仪式”。

8～10日　外务大臣岸田文雄赴缅甸出席东盟系列外交部长会议，并与多国外交部长举行会谈。中国外交部长王毅应邀与其进行非正式接触。

10日　日本贸易振兴机构近日发布的数据显示，2013年日本对外直接投资较2012年增长10.4%，达1350亿美元，时隔五年创出历史新高。其中对华投资减少32.5%，降至91亿美元，而对东盟国家投资猛增至上年2.2倍，达236亿美元。

11～12日 外务大臣岸田文雄访问印度尼西亚，并分别与印尼候任总统和外交部长举行会谈。

12日 俄罗斯在包括北方领土在内的千岛群岛启动了千人规模的军事演习，日本首次提出抗议。

15日 日本三名内阁成员参拜靖国神社，首相安倍晋三则以自民党总裁的名义委托他人向靖国神社供奉祭祀费。

22日 针对日本在乌克兰问题上对俄实施的制裁，俄国外交部发布了禁止部分日本人入境的报复措施。

27日 首相安倍晋三被证实以自民党总裁的名义，为2014年4月在和歌山县举行的甲级及乙级、丙级战犯的佛事寄送了一份悼词，称颂这些战犯"赌上自己的灵魂成为祖国的基石"。

日本与湄公河流域五国在缅甸首都内比都召开经济部长会议。

28日 日本防卫省通过了新修订的《宇宙开发利用基本方针》。

日本海洋政策与领土问题担当大臣山本一太在中国厦门参加亚太经合组织第4届海洋部长会议。

30日～9月3日 印度总理莫迪对日进行国事访问，并与日本首相安倍晋三举行首脑会谈，双方同意定期举行日印两国加美国的三国海上共同训练，并发表了以安全保障与经济领域为中心增进扩大两国合作关系的联合文件。

9月

1～5日 中日韩FTA第五轮谈判在中国北京举行。

3日 首相安倍晋三实施内阁改组，五位女性进入内阁，石破茂则出任地方创生担当大臣。在自民党内人事方面，谷垣祯一出任自民党干事长。

日本财务省宣布，政府各部门提交的2015年度一般预算申请总额为

1016806亿日元，申请额首次突破百万亿日元，比2014年度最初预算额多出了约5.8万亿日元。其中防卫省预算申请额创下历史新高。

3~10日 TPP首席谈判代表会议在越南首都河内举行。

4日 日本央行结束货币政策会议，一致决定维持2013年4月推出的大规模货币宽松政策。

6~8日 首相安倍晋三出访孟加拉国和斯里兰卡两国，分别与孟加拉国总理哈西娜和斯里兰卡总统贾帕克萨举行会谈。哈西娜表示将退出2015年10月举行的联合国安理会常任理事国选举，并支持日本竞选。

8~9日 外务大臣岸田文雄访问德国，并与德国外交部长施泰因迈尔举行会谈。

9日 日本政府通过内阁会议，决定在冲之鸟礁（日本称冲之鸟岛）北部的“四国海盆区块”（17.4万平方公里）和冲大东岛以南的“大东诸岛区块”（0.3万平方公里）两处海域做出延伸大陆架的政令，涉及面积达17.7万平方公里。

10日 首相安倍晋三设宴招待美国等14国驻日女大使。

12~13日 日本政府邀请全球各国女性领导人在东京举行国际论坛（女性版达沃斯论坛），共商女性政策。

16日 海江田万里留任日本民主党党首，枝野幸男出任干事长，冈田克也出任党首代理。

18日 日本理论经济学第一人、曾获日本文化勋章的东京大学名誉教授宇泽弘文因肝癌在东京去世，享年86岁。

联合国消除种族歧视委员会对日本社会中存在的种族歧视现象提出关切。

19日 中日韩财长和央行行长会议时隔两年多在澳大利亚再次举行。

第四次日韩外交局长级会谈在日本东京举行。

20日 日本社民党前党首土井多贺子因肺炎去世，享年85岁。

21日 山口那津男以无选举的方式继续留任公明党党首。

原日本维新会与连结党合并组成的维新党成立，党代表由桥下彻和江田宪司共同担任。

21~26 日　首相安倍晋三和外务大臣岸田文雄赴美国纽约出席第 69 届联合国大会，安倍晋三在联大发表“加入联合国常任理事国”的主题演讲。此外，安倍晋三还参加了联合国气候峰会，并分别与伊朗、蒙古、埃及等国首脑举行会谈。中日外长举行非正式会晤。

23~24 日　中日在中国山东省青岛市重启海洋事务高级别磋商。

24 日　日本政府宣布对俄罗斯追加制裁，且首次启动金融和防务领域的制裁措施。

24~26 日　日本政府召集东盟的外交和防务负责人在东京举行研讨会。

25 日　日本海上自卫队在非洲索马里海域的亚丁湾与北约举行首次军演。

27 日　日本御岳山喷发导致多人死伤，成为二战后最严重的火山灾难。

29 日　第 187 届临时国会正式开幕，首相安倍晋三在国会众参两院全体会议上发表施政演说，首次提“日中友好”。

日朝两国在中国沈阳召开外务局长级磋商。

10月

1 日　日韩在东京举行外交副部长级战略对话。

5 日　首相安倍晋三和外务大臣岸田文雄分别与法国外交部长法比尤斯举行会谈。

7 日　日本与东盟在横滨举行防卫副部长级会谈。

三名日本科学家获得 2014 诺贝尔物理学奖。

日本东京警视厅逮捕数名准备前往叙利亚加入“伊斯兰国”极端组织的日本青年。

8 日　日美两国政府联合发布了关于新《日美防卫合作指针》的中期报告，这将是《日美防卫合作指针》自 1997 年以来的首次修改。

外务大臣岸田文雄与到访的尼泊尔外交部长潘迪举行会谈。

韩国检方以对总统的名誉构成损害为由，起诉日本《产经新闻》韩国分社原社长。

9日 宫崎骏等三人荣获美国电影艺术与科学学会授予的奥斯卡终身成就奖。宫崎骏成为继1990年黑泽明导演之后，时隔24年第二位荣获此奖的日本人。

12日 外务大臣岸田文雄与到访的越南副总理阮春福举行会谈。

14日 日本政府决定从11月1日起实施《过劳死等防止对策推进法》，该法将过劳死和过劳自杀防治措施规定为国家责任。

15~18日 首相安倍晋三对意大利米兰进行访问并出席亚欧首脑会议。安倍分别与北欧波罗的海地区八国首脑及俄罗斯、乌克兰、越南等国首脑举行会谈。

16日 防务大臣江渡聪德与澳大利亚国防部长约汉斯顿举行会谈。

20日 首相安倍晋三改组内阁，经济产业大臣小渊优子和法务大臣松岛绿都因卷入政治资金丑闻相继辞职，宫泽洋一和上川阳子分别接替两人的职务。

21日 中日韩网络安全事务磋商机制首次会议在中国北京举行。

22日 日本财务省发布的2014年4~9月贸易统计数据显示，日本贸易逆差为54271亿日元，创下1979年有可比数据以来的同期新高。

东京电力公司从原子能损害赔偿和反应堆报废等支援机构获得一笔88亿日元（约合人民币5亿元）的资金，用于支付福岛核事故赔偿金。

21~25日 格鲁吉亚总统马尔格维拉什维利对日本进行国事访问，并与日本首相安倍晋三举行会谈。

22~23日 日美菲三国首次在南海举行联合军事演习。

22~24日 新加坡外交部长兼律政部长尚穆根访日，并与日本外务大臣岸田文雄举行会谈。

24日 日本和越南第五次战略对话在越南河内举行。

日韩议员联盟日方总干事额贺福志郎一行访韩，并受到韩国总统朴槿惠接见。

诺贝尔物理学奖得主半导体工学专家中村修二等七人获2014年日本文化勋章。

26～28日 日俄举行海上搜救联合军事演习。

27日 日本陆上自卫队和美国陆军在千岁市举行北海道大演习场（千岁市等）联合训练启动仪式，该训练持续至11月7日。

28～29日 日朝围绕朝鲜对被绑架日本人展开的重新调查举行了局长级磋商。

30日 日本鹿儿岛县川内市批准重启当地的川内核电站。

韩国首尔中央地方法院判决日本企业不二越在二战强征劳工诉讼中败诉。

31日 日本政府提交规定今后十年太空发展政策方针的《宇宙基本计划》草案，将安全保障定为重点。

日本银行在金融政策会议上以多数票通过了扩大实施货币宽松的决定，将目前以每年60万亿～70万亿日元规模增加的基础货币（资金供应量）扩大至约80万亿日元。

东京股票市场上日经平均指数涨至16413.76点，创下自2007年11月2日以来、时隔七年的新高。

11月

5日 外务大臣岸田文雄与匈牙利对外经济与外交部新部长西亚尔托·彼得举行会谈。

6日 日本石油天然气金属矿物资源机构与美国能源部国家能源技术研究所签署备忘录，合作研发可燃冰的商业开采技术，研发期预计为五年。

7日 中国国务委员杨洁篪在北京会见了日本国家安全保障局局长谷内正太郎，双方就处理和改善中日关系达成四点原则共识。

8日 中日两国外长时隔两年零两个月举行正式会谈。

8～19日 日本自卫队联合美军开始其年度最大规模的海上军事演习。

9日 首相安倍晋三赴北京参加亚太经合组织领导人峰会，并与俄罗斯总统普京举行会谈，决定启动普京访日筹备工作。

9～13日 冰岛外交部长斯文松访日并与外务大臣岸田文雄举行会谈。

10 日 中国国家主席习近平在人民大会堂会见日本首相安倍晋三。

日本著名影星高仓健因恶性淋巴癌于东京去世，享年 83 岁。

12～13 日 首相安倍晋三赴缅甸参加东盟峰会及东亚合作领导人系列会议，安倍与中国国务院总理李克强举行简短会谈；与缅甸总统吴登盛举行会谈，并表示将向缅甸提供总额达 260 亿日元的日元贷款。

12 日 日本参议院通过修改后的《工资法》，日本国家公务员的工资和奖金时隔七年得到提高。

14 日 日本发布《2014 年版犯罪白皮书》称，日本 65 岁以上高龄女性的盗窃再犯率在分性别的各个年龄段中最高。

14～15 日 日本与加勒比海 14 国举行第四次外交部长会谈。

15～16 日 首相安倍晋三赴澳大利亚出席二十四首脑会议。其间分别举行了日美澳三国首脑会谈和日美首脑会谈。

15 日 中国财政部部长楼继伟和日本副首相兼财务大臣麻生太郎在澳大利亚布里斯班举行会谈。这也是自 2012 年 4 月以来中日财长首次举行会谈。

16～17 日 菲律宾外交部长德尔罗萨里奥访日并与日本外务大臣岸田文雄举行会谈。

18～21 日 约旦国王阿卜杜拉二世访日并与日本首相安倍晋三举行会谈。

19 日 首次日本东盟防长会谈在缅甸举行。

日本银行在货币政策会议上，决定维持上次会议（10 月 31 日）后的追加货币宽松的举措，并将日本的经济基调判断维持在“持续缓慢复苏”。

21 日 安倍晋三决定将实施消费税再增税（增至 10%）延期一年半，并正式宣布解散众议院。

27 日 日本最高法院判决，日本参议院选举连续两年处于“违宪状态”。

联合国教科文组织正式决定将“和纸”列入非物质文化遗产名录。

28 日 日本政党“大家党”正式解散。

日本政府12月上旬派出航空自卫队的运输机向西非地区运送应对“埃博拉病毒”用的防护服。这是日本首次为应对埃博拉疫情而派遣自卫队。

29～30日 第六届中日韩文化部长会议在横滨举行，会议通过并签署了《横滨联合声明》。

30日 称雄日本围棋棋坛、被称为“昭和棋圣”的吴清源去世，享年100岁。

12月

1日 中日两国政府开始在原日本军队遗弃化学武器最多的吉林省哈尔巴岭展开遗弃化武销毁工作。

2日 日本防卫省正式决定，在2018年度前，从美国引进52辆水陆两栖车“AAV7”。

中日时隔三年重启“湄公河政策对话”。

3～4日 第五届中日友好21世纪委员会全体会议在中国北京举行，中方首席委员唐家璇和日方首席委员西室泰三分别率双方委员与会。

4日 日本环境省宣布，2013年度日本温室气体排放量创下新高。

9日 日本政府确认将对乌克兰亲俄派启动资产冻结等制裁措施，并将停止向亲俄派个人发放入境签证。

10日 旨在强化日本政府对国家机密事项管控的《特定秘密保护法》正式实施，引发日本各界抗议。

翁长雄志正式就任日本冲绳县知事，他表示将力阻美军普天间机场搬迁计划。

12日 日本汉字能力检定协会宣布，“税”字当选2014年度汉字。

14日 日本举行第47届众议院选举，执政的自民党和公明党获得326席，超过总议席数的2/3。本次日本众院选举投票率仅为52.66%，创二战后最低纪录。

15日 日本民主党代表海江田万里在众议院选举中落选后，正式表示辞去民主党代表职务。

15~19日 帕劳共和国总统到访并与首相安倍晋三举行会谈。

16日 日本右翼势力代表、前东京都知事石原慎太郎正式宣布退出政坛。

17日 美国做出决定称，将把美军最先进隐形战斗机“F35”的亚太地区维修基地设在日本。

18日 中日两国政府在中国大连举行中日渔业联合委员会会议。

19日 日本理化学研究所在东京召开发布会，正式承认在验证STAP细胞是否存在的试验中未能发现STAP细胞，同时宣布小保方晴子将于21日辞职。

日本专家称东京地下放射物质铯将长期存在。

22日 日本内阁府发表的“外交舆论调查”结果显示，不“亲近”中韩两国的日本人比例创下新高，分别达83.1%和66.4%。

23日 大阪市市长桥下彻宣布暂时辞去维新党共同代表一职，大阪府知事松井一郎宣布暂时辞去维新党干事长职务。

24日 自民党在众议院选举中大胜，安倍晋三正式出任日本第97任首相，町村信孝当选为众议院议长。除中谷元接替江渡聪德担任防卫大臣外，第二届安倍改造内阁的其他成员都留任原职。

25日 日本自民党最大派系町村派正式决定，由于会长町村信孝出任众议院议长而脱离该党，将由代理会长细田博之继任会长，同时该派系更名为细田派。

瑞典外交部长瓦尔斯特伦访日，并与日本外务大臣岸田文雄举行会谈。

日本经济产业省宣布，2014年，日本新发现746处“可燃冰”埋藏点，日本掌握的可燃冰埋藏点总计达到971处。

26日 首相安倍晋三在综合海洋政策总部会议上向相关阁僚做出指示，要求在2014年度内重审有关离岛保卫及管理的基本方针，加强相关工作。

28日 中日两国政府与民间共同探讨环保对策的“中日节能环保综合论坛”时隔两年零五个月在北京召开。

29 日　日美韩三国正式签署就朝鲜核武器及导弹问题共享防卫机密情报的协议文件。

日本观光厅最新数据显示，2014 年赴日游客的消费金额将首次突破 2 万亿日元大关。

30 日　日本联合执政的自民、公明两党正式决定了 2015 年度（截至 2016 年 3 月）执政党税制修正大纲，决定在截至 2016 年度的两年里，力争将法人实际税率下调 3.29%。

Abstract

The Blue Book of Japan 2015: *Annual Report on Research of Japan* is jointly published by Chinese Association for Japanese Studies, the Institute of Japanese Studies, Chinese Academy of Social Sciences, and Social Sciences Academic Press. It is a yearly collection of academic achievement by the research staff of the Institute of Japanese Studies.

The book, consisting of the parts of the general report, political and security reports, foreign relations reports, economic and social reports and the appendix, provides a overall review and analysis of Japan's national strategy, security policy, foreign relations, administrative reform as well as economic and social issues relating to energy, population, ideology and mass media in 2014, with in-depth of some special issues The book also includes Japan's major events in 2014.

In 2014, having won the general election, the Liberal Democratic Party (LDP) gains over two thirds of the seats of in the House of Representatives and retains the one-party dominance, on the basis of which a long-term Abe administration is secured.

In 2014, Abe administration accelerates the implementation of the "three arrows" of security and defense policy and lifts the ban on the exercise of collective self-defense right, which means that Japan has become "a country which can engage in war" on the 69th anniversary of the end of WWII, abandoning the strategic thought and the path of development based on Yoshida Doctrine in the post-war period and walking on the track of "the overall normalization".

Stimulated by the qualitative monetary easing and flexible fiscal policy of "Abenomics", Japanese economy stepped into the year 2014 with substantial growth and relieved deflation. However, in 2014 the domestic demand has suffered from recession after the rise of consumption tax, which is considered as a. crucial for restoring fiscal balance. As a result, Japanese economy has fallen into negative growth for two consecutive quarters, with the expectation of "Abenomics" for the expansion of exports and making up for weak domestic demand through the depreciation of Japanese Yen being defeated.

In 2014, the Abe administration gives priority to the "strategic diplomacy". There is a growing concern for Japanese active "strategic diplomacy", which emphases the global vision and attempts to strengthen Japan – U. S. alliance, Japan-EU partnership, the trilateral coordination among Japan, U. S and EU and Japan-AESAN partnership. However, Japanese relations with neighboring countries have not improved substantially.

With the short-time meeting of Sino-Japanese leaders in APEC summit in November, 2014, China and Japan have agreed on the four fundamental principles, which contributes an opportunity of recovery of the bilateral relation. Both sides, with the restart of the high-level consultation of maritime issues, attempt to work together and building some consensus over issues of politics, law, maritime security, maritime law enforcement and marine economy.

Looking into the year 2015, the Abe administration continues to move towards to strategic target of "reviving Japan". The Japanese strategy, while focusing on the building of military capability and the renewal of the laws concerning security and defense, takes the Japan-U. S. alliance as the cornerstone, attempts to finish the revision of the Guidelines for Japan-U. S. Defense Cooperation and generates public opinion for the next step of constitutional amendment. In order to lift the ban on collective self-defense right, the Abe administration also pushes hard for the revision of laws concerning SDF law and situation of acts of force. However, the effort has not gained sufficient social support and is faced with domestic constraints.

The Japanese economy in 2015 will be faced with challenges of weak domestic demand and external demand. The Abe administration has to cope with a series of difficulty issues such as population development and government debt, which requires strong measures of economic reconstructing, adjustment of macro-economic policy, increase of household income and improvement of investment environment, with the aim of turning around the momentum of weak economy and realize long-term growth. The Abe administration will continue to be in the dilemma between the pursuit of long-term goal of reform and that of short term goal of growth rate. The pressure coming from the gap between the expectation and the reality of Japanese economy will probably force Abe to take action to achieve detente with its neighboring countries.

In 2015, the Abe administration will continue to advance the "diplomacy overviewing the globe". Meanwhile, on the 70th anniversary of Japanese defeat in WWII, in what way the proposed "Abe speech" concerning historical issues inherits or emasculates the "Murayama speech" will not only determine Japanese relations with neighboring countries such as China and South Korea in a certain period of time, but also have impact on Japanese national image in the international community.

In 2015, there will be progress in terms of the implementation of the four fundamental principles concerning Sino-Japanese relations and the building of crisis management mechanism. negotiations relating to East China Sea and cooperation of maritime issues will be conducted. Sino-Japanese cooperation in the fields of economy, finance, energy-saving and environmental protection, as well as the exchanges between civil societies, political parities and local communities, will be developed. High-level contacts will be probably increased through the multilateral occasions, with the improvement of economic ties and easing of tension of mood between peoples. However, the foundation of Sino-Japanese relations remains fragile, with a low probability of significant improvement of political relations and constraints on a all-round recovery of economic ties. Sino-Japanese relations, in the process of historical transformation, have stepped into the stage of "the new normal" which is characterized with the parallel of in-depth cooperation and in-depth gaming.

Keywords: Collective Self-defense Right; Strategic Diplomacy; Japanese Constitutional Amendment; Sina-Japanese Relations; Abenomic

Contents

B I General Report

Abstract: In 2014, the Abe administration accelerates the implementation of "the three arrows" of security policy, attempting to put the concept of "reviving the military capability of the country" into practice. On the 69th anniversary of the end of WWII, Japan becomes "a country which can engage in war" by abandoning the strategic thought and the path of development based on Yoshida doctrine in the post-war period and walking on the track of "the overall normalization". Abe's "strategic diplomacy" is conducted in full swing, however, Japanese relations with neighboring countries have not improved substantially. There is a sign of improvement for Sino-Japanese relations with the meeting of Chinese and Japanese leaders on APEC summit and their agreement of four fundamental principles concerning bilateral relations. However, the foundation of Sino-Japanese relations is still fragile and need to be further consolidated. In 2015, the Abe administration will focus on revision of law concerning security and defense and Japan-U. S. Defense Guideline, generating public opinion for the next step of constitutional amendment, which, meanwhile, has not gained sufficient social support and faced with constraints from both at home and abroad. The Sino-Japanese relations, in the process of historical transformation, are in the stage of "the new normal" which is characterized with the parallel of in-depth cooperation and in-depth gaming, and reflects the double sides and the stage development influenced by the double-period factor.

Keywords: Shinzo Abe; Sino-Japanese Relations; Constitutional Amendment; Collective Self-defense Right; Strategic Diplomacy

B Ⅱ Political and Security Reports

B. 2 The Analysis of the Trend of Japanese Party Politics in 2014

Zhang Boyu / 024

Abstract: As for the trend of Japanese party politics in 2014, faced with the one-party dominance of LDP and the strong Abe administration, the opposition parties attempt to regroup in order to shift from weaker position and counterbalance the dominating power of the ruling parties. Meanwhile, in order to secure a long-term administration, Abe strengthens his power base and the internal cohesion within the party by reshuffling the cabinet and dissolving the Diet to hold the general election in an early time, giving no opportunity to the leading opposition party DPJ and disposing the opposition force within the party. After the general election on December 14th, 2014, the LDP-Komeito ruling coalition has gained over two thirds of the seats in the House of Representatives, retaining the one-party dominance with the leadership of Abe cabinet in the third term.

Keywords: Party Politics; Regrouping of the Opposition Party; Reshuffle of the Cabinet; General Election

B.3 The Transformation of Japanese Security Policy: Centering on Lifting the Ban on Collective Self-defense Right

He Xiaosong / 046

Abstract: The Abe administration bases its security policy on the "proactive pacifism". Firstly, Japanese "proactive pacifism" refers to the adherence to Japanese-U. S. alliance, the participation of international affairs and the building of global peace and order in the framework of Japanese-U. S. alliance. Secondly, besides making economic and cultural contribution, through exercising the "proactive pacifism", Japan attempts to break the restriction of the peace constitution and lift the ban on collective self-defense right. Thirdly, Japan also attempts to abolish those principles on the basis of the constitution such as the exclusively defense-oriented strategy and the three principles of arms exports. The ultimate goal of "proactive pacifism" proposed by PM Abe is to pursue Japan's "normalization" through escaping from the post-war regime, with lifting the ban on collective self-defense rights as an integral part of the transformation of Japanese security policy, and the revision of laws concerning SDF law and situation of acts of force and Japan-U. S. Defense Guideline as the following action. Abe's effort of lifting the ban on collective self-defense right has given rise to various political and constitutional disputes. By confusing legal concepts and undermining the constitution through constitutional interpretation, Abe makes preparation for the revision of the peace constitution. The illustration Abe made toward Japanese people is questionable and far-fetched. Lifting the ban on collective self-defense right will help Japan build up military deterrence, protect the American battleship and intervene in the conflict in the neighboring region.

Keywords: Proactive Pacifism; Collective Self-defense Right; Security

B. 4 The Trend of Japanese Administrative Reform from the Perspective of "Do-Shu-system" *Zhao Gang* / 063

Abstract: The introduction of "Do-Shu-system" in Japan, referring to administrative reform involving integration of prefectures into larger states, has been an integral part of Japanese administrative reform as well as an issue of public concern. The concept of "Do-Shu-system" has not been put into practice since it was put forward in Meiji era. After the end of WWII Japanese government relaunched the introduction of "Do-Shu-system" but ran into frustration. In the 1990s, Japanese administrative reform was faced with the key question whether state centralization or local autonomy should be emphasized. In the first and second terms of Abe administration, The introduction of "Do-Shu-system" used to be seen as a key program to revive Japan under the LDP leadership and was included into the LDP campaign platform in the general election in 2012. However, the "fundamental law of Do-Shu-system" proposed by LDP has been still at the stage of "brewing" since then.

Keywords: Do-Shu-system; Japanese Administrative Reform; State Centralization; Local Autonomy; Revision of the Constitution

B. 5 The Political Awareness of Okinawa People from the Perspective of the Election for Governor *Tang Yongliang* / 080

Abstract: In the 12th election for governor of Okinawa held on November 16th, 2014, the former mayor of Naha gained over 360 thousand votes and won over other three candidates by great margin. The result of the election reflects the public opinion, as a revenge of Okinawa people for the former Okinawa governor having broken his promise and allowed the relocation of the U. S. bases from

Futenma to Henoko, as well as the demonstration of democratic spirit, with which the Okinawa people try to break away from the economic model dependent upon U. S. bases and demand the equal burden-sharing of the U. S. bases between Okinawa and mainland Japan. The election has profound impact on the development of Okinawa, the relations between Okinawa and mainland Japan and U. S. -Japanese alliance. Under the pressure of Okinawa people, the way that the Abe administration deals with the issue of U. S. bases serves as a test for Japanese central political system and Japanese-U. S alliance.

Keywords: Okinawa; the Election for Governor; Okinawa People; Political Awareness

Abstract: In 2014, in the context of U. S. strategy of rebalancing in Asia-Pacific region and Japanese drive for the "national normalization" and "the rise as a military power", there has been frequent interaction and close coordination between Japan and U. S. , with the mixture of strategic cooperation and contradiction. On one hand, Japan and U. S. work jointly to "reconstruct and strengthen the building of Japan-U. S alliance" and intervene in the regional affairs, with the issue of coping with China as the "problem consciousness" and the security cooperation as the key of general strategic coordination. One the other hand, with the growing sense of independence and assertiveness in the framework of the alliance, Japan takes a series of action concerning diplomacy with neighboring countries, participation with international affairs and policy toward China, which has contradicted with U. S. national interest and strategy, giving problems to Japan-U. S. alliance management and bring up uncertainty to the long-term development of the alliance.

Keywords: Japan-U. S. Alliance; Rebalancing in Asia-Pacific; Japan-U. S. Defense Guideline; Security Cooperation; Regional Security

Abstract: The year 2014 marks the 60th anniversary of the implementation of Japanese ODA. In this year Japan proposes to revise the ODA charter again after 11 years. On February 10th, 2015, Japanese Cabinet passes a resolution concerning the revision of ODA charter, lifting the ban on military uses of ODA for the first time, allowing Japan to provide "non-military aid" for other countries. The revised ODA charter also stipulates that the scope of ODA recipients will be extended and ODA program will be designed to realize Japanese national interest. There is a growing tendency that Japanese military assistance can be conducted through ODA, according to revised ODA charter. The Abe administration pursues " value-oriented diplomacy, in which the intention of counterbalance Chinese can be clearly seen. The revision of Japanese ODA charter and Japanese emerging military assistance through ODA are worth paying attention to.

Keywords: ODA; Japanese ODA Charter; Military Assistance through ODA; National Interest

B Ⅲ Foreign Affairs Reports

Abstract: Great changes have taken place in Japanese foreign and maritime policies since PM Abe took office at the end of the year 2012. The expansionism and realism in Japanese maritime security policy gradually strengthen, playing an unpredictable role in peace and stability in the East Asia and regional maritime environment. The strategic concept of Japanese shift from "an island country" to "a maritime power", as an integral part of Japanese national strategy, has close connection with its goal of "national normalization" and becoming political and military great power. Through maritime strategy, Japan attempts to guarantee its "territorial safety", the security of sea lanes and economic safety, sharing the control of the maritime interest in West Pacific region with U. S. In order, Japan deliberately intensifies the maritime tension and escalates the crisis relating in Diaoyu Islands, the East China Sea and the South China Sea, exaggerating "the China threat", assuming an aggressive stance in implementing maritime strategy and putting pressure on China. The action that Japan takes has worsened the Sino-Japanese relations, complicated the issues concerning disputes over territory and maritime interest and brought up the uncertainty of peace and stability of regional and international community.

Keywords: Japan; Diplomatic Strategy; Sea Power; Foreign Affairs

Abstract: The meeting of Sino-Japanese leaders in APEC summit in November is regarded as a landmark event of Sino-Japanese relations in the whole year of 2014. The meeting is based on the agreement of the four fundamental principles concerning the bilateral relations, and the consensus and meeting is the result of impact of various internal and external factors, as well as the interaction and gaming of both sides. The meeting contributes to relax the tension of Sino-

Japanese relations, however, its aftermath effect and trend should be cautiously observed. In the context of the reform of Japanese defense and security policy, the upgrading of Japanese-U. S. alliance and the advancement of Japanese strategic diplomacy, there is a long-term trend of the lack of mutual trust and intensified strategic gaming between China and Japan. In 2015, there will be both positive and negative factors for the development of Sino-Japanese relations, with the outlook far from being optimistic concerning the improvement of Sino-Japanese relations through crisis management, dealing with historical issues properly, rebuilding strategic mutual trust and favorable sentiment between peoples.

Keywords: Sino-Japanese Relations; Relaxing Political Tension; Agreement of the Four Fundamental Principles; Crisis Management; Strategic Gaming; The New Normal

B. 10 The New Trends of Japanese Diplomacy in Southeast Asia in 2014

Chang Sichun / 179

Abstract: In the year of 2014, the Abe administration continue to implement the policy actively in Southeast Asia, adopting the overall strategy and attempting to gain breakthrough in key areas. Japan strengthens the comprehensive cooperation with ASEAN countries in economy, defense and culture, constructing a broad-ranging strategic partnership with Vietnam as the breakthrough in political aspect and attaching high importance to Burma on the economic front. Under the banner of "containing China" Japan deepened the political and economic relationship with ASEAN countries, with the aim of gaining their support for counterbalancing China.

Keywords: Summit Diplomacy; Strategic Diplomacy; Economic Diplomacy; Military Diplomacy; Cultural Diplomacy

B. 11 The Dynamic Test and Analysis of Japanese Strategic Diplomacy in 2014

Lu Hao / 197

Abstract: The strategic diplomacy, or the "diplomacy overviewing the globe" is considered as the major. In 2014, Abe's strategic diplomacy has gained some progress in terms of strategic concept and policy implementation, with the agendas of partnership building, public diplomacy, security cooperation and economic and energy diplomacy conducted mainly through the summit diplomacy. Abe's strategic diplomacy is characterized with the growing value-orientation, the greater proportion of military cooperation, the emphasis on campaigns of propaganda and the more prominent China-related aspect. Abe attempts to gain more initiative in conducting foreign affairs through the strategic diplomacy, which, however, has shown the weakness of imbalance and unsustainablity.

Keywords: Shinzo Abe; Strategic Diplomacy; Diplomacy Overviewing the Globe; Summit Diplomacy; Proactive Pacifism

B. 12 Japanese Energy Diplomacy in 2014

Pang Zhongpeng / 229

Abstract: In 2014, Japan continues the exercise of energy diplomacy with the priority of securing the energy supply in Middle East. With stressing the energy diplomacy in Asia-pacific region, Japan attempts to promote cooperation with energy suppliers in North America and Central and South America. The new highlights for Japanese energy diplomacy is in Caribbean region, Papua New Guinea, Amman, Mozambique, etc. Those countries and regions are included in the vision of Japanese diplomacy for its rich energy resource and key geopolitical position. In the coming years , Japan will deepen energy energy in the global range, with Africa as the next potential highlight in its strategic vision.

Keywords: Energy Diplomacy; Liquid Gas; Shale Gas; Security of Sea Lane; Thermal Power Station

Abstract: In light of the expectation for Abe's long-term administration, Japanese policy to Korean Peninsula has undergone changes on three levels, referring to the closer contact with North Korea, the "tolerance" with the worsening relations with South Korea and the more active participation in the affairs of Korean Peninsula. As for the level of the policy to North Korea, the short-term target of the Abe administration is to solve the abduction issue through closer, and the long-term target is to realize the normalization of relations between Japan and North Korea. As for the policy to South Korea, Japan continues to "tolerate" the consequence of cooling bilateral relations and meanwhile searches for new option of strategy. As for the policy to Korean Peninsula, in the context of complicated security environment, Japan actively seeks to participate in the affairs of strategically, with the aim of playing a large role in influencing the agenda setting. To what extent "the triple strategic targets" in policy toward Korean Peninsula set by Japan will be achieved is worth further observation.

Keywords: Japan; North Korea; South Korea; Korean Peninsula; Foreign Policy

Abstract: Taiwan has gained some initiative in conducting relations with Japan since Ma Yingjiu took office, for the reason that it is not necessary for Taiwan to make effort to wining supporting from Japan in confronting the mainland in the context of the improving cross-strait relations. Meanwhile, the improvement of cross-strait relations also provides room for the development of Taiwan-Japan relations on the level of business affairs. Both Japan and Taiwan take the opportunity to strengthen the economic and cultural ties with each other, while Japanese government also proposes and promotes the Japanese version of "the law of relations with Taiwan", attempting to gain some political breakthrough in conducting relations with Taiwan.

Keywords: Cross-strait Relations; Japan-Taiwan Relations; Japanese Version of "The Law of Relations With Taiwan"

B Ⅳ Economic and Social Reports

Abstract: Due to the combined effect of political and economic factors, the Sino-Japanese economic relations have crunched to a standstill in the whole year of 2014, There is a grow trend of "cold politics and cold economy" between China and Japan, with the volume of bilateral trade almost the same as that of last year, the greatest decline of Japanese FDI to China in the recent 30 years, and the government bond swapping and the negotiation of China-Japan-Korea FTA gained no substantial progress. With the slow recovery of Sino-Japanese political ties, there will be improvement for Sino-Japanese economic ties in terms of trade, investment and cooperation on financial and fiscal policies. Breakthrough in the FTA negotiation and substantial progress in Sino-Japanese cooperation of environment protection such as the control of smog can be also foreseen.

Keywords: Sino-Japanese Economic Relations; "Cold Politics and Cold Economy" between China and Japan; The Negotiation of China-Japan-Korea FTA; Sino-Japanese Cooperation in the Control of Smog

Abstract: Stimulated by the first "two arrows" of "Abenomics", referring to the qualitative monetary easing and flexible fiscal policy, in the year 2013 Japanese economy has substantially recovered with deflation relieved. However, in 2014, the consumption and macro-economy fall into the state of weakness after the rise of consumption tax from 5% to 8%. It is crucial for the long-term growth of Japanese economy to implement "the third arrow" of "Abenomics", referring to the economic reconstructing. The trend of Japanese economy from now on hinges on the way that Japanese government deals with the issues of aging population, the government debt and the resistance to the reform, as well as adjust the macro-economic policy and increase household income.

Keywords: Abenomics; Qualitative Easing; Consumption Tax; Economic Reconstructing; Deflation

B. 17 The Goal of Japanese Population Development and the Trend of Immigration Policy *Wang Wei* / 306

Abstract: In December of 2014, the Japanese cabinet discussed upon "the long-term vision of revival of urban and rural areas, labor and work" and "the comprehensive strategy of revival of urban and rural areas, labor and work", for the first time putting forward the goal of population development since the end of WWII, referring to keeping above the level of 100 million population in the coming 50 years. The context of that proposed goal is the trend of growing aging population and the eight consecutive years of population decline. In order to reach the goal of population development and keep the size of the workforce on a certain level, in 2014, Japanese government have successively released a series of policies, attempting to revitalize local economies, solve the problem of excessive concentration of population in Tokyo and boost the birth rate. Besides the effort of tapping the potential of female and aging population in social production, Japanese government begins to loosen some restriction on the introduction of foreign talents, which is regarded as an important alternative for Japan to reach the goal of population development in the future with the low birth rate.

Keywords: The Goal of Japanese Population Development; 100 Million Population; Decline of Workforce; Foreign Talents; Immigrants

B. 18 The Control of the Press under the Abe Administration and Japanese Environment of Public Opinion *Jin Ying* / 318

Abstract: The Abe administration in the second term place great emphasis on work with the media and public opinion. Knowledge concerning rules and regularity of Japanese politics and society can be gained if the routine mechanism of controlling the press conducted by the cabinet is well examined, and how the control of the press and media environment have changed in the events, such as Abe's visit to Yasukuni Shrine, the introduction of the law of protecting special secrecy, the lifting of the ban on collective self-defense right and the "reexamination" of "Kono Statement", is well analyzed.

Keywords: The Abe Administration; Control of the Press; Japanese Media; Japanese Environment of Public Opinion

Abstract: The non-governmental people-to-people communication, in particular communication between Chinese and Japanese youngsters, has great significance for the improvement of Sino-Japanese relations. The key of work concerning communication between Chinese and Japanese youngsters is to keep track of the thoughts and mentality of Japanese youngsters. In 2014, there are outstanding changes in the aspect of the thoughts of Japanese youngsters. The media sometime reports that Japanese youngsters become leftist while sometime they are turning "right" and conservative. From the perspective of cultural psychology, Japanese mentality of swaying from the left to the right reflects the fact that Japanese need for security is not well satisfied in the transformation of the country in the postwar era.

Keywords: Japan; Youngsters; Thoughts and Mentality; Cultural Psychology; Need for Security

𝔹 V Appendix

目　次

𝔹 I　総　論

要　旨: 2014 年、安倍内閣は安全保障「三本の矢」の実施に一段と力を入れて、「軍事復国」路線を実践に移してきた。敗戦投降 69 周年に当たって、安倍首相は日本を再び「戦争を発動できる国」にし、「吉田路線」をシンボルとする戦後の戦略構想と発展ルートに別れを告げて、全面的に「普通の国化」という目標に向かって動き出した。安倍首相は「戦略的な外交」を全面的に展開しているが、隣国との関係改善には実質的な進展がまだ見られていない。日中関係改善に向けた4つの共通認識、指導者の短時間会見による関係改善のきっかけができたが、その基盤をさらに固めていく必要がある。2015 年、安倍内閣は安全保障の法整備を図り、日米防衛協力のための指針（ガイドライン）改定を完成させながら、積極的に改憲のための世論作りに取り組んでいこうとしているが、しかし、「安倍路線」には民意の賛同が少なくて、国内からの制限に直面している。中日関係は歴史の転換期に差し掛かって、ハイレベルでの協力と駆け引きが並行するニューノーマルに入り、「二重周期」要素の影響による両面的かつ段階的な発展特徴を呈している。

キーワード: 安倍晋三　中日関係　改憲　集団自衛権　戦略的な外交

𝔹 Ⅱ　政治安全篇

要　旨： 2014 年の日本政党政治の動向には二つの流れが見られた。強気姿勢の安倍内閣と「一党優位」の与党自民党に対して、野党側は再編による「多弱」構造の打破によって対抗できる野党勢力の形成を図った。安倍首相は長期政権維持のため内閣改造や衆議院解散による総選挙を早めたりしてその権力基盤と向心力を強化してきた。最大野党勢力の民主党に隙を与えないだけではなくて、自民党内からの反安倍勢力の挑戦をも絶えず排除してきた。2014 年 12 月 14 日の総選挙で、自民公明与党連合で衆議院 3 分の2の議席を取り、自民党は単独で絶対安定多数の議席を獲得して、「一党優位」を維持し続けている。安倍政権が継続され、日本政治は第 3 次安倍内閣の時期に入っている。

キーワード： 政党政治　一党優位　野党再編　内閣改造　総選挙

要　旨： 安保政策の基本理念とされている安倍政権の積極的平和主義は三つの意味がある。一つ目は日米同盟を堅持し、日米同盟の枠組みのもとで積極的に国際貢献をし、国際平和秩序を強化し、戦後 70 年間の平和発展の成果を守ること。二つ目は経済と文化の分野において貢献するだけではなく、憲法の制限を突破し、集団的自衛権を解禁して、安全保障分野においても成果を上げること。三つ目は憲法に基づいた「専守防衛」政策や「武器輸出三原則」などの平和主義の原則を廃止すること。積極的平和主義を掲げる安倍首相の目的は「戦後レジームからの脱却」、日本を「普通の国」にするためである。集団的自衛権の解禁は日本安全保障政策転換の一環である。解禁後、『自衛隊法』と『武力攻撃事態法』など関連法律、それに『日米安全保障のガイドライン』も改正される見込みである。集団的自衛権の解禁は日本国内で憲法論争を引き起こしている。安倍首相はあらゆる手段を用いて、法律の概念をごまかし、解釈改憲で憲法を架空させて、憲法改正に道筋をつけようとしている。安倍首相による国民向けの集団的自衛権行使事例の説明は、牽強付会的なもので、多くの疑問が残されている。集団的自衛権の解禁によって、自衛隊はアメリカの軍艦への保護、周辺戦争への参加などができるようになり、日本の軍事抑止力を高めることができる。

キーワード：積極的平和主義　集団的自衛権　安全保障

要　旨：行政改革の目玉として、「道州制」問題は日本中の注目を集めている。しかし、明治維新の頃から議論し始めた道州制問題は、百年以上わたっても未だに解決しないままである。戦後、道州制問題は度々検討されたが、何れも結論に至らなかった。1990 年代から始まった行政改革は、中央集権を強めるのか、それとも地方自治を実施するのかが要であった。二度にわたって政権の座を占めた安倍内閣にとって、道州制の導入は表向きでは「日本を取り戻す」を目指した自民党の目標であり、2012 年の衆議院選挙における自民党の公約であった。しかし、その三年後のいま、自民党の『道州制基本法』は未だに雲に隠されたままである。

キーワード：道州制　行政改革　地方自治　中央集権　改憲

B.5　沖縄知事選から見た沖縄県民の政治意識　　唐　永亮 / 080

要　旨：2014 年 11 月 16 日に戦後以来第 12 回の沖縄県知事選挙を迎えた。投開票の結果、前那覇市市長の翁長雄志が36 万票を獲得して他の三候補に圧倒的な大差をつけて初当選を果たした。選挙の当落は民意全体の傾向を示す重要なしるしである。今回の翁長氏の当選は、選挙公約違反して米軍基地の辺野古移転を認めた仲井眞氏に対する沖縄県民からの即刻報復である。それと同時に、今までの基地依存経済発展モデルから脱却しようとする大部分の沖縄県民が本土と平等に基地負担を求めようとする民主主義の精神は顕在化された形となった。それは将来の沖縄県の発展だけではなく、本土と沖縄の関係及び日米同盟関係にも影響を及ぼすであろう。沖縄県民からの政治圧力に直面して、安倍政権今後の基地政策は調整されるかどうか、どのように調整されるのか、中央集権体制と日米安保同盟関係にとっては、重要な試練となるであろう。

キーワード：日本　沖縄　知事選挙　県民　政治意識

B.6　2014 年の日米同盟：戦略協力における協調と摩擦

盧　昊 / 095

要　旨：2014 年、米国による「アジア・太平洋リバランス」政策の推進、日本による「普通の国」と「軍事大国」への取り組みを背景にして、日米同盟内部では緊密な連携をとりながら、戦略協力と矛盾摩擦が共存してきた。日米両国は、「対中」という問題意識に基づき、同盟関係の「改造と強化」に取り組み、防衛協力によと全体的な戦略提携を図り、協同で地域情勢への影響力を行使してきた。日本は米国の「地域戦略の拠点」としての役割と力がさらに強化されることになった。一方、日本の独立性と戦略的主体意識は著しく高められ、近隣外交、国際事務及び対中政策などの面における日本の主張と行動は、米国の「同盟管理」に難題を投げかけて米国の利益、戦略と明らかな摩擦が生じてしまい、同盟の中長期発展に影を落とすことになっている。

キーワード：日米同盟　アジア・太平洋リバランス　日米防衛指針　防衛協力　地域安全

B.7　日本『ODA 大綱』の改定及びその「軍事援助」的傾向の顕在化

周　暁娜 / 124

要　旨：日本は、政府開発援助（ODA）実施 60 周年に当たる2014年、11 年ぶりに『ODA 大綱』を改定した。2015 年 2 月 10 日に新たな『開発協力大綱』が閣議決定され、初めてODAの軍事用途への解禁、他の国に対する「非軍事目的」の援助の提供、援助対象国の範囲拡大などの内容が盛り込まれ、ODAによる国家利益の確保を目指すべきことが明確に規定された。今回の『ODA 大綱』の改定は、「軍事援助」の色彩を強めている。安倍内閣は成立以来価値観外交を標榜し、中国封じ込めの外交政策を押し進めて、中国を制御しようとする意図を明確に看取することができる。ODAは「日本外交にとって最大のツール」である故、『ODA 大綱』の改定をめぐる日本の措置、及びその「軍事援助」の動向に注目する必要がある。

キーワード：政府開発援助　ODA 大綱　開発協力大綱　「軍事援助」の傾向　国家利益

BⅢ　対外関係篇

B.8　日本の外交戦略及び対外海洋権力関係についての解析

呂　耀東 / 140

要　旨：安倍政権が発足して以来、日本の対外戦略及び海洋政策が大きく変化し、その海洋安全戦略の拡張主義、現実主義の色も日増しに濃くなり、すでに東アジアの平和安定及び地域海洋安全環境に影響を及ぼす不確定的要素になりつつある。「島国」から「海洋国家」へという日本の戦略構想は「普通国家化」、政治軍事大国化という戦略目標の実現に密接し、日本の国家発展戦略の重要構成部分となっている。日本の海洋戦略構想は、いわゆる本土安全、海上通路及び経済安全の保全による政治と軍事大国化を目指しながら、米国とともに日米同盟のメカニズムによる西太平洋の海洋権益の制御を図るものである。上述の海洋戦略の意図を達成するため、日本が絶えずに「釣魚島問題」の事態を拡大して、アジア太平洋地域の海洋安全危機事態を作り出している。例えば、2014 年度の『防衛白書』で「中国脅威論」を煽ったり、釣魚島、東海と南海問題に関わる事態を誇張したりして、日本海洋戦略の対中海洋権力への攻勢が顕在化され、日中関係及び周辺海洋安全環境をいっそう悪化させてしまい、東アジア地域諸国の領土主権と海洋権益などの問題解決の難しさを増して、区域経済協力のプロセスを遅延させ、地域及び国際社会の平和と発展に不確定的要素をもたらしいる。

キーワード：日本　外交戦略　海洋権力　対外関係

要　旨： 2014 年 11 月にAPEC 期間中における中日首脳の会見は、年度の両国関係の象徴的な出来事である。首脳会見は四つのコンセンサス達成の上で実現できたものである。「コンセンサス」と「会見」は少なくとも形式的には近年高まりつつある両国関係の緊張度をある程度緩和したが、これによってその後の両国関係がいい方向へとむかっていくかどうかは、まだ慎重に見守る必要がある。同時に日本の安全保障政策の調整や戦略的外交の展開は不断に中日関係に影響をおよぼしつつ、双方の信頼不足や戦略的競争はすでに長期化・常態化する傾向を呈している。2015 年、中日関係の発展にプラス要素もあるが、マイナス要素もある。双方は危機管理メカニズムの早期実現、歴史問題の穏当な処理、戦略的相互信頼関係の構築、国民感情の改善など一連の難問を克服し、またこれによって両国関係のさらなる改善や好循環状態を実現できるかどうかは、未だ手放しに楽観することはできない。

キーワード： 中日関係　四つのコンセンサス　危機管理メカニズム　戦略的競争　ニュウノーマル

要　旨： 2014 年以来、日本政府は安倍晋三首相が提出した東南アジア政策を着実に遂行し、総体的に対東南アジア外交を促進するとともに、外交上の重要な対象国を選んで重点的に対応してきた。経済・防衛・文化などの分野で東南アジア諸国と全面的に協力を強化する一方、政治面でベトナムを重要視し、両国関係を「アジアにおける平和と繁栄のための広範な戦略的パートナーシップ」に発展させたると同時に、経済面でミャンマに重点を置き、ミャンマの戦略的地位を重視する。日本は「中国包囲」の旗を掲げ、東南アジア諸国との政治・経済関係を一段と強化して全力で抱き込んで、中国をけん制しようとしている。

キーワード：東南アジア外交　首脳外交　戦略外交　経済外交　軍事外交　文化外交

B. 11　2014 年日本の「戦略的な外交」動向への観察及び分析

盧　昊 / 197

要　旨：日本の「戦略的な外交」または「地球儀を俯瞰する外交」は、目下の日本の外交政策の全体的な策略と動向をよく要約したものだとされている。2014 年、安倍の「戦略的な外交」は、政策構想と実施において、大きな進展が見られた。首脳外交によるパートナーシップの構築や対外の政策宣伝・防衛協力・経済・エネルギー外交などがいっそう推進された。その特徴として、安倍の「戦略的な外交」における価値観要素がますます目立つようになり、「迂回」政策による地縁政治の難局を克服し、「戦略的な外交」における軍事の比重も更に上昇し、情勢利用と宣伝を重視して、対中牽制を強化してきた。安倍は「戦略的な外交」を以て対外関係の主導権の獲得を図ろうとしていたが、しかし、逆にその政策にあるアンバランスと持続不能などの問題点も露見されてしまった。

キーワード：安倍　戦略的な外交　地球儀を俯瞰する外交　首脳外交　積極平和主義

要　旨：2014 年、日本は中東で伝統的ななエネルギー外交を展開し続けてエネルギー輸入の安定的な供給源を確保してきた。日本は、アジア太平洋地域のエネルギー外交を重要視しつつ、さまざまなチャンスを生かして積極的に北米と中南米のエネルギー外交を展開している。日本のエネルギー外交は新しいハイライトが多くみられた。カリブ海・パプアニューギニア・オマーン・モザンビークなどの地域や国が日本のエネルギー外交ビジョンに組み込まれたのは、これらの地域や国では豊富な天然資源とエネルギーを持っているからだけでなく、恵まれた地政学的な利点とも密接に関連しているからである。今後数年間、日本はきっと引き続きエネルギー外交の展開に大きな力を入れていくであろう。アフリカは日本のエネルギー外交にとって潜在的なホット新規開拓地区となるであろう。

キーワード：エネルギー外交　液化天然ガス　シェールガス　海上交通安全　火力発電所

要　旨：長期政権の可能性が見えてきた安倍政権の対朝鮮半島政策は、対朝「接近」、対韓「忍耐」と積極的に半島事務への介入という三つの側面において、注目すべき変化が生じている。対朝政策において、安倍内閣は頻繁の接触による拉致問題解決を初期段階の目標とし、日朝国交正常化を長期目標としている。対韓国政策には、両国関係の構造に大きな変化がみられる状況下で、関係冷却化による悪い結果を我慢しながら新たな打開戦略を模索している。対朝鮮半島政策には、安倍政権がより積極的に戦略的に半島事務に介入して、「不統不戦」で相対的に安定の半島情勢を極力維持しながら機を見て相応の役割を果たして地域政策の議事日程に影響を及ぼそうとしている。この「三重の戦略目標」は果たして機能できるのか、どの程度の機能を発揮することができるのか、さらなる追跡観察が必要である。本報告では、2014 年の日本対朝鮮・韓国および朝鮮半島全体の政策変化と主要矛盾を全面的に考察し、予測的な評価を試みたい。

キーワード: 日本　朝鮮　韓国　朝鮮半島　対外政策

B. 14　政治において突破を求め、経済・文化において発展に力を入れる
—2014 年の日台関係—　呉　万虹 / 264

要　旨: 国民党の馬英九が就任以来、両岸関係が大幅に改善されたことによって、台湾は大陸に対抗するため日本の支持を得る必要がなくなり、対日関係におけるイニシアチブをある程度持つようになった。また、両岸関係の緩和が客観的に日台の実務関係を発展させる空間を与えている。日本と台湾はそれを契機として、経済と文化の関係に力を入れた。そのほか、日本は政治において日本版の「台湾関係法」を促進し、日台関係の政治突破を図っている。

キーワード: 中日関係　日台関係　日本版「台湾関係法」

B Ⅳ　経済社会篇

B. 15　中日経済貿易関係：現状・苦境と出口　張　季風 / 275

要　旨: 経済と政治諸要因により2014 年の中日経済関係は後退と低

迷の状況から抜き出していないままである。双方貿易は横ばい、日本の対中直接投資は30 年ぶりの大幅下落、双方国債購入も停滞、人民元と円の直接取引額も下がり、中日間 FTA 交渉も実質的な展開が進まなかった。つまり「政冷経冷」の態勢はさらに著しくなってきた。ただし、今後中日両国の政治関係の緩慢回復に従い、2015 年の双方貿易、投資および財政・金融分野の協力は全面的な回復の可能性が高く、中日韓 FTAの交渉も実質な成果が期待できる。未来、中日両国はPM2. 5 防止・削減などの環境分野における協力はきわめて重要課題である。

キーワード: 中日経済関係　「政冷経冷」苦境　中日韓 FTA 交渉　中日共同 PM2. 5 防止・削減

要　旨:「アベノミクス」の「二本の矢」である大胆な金融政策と機動的な財政政策の刺激により、2013 年度の日本経済は明らかに回復の傾向を見せ、デフレーションが緩和された。2014 年度、消費税率が5% から8% に引き上げられた後、消費と経済が停滞した。日本経済の長期的かつ持続的な成長を実現するために、「第三の矢」の構造改革にかかっている。日本政府は人口高齢化、政府債務、改革への抵抗などの諸問題をうまく処理し、またマクロ経済政策に対する適時かつ適切に調整を行い、国民の所得を堅実に増加させ、さらに国内の投資環境を改善し、外部市場の変化に柔軟に対応することができるかどうかは、今後の日本経済の方向を左右することになるであろう。

キーワード: アベノミクス　量的緩和　消費税　構造改革　デフレーション

B.17　日本の人口目標と移民政策動向　　王　偉 / 306

要　旨： 2014 年 12 月 27 日、日本政府は閣議で「まち・ひと・しごと創生長期ビジョン（長期ビジョン）」及び「まち・ひと・しごと創生総合戦略（総合戦略）」を決定した。日本は戦後はじめて「2060 年に1 億人程度の人口維持」という人口目標を打ち出した。その背景に、少子高齢化の下で、日本の総人口が連続して8 年も減少し、生産年齢人口が少なくなっているという実情がある。人口目標を実現するため、また、生産年齢人口規模の安定を図るため、日本は2014 年において地方を創生し、人口の東京一極集中を是正し、合計特殊出生率を高めることを掲げた。同時に、女性と高齢者の積極的活用を図るほか、外国人材受け入れの規制を緩和している。出生率の向上で1 億人の人口維持目標の達成が難しそうである。移民は日本の選択肢になることは十分に考えられる。

キーワード： 人口目標　1 億人口　生産年齢人口　外国人材　移民

B.18　安倍政権のマスコミ統制と日本の世論生態　　金　嬴 / 318

要　旨： 第二次安倍内閣はマスメディアと世論への対策を非常に重視する。安倍政権の日常的なマスコミ統制をめぐって、2013 年以来の靖国神社参拝・「特定秘密の保護に関する法律」の施行・集団的自衛権の行使・河野談話検証など重要な政治の議事日程及び議題の展開経緯と併せて、現在の日本のマスコミ統制と世論生態の主な変化を分析して、日本の政治と社会の最新変化に対する法則的な理解を図りたい。

キーワード： 安倍内閣　マスコミ統制　日本のマスメディア　日本の世論生態

要　旨: 民間交流は中日関係の発展に非常に大きな役割を果たしてきた。特に両国の若者同士の交流は更に大きな意味を有するものである。時の日本若者の思想動向を把握しておくことは、中日若者同士の交流活動を円滑に進めさせていく鍵である。2014 年の日本若者の思想動向は大きく注目されてきた。マスメデイアーでは、日本若者が右傾化したと報じたと思うと、忽ち日本若者が左傾化したと報じたりする。心理文化学の視点から見れば、右傾化したと思うと、すぐまた左傾化したと報道された日本若者の思想動向は、実際、戦後日本の国家発展転換期に差し掛かっている日本人の安全要求がなかなか満たされていない表れである。

キーワード: 日本　若者　思想動向　心理文化学　安全要求

B V 付　録

法律声明

权威·前沿·原创

社会科学文献出版社

皮书系列

2015年

盘点年度资讯　预测时代前程

社会科学文献出版社 学术传播中心 编制

社会科学文献出版社成立于1985年，是直属于中国社会科学院的人文社会科学专业学术出版机构。

成立以来，特别是1998年实施第二次创业以来，依托于中国社会科学院丰厚的学术出版和专家学者两大资源，坚持“创社科经典，出传世文献”的出版理念和“权威、前沿、原创”的产品定位，社科文献立足内涵式发展道路，从战略层面推动学术出版五大能力建设，逐步走上了智库产品与专业学术成果系列化、规模化、数字化、国际化、市场化发展的经营道路。

先后策划出版了著名的图书品牌和学术品牌“皮书”系列、“列国志”、“社科文献精品译库”、“全球化译丛”、“全面深化改革研究书系”、“近世中国”、“甲骨文”、“中国史话”等一大批既有学术影响又有市场价值的系列图书，形成了较强的学术出版能力和资源整合能力。2014年社科文献出版社发稿5.5亿字，出版图书1500余种，承印发行中国社科院院属期刊71种，在多项指标上都实现了较大幅度的增长。

凭借着雄厚的出版资源整合能力，社科文献出版社长期以来一直致力于从内容资源和数字平台两个方面实现传统出版的再造，并先后推出了皮书数据库、列国志数据库、中国田野调查数据库等一系列数字产品。数字出版已经初步形成了产品设计、内容开发、编辑标引、产品运营、技术支持、营销推广等全流程体系。

在国内原创著作、国外名家经典著作大量出版，数字出版突飞猛进的同时，社科文献出版社从构建国际话语体系的角度推动学术出版国际化。先后与斯普林格、荷兰博睿、牛津、剑桥等十余家国际出版机构合作面向海外推出了“皮书系列”“改革开放30年研究书系”“中国梦与中国发展道路研究丛书”“全面深化改革研究书系”等一系列在世界范围内引起强烈反响的作品；并持续致力于中国学术出版走出去，组织学者和编辑参加国际书展，筹办国际性学术研讨会，向世界展示中国学者的学术水平和研究成果。

此外，社科文献出版社充分利用网络媒体平台，积极与中央和地方各类媒体合作，并联合大型书店、学术书店、机场书店、网络书店、图书馆，逐步构建起了强大的学术图书内容传播平台。学术图书的媒体曝光率居全国之首，图书馆藏率居于全国出版机构前十位。

上述诸多成绩的取得，有赖于一支以年轻的博士、硕士为主体，一批从中国社科院刚退出科研一线的各学科专家为支撑的300多位高素质的编辑、出版和营销队伍，为我们实现学术立社，以学术品位、学术价值来实现经济效益和社会效益这样一个目标的共同努力。

作为已经开启第三次创业梦想的人文社会科学学术出版机构，2015年的社会科学文献出版社将迎来她30周岁的生日，“三十而立”再出发，我们将以改革发展为动力，以学术资源建设为中心，以构建智慧型出版社为主线，以社庆三十周年系列活动为重要载体，以“整合、专业、分类、协同、持续”为各项工作指导原则，全力推进出版社数字化转型，坚定不移地走专业化、数字化、国际化发展道路，全面提升出版社核心竞争力，为实现“社科文献梦”奠定坚实基础。

社长致辞

我们是图书出版者，更是人文社会科学内容资源供应商；

我们背靠中国社会科学院，面向中国与世界人文社会科学界，坚持为人文社会科学的繁荣与发展服务；

我们精心打造权威信息资源整合平台，坚持为中国经济与社会的繁荣与发展提供决策咨询服务；

我们以读者定位自身，立志让爱书人读到好书，让求知者获得知识；

我们精心编辑、设计每一本好书以形成品牌张力，以优秀的品牌形象服务读者，开拓市场；

我们始终坚持“创社科经典，出传世文献”的经营理念，坚持“权威、前沿、原创”的产品特色；

我们“以人为本”，提倡阳光下创业，员工与企业共享发展之成果；

我们立足于现实，认真对待我们的优势、劣势，我们更着眼于未来，以不断的学习与创新适应不断变化的世界，以不断的努力提升自己的实力；

我们愿与社会各界友好合作，共享人文社会科学发展之成果，共同推动中国学术出版乃至内容产业的繁荣与发展。

社会科学文献出版社社长

中国社会学会秘书长

2015年1月

皮书起源

“皮书”起源于十七、十八世纪的英国，主要指官方或社会组织正式发表的重要文件或报告，多以“白皮书”命名。在中国，“皮书”这一概念被社会广泛接受，并被成功运作、发展成为一种全新的出版形态，则源于中国社会科学院社会科学文献出版社。

皮书定义

皮书是对中国与世界发展状况和热点问题进行年度监测，以专业的角度、专家的视野和实证研究方法，针对某一领域或区域现状与发展态势展开分析和预测，具备权威性、前沿性、原创性、实证性、时效性等特点的连续性公开出版物，由一系列权威研究报告组成。皮书系列是社会科学文献出版社编辑出版的蓝皮书、绿皮书、黄皮书等的统称。

皮书作者

皮书系列的作者以中国社会科学院、著名高校、地方社会科学院的研究人员为主，多为国内一流研究机构的权威专家学者，他们的看法和观点代表了学界对中国与世界的现实和未来最高水平的解读与分析。

皮书荣誉

皮书系列已成为社会科学文献出版社的著名图书品牌和中国社会科学院的知名学术品牌。2011 年，皮书系列正式列入“十二五”国家重点出版规划项目；2012~2014 年，重点皮书列入中国社会科学院承担的国家哲学社会科学创新工程项目；2015 年，41 种院外皮书使用“中国社会科学院创新工程学术出版项目”标识。

经 济 类

经济类皮书涵盖宏观经济、城市经济、大区域经济，
提供权威、前沿的分析与预测

经济蓝皮书

2015 年中国经济形势分析与预测

李　扬 / 主编　　2014 年 12 月出版　　定价 :69.00 元

◆　本书课题为“总理基金项目”，由著名经济学家李扬领衔，联合数十家科研机构、国家部委和高等院校的专家共同撰写，对 2014 年中国宏观及微观经济形势进行了深入分析，并且提出了 2015 年经济走势的预测。

城市竞争力蓝皮书

中国城市竞争力报告 No.13

倪鹏飞 / 主编　　2015 年 5 月出版　　估价 :89.00 元

◆　本书由中国社会科学院城市与竞争力研究中心主任倪鹏飞主持编写，汇集了众多研究城市经济问题的专家学者关于城市竞争力研究的最新成果。本报告构建了一套科学的城市竞争力评价指标体系，采用第一手数据材料，对国内重点城市年度竞争力格局变化进行客观分析和综合比较、排名，对研究城市经济及城市竞争力极具参考价值。

西部蓝皮书

中国西部发展报告（2015）

姚慧琴　徐璋勇 / 主编　　2015 年 7 月出版　　估价 :89.00 元

◆　本书由西北大学中国西部经济发展研究中心主编，汇集了源自西部本土以及国内研究西部问题的权威专家的第一手资料，对国家实施西部大开发战略进行年度动态跟踪，并对 2015 年西部经济、社会发展态势进行预测和展望。

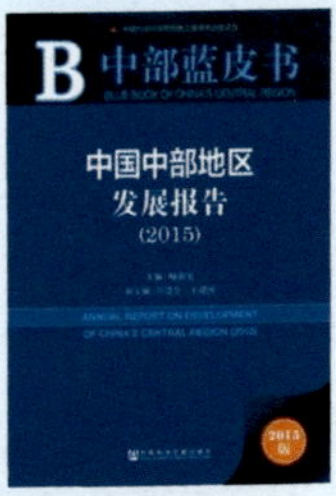

中部蓝皮书

中国中部地区发展报告（2015）

喻新安 / 主编　　2015 年 5 月出版　　估价 :69.00 元

◆　本书敏锐地抓住当前中部地区经济发展中的热点、难点问题，紧密地结合国家和中部经济社会发展的重大战略转变，对中部地区经济发展的各个领域进行了深入、全面的分析研究，并提出了具有理论研究价值和可操作性强的政策建议。

世界经济黄皮书

2015 年世界经济形势分析与预测

王洛林　张宇燕 / 主编　　2015 年 1 月出版　　定价 :69.00 元

◆　本书为“十二五”国家重点图书出版规划项目，中国社会科学院创新工程学术出版资助项目，作者来自中国社会科学院世界经济与政治研究所。该书总结了 2014 年世界经济发展的热点问题，对 2015 年世界经济形势进行了分析与预测。

中国省域竞争力蓝皮书

中国省域经济综合竞争力发展报告（2013~2014）

李建平　李闽榕　高燕京 / 主编　　2015 年 2 月出版　定价 :198.00 元

◆　本书充分运用数理分析、空间分析、规范分析与实证分析相结合、定性分析与定量分析相结合的方法，建立起比较科学完善、符合中国国情的省域经济综合竞争力指标评价体系及数学模型，对 2012~2013 年中国内地 31 个省、市、区的经济综合竞争力进行全面、深入、科学的总体评价与比较分析。

城市蓝皮书

中国城市发展报告 No.8

潘家华　魏后凯 / 主编　2015 年 9 月出版　　估价 :69.00 元

◆　本书由中国社会科学院城市发展与环境研究中心编著，从中国城市的科学发展、城市环境可持续发展、城市经济集约发展、城市社会协调发展、城市基础设施与用地管理、城市管理体制改革以及中国城市科学发展实践等多角度、全方位地立体展示了中国城市的发展状况，并对中国城市的未来发展提出了建议。

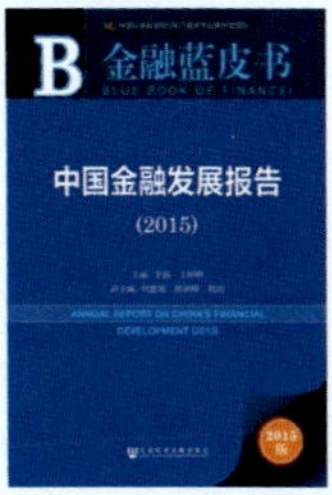

金融蓝皮书

中国金融发展报告（2015）

李　扬　王国刚 / 主编　2014 年 12 月出版　定价 :75.00 元

◆　由中国社会科学院金融研究所组织编写的《中国金融发展报告（2015）》，概括和分析了 2014 年中国金融发展和运行中的各方面情况，研讨和评论了 2014 年发生的主要金融事件。本书由业内专家和青年精英联合编著，有利于读者了解掌握 2014 年中国的金融状况，把握 2015 年中国金融的走势。

低碳发展蓝皮书

中国低碳发展报告（2015）

齐　晔 / 主编　2015 年 4 月出版　估价 :89.00 元

◆　本书对中国低碳发展的政策、行动和绩效进行科学、系统、全面的分析。重点是通过归纳中国低碳发展的绩效，评估与低碳发展相关的政策和措施，分析政策效应的制度背景和作用机制，为进一步的政策制定、优化和实施提供支持。

经济信息绿皮书

中国与世界经济发展报告（2015）

杜　平 / 主编　2014 年 12 月出版　定价 :79.00 元

◆　本书由国家信息中心继续组织有关专家编撰。由国家信息中心组织专家队伍编撰，对 2014 年国内外经济发展环境、宏观经济发展趋势、经济运行中的主要矛盾、产业经济和区域经济热点、宏观调控政策的取向进行了系统的分析预测。

低碳经济蓝皮书

中国低碳经济发展报告（2015）

薛进军　赵忠秀 / 主编　2015 年 5 月出版　估价 :69.00 元

◆　本书是以低碳经济为主题的系列研究报告，汇集了一批罗马俱乐部核心成员、IPCC 工作组成员、碳排放理论的先驱者、政府气候变化问题顾问、低碳社会和低碳城市计划设计人等世界顶尖学者、对气候变化政策制定、特别是中国的低碳经济经济发展有特别参考意义。

社会政法类

社会政法类皮书聚焦社会发展领域的热点、难点问题，
提供权威、原创的资讯与视点

社会蓝皮书

2015 年中国社会形势分析与预测

李培林　陈光金　张　翼 / 主编　2014 年 12 月出版　定价 :69.00 元

◆　本报告是中国社会科学院“社会形势分析与预测”课题组 2014 年度分析报告，由中国社会科学院社会学研究所组织研究机构专家、高校学者和政府研究人员撰写。对 2014 年中国社会发展的各个方面内容进行了权威解读，同时对 2015 年社会形势发展趋势进行了预测。

法治蓝皮书

中国法治发展报告 No.13（2015）

李　林　田　禾 / 主编　　2015 年 3 月出版　　定价 :105.00 元

◆　本年度法治蓝皮书一如既往秉承关注中国法治发展进程中的焦点问题的特点，回顾总结了 2014 年度中国法治发展取得的成就和存在的不足，并对 2015 年中国法治发展形势进行了预测和展望。

环境绿皮书

中国环境发展报告（2015）

刘鉴强 / 主编　　2015 年 5 月出版　　估价 :79.00 元

◆　本书由民间环保组织“自然之友”组织编写，由特别关注、生态保护、宜居城市、可持续消费以及政策与治理等版块构成，以公共利益的视角记录、审视和思考中国环境状况，呈现 2014 年中国环境与可持续发展领域的全局态势，用深刻的思考、科学的数据分析 2014 年的环境热点事件。

反腐倡廉蓝皮书

中国反腐倡廉建设报告 No.4

李秋芳　张英伟 / 主编　2014 年 12 月出版　　定价 :79.00 元

◆　本书抓住了若干社会热点和焦点问题，全面反映了新时期新阶段中国反腐倡廉面对的严峻局面，以及中国共产党反腐倡廉建设的新实践新成果。根据实地调研、问卷调查和舆情分析，梳理了当下社会普遍关注的与反腐败密切相关的热点问题。

女性生活蓝皮书

中国女性生活状况报告 No.9（2015）

韩湘景 / 主编　2015 年 4 月出版　估价 :79.00 元

◆　本书由中国妇女杂志社、华坤女性生活调查中心和华坤女性消费指导中心组织编写，通过调查获得的大量调查数据，真实展现当年中国城市女性的生活状况、消费状况及对今后的预期。

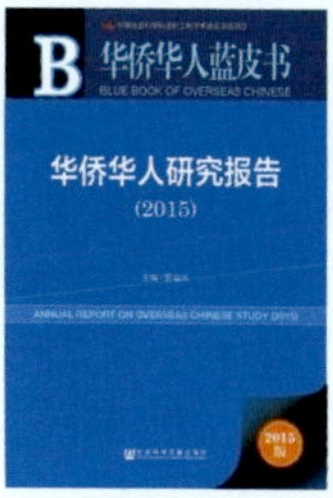

华侨华人蓝皮书

华侨华人研究报告 (2015)

贾益民 / 主编　2015 年 12 月出版　估价 :118.00 元

◆　本书为中国社会科学院创新工程学术出版资助项目，是华侨大学向世界提供最新涉侨动态、理论研究和政策建议的平台。主要介绍了相关国家华侨华人的规模、分布、结构、发展趋势，以及全球涉侨生存安全环境和华文教育情况等。

政治参与蓝皮书

中国政治参与报告（2015）

房　宁 / 主编　2015 年 7 月出版　估价 :105.00 元

◆　本书作者均来自中国社会科学院政治学研究所，聚焦中国基层群众自治的参与情况介绍了城镇居民的社区建设与居民自治参与和农村居民的村民自治与农村社区建设参与情况。其优势是其指标评估体系的建构和问卷调查的设计专业，数据量丰富，统计结论科学严谨。

行 业 报 告 类

行业报告类皮书立足重点行业、新兴行业领域，
提供及时、前瞻的数据与信息

房地产蓝皮书

中国房地产发展报告 No.12（2015）

魏后凯　李景国 / 主编　　2015 年 5 月出版　　估价 :79.00 元

◆　本书汇集了众多研究城市房地产经济问题的专家、学者关于城市房地产方面的最新研究成果。对 2014 年我国房地产经济发展状况进行了回顾，并做出了分析，全面翔实而又客观公正,同时,也对未来我国房地产业的发展形势做出了科学的预测。

保险蓝皮书

中国保险业竞争力报告（2015）

姚庆海　王　力 / 主编　2015 年 12 出版　　估价 :98.00 元

◆　本皮书主要为监管机构、保险行业和保险学界提供保险市场一年来发展的总体评价，外在因素对保险业竞争力发展的影响研究；国家监管政策、市场主体经营创新及职能发挥、理论界最新研究成果等综述和评论。

企业社会责任蓝皮书

中国企业社会责任研究报告（2015）

黄群慧　彭华岗　钟宏武　张　蒽 / 编著
2015 年 11 月出版　估价 :69.00 元

◆　本书系中国社会科学院经济学部企业社会责任研究中心组织编写的《企业社会责任蓝皮书》2015 年分册。该书在对企业社会责任进行宏观总体研究的基础上，根据 2014 年企业社会责任及相关背景进行了创新研究，在全国企业中观层面对企业健全社会责任管理体系提供了弥足珍贵的丰富信息。

投资蓝皮书

中国投资发展报告（2015）

杨庆蔚 / 主编　　2015 年 4 月出版　　估价 :128.00 元

◆　本书是中国建银投资有限责任公司在投资实践中对中国投资发展的各方面问题进行深入研究和思考后的成果。投资包括固定资产投资、实业投资、金融产品投资、房地产投资等诸多领域，尝试将投资作为一个整体进行研究，能够较为清晰地展现社会资金流动的特点，为投资者、研究者、甚至政策制定者提供参考。

住房绿皮书

中国住房发展报告（2014~2015）

倪鹏飞 / 主编　　2014 年 12 月出版　　定价 :79.00 元

◆　本报告从宏观背景、市场主体、市场体系和公共政策四个方面，对中国住宅市场体系做了全面系统的分析、预测与评价，并给出了相关政策建议，并在评述 2013~2014 年住房及相关市场走势的基础上，预测了 2014~2015 年住房及相关市场的发展变化。

人力资源蓝皮书

中国人力资源发展报告（2015）

余兴安 / 主编　　2015 年 9 月出版　　估价 :79.00 元

◆　本书是在人力资源和社会保障部部领导的支持下，由中国人事科学研究院汇集我国人力资源开发权威研究机构的诸多专家学者的研究成果编写而成。作为关于人力资源的蓝皮书，本书通过充分利用有关研究成果，更广泛、更深入地展示近年来我国人力资源开发重点领域的研究成果。

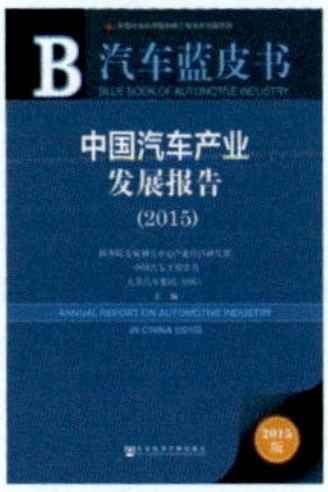

汽车蓝皮书

中国汽车产业发展报告（2015）

国务院发展研究中心产业经济研究部　中国汽车工程学会
大众汽车集团（中国）/ 主编　2015 年 7 月出版　　估价 :128.00 元

◆　本书由国务院发展研究中心产业经济研究部、中国汽车工程学会、大众汽车集团（中国）联合主编，是关于中国汽车产业发展的研究性年度报告，介绍并分析了本年度中国汽车产业发展的形势。

国别与地区类

国别与地区类皮书关注全球重点国家与地区，
提供全面、独特的解读与研究

亚太蓝皮书

亚太地区发展报告（2015）

李向阳 / 主编　　2015 年 1 月出版　　定价 :59.00 元

◆　本书是由中国社会科学院亚太与全球战略研究院精心打造的品牌皮书，关注时下亚太地区局势发展动向里隐藏的中长趋势，剖析亚太地区政治与安全格局下的区域形势最新动向以及地区关系发展的热点问题，并对 2015 年亚太地区重大动态做出前瞻性的分析与预测。

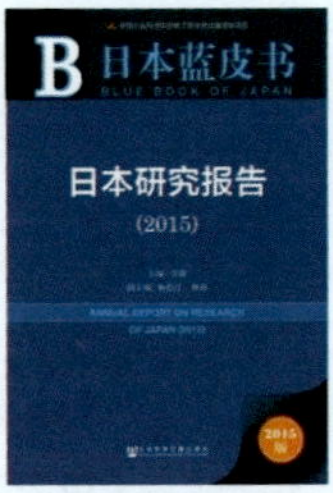

日本蓝皮书

日本研究报告（2015）

李　薇 / 主编　　2015 年 4 月出版　　估价 :69.00 元

◆　本书由中华日本学会、中国社会科学院日本研究所合作推出，是以中国社会科学院日本研究所的研究人员为主完成的研究成果。对 2014 年日本的政治、外交、经济、社会文化作了回顾、分析与展望，并收录了该年度日本大事记。

德国蓝皮书

德国发展报告（2015）

郑春荣　伍慧萍 / 主编　2015 年 6 月出版　估价 :69.00 元

◆　本报告由同济大学德国研究所组织编撰，由该领域的专家学者对德国的政治、经济、社会文化、外交等方面的形势发展情况，进行全面的阐述与分析。德国作为欧洲大陆第一强国，与中国各方面日渐紧密的合作关系，值得国内各界深切关注。

国际形势黄皮书

全球政治与安全报告（2015）

李慎明　张宇燕 / 主编　2015 年 1 月出版　定价 :69.00 元

◆　本书为“十二五”国家重点图书出版规划项目、中国社会科学院创新工程学术出版资助项目，为“国际形势黄皮书”系列年度报告之一。报告旨在对本年度国际政治及安全形势的总体情况和变化进行回顾与分析，并提出一定的预测。

拉美黄皮书

拉丁美洲和加勒比发展报告（2014~2015）

吴白乙 / 主编　2015 年 4 月出版　估价 :89.00 元

◆　本书是中国社会科学院拉丁美洲研究所的第 14 份关于拉丁美洲和加勒比地区发展形势状况的年度报告。 本书对 2014 年拉丁美洲和加勒比地区诸国的政治、经济、社会、外交等方面的发展情况做了系统介绍，对该地区相关国家的热点及焦点问题进行了总结和分析，并在此基础上对该地区各国 2015 年的发展前景做出预测。

美国蓝皮书

美国研究报告（2015）

黄　平　郑秉文 / 主编　2015 年 7 月出版　估价 :89.00 元

◆　本书是由中国社会科学院美国所主持完成的研究成果，它回顾了美国 2014 年的经济、政治形势与外交战略，对 2014 年以来美国内政外交发生的重大事件以及重要政策进行了较为全面的回顾和梳理。

大湄公河次区域蓝皮书

大湄公河次区域合作发展报告（2015）

刘　稚 / 主编　2015 年 9 月出版　估价 :79.00 元

◆　云南大学大湄公河次区域研究中心深入追踪分析该区域发展动向，以把握全面，突出重点为宗旨，系统介绍和研究大湄公河次区域合作的年度热点和重点问题，展望次区域合作的发展趋势，并对新形势下我国推进次区域合作深入发展提出相关对策建议。

地方发展类

地方发展类皮书关注大陆各省份、经济区域，
提供科学、多元的预判与咨政信息

北京蓝皮书

北京公共服务发展报告（2014~2015）

施昌奎 / 主编　2015 年 1 月出版　定价：69.00 元

◆　本书是由北京市政府职能部门的领导、首都著名高校的教授、知名研究机构的专家共同完成的关于北京市公共服务发展与创新的研究成果。内容涉及了北京市公共服务发展的方方面面，既有综述性的总报告，也有细分的情况介绍，既有对北京各个城区的综合性描述，也有对局部、细部、具体问题的分析，对年度热点问题也都有涉及。

上海蓝皮书

上海经济发展报告（2015）

沈开艳 / 主编　2015 年 1 月出版　定价 :69.00 元

◆　本书系上海社会科学院系列之一，报告对 2015 年上海经济增长与发展趋势的进行了预测，把握了上海经济发展的脉搏和学术研究的前沿。

广州蓝皮书

广州经济发展报告（2015）

李江涛　朱名宏 / 主编　2015 年 5 月出版　估价 :69.00 元

◆　本书是由广州市社会科学院主持编写的“广州蓝皮书”系列之一，本报告对广州 2014 年宏观经济运行情况作了深入分析，对 2015 年宏观经济走势进行了合理预测，并在此基础上提出了相应的政策建议。

文化传媒类

文化传媒类皮书透视文化领域、文化产业，
探索文化大繁荣、大发展的路径

新媒体蓝皮书

中国新媒体发展报告 No.5（2015）

唐绪军 / 主编　　2015 年 6 月出版　　估价 :79.00 元

◆　本书由中国社会科学院新闻与传播研究所和上海大学合作编写，在构建新媒体发展研究基本框架的基础上，全面梳理2014 年中国新媒体发展现状，发表最前沿的网络媒体深度调查数据和研究成果，并对新媒体发展的未来趋势做出预测。

舆情蓝皮书

中国社会舆情与危机管理报告（2015）

谢耘耕 / 主编　　2015 年 8 月出版　　估价 :98.00 元

◆　本书由上海交通大学舆情研究实验室和危机管理研究中心主编，已被列入教育部人文社会科学研究报告培育项目。本书以新媒体环境下的中国社会为立足点，对 2014 年中国社会舆情、分类舆情等进行了深入系统的研究，并预测了 2015 年社会舆情走势。

文化蓝皮书

中国文化产业发展报告（2015）

张晓明　王家新　章建刚 / 主编　　2015 年 4 月出版　　估价 :79.00 元

◆　本书由中国社会科学院文化研究中心编写。 从 2012 年开始，中国社会科学院文化研究中心设立了国内首个文化产业的研究类专项资金——“文化产业重大课题研究计划”，开始在全国范围内组织多学科专家学者对我国文化产业发展重大战略问题进行联合攻关研究。本书集中反映了该计划的研究成果。

经济类

G20国家创新竞争力黄皮书
二十国集团（G20）国家创新竞争力发展报告（2015）
著(编)者:黄茂兴 李闽榕 李建平 赵新力
2015年9月出版 / 估价:128.00元

产业蓝皮书
中国产业竞争力报告（2015）
著(编)者:张其仔 2015年5月出版 / 估价:79.00元

长三角蓝皮书
2015年全面深化改革中的长三角
著(编)者:张伟斌 2015年10月出版 / 估价:69.00元

城乡一体化蓝皮书
中国城乡一体化发展报告（2015）
著(编)者:付崇兰 汝信 2015年12月出版 / 估价:79.00元

城市创新蓝皮书
中国城市创新报告（2015）
著(编)者:周天勇 旷建伟 2015年8月出版 / 估价:69.00元

城市竞争力蓝皮书
中国城市竞争力报告（2015）
著(编)者:倪鹏飞 2015年5月出版 / 估价:89.00元

城市蓝皮书
中国城市发展报告NO.8
著(编)者:潘家华 魏后凯 2015年9月出版 / 估价:69.00元

城市群蓝皮书
中国城市群发展指数报告（2015）
著(编)者:刘新静 刘士林 2015年10月出版 / 估价:59.00元

城乡统筹蓝皮书
中国城乡统筹发展报告（2015）
著(编)者:潘晨光 程志强 2015年4月出版 / 估价:59.00元

城镇化蓝皮书
中国新型城镇化健康发展报告（2015）
著(编)者:张占斌 2015年5月出版 / 估价:79.00元

低碳发展蓝皮书
中国低碳发展报告（2015）
著(编)者:齐晔 2015年4月出版 / 估价:89.00元

低碳经济蓝皮书
中国低碳经济发展报告（2015）
著(编)者:薛进军 赵忠秀 2015年5月出版 / 估价:69.00元

东北蓝皮书
中国东北地区发展报告（2015）
著(编)者:马克 黄文艺 2015年8月出版 / 估价:79.00元

发展和改革蓝皮书
中国经济发展和体制改革报告（2015）
著(编)者:邹东涛 2015年11月出版 / 估价:98.00元

工业化蓝皮书
中国工业化进程报告（2015）
著(编)者:黄群慧 吕铁 李晓华 2015年11月出版 / 估价:89.00元

国际城市蓝皮书
国际城市发展报告（2015）
著(编)者:屠启宇 2015年1月出版 / 定价:79.00元

国家创新蓝皮书
中国创新发展报告（2015）
著(编)者:陈劲 2015年6月出版 / 估价:59.00元

环境竞争力绿皮书
中国省域环境竞争力发展报告（2015）
著(编)者:李建平 李闽榕 王金南
2015年12月出版 / 估价:198.00元

金融蓝皮书
中国金融发展报告（2015）
著(编)者:李扬 王国刚 2014年12月出版 / 定价:75.00元

金融信息服务蓝皮书
金融信息服务发展报告（2015）
著(编)者:鲁广锦 殷剑峰 林义相 2015年6月出版 / 估价:89.00元

经济蓝皮书
2015年中国经济形势分析与预测
著(编)者:李扬 2014年12月出版 / 定价:69.00元

经济蓝皮书·春季号
2015年中国经济前景分析
著(编)者:李扬 2015年5月出版 / 估价:79.00元

经济蓝皮书·夏季号
中国经济增长报告（2015）
著(编)者:李扬 2015年7月出版 / 估价:69.00元

经济信息绿皮书
中国与世界经济发展报告（2015）
著(编)者:杜平 2014年12月出版 / 定价:79.00元

就业蓝皮书
2015年中国大学生就业报告
著(编)者:麦可思研究院 2015年6月出版 / 估价:98.00元

临空经济蓝皮书
中国临空经济发展报告（2015）
著(编)者:连玉明 2015年9月出版 / 估价:79.00元

民营经济蓝皮书
中国民营经济发展报告（2015）
著(编)者:王钦敏 2015年12月出版 / 估价:79.00元

农村绿皮书
中国农村经济形势分析与预测（2014~2015）
著(编)者:中国社会科学院农村发展研究所
国家统计局农村社会经济调查司
2015年4月出版 / 估价:69.00元

农业应对气候变化蓝皮书
气候变化对中国农业影响评估报告（2015）
著(编)者:矫梅燕 2015年8月出版 / 估价:98.00元

企业公民蓝皮书
中国企业公民报告（2015）
著(编)者:邹东涛　2015年12月出版 / 估价:79.00元

气候变化绿皮书
应对气候变化报告（2015）
著(编)者:王伟光 郑国光　2015年10月出版 / 估价:79.00元

区域蓝皮书
中国区域经济发展报告（2015）
著(编)者:梁昊光　2015年4月出版 / 估价:79.00元

全球环境竞争力绿皮书
全球环境竞争力报告（2015）
著(编)者:李建建 李闽榕 李建平 王金南
2015年12月出版 / 估价:198.00元

人口与劳动绿皮书
中国人口与劳动问题报告No.15
著(编)者:蔡昉　2015年1月出版 / 定价:59.00元

世界经济黄皮书
2015年世界经济形势分析与预测
著(编)者:王洛林　张宇燕　2015年1月出版 / 定价:69.00元

世界旅游城市绿皮书
世界旅游城市发展报告（2015）
著(编)者:鲁勇 周正宇 宋宇　2015年6月出版 / 估价:88.00元

商务中心区蓝皮书
中国商务中心区发展报告No.1（2014）
著(编)者:魏后凯　李国红　2015年1月出版 / 定价:89.00元

西北蓝皮书
中国西北发展报告（2015）
著(编)者:赵宗福　孙发平　苏海红　鲁顺元　段庆林
2014年12月出版 / 定价:79.00元

西部蓝皮书
中国西部发展报告（2015）
著(编)者:姚慧琴 徐璋勇　2015年7月出版 / 估价:89.00元

新型城镇化蓝皮书
新型城镇化发展报告（2015）
著(编)者:李伟　2015年10月出版 / 估价:89.00元

新兴经济体蓝皮书
金砖国家发展报告（2015）
著(编)者:林跃勤 周文　2015年7月出版 / 估价:79.00元

中部竞争力蓝皮书
中国中部经济社会竞争力报告（2015）
著(编)者:教育部人文社会科学重点研究基地
南昌大学中国中部经济社会发展研究中心
2015年9月出版 / 估价:79.00元

中部蓝皮书
中国中部地区发展报告（2015）
著(编)者:喻新安　2015年5月出版 / 估价:69.00元

中国省域竞争力蓝皮书
中国省域经济综合竞争力发展报告（2013~2014）
著(编)者:李建平 李闽榕 高燕京
2015年2月出版 / 定价:198.00元

中三角蓝皮书
长江中游城市群发展报告（2015）
著(编)者:秦尊文　2015年10月出版 / 估价:69.00元

中小城市绿皮书
中国中小城市发展报告（2015）
著(编)者:中国城市经济学会中小城市经济发展委员会
《中国中小城市发展报告》编纂委员会
中小城市发展战略研究院
2015年10月出版 / 估价:98.00元

中央商务区蓝皮书
中国中央商务区发展报告（2015）
著(编)者:中国商务区联盟
中国社会科学院城市发展与环境研究所
2015年10月出版 / 估价:69.00元

中原蓝皮书
中原经济区发展报告（2015）
著(编)者:李英杰　2015年6月出版 / 估价:88.00元

社会政法类

北京蓝皮书
中国社区发展报告（2015）
著(编)者:于燕燕　2015年6月出版 / 估价:69.00元

殡葬绿皮书
中国殡葬事业发展报告（2015）
著(编)者:李伯森　2015年4月出版 / 估价:59.00元

城市管理蓝皮书
中国城市管理报告（2015）
著(编)者:谭维克 刘林　2015年12月出版 / 估价:158.00元

城市生活质量蓝皮书
中国城市生活质量报告（2015）
著(编)者:中国经济实验研究院　2015年6月出版 / 估价:59.00元

城市政府能力蓝皮书
中国城市政府公共服务能力评估报告（2015）
著(编)者:何艳玲　2015年7月出版 / 估价:59.00元

创新蓝皮书
创新型国家建设报告（2015）
著(编)者:詹正茂　2015年4月出版 / 估价:69.00元

慈善蓝皮书
中国慈善发展报告（2015）
著(编)者:杨团　2015年5月出版 / 估价:79.00元

大学生蓝皮书
中国大学生生活形态研究报告（2015）
著(编)者:张新洲　2015年12月出版 / 估价:69.00元

地方法治蓝皮书
中国地方法治发展报告No.1（2014）
著(编)者:李林 田禾 2015年1月出版 / 定价:98.00元

法治蓝皮书
中国法治发展报告No.13（2015）
著(编)者:李林 田禾 2015年3月出版 / 定价:105.00元

反腐倡廉蓝皮书
中国反腐倡廉建设报告No.4
著(编)者:李秋芳 张英伟 2014年12月出版 / 定价:79.00元

非传统安全蓝皮书
中国非传统安全研究报告（2015）
著(编)者:余潇枫 魏志江 2015年6月出版 / 估价:79.00元

妇女发展蓝皮书
中国妇女发展报告（2015）
著(编)者:王金玲 2015年9月出版 / 估价:148.00元

妇女教育蓝皮书
中国妇女教育发展报告（2015）
著(编)者:张李玺 2015年1月出版 / 估价:78.00元

妇女绿皮书
中国性别平等与妇女发展报告（2015）
著(编)者:谭琳 2015年12月出版 / 估价:99.00元

公共服务蓝皮书
中国城市基本公共服务力评价（2015）
著(编)者:钟君 吴正杲 2015年12月出版 / 估价:79.00元

公共服务满意度蓝皮书
中国城市公共服务评价报告（2015）
著(编)者:胡伟 2015年12月出版 / 估价:69.00元

公民科学素质蓝皮书
中国公民科学素质报告（2015）
著(编)者:李群 许佳军 2015年6月出版 / 估价:79.00元

公益蓝皮书
中国公益发展报告（2015）
著(编)者:朱健刚 2015年5月出版 / 估价:78.00元

管理蓝皮书
中国管理发展报告（2015）
著(编)者:张晓东 2015年9月出版 / 估价:98.00元

国际人才蓝皮书
中国国际移民报告（2015）
著(编)者:王辉耀 2015年2月出版 / 定价:79.00元

国际人才蓝皮书
中国海归发展报告（2015）
著(编)者:王辉耀 苗绿 2015年4月出版 / 估价:69.00元

国际人才蓝皮书
中国留学发展报告（2015）
著(编)者:王辉耀 苗绿 2015年9月出版 / 估价:69.00元

国家安全蓝皮书
中国国家安全研究报告（2015）
著(编)者:刘慧 2015年5月出版 / 估价:98.00元

行政改革蓝皮书
中国行政体制改革报告（2014~2015）
著(编)者:魏礼群 2015年4月出版 / 估价:89.00元

华侨华人蓝皮书
华侨华人研究报告（2015）
著(编)者:贾益民 2015年12月出版 / 估价:118.00元

环境绿皮书
中国环境发展报告（2015）
著(编)者:刘鉴强 2015年5月出版 / 估价:79.00元

基金会蓝皮书
中国基金会发展报告（2015）
著(编)者:刘忠祥 2015年6月出版 / 估价:69.00元

基金会绿皮书
中国基金会发展独立研究报告（2015）
著(编)者:基金会中心网 2015年8月出版 / 估价:88.00元

基金会透明度蓝皮书
中国基金会透明度发展研究报告（2015）
著(编)者:基金会中心网 清华大学廉政与治理研究中心
2015年9月出版 / 估价:78.00元

教师蓝皮书
中国中小学教师发展报告（2015）
著(编)者:曾晓东 2015年7月出版 / 估价:59.00元

教育蓝皮书
中国教育发展报告（2015）
著(编)者:杨东平 2015年5月出版 / 估价:79.00元

科普蓝皮书
中国科普基础设施发展报告（2015）
著(编)者:任福君 2015年6月出版 / 估价:59.00元

劳动保障蓝皮书
中国劳动保障发展报告（2015）
著(编)者:刘燕斌 2015年6月出版 / 估价:89.00元

老龄蓝皮书
中国老年宜居环境发展报告(2015)
著(编)者:吴玉韶 2015年9月出版 / 估价:79.00元

连片特困区蓝皮书
中国连片特困区发展报告（2015）
著(编)者:冷志明 游俊 2015年4月出版 / 估价:79.00元

民间组织蓝皮书
中国民间组织报告(2015)
著(编)者:潘晨光 黄晓勇 2015年8月出版 / 估价:69.00元

民调蓝皮书
中国民生调查报告（2015）
著(编)者:谢耘耕 2015年5月出版 / 估价:128.00元

民族发展蓝皮书
中国民族区域自治发展报告（2015）
著(编)者:王希恩 郝时远 2015年6月出版 / 估价:98.00元

女性生活蓝皮书
中国女性生活状况报告No.9（2015）
著(编)者:《中国妇女》杂志社 华坤女性生活调查中心 华坤女性消费指导中心
2015年4月出版 / 估价:79.00元

企业公众透明度蓝皮书
中国企业公众透明度报告(2014~2015)No.1
著(编)者:黄速建 王晓光 肖红军
2015年1月出版 / 定价:98.00元

企业国际化蓝皮书
中国企业国际化报告(2015)
著(编)者:王辉耀 2015年10月出版 / 估价:79.00元

汽车社会蓝皮书
中国汽车社会发展报告（2015）
著(编)者:王俊秀 2015年4月出版 / 估价:59.00元

青年蓝皮书
中国青年发展报告No.3
著(编)者:廉思 2015年4月出版 / 估价:59.00元

区域人才蓝皮书
中国区域人才竞争力报告（2015）
著(编)者:桂昭明 王辉耀 2015年6月出版 / 估价:69.00元

群众体育蓝皮书
中国群众体育发展报告（2015）
著(编)者:刘国永 杨桦 2015年8月出版 / 估价:69.00元

人才蓝皮书
中国人才发展报告（2015）
著(编)者:潘晨光 2015年8月出版 / 估价:85.00元

人权蓝皮书
中国人权事业发展报告（2015）
著(编)者:中国人权研究会 2015年8月出版 / 估价:99.00元

森林碳汇绿皮书
中国森林碳汇评估发展报告（2015）
著(编)者:闫文德 胡文臻 2015年9月出版 / 估价:79.00元

社会保障绿皮书
中国社会保障发展报告（2015）
著(编)者:王延中 2015年6月出版 / 估价:79.00元

社会工作蓝皮书
中国社会工作发展报告（2015）
著(编)者:民政部社会工作研究中心
2015年8月出版 / 估价:79.00元

社会管理蓝皮书
中国社会管理创新报告（2015）
著(编)者:连玉明 2015年9月出版 / 估价:89.00元

社会蓝皮书
2015年中国社会形势分析与预测
著(编)者:李培林 陈光金 张 翼
2014年12月出版 / 定价:69.00元

社会体制蓝皮书
中国社会体制改革报告（2015）
著(编)者:龚维斌 2015年5月出版 / 估价:79.00元

社会心态蓝皮书
中国社会心态研究报告（2015）
著(编)者:王俊秀 杨宜音 2015年10月出版 / 估价:69.00元

社会组织蓝皮书
中国社会组织评估发展报告（2015）
著(编)者:徐家良 廖鸿 2015年12月出版 / 估价:69.00元

生态城市绿皮书
中国生态城市建设发展报告（2015）
著(编)者:刘举科 孙伟平 胡文臻
2015年6月出版 / 估价:98.00元

生态文明绿皮书
中国省域生态文明建设评价报告（ECI 2015）
著(编)者:严耕 2015年9月出版 / 估价:85.00元

世界社会主义黄皮书
世界社会主义跟踪研究报告（2015）
著(编)者:李慎明 2015年4月出版 / 估价:198.00元

水与发展蓝皮书
中国水风险评估报告（2015）
著(编)者:王浩 2015年9月出版 / 估价:69.00元

土地整治蓝皮书
中国土地整治发展研究报告No.2
著(编)者:国土资源部土地整治中心 2015年5月出版 / 估价:89.00元

危机管理蓝皮书
中国危机管理报告（2015）
著(编)者:文学国 2015年8月出版 / 估价:89.00元

形象危机应对蓝皮书
形象危机应对研究报告（2015）
著(编)者:唐钧 2015年6月出版 / 估价:149.00元

医改蓝皮书
中国医药卫生体制改革报告（2015～2016）
著(编)者:文学国 房志武 2015年12月出版 / 估价:79.00元

医疗卫生绿皮书
中国医疗卫生发展报告（2015）
著(编)者:申宝忠 韩玉珍 2015年4月出版 / 估价:75.00元

应急管理蓝皮书
中国应急管理报告（2015）
著(编)者:宋英华 2015年10月出版 / 估价:69.00元

政治参与蓝皮书
中国政治参与报告（2015）
著(编)者:房宁 2015年7月出版 / 估价:105.00元

政治发展蓝皮书
中国政治发展报告（2015）
著(编)者:房宁 杨海蛟 2015年5月出版 / 估价:88.00元

中国农村妇女发展蓝皮书
流动女性城市融入发展报告（2015）
著(编)者:谢丽华 2015年11月出版 / 估价:69.00元

宗教蓝皮书
中国宗教报告（2015）
著(编)者:金泽 邱永辉 2015年9月出版 / 估价:59.00元

行业报告类

保险蓝皮书
中国保险业竞争力报告（2015）
著(编)者:王力　2015年12月出版 / 估价:98.00元

彩票蓝皮书
中国彩票发展报告（2015）
著(编)者:益彩基金　2015年10月出版 / 估价:69.00元

餐饮产业蓝皮书
中国餐饮产业发展报告（2015）
著(编)者:邢颖　2015年6月出版 / 估价:69.00元

测绘地理信息蓝皮书
智慧中国地理空间智能体系研究报告（2015）
著(编)者:库热西・买合苏提　2015年12月出版 / 估价:98.00元

茶业蓝皮书
中国茶产业发展报告（2015）
著(编)者:杨江帆 李闽榕　2015年10月出版 / 估价:78.00元

产权市场蓝皮书
中国产权市场发展报告（2015）
著(编)者:曹和平　2015年12月出版 / 估价:79.00元

电子政务蓝皮书
中国电子政务发展报告（2015）
著(编)者:洪毅 杜平　2015年11月出版 / 估价:79.00元

杜仲产业绿皮书
中国杜仲橡胶资源与产业发展报告（2014~2015）
著(编)者:杜红岩 胡文臻 俞锐
2015年1月出版 / 定价:85.00元

房地产蓝皮书
中国房地产发展报告No.12（2015）
著(编)者:魏后凯 李景国　2015年5月出版 / 估价:79.00元

服务外包蓝皮书
中国服务外包产业发展报告（2015）
著(编)者:王晓红 刘德军　2015年6月出版 / 估价:89.00元

工业设计蓝皮书
中国工业设计发展报告（2015）
著(编)者:王晓红 于炜 张立群　2015年9月出版 / 估价:138.00元

互联网金融蓝皮书
中国互联网金融发展报告（2015）
著(编)者:芮晓武 刘烈宏　2015年8月出版 / 估价:79.00元

会展蓝皮书
中外会展业动态评估年度报告（2015）
著(编)者:张敏　2015年1月出版 / 估价:78.00元

金融监管蓝皮书
中国金融监管报告（2015）
著(编)者:胡滨　2015年5月出版 / 估价:69.00元

金融蓝皮书
中国商业银行竞争力报告（2015）
著(编)者:王松奇　2015年12月出版 / 估价:69.00元

客车蓝皮书
中国客车产业发展报告（2014~2015）
著(编)者:姚蔚　2015年2月出版 / 定价:85.00元

老龄蓝皮书
中国老年宜居环境发展报告（2015）
著(编)者:吴玉韶 党俊武　2015年9月出版 / 估价:79.00元

流通蓝皮书
中国商业发展报告（2015）
著(编)者:荆林波　2015年5月出版 / 估价:89.00元

旅游安全蓝皮书
中国旅游安全报告（2015）
著(编)者:郑向敏 谢朝武　2015年5月出版 / 估价:98.00元

旅游景区蓝皮书
中国旅游景区发展报告（2015）
著(编)者:黄安民　2015年7月出版 / 估价:79.00元

旅游绿皮书
2014~2015年中国旅游发展分析与预测
著(编)者:宋瑞　2015年1月出版 / 定价:98.00元

煤炭蓝皮书
中国煤炭工业发展报告（2015）
著(编)者:岳福斌　2015年12月出版 / 估价:79.00元

民营医院蓝皮书
中国民营医院发展报告（2015）
著(编)者:庄一强　2015年10月出版 / 估价:75.00元

闽商蓝皮书
闽商发展报告（2015）
著(编)者:王日根 李闽榕　2015年12月出版 / 估价:69.00元

能源蓝皮书
中国能源发展报告（2015）
著(编)者:崔民选 王军生　2015年8月出版 / 估价:79.00元

农产品流通蓝皮书
中国农产品流通产业发展报告（2015）
著(编)者:贾敬敦 张东科 张玉玺 孔令羽 张鹏毅
2015年9月出版 / 估价:89.00元

企业蓝皮书
中国企业竞争力报告（2015）
著(编)者:金碚　2015年11月出版 / 估价:89.00元

企业社会责任蓝皮书
中国企业社会责任研究报告（2015）
著(编)者:黄群慧 彭华岗 钟宏武 张蒽
2015年11月出版 / 估价:69.00元

汽车安全蓝皮书
中国汽车安全发展报告（2015）
著(编)者:中国汽车技术研究中心　2015年4月出版 / 估价:79.00元

汽车蓝皮书
中国汽车产业发展报告（2015）
著(编)者:国务院发展研究中心产业经济研究部
中国汽车工程学会 大众汽车集团（中国）
2015年7月出版 / 估价:128.00元

清洁能源蓝皮书
国际清洁能源发展报告（2015）
著(编)者:国际清洁能源论坛（澳门）
2015年9月出版 / 估价:89.00元

人力资源蓝皮书
中国人力资源发展报告（2015）
著(编)者:余兴安　2015年9月出版 / 估价:79.00元

融资租赁蓝皮书
中国融资租赁业发展报告（2014~2015）
著(编)者:李光荣 王力　2015年1月出版 / 定价:89.00元

软件和信息服务业蓝皮书
中国软件和信息服务业发展报告（2015）
著(编)者:陈新河 洪京一　2015年12月出版 / 估价:198.00元

上市公司蓝皮书
上市公司质量评价报告（2015）
著(编)者:张跃文 王力　2015年10月出版 / 估价:118.00元

食品药品蓝皮书
食品药品安全与监管政策研究报告（2015）
著(编)者:唐民皓　2015年7月出版 / 估价:69.00元

世界能源蓝皮书
世界能源发展报告（2015）
著(编)者:黄晓勇　2015年6月出版 / 估价:99.00元

碳市场蓝皮书
中国碳市场报告（2015）
著(编)者:低碳发展国际合作联盟
2015年11月出版 / 估价:69.00元

体育蓝皮书
中国体育产业发展报告（2015）
著(编)者:阮伟 钟秉枢　2015年4月出版 / 估价:69.00元

投资蓝皮书
中国投资发展报告（2015）
著(编)者:杨庆蔚　2015年4月出版 / 估价:128.00元

物联网蓝皮书
中国物联网发展报告（2015）
著(编)者:黄桂田　2015年4月出版 / 估价:59.00元

西部工业蓝皮书
中国西部工业发展报告（2015）
著(编)者:方行明 甘犁 刘方健 姜凌 等
2015年9月出版 / 估价:79.00元

西部金融蓝皮书
中国西部金融发展报告（2015）
著(编)者:李忠民　2015年8月出版 / 估价:75.00元

新能源汽车蓝皮书
中国新能源汽车产业发展报告（2015）
著(编)者:中国汽车技术研究中心
日产（中国）投资有限公司 东风汽车有限公司
2015年8月出版 / 估价:69.00元

信托市场蓝皮书
中国信托业市场报告（2014~2015）
著(编)者:用益信托工作室　2015年2月出版 / 定价:198.00元

信息产业蓝皮书
世界软件和信息技术产业发展报告（2015）
著(编)者:洪京一　2015年8月出版 / 估价:79.00元

信息化蓝皮书
中国信息化形势分析与预测（2015）
著(编)者:周宏仁　2015年8月出版 / 估价:98.00元

信用蓝皮书
中国信用发展报告（2015）
著(编)者:田侃　2015年4月出版 / 估价:69.00元

休闲绿皮书
2015年中国休闲发展报告
著(编)者:刘德谦　2015年6月出版 / 估价:59.00元

医药蓝皮书
中国中医药产业园战略发展报告（2015）
著(编)者:裴长洪 房书亭 吴篠心　2015年5月出版 / 估价:89.00元

邮轮绿皮书
中国邮轮产业发展报告（2015）
著(编)者:汪泓　2015年9月出版 / 估价:79.00元

支付清算蓝皮书
中国支付清算发展报告（2015）
著(编)者:杨涛　2015年5月出版 / 估价:45.00元

中国上市公司蓝皮书
中国上市公司发展报告（2015）
著(编)者:许雄斌 张平 2015年9月出版 / 估价:98.00元

中国总部经济蓝皮书
中国总部经济发展报告（2015）
著(编)者:赵弘　2015年5月出版 / 估价:79.00元

住房绿皮书
中国住房发展报告（2014~2015）
著(编)者:倪鹏飞　2014年12月出版 / 定价:79.00元

资本市场蓝皮书
中国场外交易市场发展报告（2015）
著(编)者:高峦　2015年8月出版 / 估价:79.00元

资产管理蓝皮书
中国资产管理行业发展报告（2015）
著(编)者:智信资产管理研究院　2015年7月出版 / 估价:79.00元

文化传媒类

传媒竞争力蓝皮书
中国传媒国际竞争力研究报告（2015）
著(编)者:李本乾　2015年9月出版 / 估价:88.00元

传媒蓝皮书
中国传媒产业发展报告（2015）
著(编)者:崔保国　2015年4月出版 / 估价:98.00元

传媒投资蓝皮书
中国传媒投资发展报告（2015）
著(编)者:张向东　2015年7月出版 / 估价:89.00元

动漫蓝皮书
中国动漫产业发展报告（2015）
著(编)者:卢斌 郑玉明 牛兴侦　2015年7月出版 / 估价:79.00元

非物质文化遗产蓝皮书
中国非物质文化遗产发展报告（2015）
著(编)者:陈平　2015年4月出版 / 估价:79.00元

非物质文化遗产蓝皮书
中国少数民族非物质文化遗产发展报告（2015）
著(编)者:肖远平　柴立　2015年4月出版 / 估价:79.00元

广电蓝皮书
中国广播电影电视发展报告（2015）
著(编)者:杨明品　2015年7月出版 / 估价:98.00元

广告主蓝皮书
中国广告主营销传播趋势报告（2015）
著(编)者:黄升民　2015年5月出版 / 估价:148.00元

国际传播蓝皮书
中国国际传播发展报告（2015）
著(编)者:胡正荣 李继东 姬德强
2015年7月出版 / 估价:89.00元

国家形象蓝皮书
2015年国家形象研究报告
著(编)者:张昆　2015年5月出版 / 估价:79.00元

纪录片蓝皮书
中国纪录片发展报告（2015）
著(编)者:何苏六　2015年9月出版 / 估价:79.00元

科学传播蓝皮书
中国科学传播报告（2015）
著(编)者:詹正茂　2015年4月出版 / 估价:69.00元

两岸文化蓝皮书
两岸文化产业合作发展报告（2015）
著(编)者:胡惠林 李保宗　2015年7月出版 / 估价:79.00元

媒介与女性蓝皮书
中国媒介与女性发展报告（2015）
著(编)者:刘利群　2015年8月出版 / 估价:69.00元

全球传媒蓝皮书
全球传媒发展报告（2015）
著(编)者:胡正荣　2015年12月出版 / 估价:79.00元

世界文化发展蓝皮书
世界文化发展报告（2015）
著(编)者:张庆宗　高乐田　郭熙煌
2015年5月出版 / 估价:89.00元

视听新媒体蓝皮书
中国视听新媒体发展报告（2015）
著(编)者:庞井君　2015年6月出版 / 估价:148.00元

文化创新蓝皮书
中国文化创新报告（2015）
著(编)者:于平 傅才武　2015年4月出版 / 估价:79.00元

文化建设蓝皮书
中国文化发展报告（2015）
著(编)者:江畅 孙伟平 戴茂堂
2015年4月出版 / 估价:138.00元

文化科技蓝皮书
文化科技创新发展报告（2015）
著(编)者:于平 李凤亮　2015年10月出版 / 估价:89.00元

文化蓝皮书
中国文化产业供需协调检测报告（2015）
著(编)者:王亚南 2015年2月出版 / 定价:79.00元

文化蓝皮书
中国文化消费需求景气评价报告（2015）
著(编)者:王亚南 2015年2月出版 / 定价:79.00元

文化蓝皮书
中国文化产业发展报告（2015）
著(编)者:张晓明 王家新 章建刚
2015年4月出版 / 估价:79.00元

文化蓝皮书
中国公共文化投入增长测评报告(2015)
著(编)者:王亚南　2014年12月出版 / 定价:79.00元

文化蓝皮书
中国文化政策发展报告（2015）
著(编)者:傅才武 宋文玉 燕东升　2015年9月出版 / 估价:98

文化品牌蓝皮书
中国文化品牌发展报告（2015）
著(编)者:欧阳友权　2015年4月出版 / 估价:79.00元

文化遗产蓝皮书
中国文化遗产事业发展报告（2015）
著(编)者:刘世锦　2015年12月出版 / 估价:89.00元

文学蓝皮书
中国文情报告（2015）
著(编)者:白烨　2015年5月出版 / 估价:49.00元

新媒体蓝皮书
中国新媒体发展报告（2015）
著(编)者:唐绪军　2015年6月出版 / 估价:79.00元

新媒体社会责任蓝皮书
中国新媒体社会责任研究报告（2015）
著(编)者:钟瑛　2015年10月出版 / 估价:79.00元

移动互联网蓝皮书
中国移动互联网发展报告（2015）
著(编)者:官建文　2015年6月出版 / 估价:79.00元

舆情蓝皮书
中国社会舆情与危机管理报告（2015）
著(编)者:谢耘耕　2015年8月出版 / 估价:98.00元

地方发展类

安徽经济蓝皮书
芜湖创新型城市发展报告（2015）
著(编)者:杨少华 王开玉　2015年4月出版 / 估价:69.00元

安徽蓝皮书
安徽社会发展报告（2015）
著(编)者:程桦　2015年4月出版 / 估价:79.00元

安徽社会建设蓝皮书
安徽社会建设分析报告（2015）
著(编)者:黄家海 王开玉 蔡宪　2015年4月出版 / 估价:69.00元

澳门蓝皮书
澳门经济社会发展报告（2015）
著(编)者:吴志良 郝雨凡　2015年4月出版 / 估价:79.00元

北京蓝皮书
北京公共服务发展报告（2014~2015）
著(编)者:施昌奎　2015年1月出版 / 定价:69.00元

北京蓝皮书
北京经济发展报告（2015）
著(编)者:杨松　2015年4月出版 / 估价:79.00元

北京蓝皮书
北京社会治理发展报告（2015）
著(编)者:殷星辰　2015年4月出版 / 估价:79.00元

北京蓝皮书
北京文化发展报告（2015）
著(编)者:李建盛　2015年4月出版 / 估价:79.00元

北京蓝皮书
北京社会发展报告（2015）
著(编)者:缪青　2015年5月出版 / 估价:79.00元

北京蓝皮书
北京社区发展报告（2015）
著(编)者:于燕燕　2015年1月出版 / 定价:79.00元

北京旅游绿皮书
北京旅游发展报告（2015）
著(编)者:北京旅游学会　2015年7月出版 / 估价:88.00元

北京律师蓝皮书
北京律师发展报告（2015）
著(编)者:王隽　2015年12月出版 / 估价:75.00元

北京人才蓝皮书
北京人才发展报告（2015）
著(编)者:于淼　2015年4月出版 / 估价:89.00元

北京社会心态蓝皮书
北京社会心态分析报告（2015）
著(编)者:北京社会心理研究所　2015年4月出版 / 估价:69.00元

北京社会组织蓝皮书
北京社会组织发展研究报告(2015)
著(编)者:李东松 唐军　2015年4月出版 / 估价:79.00元

北京社会组织蓝皮书
北京社会组织发展报告（2015）
著(编)者:温庆云　2015年9月出版 / 估价:69.00元

滨海金融蓝皮书
滨海新区金融发展报告（2015）
著(编)者:王爱俭 张锐钢　2015年9月出版 / 估价:79.00元

城乡一体化蓝皮书
中国城乡一体化发展报告（北京卷）（2015）
著(编)者:张宝秀 黄序　2015年4月出版 / 估价:69.00元

创意城市蓝皮书
北京文化创意产业发展报告（2015）
著(编)者:张京成　2015年11月出版 / 估价:65.00元

创意城市蓝皮书
无锡文化创意产业发展报告（2015）
著(编)者:谭军 张鸣年　2015年10月出版 / 估价:75.00元

创意城市蓝皮书
武汉市文化创意产业发展报告（2015）
著(编)者:袁堃 黄永林　2015年11月出版 / 估价:85.00元

创意城市蓝皮书
重庆创意产业发展报告（2015）
著(编)者:程宇宁　2015年4月出版 / 估价:89.00元

创意城市蓝皮书
青岛文化创意产业发展报告（2015）
著(编)者:马达 张丹妮　2015年6月出版 / 估价:79.00元

福建妇女发展蓝皮书
福建省妇女发展报告（2015）
著(编)者:刘群英　2015年10月出版 / 估价:58.00元

甘肃蓝皮书
甘肃舆情分析与预测（2015）
著(编)者:陈双梅　郝树声　2015年1月出版 / 定价:79.00元

甘肃蓝皮书
甘肃文化发展分析与预测（2015）
著(编)者:安文华　周小华　2015年1月出版 / 定价:79.00元

甘肃蓝皮书
甘肃社会发展分析与预测（2015）
著(编)者:安文华　包晓霞　2015年1月出版 / 定价:79.00元

甘肃蓝皮书
甘肃经济发展分析与预测（2015）
著(编)者:朱智文　罗哲　2015年1月出版 / 定价:79.00元

甘肃蓝皮书
甘肃县域经济综合竞争力评价（2015）
著(编)者:刘进军　2015年4月出版 / 估价:69.00元

甘肃蓝皮书
甘肃县域社会发展评价报告（2015）
著(编)者:刘进军　柳民　王建兵　2015年1月出版 / 定价:79.00元

广东蓝皮书
广东省电子商务发展报告（2015）
著(编)者:程晓　2015年12月出版 / 估价:69.00元

广东蓝皮书
广东社会工作发展报告（2015）
著(编)者:罗观翠　2015年6月出版 / 估价:89.00元

广东社会建设蓝皮书
广东省社会建设发展报告（2015）
著(编)者:广东省社会工作委员会　2015年10月出版 / 估价:89.00元

广东外经贸蓝皮书
广东对外经济贸易发展研究报告（2015）
著(编)者:陈万灵　2015年5月出版 / 估价:79.00元

广西北部湾经济区蓝皮书
广西北部湾经济区开放开发报告（2015）
著(编)者:广西北部湾经济区规划建设管理委员会办公室
广西社会科学院广西北部湾发展研究院
2015年8月出版 / 估价:79.00元

广州蓝皮书
广州社会保障发展报告（2015）
著(编)者:蔡国萱　2015年4月出版 / 估价:65.00元

广州蓝皮书
2015年中国广州社会形势分析与预测
著(编)者:张强　陈怡霓　杨秦　2015年5月出版 / 估价:69.00元

广州蓝皮书
广州经济发展报告（2015）
著(编)者:李江涛　朱名宏　2015年5月出版 / 估价:69.00元

广州蓝皮书
广州商贸业发展报告（2015）
著(编)者:李江涛　王旭东　荀振英　2015年6月出版 / 估价:69.00元

广州蓝皮书
2015年中国广州经济形势分析与预测
著(编)者:庾建设　沈奎　郭志勇　2015年6月出版 / 估价:79.00

广州蓝皮书
中国广州文化发展报告（2015）
著(编)者:徐俊忠　陆志强　顾涧清　2015年6月出版 / 估价:69.0

广州蓝皮书
广州农村发展报告（2015）
著(编)者:李江涛　汤锦华　2015年8月出版 / 估价:69.00元

广州蓝皮书
中国广州城市建设与管理发展报告（2015）
著(编)者:董皞　冼伟雄　2015年7月出版 / 估价:69.00元

广州蓝皮书
中国广州科技和信息化发展报告（2015）
著(编)者:邹采荣　马正勇　冯元　2015年7月出版 / 估价:79.00

广州蓝皮书
广州创新型城市发展报告（2015）
著(编)者:李江涛　2015年7月出版 / 估价:69.00元

广州蓝皮书
广州文化创意产业发展报告（2015）
著(编)者:甘新　2015年8月出版 / 估价:79.00元

广州蓝皮书
广州志愿服务发展报告（2015）
著(编)者:魏国华　张强　2015年9月出版 / 估价:69.00元

广州蓝皮书
广州城市国际化发展报告（2015）
著(编)者:朱名宏　2015年9月出版 / 估价:59.00元

广州蓝皮书
广州汽车产业发展报告（2015）
著(编)者:李江涛　杨再高　2015年9月出版 / 估价:69.00元

贵州房地产蓝皮书
贵州房地产发展报告（2015）
著(编)者:武廷方　2015年10月出版 / 估价:89.00元

贵州蓝皮书
贵州人才发展报告（2015）
著(编)者:于杰　吴大华　2015年4月出版 / 估价:69.00元

贵州蓝皮书
贵州社会发展报告（2015）
著(编)者:王兴骥　2015年4月出版 / 估价:69.00元

贵州蓝皮书
贵州法治发展报告（2015）
著(编)者:吴大华　2015年4月出版 / 估价:69.00元

贵州蓝皮书
贵州国有企业社会责任发展报告（2015）
著(编)者:郭丽　2015年10月出版 / 估价:79.00元

海淀蓝皮书
海淀区文化和科技融合发展报告（2015）
著(编)者:孟景伟　陈名杰　2015年5月出版 / 估价:75.00元

海峡西岸蓝皮书
海峡西岸经济区发展报告（2015）
著(编)者:黄端　2015年9月出版 / 估价:65.00元

杭州都市圈蓝皮书
杭州都市圈发展报告（2015）
著(编)者:董祖德 沈翔　2015年5月出版 / 估价:89.00元

杭州蓝皮书
杭州妇女发展报告（2015）
著(编)者:魏颖　2015年6月出版 / 估价:75.00元

河北经济蓝皮书
河北省经济发展报告（2015）
著(编)者:马树强 金浩 张贵　2015年4月出版 / 估价:79.00元

河北蓝皮书
河北经济社会发展报告（2015）
著(编)者:周文夫　2015年1月出版 / 定价:79.00元

河南经济蓝皮书
2015年河南经济形势分析与预测
著(编)者:胡五岳　2015年2月出版 / 定价:69.00元

河南蓝皮书
河南城市发展报告（2015）
著(编)者:谷建全　王建国　2015年3月出版 / 定价:79.00元

河南蓝皮书
2015年河南社会形势分析与预测
著(编)者:刘道兴 牛苏林　2015年4月出版 / 估价:69.00元

河南蓝皮书
河南工业发展报告（2015）
著(编)者:龚绍东　赵西三　2015年1月出版 / 定价:79.00元

河南蓝皮书
河南文化发展报告（2015）
著(编)者:卫绍生　2015年3月出版 / 定价:79.00元

河南蓝皮书
河南经济发展报告（2015）
著(编)者:喻新安　2014年12月出版 / 定价:79.00元

河南蓝皮书
河南法治发展报告（2015）
著(编)者:丁同民 闫德民　2015年4月出版 / 估价:69.00元

河南蓝皮书
河南金融发展报告（2015）
著(编)者:喻新安 谷建全　2015年4月出版 / 估价:69.00元

河南商务蓝皮书
河南商务发展报告（2015）
著(编)者:焦锦淼 穆荣国　2015年5月出版 / 估价:88.00元

黑龙江产业蓝皮书
黑龙江产业发展报告（2015）
著(编)者:于渤　2015年9月出版 / 估价:79.00元

黑龙江蓝皮书
黑龙江经济发展报告（2015）
著(编)者:曲伟　2015年1月出版 / 定价:79.00元

黑龙江蓝皮书
黑龙江社会发展报告（2015）
著(编)者:张新颖　2015年1月出版 / 定价:79.00元

湖北文化蓝皮书
湖北文化发展报告（2015）
著(编)者:江畅　吴成国　2015年5月出版 / 估价:89.00元

湖南城市蓝皮书
区域城市群整合
著(编)者:童中贤 韩未名　2015年12月出版 / 估价:79.00元

湖南蓝皮书
2015年湖南电子政务发展报告
著(编)者:梁志峰　2015年4月出版 / 估价:128.00元

湖南蓝皮书
2015年湖南社会发展报告
著(编)者:梁志峰　2015年4月出版 / 估价:128.00元

湖南蓝皮书
2015年湖南产业发展报告
著(编)者:梁志峰　2015年4月出版 / 估价:128.00元

湖南蓝皮书
2015年湖南经济展望
著(编)者:梁志峰　2015年4月出版 / 估价:128.00元

湖南蓝皮书
2015年湖南县域经济社会发展报告
著(编)者:梁志峰　2015年4月出版 / 估价:128.00元

湖南蓝皮书
2015年湖南两型社会发展报告
著(编)者:梁志峰　2015年4月出版 / 估价:128.00元

湖南县域绿皮书
湖南县域发展报告No.2
著(编)者:朱有志　2015年4月出版 / 估价:69.00元

沪港蓝皮书
沪港发展报告（2015）
著(编)者:尤安山　2015年9月出版 / 估价:89.00元

吉林蓝皮书
2015年吉林经济社会形势分析与预测
著(编)者:马克　2015年2月出版 / 定价:89.00元

济源蓝皮书
济源经济社会发展报告（2015）
著(编)者:喻新安　2015年4月出版 / 估价:69.00元

健康城市蓝皮书
北京健康城市建设研究报告（2015）
著(编)者:王鸿春　2015年4月出版 / 估价:79.00元

江苏法治蓝皮书
江苏法治发展报告（2015）
著(编)者:李力 龚廷泰　2015年9月出版 / 估价:98.00元

京津冀蓝皮书
京津冀发展报告（2015）
著(编)者:文魁 祝尔娟　2015年4月出版 / 估价:79.00元

经济特区蓝皮书
中国经济特区发展报告（2015）
著(编)者:陶一桃　　2015年4月出版 / 估价:89.00元

辽宁蓝皮书
2015年辽宁经济社会形势分析与预测
著(编)者:曹晓峰　张晶　梁启东　2014年12月出版 / 定价:79.00元

南京蓝皮书
南京文化发展报告（2015）
著(编)者:南京文化产业研究中心
2015年12月出版 / 估价:79.00元

内蒙古蓝皮书
内蒙古反腐倡廉建设报告（2015）
著(编)者:张志华　无极　　2015年12月出版 / 估价:69.00元

浦东新区蓝皮书
上海浦东经济发展报告（2015）
著(编)者:沈开艳　陆沪根　　2015年1月出版 / 定价:69.00元

青海蓝皮书
2015年青海经济社会形势分析与预测
著(编)者:赵宗福　　2014年12月出版 / 定价:69.00元

人口与健康蓝皮书
深圳人口与健康发展报告（2015）
著(编)者:曾序春　　2015年12月出版 / 估价:89.00元

山东蓝皮书
山东社会形势分析与预测（2015）
著(编)者:张华　唐洲雁　　2015年6月出版 / 估价:89.00元

山东蓝皮书
山东经济形势分析与预测（2015）
著(编)者:张华　唐洲雁　　2015年6月出版 / 估价:89.00元

山东蓝皮书
山东文化发展报告（2015）
著(编)者:张华　唐洲雁　　2015年6月出版 / 估价:98.00元

山西蓝皮书
山西资源型经济转型发展报告（2015）
著(编)者:李志强　　2015年5月出版 / 估价:98.00元

陕西蓝皮书
陕西经济发展报告（2015）
著(编)者:任宗哲　白宽犁　裴成荣　　2015年1月出版 / 定价:69.00元

陕西蓝皮书
陕西社会发展报告（2015）
著(编)者:任宗哲　白宽犁　牛昉　　2015年1月出版 / 定价:69.00元

陕西蓝皮书
陕西文化发展报告（2015）
著(编)者:任宗哲　白宽犁　王长寿　　2015年1月出版 / 定价:65.00元

陕西蓝皮书
丝绸之路经济带发展报告（2015）
著(编)者:任宗哲　石英　白宽犁
2015年8月出版 / 估价:79.00元

上海蓝皮书
上海文学发展报告（2015）
著(编)者:陈圣来　　2015年1月出版 / 定价:69.00元

上海蓝皮书
上海文化发展报告（2015）
著(编)者:荣跃明　　2015年1月出版 / 定价:74.00元

上海蓝皮书
上海资源环境发展报告（2015）
著(编)者:周冯琦　汤庆合　任文伟
2015年1月出版 / 定价:69.00元

上海蓝皮书
上海社会发展报告（2015）
著(编)者:杨雄　周海旺　　2015年1月出版 / 定价:69.00元

上海蓝皮书
上海经济发展报告（2015）
著(编)者:沈开艳　　2015年1月出版 / 定价:69.00元

上海蓝皮书
上海传媒发展报告（2015）
著(编)者:强荧　焦雨虹　　2015年1月出版 / 定价:69.00元

上海蓝皮书
上海法治发展报告（2015）
著(编)者:叶青　　2015年4月出版 / 估价:69.00元

上饶蓝皮书
上饶发展报告（2015）
著(编)者:朱寅健　　2015年4月出版 / 估价:128.00元

社会建设蓝皮书
2015年北京社会建设分析报告
著(编)者:宋贵伦　冯虹　　2015年7月出版 / 估价:79.00元

深圳蓝皮书
深圳劳动关系发展报告（2015）
著(编)者:汤庭芬　　2015年6月出版 / 估价:75.00元

深圳蓝皮书
深圳经济发展报告（2015）
著(编)者:张骁儒　　2015年7月出版 / 估价:79.00元

深圳蓝皮书
深圳社会发展报告（2015）
著(编)者:叶民辉　张骁儒　　2015年7月出版 / 估价:89.00元

深圳蓝皮书
深圳法治发展报告（2015）
著(编)者:张骁儒　　2015年4月出版 / 估价:79.00元

四川蓝皮书
四川文化产业发展报告（2015）
著(编)者:侯水平　　2015年4月出版 / 估价:69.00元

四川蓝皮书
四川企业社会责任研究报告（2015）
著(编)者:侯水平　盛毅　　2015年3月出版 / 定价:79.00元

四川蓝皮书
四川法治发展报告（2015）
著(编)者:郑泰安　2015年1月出版 / 定价:69.00元

四川蓝皮书
2015年四川生态建设报告
著(编)者:四川省社会科学院
2015年4月出版 / 估价:69.00元

四川蓝皮书
四川城镇化发展报告（2015）
著(编)者:四川省城镇发展研究中心
2015年4月出版 / 估价:69.00元

四川蓝皮书
2015年四川社会发展形势分析与预测
著(编)者:郭晓鸣　李羚　2015年5月出版 / 估价:69.00元

四川蓝皮书
2015年四川经济发展形势分析与预测
著(编)者:杨钢　2015年1月出版 / 定价:89.00元

四川法治蓝皮书
四川依法治省年度报告No.1（2015）
著(编)者:李林 杨天宗 田禾　2015年3月出版 / 定价:108.00元

天津金融蓝皮书
天津金融发展报告（2015）
著(编)者:王爱俭 杜强　2015年9月出版 / 估价:89.00元

图们江区域合作蓝皮书
中国图们江区域合作开发发展报告（2015）
著(编)者:李铁　朱显平　吴成章　2015年4月出版 / 估价:79.00元

温州蓝皮书
2015年温州经济社会形势分析与预测
著(编)者:潘忠强 王春光 金浩　2015年4月出版 / 估价:69.00元

扬州蓝皮书
扬州经济社会发展报告（2015）
著(编)者:丁纯　2015年12月出版 / 估价:89.00元

云南蓝皮书
中国面向西南开放重要桥头堡建设发展报告（2015）
著(编)者:刘绍怀　2015年12月出版 / 估价:69.00元

长株潭城市群蓝皮书
长株潭城市群发展报告（2015）
著(编)者:张萍　2015年4月出版 / 估价:69.00元

郑州蓝皮书
2015年郑州文化发展报告
著(编)者:王哲　2015年9月出版 / 估价:65.00元

中医文化蓝皮书
北京中医文化发展报告（2015）
著(编)者:毛嘉陵　2015年4月出版 / 估价:69.00元

珠三角流通蓝皮书
珠三角商圈发展研究报告（2015）
著(编)者:林至颖 王先庆　2015年7月出版 / 估价:98.00元

国别与地区类

阿拉伯黄皮书
阿拉伯发展报告（2015）
著(编)者:马晓霖　2015年4月出版 / 估价:79.00元

北部湾蓝皮书
泛北部湾合作发展报告（2015）
著(编)者:吕余生　2015年8月出版 / 估价:69.00元

大湄公河次区域蓝皮书
大湄公河次区域合作发展报告（2015）
著(编)者:刘稚　2015年9月出版 / 估价:79.00元

大洋洲蓝皮书
大洋洲发展报告（2015）
著(编)者:喻常森　2015年8月出版 / 估价:89.00元

德国蓝皮书
德国发展报告（2015）
著(编)者:郑春荣 伍慧萍　2015年6月出版 / 估价:69.00元

东北亚黄皮书
东北亚地区政治与安全（2015）
著(编)者:黄凤志 刘清才 张慧智
2015年5月出版 / 估价:69.00元

东盟黄皮书
东盟发展报告（2015）
著(编)者:崔晓麟　2015年5月出版 / 估价:75.00元

东南亚蓝皮书
东南亚地区发展报告（2015）
著(编)者:王勤　2015年4月出版 / 估价:79.00元

俄罗斯黄皮书
俄罗斯发展报告（2015）
著(编)者:李永全　2015年7月出版 / 估价:79.00元

非洲黄皮书
非洲发展报告（2015）
著(编)者:张宏明　2015年7月出版 / 估价:79.00元

国际形势黄皮书
全球政治与安全报告（2015）
著(编)者:李慎明 张宇燕 2015年1月出版 / 定价:69.00元

韩国蓝皮书
韩国发展报告（2015）
著(编)者:刘宝全 牛林杰 2015年8月出版 / 估价:79.00元

加拿大蓝皮书
加拿大发展报告（2015）
著(编)者:仲伟合 2015年4月出版 / 估价:89.00元

拉美黄皮书
拉丁美洲和加勒比发展报告（2014~2015）
著(编)者:吴白乙 2015年4月出版 / 估价:89.00元

美国蓝皮书
美国研究报告（2015）
著(编)者:黄平 郑秉文 2015年7月出版 / 估价:89.00元

缅甸蓝皮书
缅甸国情报告（2015）
著(编)者:李晨阳 2015年8月出版 / 估价:79.00元

欧洲蓝皮书
欧洲发展报告（2015）
著(编)者:周弘 2015年6月出版 / 估价:89.00元

葡语国家蓝皮书
葡语国家发展报告（2015）
著(编)者:对外经济贸易大学区域国别研究所 葡语国家研究中心
2015年4月出版 / 估价:89.00元

葡语国家蓝皮书
中国与葡语国家关系发展报告·巴西（2014）
著(编)者:澳门科技大学 2015年4月出版 / 估价:89.00元

日本经济蓝皮书
日本经济与中日经贸关系研究报告（2015）
著(编)者:王洛林 张季风 2015年5月出版 / 估价:79.00元

日本蓝皮书
日本研究报告（2015）
著(编)者:李薇 2015年4月出版 / 估价:69.00元

上海合作组织黄皮书
上海合作组织发展报告（2015）
著(编)者:李进峰 吴宏伟 李伟
2015年9月出版 / 估价:89.00元

世界创新竞争力黄皮书
世界创新竞争力发展报告（2015）
著(编)者:李闽榕 李建平 赵新力
2015年12月出版 / 估价:148.00元

土耳其蓝皮书
土耳其发展报告（2015）
著(编)者:郭长刚 刘义 2015年7月出版 / 估价:89.00元

亚太蓝皮书
亚太地区发展报告（2015）
著(编)者:李向阳 2015年1月出版 / 定价:59.00元

印度蓝皮书
印度国情报告（2015）
著(编)者:吕昭义 2015年5月出版 / 估价:89.00元

印度洋地区蓝皮书
印度洋地区发展报告（2015）
著(编)者:汪戎 2015年4月出版 / 估价:79.00元

中东黄皮书
中东发展报告（2015）
著(编)者:杨光 2015年11月出版 / 估价:89.00元

中欧关系蓝皮书
中欧关系研究报告（2015）
著(编)者:周弘 2015年12月出版 / 估价:98.00元

中亚黄皮书
中亚国家发展报告（2015）
著(编)者:孙力 吴宏伟 2015年9月出版 / 估价:89.00元

中国皮书网

www.pishu.cn

发布皮书研创资讯，传播皮书精彩内容

引领皮书出版潮流，打造皮书服务平台

栏目设置：

- ☐ 资讯：皮书动态、皮书观点、皮书数据、皮书报道、皮书发布、电子期刊
- ☐ 标准：皮书评价、皮书研究、皮书规范
- ☐ 服务：最新皮书、皮书书目、重点推荐、在线购书
- ☐ 链接：皮书数据库、皮书博客、皮书微博、在线书城
- ☐ 搜索：资讯、图书、研究动态、皮书专家、研创团队

中国皮书网依托皮书系列“权威、前沿、原创”的优质内容资源，通过文字、图片、音频、视频等多种元素，在皮书研创者、使用者之间搭建了一个成果展示、资源共享的互动平台。

自 2005 年 12 月正式上线以来，中国皮书网的 IP 访问量、PV 浏览量与日俱增，受到海内外研究者、公务人员、商务人士以及专业读者的广泛关注。

2008 年、2011 年，中国皮书网均在全国新闻出版业网站荣誉评选中获得“最具商业价值网站”称号；2012 年，获得“出版业网站百强”称号。

2014 年，中国皮书网与皮书数据库实现资源共享，端口合一，将提供更丰富的内容，更全面的服务。

权威报告 热点资讯 海量资源

当代中国与世界发展的高端智库平台

皮书数据库 www.pishu.com.cn

皮书数据库是专业的人文社会科学综合学术资源总库，以大型连续性图书——皮书系列为基础，整合国内外相关资讯构建而成。包含七大子库，涵盖两百多个主题，囊括了近十几年间中国与世界经济社会发展报告，覆盖经济、社会、政治、文化、教育、国际问题等多个领域。

皮书数据库以篇章为基本单位，方便用户对皮书内容的阅读需求。用户可进行全文检索，也可对文献题目、内容提要、作者名称、作者单位、关键字等基本信息进行检索，还可对检索到的篇章再做二次筛选，进行在线阅读或下载阅读。智能多维度导航，可使用户根据自己熟知的分类标准进行分类导航筛选，使查找和检索更高效、便捷。

权威的研究报告，独特的调研数据，前沿的热点资讯，皮书数据库已发展成为国内最具影响力的关于中国与世界现实问题研究的成果库和资讯库。

皮书俱乐部会员服务指南

1. 谁能成为皮书俱乐部成员?

- 皮书作者自动成为俱乐部会员
- 购买了皮书产品（纸质书/电子书）的个人用户

2. 会员可以享受的增值服务

- 免费获赠皮书数据库100元充值卡
- 加入皮书俱乐部，免费获赠该纸质图书的电子书
- 免费定期获赠皮书电子期刊
- 优先参与各类皮书学术活动
- 优先享受皮书产品的最新优惠

3. 如何享受增值服务?

（1）免费获赠100元皮书数据库体验卡

第1步 刮开皮书附赠充值的涂层（右下）；

第2步 登录皮书数据库网站（www.pishu.com.cn），注册账号；

第3步 登录并进入“会员中心”—“在线充值”—“充值卡充值”，充值成功后即可使用。

（2）加入皮书俱乐部，凭数据库体验卡获赠该书的电子书

第1步 登录社会科学文献出版社官网（www.ssap.com.cn），注册账号；

第2步 登录并进入“会员中心”—“皮书俱乐部”，提交加入皮书俱乐部申请；

第3步 审核通过后，再次进入皮书俱乐部，填写页面所需图书、体验卡信息即可自动兑换相应电子书。

4. 声明

解释权归社会科学文献出版社所有

皮书俱乐部会员可享受社会科学文献出版社其他相关免费增值服务，有任何疑问，均可与我们联系。

图书销售热线：010-59367070/7028 图书服务QQ：800045692 图书服务邮箱：duzhe@ssap.cn

数据库服务热线：400-008-6695 数据库服务QQ：2475522410 数据库服务邮箱：database@ssap.cn

欢迎登录社会科学文献出版社官网（www.ssap.com.cn）和中国皮书网（www.pishu.cn）了解更多信息

皮书大事记
（2014）

☆　2014年10月，中国社会科学院2014年度皮书纳入创新工程学术出版资助名单正式公布，相关资助措施进一步落实。

☆　2014年8月，由中国社会科学院主办，贵州省社会科学院、社会科学文献出版社承办的“第十五次全国皮书年会（2014）”在贵州贵阳隆重召开。

☆　2014年8月，第二批淘汰的27种皮书名单公布。

☆　2014年7月，第五届优秀皮书奖评审会在京召开。本届优秀皮书奖首次同时评选优秀皮书和优秀皮书报告。

☆　2014年7月，第三届皮书学术评审委员会于北京成立。

☆　2014年6月，社会科学文献出版社与北京报刊发行局签订合同，将部分重点皮书纳入邮政发行系统。

☆　2014年6月，《中国社会科学院皮书管理办法》正式颁布实施。

☆　2014年4月，出台《社会科学文献出版社关于加强皮书编审工作的有关规定》《社会科学文献出版社皮书责任编辑管理规定》《社会科学文献出版社关于皮书准入与退出的若干规定》。

☆　2014年1月，首批淘汰的44种皮书名单公布。

☆　2014年1月，“2013(第七届)全国新闻出版业网站年会”在北京举办，中国皮书网被评为“最具商业价值网站”。

☆　2014年1月,社会科学文献出版社在原皮书评价研究中心的基础上成立了皮书研究院。

子库介绍
Sub-Database Introduction

中国经济发展数据库

涵盖宏观经济、农业经济、工业经济、产业经济、财政金融、交通旅游、商业贸易、劳动经济、企业经济、房地产经济、城市经济、区域经济等领域，为用户实时了解经济运行态势、把握经济发展规律、洞察经济形势、做出经济决策提供参考和依据。

中国社会发展数据库

全面整合国内外有关中国社会发展的统计数据、深度分析报告、专家解读和热点资讯构建而成的专业学术数据库。涉及宗教、社会、人口、政治、外交、法律、文化、教育、体育、文学艺术、医药卫生、资源环境等多个领域。

中国行业发展数据库

以中国国民经济行业分类为依据，跟踪分析国民经济各行业市场运行状况和政策导向，提供行业发展最前沿的资讯，为用户投资、从业及各种经济决策提供理论基础和实践指导。内容涵盖农业，能源与矿产业，交通运输业，制造业，金融业，房地产业，租赁和商务服务业，科学研究，环境和公共设施管理，居民服务业，教育，卫生和社会保障，文化、体育和娱乐业等 100 余个行业。

中国区域发展数据库

以特定区域内的经济、社会、文化、法治、资源环境等领域的现状与发展情况进行分析和预测。涵盖中部、西部、东北、西北等地区，长三角、珠三角、黄三角、京津冀、环渤海、合肥经济圈、长株潭城市群、关中－天水经济区、海峡经济区等区域经济体和城市圈，北京、上海、浙江、河南、陕西等 34 个省份及中国台湾地区。

中国文化传媒数据库

包括文化事业、文化产业、宗教、群众文化、图书馆事业、博物馆事业、档案事业、语言文字、文学、历史地理、新闻传播、广播电视、出版事业、艺术、电影、娱乐等多个子库。

世界经济与国际政治数据库

以皮书系列中涉及世界经济与国际政治的研究成果为基础，全面整合国内外有关世界经济与国际政治的统计数据、深度分析报告、专家解读和热点资讯构建而成的专业学术数据库。包括世界经济、世界政治、世界文化、国际社会、国际关系、国际组织、区域发展、国别发展等多个子库。